Langenscheidt

murder
murder
murder

von
Dore Steinert
Billie Rubin
Stefani Hübner, Martin Hooper

Langenscheidt

München · Wien

Übungen und muttersprachliche Durchsicht: Carole Eilertson
Lektorat: Gabriele Dietz
Layout: Ute Weber
Covergestaltung: Guter Punkt GmbH & Co. KG

© 2016 Langenscheidt GmbH & Co. KG, München
Satz: Franzis print & media GmbH, München
Druck und Bindung: Druckerei C. H. Beck, Nördlingen
Printed in Germany

ISBN 978-3-468-44080-9

16010

Inhalt

The Girl Without a Memory
a Memory
Das Mädchen
ohne Erinnerung

von Dore Steinert

Berlin, Charité, Unfallchirurgie
24. 11. 2006

I'm looking for something but I can't remember what it is. I can't see anything. Everything around me is black and wet. I'm in a car and the doors and windows are closed. But water **is pouring in**. It's coming in through the doors and windows and filling up the car. I can't see my feet any more. The water doesn't feel cold but I know it must be **freezing**. I am not afraid any more. I think I'm in shock.

The car is sinking slowly now and I try to stay **calm**: Don't **panic**, just **breathe**.

Stay alive. Don't die.

Just **keep going** ...

---

to pour in [ˌpɔːr ˈɪn] hereinströmen **freezing** [ˈfriːzɪŋ] eiskalt
calm [kɑːm] ruhig **to panic** [ˈpænɪk] in Panik geraten **to breathe**
[briːð] atmen **Keep going!** [ˌkiːp / ˌkept / ˌkept ˈɡəʊɪŋ] Nicht aufgeben!

One

Eve Santer schlug die Akte auf, überflog das Deckblatt und las die erste Zeugenaussage.

Name: Gabriele Löffler
Adresse: Litwiniekowstr. 14a
14387 Berlin
Telefon: 030 – 247 98 98

"Sie lief am Wasser entlang, ich hätte sie eigentlich gar nicht beachtet, aber der Hund hat gerade, also er hat ... Na ja, ich hatte auf jeden Fall etwas Zeit und habe mich umgesehen. Ich habe sie von der Brücke aus gesehen (Anmerkung: die Zeugin spricht von der Fennstraße am Nordhafen), zuerst habe ich sie für betrunken gehalten, ich meine, das ist ja in der Nähe vom neuen Bahnhof, da treiben sich ja seltsame Gestalten herum neuerdings. Oder drogensüchtig oder so. Sie war ganz nass. Sie hat nach oben gesehen, ich weiß noch, wie blau ihre Lippen waren. Und dann diese Beule auf der Stirn, und ihr Pullover war auch voll Blut. Da habe ich dann den Krankenwagen gerufen. (undeutlich) Nein. Näher hingegangen bin ich nicht."

Eve Santer ließ das Blatt auf den Schreibtisch gleiten. Eine reizende Frau, dachte sie, nicht mehr und nicht weniger hilfsbereit als die meisten.

Das Foto des Mädchens, das mit einer Büroklammer an die obere linke Ecke der Akte geheftet war, zeigte ein blasses, müdes Gesicht, leicht verschwollen, aber noch immer erkennbar hübsch. Jung, höchstens 22 Jahre alt.

"Und?" Eve hob den Kopf und sah den Staatsanwalt fragend an. "Wie geht es ihr?"

"Unterkühlung, Schock, leichte Gehirnerschütterung. Sie haben sie über Nacht beobachtet, ihr Zustand ist stabil."

Sie klappte die Akte zu und reichte sie ihm über den Tisch.

"Das freut mich für Sie. Aber ich wüsste nicht, was ich als Kriminalkommissarin damit zu tun haben sollte. Oder irgendjemand sonst in dieser Abteilung hier."

Eve hielt die Akte in der ausgestreckten Hand. Hebbich gab vor, sie nicht zu sehen.

"Erinnern Sie sich an Dr. Golz von der Psychiatrischen Abteilung der Charité?"

"Er hat das Gutachten im Wagenbach-Fall abgegeben. Und bei der Sache mit dem Schönheitschirurgen."

Hebbich nickte. "Und bei etlichen Fällen Ihrer Kollegen. Fähiger Mann."

"Den man sich warmhalten sollte?"

"Er hat mich heute Morgen angerufen und um Hilfe gebeten. Sie erinnert sich an nichts, Frau Santer. Seit drei Tagen."

"Das macht das Ganze nicht zu einem Fall für die Mordkommission, Herr Hebbich", sagte Eve sanft.

"Sie hat eine Gehirnerschütterung und Hämatome am Brustkorb, links oben bis rechts unten, wie von einem Sicherheitsgurt. Abgebrochene Fingernägel. Sie war klatschnass, als sie gefunden wurde. Ich glaube, sie saß in einem Auto, und das liegt wiederum irgendwo in der Spree."

"Dann sprechen Sie mit den Kollegen von der Verkehrsüberwachung." Eve ließ die Akte auf den Tisch fallen. Sie hatten mit sich selbst genug zu tun, ohne die Arbeit anderer Abteilungen mit zu übernehmen. "Und wenn Sie gehen, könnten Sie so nett sein, noch einen Kaffee aufzusetzen?"

Staatsanwalt Gerd Hebbich lächelte müde. Er hatte nicht vor zu gehen. Stattdessen setzte er sich auf den Rand ihres Tisches und ließ sein linkes Bein leicht vor und zurück schwingen. Die ungewohnte Lockerheit wirkte lächerlich an ihm.

"Das habe ich ja. Sie wissen nicht, wo der Wagen liegt. Kein defektes Brückengeländer, keine Bremsspuren, nichts. War vielleicht sogar ihr Glück. Sie sagen, wenn der Airbag sich geöffnet hätte, wäre sie eingeklemmt worden. Sie hätte keine Chance gehabt, lebend aus dem Wagen zu kommen. Aber auf jeden Fall sieht es so aus, als wäre sie direkt ins Wasser gefahren. Blutalkohol 0,0 Promille. Vielleicht haben die Bremsen versagt."

"Vielleicht hat sie versucht, sich umzubringen."

"Sie war angeschnallt."

"Vielleicht hatte sie keine Ahnung von Technik."

Hebbich schwieg.

"Ich sehe immer noch nicht, inwiefern das ein Fall für die Mordkommission ist. Wie wäre es, wenn Sie das Mädchen einfach fragen?"

"Wir können sie nicht fragen. Wie gesagt, sie erinnert sich an nichts. Ich habe mit Professor Golz gesprochen: retrograde Amnesie, ihr Zustand könnte noch Wochen anhalten. Niemand hat sie als vermisst gemeldet. Außerdem spricht sie nur Englisch."

Eve sah zur Decke. Das war es also. Ihre Englischkenntnisse.

"Frau Santer, Berlin ist Hauptstadt. Wir haben die Anweisung, derartige Vorkommnisse ernst zu nehmen. Sie war gut gekleidet, ein Burberry Trenchcoat, Pulli von Max Mara. Vielleicht gehört sie zum diplomatischen Corps. Wir können nicht die Tochter des amerikanischen Konsuls irgendwo in der Charité versauern lassen. Zehn Minuten nur."

Eve lachte. Zehn Minuten reichten noch nicht einmal aus, um in Berlin einen Parkplatz zu finden.

"Wir suchen das zuständige Konsulat, reichen sie weiter, alle sind glücklich. Frau Santer? Wenn Sie Glück haben, wird gerade jetzt eine Vermisstenmeldung aufgegeben. Und Sie haben etwas bei mir gut."

"Ich muss die Akte Gerlind noch vorbereiten, wir gehen nächsten Dienstag vor Gericht."

"Unsere Übersetzer sind ans BKA ausgeliehen. Und unser Budget für externe Mitarbeiter ist in diesem Quartal bereits überstrapaziert."

"Ich kann mich nicht daran erinnern, dass das BKA bei unserer letzten Anfrage derart kooperativ war."

Hebbich sprach weiter, als habe sie nichts gesagt.

"Andererseits können wir es uns nicht leisten, uns unterstellen zu lassen, wir würden die Sache leichtnehmen, weil es sich um eine Ausländerin handelt."

"Besonders, wenn die Ausländerin blond ist und einen Burberry trägt", murmelte Eve ungehalten. Aber sie wusste, dass sie verloren hatte.

Sie nahm die Akte und schlug sie wieder auf.

"Ich hätte meinen Kaffee gerne schwarz."

Eine halbe Stunde später saß Eve im Aufenthaltsraum vor einem Fernseher und schob die mit der Akte gelieferte Kassette in den Videorekorder. Die Aufnahmen stammten von einer Untersuchung der neurologischen Abteilung der Charité und waren für Dritte freigegeben.

Das Bild war von einer feststehenden Kamera von schräg oben aufgenommen und von erstaunlich guter Qualität. Davon abgesehen, erinnerte die Situation Eve stark an ihre eigenen Verhörmitschnitte: ein Tisch in der Mitte, sehr einfach, stabil und so schwer, dass er nicht angehoben werden konnte. Keine Lampen, Bücher, Blumentöpfe oder andere Einrichtungsgegenstände, die unter Umständen als Wurfgeschosse dienen konnten. Der Raum war kahl bis auf die Unterlagen, die der behandelnde Arzt mit in die Untersuchung brachte, und musste genauso hinterlassen werden. Eve nahm an, dass das Krankenhaus wie ihre Abteilung aus Fehlern gelernt hatte, und fragte sich, ob es in dem Raum auch roch wie bei ihnen: nach einer Mischung aus Desinfektionsmittel, Misstrauen und Angst.

Vielleicht bildete sie sich den Geruch aber auch nur ein.

Eve spulte vor, bis Bewegung ins Bild kam. Eine junge Frau wurde hereingeführt, von einem Pfleger leicht am linken Arm gehalten. Sie schien unsicher, hatte den Kopf leicht zwischen die Schultern gezogen und ging mit kleinen, leicht schlurfenden Schritten. Sie war überraschend groß, schlank, ohne zerbrechlich zu wirken. Sportlich, auf die langgliedrige Art einer Langstreckenläuferin oder Tänzerin. Die Beine, die aus einem ausgefransten Herrenbademantel hervorragten, waren muskulös.

Übung 1: Setzen Sie die folgenden Wörter an den richtigen Stellen ein.

(long, here, worry, cold, He, few)

"You can sit **1.** _____ and wait for the doctor. **2.** _____

will be here soon", sagte er in unbeholfenem Englisch.

"Okay", murmelte sie, "thank you. How **3.** _____ do you

think I will have to wait? It is a little bit **4.** _____ in

here, you know."

Der Pfleger zuckte die Schultern. "Please sit here and wait

for the doctor. He'll be here in a **5.** _____ minutes.

Don't **6.** _____."

Die Einsamkeit schien ihre Unsicherheit noch zu verstärken. Ihre Hände flatterten ziellos vor ihrem Gesicht; sie fanden nichts, woran sie sich festhalten konnten. Die Wände waren glatt und boten keine Ablenkung, es gab kein Bild, kein Fenster. Unwillkürlich suchten ihre Augen die Kamera. Sie ließ sich auf einen Stuhl gleiten und schob die Hände unter die Oberschenkel. Langsam schwankte ihr Körper vor und zurück.

Sie reagierte sofort, als die Tür sich öffnete, offensichtlich stand sie nicht unter Beruhigungsmitteln.

"Hallo." Der Arzt trug ein Tablett mit Kaffee in beiden Händen und schob die Tür mit der Hüfte zu. Er stellte das Tablett vorsichtig auf dem Tisch ab und setzte sich ihr gegenüber. Die junge Frau zog die Hände unter ihren Beinen hervor und nahm die Tasse, die er ihr anbot, mit einem angespannten Lächeln entgegen.

"I'm sorry. It took me longer than I thought. But I've brought you some coffee to **make up for it**, okay? I don't know **whether** you like your coffee black or with milk, strong or **weak** so I've brought some extra milk and sugar **along**. And some cheese and **biscuits**. Even a piece of cake."

Das Mädchen sah ihn an, ohne zu lächeln. Ihre leicht verfilzten Haare trug sie im Nacken zu einem nachlässigen Knoten gebunden. Das Gesicht war sehr jung, offen und ungeschminkt, hübsch, aber ohne besondere Merkmale: die Art von Gesicht, aus dem sich mit Make-up eine Schönheit machen lässt. Sie blickte die Tasse ein wenig misstrauisch

---

to make (made, made) up for it [ˌmeɪk / ˌmeɪd / ˌmeɪd ˈʌp fə ɪt] zur Entschädigung **whether** [ˈweðə] ob **weak** [wiːk] schwach **to bring (brought, brought) sth. along** [ˌbrɪŋ / ˌbrɔːt / ˌbrɔːt / əˈlɒŋ] etw. mitbringen **biscuit** [ˈbɪskɪt] Keks

13

an und nahm dann einen vorsichtigen Schluck. Sie verzog ihren Mund vor Widerwillen.

"**Maybe** you should put a **lump** of sugar in." Dr. Golz lächelte ihr aufmunternd zu und schob die Zuckerdose in ihre Richtung. Die junge Frau zögerte.

"I think I'll try it with some milk."

Dr. Golz beobachtete aufmerksam, wie sie ihren Kaffee trank. Das Mädchen brach in Tränen aus.

"This is terrible. I can't even remember how I like my coffee. Black? A **drop** of milk? Some sugar?"

Sie sprang auf, lehnte sich über den Tisch und sprach mit großer Eindringlichkeit.

"I'm so **unhappy**. I can't remember my name. I don't **recognize** my face in the **mirror**. Can you **imagine** how that feels?"

"I understand that you are worried. But it isn't **unusual** to have a **loss of memory** – **amnesia** – after a shock or an accident. Your memory will come back **eventually**."

Die junge Frau ließ sich nicht beirren. Eher schien es Eve, dass die Ruhe in seiner Stimme ihre Erregung weiter anfeuerte.

"Eventually! What if I have a baby waiting somewhere for me right now? It could be **starving to death** while we are sitting here. My baby could die!"

---

maybe ['meɪbiː] vielleicht **lump** [lʌmp] Stück **drop** [drɒp] Tropfen **unhappy** [ʌn'hæpɪ] unglücklich **to recognize** ['rekəgnaɪz] erkennen **mirror** ['mɪrə] Spiegel **to imagine sth.** [ɪ'mædʒɪn] sich etw. vorstellen **unusual** [ʌn'juːʒʊəl] ungewöhnlich **loss of memory** [ˌlɒs əv 'memərɪ] Gedächtnisverlust **amnesia** [æm'niːzɪə] Amnesie **eventually** [ɪ'ventʃʊəlɪ] eines Tages **to starve to death** [ˌstɑːv tə 'deθ] verhungern

Übung 2: Sind die folgenden Sätze wahr? Kreuzen Sie die zutreffenden Aussagen an.

1. ☐ The girl can't remember her name.
2. ☐ The girl is unhappy.
3. ☐ The girl is **fat**.
4. ☐ The girl speaks German.
5. ☐ The girl had an accident.
6. ☐ The girl is a teenager.

Dr. Golz blieb sehr ruhig und bestimmt.

"Now **calm down**. We **examined** you and we are certain that you have never been **pregnant**. Believe me, you don't have a baby."

"Well, maybe I have a **pet**. A dog or a cat. Maybe my cat **is dying** this very minute. *I just don't know!*"

"Cat or dog?"

Verärgert zog sie ihre Augenbrauen zusammen.

"**I beg your pardon?**"

"Do you have a cat or a dog?"

Das Mädchen schüttelte verwirrt den Kopf. Dr. Golz hatte ihr den Wind aus den Segeln genommen.

"I don't know", flüsterte sie.

"Maybe you have a dog. Maybe it **barks a lot** and **jumps** on your bed at night?"

"I would never let a dog jump onto my bed." Ihre Antwort kam schnell und bestimmt. "I think that's **disgusting**."

---

fat [fæt] dick **to calm down** [ˌkɑːm ˈdaʊn] sich beruhigen **to examine sb.** [ɪɡˈzæmɪn] jdn. untersuchen **pregnant** [ˈpregnənt] schwanger **pet** [pet] Haustier **to die** [daɪ] sterben **I beg your pardon?** [aɪ ˌbeg jə ˈpɑːdn] Entschuldigung, was sagten Sie? **to bark** [bɑːk] bellen **a lot** [ə ˈlɒt] oft **to jump** [dʒʌmp] springen **disgusting** [dɪsˈɡʌstɪŋ] ekelhaft

Dr. Golz konnte sein triumphierendes Lächeln nicht ganz unterdrücken, aber es war ein nettes Lächeln, das seine Augenwinkel erreichte. Als freue er sich für sie. Er ließ ihr ein wenig Zeit, bevor er weitersprach.

"Well, I **guess** you haven't got a dog then?"

"I'm sure I haven't got a dog. Is this the way you work?", fragte sie vorsichtig. Verwundert über die unerwartete, absolute Sicherheit, die sie gerade in sich entdeckt hatte, ließ sie sich auf ihren Stuhl zurücksinken.

Dr. Golz nickte. "The sooner we get you back into your old life, the better ..."

"Wow! Großartige Bildqualität."

Eve blickte auf und starrte ihren Kollegen Bessmann, der ihr über die Schulter sah, verwirrt an. Sie hatte ihn nicht kommen hören.

"Ich geh zum Italiener. Mittagessen. Es ist kurz nach halb zwei. Und in der Kantine gibt es heute elsässische Schlachtplatte."

Sie lachte über seinen Gesichtsausdruck. Elsässische Schlachtplatte gehörte nicht zu den Stärken des Küchenpersonals. Eve stellte den Videorekorder aus. Zu ihrer Überraschung bemerkte sie, dass sie Hunger hatte.

---

to guess [ges] schätzen

Two

Eve fühlte sich seltsam leicht, als sie im Wagen saß, auf dem Weg zur Psychiatrischen Abteilung der Charité, als ob sie in den Ferien wäre. Ihr fiel auf, dass es ein ungewöhnlich milder Tag für November war; fast warm genug, um noch in der Sonne zu sitzen. Manche der Passanten trugen keine Jacken, und wenn sie die Köpfe hoben, spiegelte sich die Sonne in ihren Sonnenbrillen, als habe jemand die Zeit zurückgestellt auf das Ende des Sommers.

Es war ein Fall, der ohne Leiche begonnen hatte, ohne bläuliches, kaltes Fleisch oder Schritte, deren Schall von den weißen Kacheln der Autopsieräume zurückgeworfen wurde. Sie legte den Kopf in den Nacken und spürte Wind auf dem Gesicht. Zwischen den allerletzten Blättern der Bäume war der Himmel blau und voller Licht.

Eve hatte noch eine halbe Stunde Zeit. Sie suchte ein Restaurant am Wasser und sah hinaus auf die glänzende Oberfläche der Spree. Sie schlug die Akte auf und legte sie neben ihren doppelten Espresso. Die Informationen waren spärlich.

Selbstbeschreibung Patientin 374/11/06
I'm **blonde**, about 5 **feet** 8 **inches** tall, **approximately** 22 years old, and I **weigh** 55 kilograms. I guess I'm quite **pretty**. I've got three tattoos. There's an **eagle** on the top of my left arm and a Japanese fish, a koi, on my right shoulder. The third tattoo is **rather** strange – just a number:

---

blonde [blɒnd] blond **foot** [fʊt] Fuß **inch** [ɪntʃ] Zoll **approximately** [əˈprɒksɪmətlɪ] ungefähr **to weigh** [weɪ] wiegen **pretty** [ˈprɪtɪ] hübsch **eagle** [ˈiːgl] Adler **rather** [ˈrɑːðə] ziemlich

2026. Maybe it's part of a telephone number? I'**m** not **wearing** any **jewellery** – no **earrings** or rings. But I do have nice hands. My **fingernails** are short and **unvarnished**. I am not a **Barbie doll**. I think I like running and swimming. Maybe I'm an **athlete**.

Eve ließ die Akte sinken und sah ihre Hände an. Auch auf sie schien diese Beschreibung zuzutreffen. Was hätte sie sonst noch zu sagen, wenn sie an das Gesicht dachte, das sie jeden Morgen sah, wenn ihre Hand nach dem Duschen den milchigen Spiegel blank wischte? Mittellanges Haar, meist fransig, immer eigentlich: ein ewiger Kampf. Praktisch, ja, und sportlich, obwohl sie ein wenig zugenommen hatte, seit sie vor zwei Jahren mit dem Rauchen aufgehört hatte. Eine Nase, die leicht schief im Gesicht saß seit dem Splitterbruch vor fünf Jahren. Leicht abstehende Ohren und ein Busen, den ihr erster Freund besonders geliebt hatte.

An was würde sie sich erinnern können? An ihren Mann oder an seine Beerdigung? Wie fühlte es sich an, sich an nichts zu erinnern?

Eve schloss die Augen und fühlte die Sonne auf dem Gesicht. Diese Tage waren zu selten, um sie zu verschwenden. Jede einzelne Sekunde sollte man genießen. Hier und jetzt.

Ihr Hochgefühl hielt an, bis sich die automatischen Türen der Charité mit leisem Zischen hinter ihr schlossen.

---

to wear (wore, worn) sth. [weə / wɔː / wɔːn] etw. tragen **jewellery** [ˈdʒuːəlrɪ] Schmuck **earring** [ˈɪərɪŋ] Ohrring **fingernail** [ˈfɪŋɡəneɪl] Fingernagel **unvarnished** [ʌnˈvɑːnɪʃt] unlackiert **Barbie doll** [ˈbɑːbɪ dɒl] Barbiepuppe **athlete** [ˈæθliːt] Sportlerin

Übung 3: Finden Sie die passende Bezeichnung – tragen Sie den richtigen Buchstaben ein.

1. You can wear it on your finger	☐ **a.** shoulder
2. A kind of bird	☐ **b.** mirror
3. A Japanese fish	☐ **c.** grandmother
4. A favourite pet	☐ **d.** eagle
5. Your mother's mother or your father's mother	☐ **e.** dog
6. You can see your face in a ...	☐ **f.** ring
7. You can find this between your head and your arm	☐ **g.** koi

Dr. Golz erwartete sie bereits am Eingang der Psychiatrischen Abteilung, als sie aus dem Aufzug trat. In den Zimmern hinter ihm war alles ruhig, als er Eve den Gang hinunterführte.

"Sie ist im Augenblick noch einmal unten in der Notaufnahme, für einen kurzen Blick auf ihre Fäden – die Kopfwunde wurde mit einigen Stichen genäht, wie Sie wissen. Sie sollte aber in einer Viertelstunde zurück sein. Wenn Sie wollen, rufe ich unten an, damit es schneller geht."

Eve lächelte. "Danke, aber ich glaube nicht, dass das nötig ist. Ich hätte mich sowieso gerne zuerst mit Ihnen unterhalten."

Kurze Zeit später saß sie Dr. Golz in dem Behandlungszimmer gegenüber, das sie bereits im Video gesehen hatte.

"Sie können die Unterlagen durchsehen, wir haben die schriftliche Zustimmung der Patientin. Zuerst einmal: Ihre Amnesie scheint echt zu sein."

Eve sah ihn verwirrt an. "Gibt es auch unechte?"

Golz grinste. "Haben Sie Kinder?" Er nickte, als er das Verständnis auf Eves Gesicht sah. "Sie würden sich wundern, wie oft das vorkommt. Das Prinzip ist das gleiche: Ich war es nicht. Ihr könnt mir nichts beweisen. Erst ist es das eingeworfene Garagenfenster, dann die verpasste Examensprüfung an der Universität. Dann gibt es natürlich noch die Fälle, in denen die Patienten sich durchaus erinnern können, es sich selbst aber nicht eingestehen wollen."

"Und diesen Fall können Sie hier ausschließen?"

Golz nickte. "Was den heutigen Stand der Diagnostik betrifft, mit an Sicherheit grenzender Wahrscheinlichkeit. Bis auf die Amnesie scheint sie psychisch völlig gesund zu sein. Der beste medizinische Rat, den ich geben kann, lautet, noch etwas zu warten. Unser erstes Anliegen besteht darin, ihre Identität festzustellen, damit die Patientin Kontakt mit ihrem alten Leben aufnehmen kann. Freunde, Familie, der alte Job, die Schule ... Meist kommen die Erinnerungen dann sehr schnell von allein wieder. Was allerdings in ihrem Fall etwas schwierig ist ..." Er blätterte einen Stapel von Formularen und Ausdrucken durch, teils handschriftlich verfasst, teils getippt oder gedruckt.

"Wir waren nicht sehr erfolgreich." Dr. Golz grinste entschuldigend. "Den Akzent hat keiner von uns erkannt – reines MTV, würde ich sagen. International wie ihr Musikgeschmack oder ihre Essensvorlieben. Ich denke, reines Britisch oder Irisch war es nicht – das hätte ich nämlich nicht verstanden."

Er schob die Ausdrucke achtlos zur Seite.

"Lassen Sie mich sehen ... Das könnte interessant für Sie sein. Wir haben versucht, ihre Nationalität festzustellen, damit wir uns wenigstens an ein Konsulat wenden können. Wir haben einige Fragen aus dem Internet gesucht."

Eve überflog die Papiere, die Golz ihr über den Tisch reichte. Es waren simple Fragen zu den verschiedenen englischsprachigen Nationen. "One of the **traditional** music instruments of ---- is called a didgeridoo", las sie.

---

traditional [trəˈdɪʃnəl] traditionell

Übung 4: Wie nennt man die Staatsbürger der folgenden Länder? Tragen Sie die Bezeichnungen ein, wie im Beispiel vorgegeben.

In wie vielen dieser Länder ist die Landessprache Englisch?

1.	Great Britain	*the British*
2.	Germany	
3.	France	
4.	Canada	
5.	Spain	
6.	Italy	
7.	Australia	
8.	New Zealand	
9.	U.S.A.	
10.	Scotland	

The number of countries where English is the main language spoken: _____

"Es ging uns erst einmal darum, die Möglichkeiten einzuschränken", sagte Golz. "Damit wir genauer wissen, wo wir suchen müssen. Ich denke, das ist auch in Ihrem Interesse." Eve nickte.

"Die Fragen waren sehr einfach. Wir wollten lediglich sehen, wie schnell sie reagiert – ob sie sich bei der Beantwortung auf gelebte Erinnerung stützt oder auf angelerntes Wissen. Wir haben die Zeit gestoppt."

Eve beugte sich wieder über das Papier. Vier Fragen waren

in weniger als fünf Sekunden beantwortet worden. Die Antworten lauteten Neuseeland und Australien.

"Ich glaube nicht, dass sie Amerikanerin ist", fuhr Golz fort. "Frage neun hat sie nicht gelöst, den **Mardi Gras** in New Orleans. Eine Amerikanerin hätte das eigentlich wissen müssen. Und für Frage zehn hat sie recht lange gebraucht: **Britannia rule the waves** – ich glaube, eine Britin hätte das sofort erkennen müssen. Die singen das doch immer noch jeden Tag in der Schule, oder nicht?"

Eve schüttelte den Kopf. "Ich glaube, das verwechseln Sie mit Amerika. Fahneneid und Nationalhymne. Aber sicher bin ich da nicht."

"England und Irland haben wir schon wegen des Akzents ausgeschlossen. Für die Fragen nach Südafrika hat sie lange gebraucht und sie war sich nicht sicher. Ich würde nicht mein letztes Hemd darauf verwetten, aber ich tippe auf Neuseeland oder Australien. Schon weil sie wusste, dass der **Platypus** ein in Australien lebendes Säugetier ist."

Die Antwort war in einer feinen, leicht nach rechts geneigten Handschrift eingetragen.

"Frage acht hat sie auch beantwortet", sagte Eve. "'The **nation** in which you are forbidden to bring in **spices** and **corn**.' Neuseeland. Stimmt das wirklich?"

Dr. Golz nickte. "Da scheint es ein relativ anfälliges Ökosystem zu geben. Und ich habe mal gelesen, dass sie den viertgrößten angepflanzten Fichten- oder Kiefernwald weltweit haben

---

Mardi Gras [ˌmɑːdɪ ˈɡrɑː] Karneval **Britannia rule the waves** [brɪˈtænjə ruːl ðə ˈweɪvz] Beherrsche die Meere, Großbritannien **platypus** [ˈplætɪpəs] Schnabeltier **nation** [ˈneɪʃn] Land **spice** [spaɪs] Gewürz **corn** [kɔːn] Mais

... aber egal. Jedenfalls keine Frage, die man so einfach aus dem Allgemeinwissen heraus beantworten könnte."

"Hm – Neuseeland also?"

"Oder Australien. Eine Reise in das andere Land ist für viele Leute dort so selbstverständlich wie für uns eine Fahrt nach Italien. Aber wohlgemerkt, ich bin nicht sicher. – Ach, und da wäre noch etwas."

Er suchte einen weiteren Ausdruck heraus und reichte ihn Eve. Es war die Abschrift eines Gesprächs.

Patient: "Water? What do you **mean**?"

Dr Golz: "Just say something. Anything. What's the first thing you think of when you hear the word water?"

Pause. Patient zögernd, aber ohne große emotionale Beteiligung.

Patient: "Fun ... **beaches** ... **waves**."

Dr Golz: "What about **darkness**? **Drowning**?"

Patient: "Yes ... it's strange, really. I remember sitting in a car and the water was **rushing in**. But my **gut feeling** about water is – that it's fun."

Eve sah Golz fragend an.

"Ich denke, sie war Sportlerin. Eigentlich hätte sie eine Todesangst haben müssen. Aber Wasser war ihr das ganze Leben lang vertraut, das sitzt offensichtlich tiefer ... und hat ihr vielleicht das Leben gerettet. Sie muss irgendwo in der Nähe von Wasser gelebt haben."

Sie wurden von einem leisen Klopfen unterbrochen.

---

to mean (meant, meant) sth. [miːn / ment / ment] etw. meinen
beach [biːtʃ] Strand **wave** [weɪv] Welle **darkness** ['dɑːknəs]
Dunkelheit **to drown** [draʊn] ertrinken **to rush in** [ˌrʌʃ 'ɪn]
eindringen **gut feeling** ['gʌt fiːlɪŋ] Bauchgefühl

"Dr. Golz?" Die Stimme des Mädchens war fast noch leiser als auf dem Video, eine volle Altstimme, überraschenderweise ein wenig rauchig.

"The nurse told me you were waiting for me. But I can come back another time if you are busy."

"Actually, we were waiting for you. My name is Eve Santer." Eve erhob sich und schüttelte der jungen Frau die Hand.

Das Mädchen erwiderte ihren Händedruck mit einem festen Griff und lächelte höflich. Ihre Augen blieben unbeteiligt.

"Nice to meet you. What do you want?"

"I want to help you find out who you are. I have some **experience identifying** people."

Eve war froh, dass die junge Frau sich nicht genauer erkundigte, worin diese Erfahrung wirklich bestand. Normalerweise begann die Arbeit damit, Zahnschemata und die Zeichen alter Verletzungen aus der Pathologie durchzusehen.

Stattdessen fragte das Mädchen: "Are you from the American **embassy**?"

Eve schüttelte den Kopf. "I'm a policewoman. My father was an officer in the US **Air Force**. He **was stationed** in Böblingen. That's in South Germany, **close to** Stuttgart. I guess, I **inherited** his accent."

"**I see**", antwortete das Mädchen. Ihr Gesicht blieb ausdruckslos. Eve hätte sich ins Gesicht schlagen können. In nur wenigen Sätzen hatte sie das Mädchen an das erinnert, was sie selbst nicht hatte: einen Namen, einen Beruf und eine Vergangenheit.

---

experience [ɪkˈspɪərɪəns] Erfahrung **to identify sb.** [aɪˈdentɪfaɪ] jdn. identifizieren **embassy** [ˈembəsɪ] Botschaft **Air Force** [ˈeə fɔːs] Luftwaffe **to be (was/were, been) stationed** [bi: / wɒz /wɜː / biːn ˈsteɪʃnd] stationiert sein **close to** [ˈkləʊs tə] in der Nähe von **to inherit** [ɪnˈherɪt] erben **I see.** [ˌaɪ ˈsiː] Verstehe.

Übung 5: Beantworten Sie die folgenden Fragen wie im Beispiel in kurzen Sätzen mit "Yes" oder "No".

1. Is the girl German?

   No, she isn't.

2. Is Dr Golz the girl's doctor?

   _____

3. Does the girl like water?

   _____

4. Is the girl athletic?

   _____

5. Does Eve have an American accent?

   _____

6. Was Eve's father a policeman?

   _____

7. Has the girl got any jewellery?

   _____

8. Can the girl remember playing an instrument?

   _____

9. Does the girl have a tattoo on her foot?

   _____

10. Can you play the didgeridoo?

   _____

"Have you remembered anything else?"

"**I'm afraid not** – **except** that I like Robbie Williams." Sie lachte unsicher. "And I don't think I'm a student here in Berlin. I've been looking at pictures of the universities, and I didn't recognize a thing." Ihre Stimme hatte zu zittern begonnen. Eve fiel auf, dass ihre Fingernägel bis auf das Fleisch abgekaut waren.

"I'm sorry. It's awful not being able to remember anything."

"Your memory **will improve** when we find your home and your family. I promise." Golz lächelte sie an.

"I will start checking with the embassies tomorrow", versicherte ihr Eve.

"Yes. Thank you. You've been very kind." Sie wischte sich mit dem Ärmel über die Augen, eine sehr kindliche Geste, die Eve an die fünfjährige Tochter ihrer Cousine erinnerte. Katrin, ihre eigene Tochter, war gerade dreizehn geworden.

"Do you have a headache?", fragte Dr. Golz seine Patientin sanft.

Sie zuckte mit den Schultern. "A **slight** headache."

"Well, you **are recovering** from **concussion**. I guess you have had enough for today. Why don't you go and have some coffee while I talk to Mrs Santer for a few minutes. Then we will take you back to your room."

Sie sah nicht aus, als läge ihr viel daran, Kaffee zu trinken – ein Rat, der Eve darüber hinaus medizinisch fragwürdig erschien –, aber sie schenkte sich höflich eine halbe Tasse ein, während Dr. Golz Eve Santer hinaus auf den Gang begleitete.

––––––––

I'm afraid not. [aɪm əˌfreɪd 'nɒt] Leider nicht. **except** [ɪk'sept] außer **to improve** [ɪm'pruːv] sich verbessern **slight** [slaɪt] leicht **to recover** [rɪ'kʌvə] sich erholen **concussion** [kən'kʌʃn] Gehirnerschütterung

"Das ist mir jetzt ein wenig peinlich", gestand er, als er die Tür zum Besprechungszimmer hinter sich geschlossen hatte, "aber andererseits denke ich, dass Sie das Problem verstehen. Medizinisch gesehen habe ich im Augenblick keinen Grund, sie hier auf der Station zu behalten. Die Notaufnahme hat sie offiziell entlassen; sie wird aufgrund der Gehirnerschütterung noch einige Tage Kopfschmerzen haben, allerdings nichts, was überwacht oder behandelt werden müsste. Und wir wissen noch nicht einmal, ob sie überhaupt krankenversichert ist."

Er schwieg betreten. Eve ahnte, worauf er hinaus wollte.

"Ich will nicht gefühllos sein, aber wir können es uns eigentlich nicht erlauben, sie noch länger hierzubehalten. Zumindest nicht in einem Einzelzimmer. Ich müsste sie auf die offene Station in ein Viererzimmer verlegen, und glaube ich nicht ... Ich glaube nicht, dass diese Umgebung das Richtige für sie wäre."

Golz sah zur Tür und schwieg. Eve kannte das Gefühl, gezwungen zu sein, gegen seine Überzeugungen zu handeln, weil für die erforderlichen Maßnahmen kein Geld vorhanden war.

"Vielleicht hat Ihre Abteilung eine Möglichkeit, sie unterzubringen?"

"Bei unserem Etat könnte ich sie jederzeit problemlos in eine Ausnüchterungszelle stecken."

"War ja nur eine Idee." Golz ging vor, um sie zum Aufzug zu bringen.

Eve dachte an den Stau in der Innenstadt, die sie morgen wieder durchqueren müsste, daran, wie es wäre, selbst eine Nacht in der Psychiatrie verbringen zu müssen. Den letzten Ausschlag gab die Geste, mit der das Mädchen sich die Tränen abgewischt hatte.

Three

Am Abend des nächsten Tages saß die junge Frau an Eves Küchentisch.

"I will start checking with the embassies tomorrow. **Someone must have approved** your **visa** somewhere, and as your German isn't too good yet, I guess you arrived **recently**.

Übung 6: Unterstreichen Sie das passende Verb.

So I **1.** *(know/hope)* I can **2.** *(find/fall)* out who you are today. Just **3.** *(travel/stay)* here and **4.** *(relax/remember)*. You can **5.** *(write/read)* a book if you **6.** *(love/like)*. I will **7.** *(take/put)* a new **toothbrush** in the bathroom and **8.** *(lose/leave)* a **spare key** on the kitchen table. Perhaps you will **9.** *(want/forget)* to **10.** *(come/go)* for a walk.

Katrin will be back after school, and she will be **thrilled** if you are still here."

Das Mädchen lächelte schüchtern. "I will be. It's not as if I have anywhere to go."

"Then let me show you the guest room."

"I ... thank you, Eve. Thank you so much. I always thought Germans were impolite and rather **unemotional**. And here you are – you don't even know me ..."

Das brachte Eve zum Lachen.

---

someone must [ˌsʌmwʌn ˈmʌst] jemand muss **to approve sth.** [əˈpruːv] *hier:* etw. erteilen **visa** [ˈviːzə] Visum **recently** [ˈriːsntlɪ] vor Kurzem **to relax** [rɪˈlæks] sich entspannen **toothbrush** [ˈtuːθbrʌʃ] Zahnbürste **spare key** [ˌspeə ˈkiː] Ersatzschlüssel **thrilled** [ˈθrɪld] begeistert **unemotional** [ˌʌnɪˈməʊʃnəl] emotionslos

"**No big deal**. It's not the first time that somebody has stayed overnight, you know. **Besides**, Katrin likes you. Her English will improve, and believe me, her teachers tell me she has to improve quickly."

Sie öffnete eine Flasche Rotwein.

"This could be a great **opportunity** for you, don't you think?", fragte sie.

Das Mädchen schob ihr Glas über den Tisch. "I beg your pardon?"

"**In a way** you are just like a baby – you are just a few days old now. You could become anybody – a pilot, a **vet** ... even an **accountant**. Aren't you **curious**?"

Übung 7: Verneinen Sie das Verb in den folgenden Aussagen, wie im Beispiel vorgegeben.

1. She is curious.

   She isn't curious.

2. She has got a headache.

   _____

3. She can remember everything.

   _____

4. She is German.

   _____

No big deal. [nəʊ ˌbɪg 'diːl] Das ist nichts Besonderes. **besides** [bɪ'saɪdz] außerdem **opportunity** [ˌɒpə'tjuːnətɪ] Chance **in a way** [ˌɪn ə 'weɪ] gewissermaßen **vet** [vet] Tierärztin **accountant** [ə'kaʊntənt] Buchhalterin **curious** ['kjʊərɪəs] neugierig

5. Cats bark.

_____

6. She drinks her coffee with sugar.

_____

7. Dr Golz is a policeman.

_____

8. Eve knows who the girl is.

_____

"Curious? No. Just **frightened**", sagte das Mädchen.
Eve drehte ihr Weinglas zwischen den Handflächen und sah
aus dem Fenster.
"I wish I was as free as you ... I was twenty-four when I had
my daughter. The first years **were a struggle**." Sie beugte sich
vor und stellte das Weinglas auf den Tisch.
Die junge Frau schwieg immer noch.
"Today I have to pay bills and buy new things for Katrin –
don't **misunderstand** me, I like my job and family, but there
is not much room for change. But **the world is your oyster**.
Sometimes I **wonder** what **would have happened** if things
had been different. Everybody does. And you are one of the
few who will get a chance to change your life."

_____

to be frightened [bi: ˌfraɪtnd] Angst haben **to be a struggle**
[bi: ə ˈstrʌgl] anstrengend sein **to misunderstand (misunderstood,
misunderstood) sb.** [ˌmɪsʌndəˈstænd / ˌmɪsʌndəˈstʊd / ˌmɪsʌndəˈstʊd]
jdn. falsch verstehen **The world is your oyster.** [ðə ˈwɜːld ɪz yər ˈɔɪstə]
hier: Die Welt ist eine Wundertüte. **to wonder** [ˈwʌndə] sich fragen
to happen [ˈhæpn] geschehen **different** [ˈdɪfrənt] anders

"Maybe you'll change your life too. Katrin will be grown up in a few years."

Eve schüttelte den Kopf.

"I will be **financially responsible** for her for another ten years. And after that, my mother will be about seventy, so I'll have to take care of her. There will be changes, of course. But small changes – something like **joining** a **drama group** or taking up **gardening**. Nothing **revolutionary**."

"Maybe tomorrow I'll meet my **fiancé**. And I won't recognize him. What do you think of that?"

"He'd give you all the time you need."

"Yes, and **in the meantime** he'd ask me to **do the laundry** and **pick up** his shirts from the **dry cleaner's**!"

Eve lachte. "Do you think you won't like him then? Your **personality** hasn't changed, after all."

"Maybe I am Ethel, a **catholic nun**", meinte das Mädchen. "On a **mission** into the deepest African **jungle**."

"Or Millicent, the accountant."

---

financially [faɪˈnænʃəlɪ] finanziell **responsible** [rɪˈspɒnsɪbl] verantwortlich **to join sth.** [dʒɔɪn] bei etw. mitmachen **drama group** [ˈdrɑːmə gruːp] Theatergruppe **gardening** [ˈgɑːdnɪŋ] Gartenarbeit **revolutionary** [ˌrevəˈluːʃənərɪ] weltbewegend **fiancé** [fɪˈɒnseɪ] Verlobter **in the meantime** [ɪn ðə ˈmiːntaɪm] in der Zwischenzeit **to do (did, done) the laundry** [duː / dɪd / dʌn ðə ˈlɔːndrɪ] Wäsche waschen **to pick up sth.** [ˌpɪk ˈʌp] etw. abholen **dry cleaner's** [ˈdraɪ ˌkliːnəz] Reinigung **personality** [ˌpɜːsəˈnælɪtɪ] Persönlichkeit **catholic** [ˈkæθlɪk] katholisch **nun** [nʌn] Nonne **mission** [ˈmɪʃn] Missionsreise **jungle** [ˈdʒʌŋgl] Dschungel

Übung 8: Ordnen Sie den folgenden Tätigkeitsbeschreibungen die passende Berufsbezeichnung zu. Tragen Sie den richtigen Buchstaben in das Kästchen ein.

1. She works in a school.   ☐ **a.** policewoman
2. She works in an office.   ☐ **b.** pilot
3. She catches criminals.   ☐ **c.** gardener
4. She works in a hospital.   ☐ **d.** teacher
5. She flies planes.   ☐ **e.** accountant
6. She looks after **plants**.   ☐ **f.** vet
7. She helps animals.   ☐ **g.** doctor

Eve musste lachen. "Meredith the **mobster**. Here. Have some more wine."

Sie nahm einen weiteren Schluck und sagte nachdenklich: "I **hated** my name when I was a kid. 'Eve' **sounded** old-fashioned and **boring**. I wanted to have an **exotic** name ending with 'a'. Like a Russian **princess**."

"Ending with 'a'?"

"Arabella. Isabella. Natasha. Natasha was my favourite for a while. Until a **neighbourhood boy** said that my ears were as big as Dumbo's. That's what everybody called me."

"Dumbo, the flying elephant? That's a **tough** one."

"A bad memory."

"Yes", sagte das Mädchen, plötzlich nachdenklich. "I **had forgotten** about those."

---

plant [plɑːnt] Pflanze **mobster** (AE) ['mɒbstə] Gangster **to hate sth.** [heɪt] etw. hassen **to sound** [saʊnd] klingen **boring** ['bɔːrɪŋ] langweilig **exotic** [ɪɡ'zɒtɪk] exotisch **princess** [ˌprɪn'ses] Prinzessin **neighbourhood boy** ['neɪbəhʊd bɔɪ] Junge aus der Nachbarschaft **tough** [tʌf] übel **to forget (forgot, forgotten)** [fə'get / fə'gɒt / fə'gɒtn] vergessen

Sie schrie, den Kopf halb im Kissen vergraben, den Rücken so weit hochgestemmt, dass ihr Körper sich fast von der Matratze hob. Die Bettdecke zwischen ihren Beinen war ein verknoteter Klumpen, der Stoff zum Zerreißen gespannt. Unter den halb geöffneten Augenlidern zuckten die Pupillen hin und her.

"Schhhht." Im Halbdunkel versuchte Eve, noch ganz benommen, die Arme des Mädchens zu fassen. Ein Handrücken traf sie ins Gesicht. Sie kämpfte mit größerer Wut, als Eve erwartet hatte, sie musste ihre ganze Kraft aufbringen, um sie auf dem Bett zu halten. Oder war es Panik? Die Fingerknöchel waren in die Bettdecke gekrallt, weiß vor Anstrengung.

"Leave me alone. I've got to get to it. *I've got to get it! I know it's there!*"

Eve nahm den Kopf des Mädchens zwischen ihre Hände und strich ihr die Haare aus der Stirn.

"It's okay. Everything's fine. Es ist alles in Ordnung. I am here, don't worry. I'm here. Shhh", murmelte sie sanft. "There, there."

"Mama?" Im Flur ging die Lampe an.

Das Mädchen beruhigte sich, aber in dem Licht, das aus dem Flur ins Zimmer fiel, sah Eve, dass ihre Augen immer noch glasig waren.

"Mama, was ist denn los?"

In der Tür stand Katrin, ihre Haare klebten an ihren Wangen, feucht vom Schlaf.

"Nichts. Sie hatte einen Albtraum, das ist alles. Geh wieder ins Bett."

Katrin kam näher. "Aber sie sieht krank aus."

"Sie schläft noch, auch wenn ihre Augen offen sind. Ich kenne das noch von dir, du hattest ständig solche Albträume, als du klein warst."

"Bist du sicher?"

"Geh ins Bett, Katrin, bitte. Ich habe keine Lust, jetzt auch noch mit dir zu diskutieren", sagte Eve müde. Der Radiowecker neben dem Bett zeigte 3 Uhr 31 an. "Und ja, ich bin sicher. Wahrscheinlich erinnert sie sich morgen an nichts. Lass bitte das Licht im Flur an, okay?"

Katrins nackte Füße huschten über die Holzdielen, ein unverwechselbares Geräusch. Es hatte Zeiten gegeben, als dieses Geräusch sie fast jede Nacht geweckt hatte. Eve lächelte – die Erinnerung ist wie ein Hund, der sich niederlegt, wo er will. Wer hatte das noch mal geschrieben?

"Eve?"

Eve drehte sich wieder zum Bett um. Im Halbdunkel wirkten die Augen des Mädchens riesig, feucht und rund wie die Augen eines jungen Seehunds. Kurz bevor ihn ein Knüppel trifft, dachte Eve kurz.

"Yes?"

Das Mädchen schloss die Augen. Tränen rannen unter ihren geschlossenen Lidern hervor, ihr Gesicht war nass davon.

Eine halbe Stunde später saßen die beiden in der Küche, Eve im alten Morgenmantel ihres Mannes, das Mädchen in eine Decke gehüllt. Zwischen ihnen flackerte ein Teelicht in einem Porzellanstövchen.

"Have you ever had a dream where you forgot something?", fragte das Mädchen. Sie sprach langsam, ihre Hände waren fest um die Teetasse geschlungen.

"**For instance**, you want to go out, but you can't find your key? Or you have an **appointment**, but you don't know where. You run for a bus, but you miss it ..."

---

for instance [fər ˈɪnstəns] zum Beispiel **appointment** [əˈpɔɪntmənt] Termin

"You decide to take the train but you miss that too." Eve kannte den Traum.

Das Mädchen nickte. " You just don't make any progress. But you know there's something urgent that you must do."

Übung 9: Bringen Sie die Sätze ins Past Simple, wie im Beispiel vorgegeben. Beachten Sie, dass einige der Verben unregelmäßig sind.

1. I go to bed.

   I went to bed.

2. I fall asleep.

   _____

3. I have a dream.

   _____

4. In my dream I'm in my car.

   _____

5. I have an accident.

   _____

6. I try to find something.

   _____

7. I can't find it.

   _____

8. I feel afraid.

   _____

9. I start to cry.

_____

10. Then I wake up.

_____

Eve merkte, dass ihre Hände von ganz allein den Weg zur Küchenschublade gefunden hatten, in denen früher ihre Zigaretten lagen. Eine Erinnerung an Tabakgeruch stieg in ihr hoch, und sie spürte Bedauern, als sie die Schublade entschieden wieder zurückschob. Sie nahm einen Zahnstocher vom Tisch und steckte ihn sich zwischen die Zähne, bevor sie weitersprach.

"I had dreams like that during my **final exams**."

"Yes. I had them when I was at school. But this time it was different. Much **scarier**." Ihre Stimme war leise geworden. Eve schwieg. Auf der Straße fuhr ein Auto vorbei; seine Scheinwerfer zogen eine leuchtende Spur über die Zimmerdecke und verschwanden.

"I was dying. I was looking for something. But I just couldn't find it. And it was getting darker and darker all the time." Das Mädchen zog die Decke enger um sich.

"Do you know what you were looking for?"

Sie schüttelte den Kopf. Sie fasste nach dem Teelicht, tauchte vorsichtig einen Finger in das heiße Wachs und sah zu, wie es auf ihrer Fingerkuppe langsam weiß wurde und erstarrte. Dann löste sie die Kappe von ihrem Finger und ließ sie zurückfallen. Sie schwamm noch ein wenig im flüssigen

_____

final exam [ˌfaɪnəl ɪɡˈzæm] Abschlussprüfung **scary** [ˈskeərɪ] unheimlich

Wachs der Kerze, wie ein untergehender Eisberg, wurde transparent an den Rändern und versank.

"No, I can't remember."

Übung 10: Das Mädchen kann sich nur bruchstückhaft erinnern – ergänzen Sie die folgenden Sätze. Der erste Buchstabe des gesuchten Begriffs ist angegeben.

1. Everything around her is black and w _ _.

2. The water is coming in through the doors and

w _ _ _ _ _ _.

3. She can't see her f _ _ _ any more.

4. She doesn't feel c _ _ _.

5. The car is s _ _ _ _ _ _ now.

6. She must stay c _ _ _.

Four

Als Eve am Morgen aus der Haustür trat, war es empfindlich kühl geworden. Kleine Atemwolken wehten vor ihrem Gesicht wie Rauch. Der Wagen war kalt, aber noch nicht mit Raureif bedeckt. Zeit für Winterreifen, dachte Eve, Zeit für so vieles, was in letzter Zeit liegen geblieben war. Die Tage schienen immer zu kurz zu sein, und es lag nicht nur an der herbstlichen Dunkelheit.

Sie schaltete das Autoradio ein, sobald sie die Hauptstraße erreicht hatte. Sie hatte noch den letzten Song im Ohr, als sie durch die Sicherheitsschleuse am Haupteingang des Präsidiums schritt.

Oben waren die Gänge leer, der Schreibtisch ihres Kollegen Bessmann übersät mit Pappbechern, sein Drucker forderte rhythmisch blinkend neues Papier. Durch den Flur zog ein kaum wahrnehmbarer Geruch von altem Fett und Fisch. Der Kaffee in der Küche war am Ende der Nachtschicht wie Teer, schwarz und völlig undurchsichtig.

Eve nahm sich die letzte saubere Tasse und ging in ihr Büro. Über ihren Schreibtisch kringelten sich Lagen von Faxpapier, sodass sie keinen Platz fand, ihre Tasse abzustellen. Angewidert hob sie einen Zettel hoch, um ihn zu überfliegen:

Brittany Dolgren, geb. 1957
Tourist

Der Einreisestempel zeigte ein Datum vom vergangenen Februar. Sie zog die nächsten Seiten aus dem Stapel:

Tania Maria Smith, geb. 1966
Tourist

Heather Greenwood, geb. 1949
Tourist

Eve ließ die Faxe sinken. Offensichtlich hatten die Botschaften auf ihre Anfrage reagiert, allerdings ohne sich die Mühe zu machen, die Anträge genauer zu sortieren. Stattdessen hatten sie einfach alles geschickt, was ihre Datei hergab, sogar einen Antrag für die Heimatüberführung einer Leiche. Die Fotos waren körnig und schlecht zu erkennen. Eve begann Mitleid mit den Kollegen von Zoll und Einwanderungsbehörde zu bekommen.

Die deutsche Botschaft in Washington hatte mit Hinweis auf den Datenschutz Unterlagen für ein achtseitiges kleingedrucktes Amtshilfegesuch gemailt, zweisprachig und gespickt mit juristischen Fachwörtern. Eve ließ den Kopf auf die Tischplatte sinken.

Eine Stunde später saß sie Everet Rampert, dem zweiten Assistenten des australischen Botschafters, gegenüber und nahm den Kaffee entgegen, den eine zierliche Angestellte ihr reichte.

Sie war der Empfehlung von Dr. Golz gefolgt: Neuseeland oder Australien. Die australische Botschaft war dem Polizeipräsidium um etliche Kilometer näher als die neuseeländische, deshalb war sie hier. Eve schwenkte vorsichtig die Tasse und sah zu, wie die schwarze Flüssigkeit sich schwerfällig bewegte. Der Kaffee hatte einen leichten Rand aus Schaum, auf der Untertasse lag ein kleines Stück Schweizer Schokolade. Der Tag draußen wirkte bereits weniger düster als eben noch. Draußen im Vorgarten waren zwei ältere Männer damit beschäftigt, die letzten Blätter aus den Beeten zu rechen, bevor sie die Rosen mit Tannenzweigen bedeckten.

"Meine Assistentin hat mir berichtet, dass Sie nach einer

Vermissten suchen, bei der es sich um eine australische Staatsbürgerin handeln könnte?"

Eve nickte der Angestellten dankend zu und wandte sich wieder an ihren Gesprächspartner. Sein Kopf schien zu dicht an den Schultern zu sitzen, der Kragen seines Hemdes hatte die Haut an seinem Hals rot gescheuert. Seine Finger waren kurz und so fleischig, dass die Haut über den Gelenken kleine Gruben bildete.

Eve nickte. "Ja. Unglücklicherweise leidet die Betreffende unter einer Amnesie. Sie ist bisher nicht in der Lage, uns bei unseren Ermittlungen zu unterstützen."

"Wie lange, sagten Sie, wird sie schon vermisst? Drei Tage?" Rampert lehnte sich zurück und knetete seine Unterlippe zwischen den Fingern. Dann beugte er sich vor.

"Beeindruckend, wie ernst Sie die Angelegenheit nehmen. Bei uns würde die Polizei erst tätig werden, wenn eine Person mindestens 96 Stunden verschwunden ist. Das gilt für Erwachsene, im Falle von Kindern ist das natürlich etwas anderes. Tja, wenn ich je eine Amnesie erleide, hoffe ich, dass das in Deutschland geschehen wird."

"Just be sure to wear your Burberry", murmelte Eve. Sie überging seinen fragenden Blick und reichte ihm den Vordruck über den Tisch, den sie in der Wartezeit von der Sekretärin zum Ausfüllen erhalten hatte.

Name, Adresse, früherer Arbeitgeber, Ausbildungen, Versicherungsnummer, Vorstrafen, alle Spalten, selbst die mit der Frage nach dem Alter, waren leer geblieben.

"Ich fürchte, die deutsche Bürokratie wird maßlos überschätzt ... Ich kann Ihnen leider keinerlei Angaben zur Verfügung stellen. Ich vermute allerdings, dass sich die Frau noch nicht lange in Deutschland aufhält."

Eve reichte ihm die Krankenakte mit dem Foto, den

Untersuchungsergebnissen und der Selbstbeschreibung, die das Mädchen geschrieben hatte. Zu ihrer Überraschung fing Rampert an zu lachen.

"Frau Santer, Sie haben Glück! 2026? Well, that seems to be as Australian as you can get. Excuse me for a moment."

Er erhob sich überraschend geschmeidig, um im Vorzimmer einige Worte mit seiner Sekretärin zu wechseln. Als er wiederkam, wirkten seine Bewegungen lockerer, weniger offiziell. Auch seine Sprache wurde persönlicher. Sie wusste nicht, wie und warum, aber sie schien seine Anerkennung gefunden zu haben.

"Es wird nur ein paar Minuten dauern. My assistant is checking ... Meine Assistentin sieht nach, ob Ihre Vermisste über uns eingereist ist." Er ließ sich mit einem leisen Schmatzen des Lederpolsters in seinen Sessel gleiten.

"I'm afraid I don't understand?"

"2026. Das Tattoo in ihrer Selbstbeschreibung. It is a **post code**." Eve schüttelte verwirrt den Kopf. Eine Postleitzahl? Wer ließ sich eine Postleitzahl tätowieren?

"Nicht irgendein Post code. *Der* Post code. Bondi Beach, Sydney, Australia. It's a very **popular** place for tourists. Your lady seems to be a surfer."

"A surfer? Are you sure?"

"Well, I wouldn't **bet** my **life on** it. But, yes. I'm **pretty** sure. Who else would choose that number?"

"Ich verstehe nicht ..."

Rampert lehnte sich zurück, ganz entspannt jetzt.

"Das Tattoo hat mit der australischen Surfergemeinde zu tun.

---

post code ['pəʊst kəʊd] Postleitzahl **popular** ['pɒpjələ] beliebt **to bet (bet, bet) one's life on sth.** [ˌbet / ˌbet / ˌbet / wʌnz 'laɪf ɒn] sein Leben auf etw. verwetten **pretty** ['prɪtɪ] ziemlich

Vor ungefähr zwanzig Jahren, als Fernreisen langsam billiger wurden, kamen immer mehr Touristen ins Land. Und gerade diese Adresse – Bondi Beach – wurde extrem populär. Man findet sie in jedem Reiseführer, in jedem Magazin australischer Fluglinien – das Paradies für Surfer. Jeder Taxifahrer kennt sämtliche **Youth Hostels** in der Gegend. And everybody came. And that's when the problems started."

"It was too **crowded**?"

"A big crowd! You see, ninety percent of surfing is getting the right waves. Surfers spend hours driving from beach to beach ... Alle Jugendlichen dort in der Gegend sind Surfer. Viel mehr kann man dort auch nicht machen."

Eve nickte. "Aber wenn die Schule aus war, war der Strand voller Touristen. Es gab jede Menge Surfunfälle, die Leute verletzten sich an Brettern oder fielen vom Brett. And falling off your **surfboard** can be quite **dangerous**. So after a while, the **residents** started **ignoring** everybody else."

"Was meinen Sie damit?"

"**Get out of the way** or **get hit**. Die Leute fingen an zu surfen, ohne Rücksicht auf andere zu nehmen, egal, was ihnen in die Quere kam. **The lucky ones** saw them coming and **jumped away** just in time. The other ones ..."

---

youth hostel [' juːθ hɒstl] Jugendherberge **crowded** ['kraʊdɪd] überfüllt **surfboard** ['sɜːfbɔːd] Surfbrett **dangerous** ['deɪndʒərəs] gefährlich **resident** ['rezɪdənt] Einheimischer **to ignore sb.** [ɪgˈnɔː] jdn. ignorieren **to get (got, got) out of the way** [ˌget / ˌgɒt/ ˌgɒt/ ˈaʊt əv ðə ˈweɪ] aus dem Weg gehen **to get hit** [ˌget ˈhɪt] getroffen werden **the lucky ones** [ðə ˈlʌkɪ wʌnz] wer Glück hatte **to jump away** [ˌdʒʌmp əˈweɪ] wegspringen

Übung 11: Welche der folgenden Aussagen über Australien stimmt nicht? Kreuzen Sie den nicht zutreffenden Satz an.

1. ☐ The platypus is an Australian animal.
2. ☐ The didgeridoo is a traditional Australian instrument.
3. ☐ Australia is a popular country for surfers.
4. ☐ Bondi Beach is a favourite place for surfers.
5. ☐ Sydney is the **capital** of Australia.
6. ☐ Sydney is popular with tourists.

Eve lachte. "Sie scheinen ja recht gut Bescheid zu wissen."

"I lost two boards because I didn't jump fast enough."

Eve legte den Kopf schief und sah ihn an.

"Okay. Aber ich frage mich doch, wieso Sie die Postleitzahl behalten haben", sagte sie.

"Wissen Sie, gerade damals kamen diese Tattoos in Mode. Es war mein Traum, auch eins zu haben ... Es bedeutete, Bondi Beach gehört uns, verzieht euch. Mit so einem Tattoo gehörte man dazu. Your lady must be quite tough."

"Mr Rampert? I have the **printouts** here. Do you need anything else?"

Die Auswahl, die die Sekretärin gebracht hatte, war klein, nicht mehr als fünf oder sechs Akten. Rampert überflog die Unterlagen, suchte nach einem erkennbaren Foto. Beim dritten Bild hörte er auf zu blättern.

"How about this one?"

Es war unverkennbar das Gesicht des Mädchens, das in die Kamera starrte. Und darunter ihr Name: Anne Thursley, Sydney.

Anne Thursley. Anne.

"Sie ist offenbar ohne Visum eingereist, das heißt, sie durfte

---

capital [ˈkæpɪtl] Hauptstadt **printout** [ˈprɪntaʊt] Ausdruck

sich drei Monate in Deutschland aufhalten, aber hier weder arbeiten noch studieren. Offenbar hat sie sich ziemlich schnell anders entschieden und bei uns den Antrag auf ein Visum als Au-pair-Mädchen gestellt. Und zwar am 5. September. Weil sie sogar einen Arbeitgeber angeben konnte, der sie einstellen wollte, ging das Ganze ziemlich schnell – it was granted by our German **colleagues** on September 27."

Eve streckte ihre Hand nach den Unterlagen aus. "So we know her **nationality**, her name, her home and **current** address, her **employer's** name and address – everything?"

"Even her shoe size."

---

colleague [ˈkɒliːg] Kollege **nationality** [ˌnæʃəˈnælətɪ] Staatsangehörigkeit **current** [ˈkʌrənt] derzeitig **employer** [ɪmˈplɔɪə] Arbeitgeber

Five

"Herr Hebbich? Sie schulden mir etwas." Mit unbewegtem Gesicht fing Eve den Staatsanwalt im Flur des Polizeipräsidiums ab.

"So schnell?"

Eve nickte. Sie schloss sich seiner Schrittgeschwindigkeit an und lief neben ihm her. "Anne Thursley, Australierin. Sie hatte sich Mitte des Jahres an ihre Botschaft gewandt. Unterm Strich hatte ich blindes Glück."

"Erinnert sie sich wieder?"

Eve schüttelte den Kopf. "Anne ... Frau Thursley hatte gestern Nacht einen Albtraum, im Augenblick steht sie noch unter leichten Beruhigungsmitteln. Ich habe gerade mit dem zuständigen Psychiater gesprochen, er hält es für besser, sie nicht telefonisch zu verständigen. Ich lasse sie gerade herbringen. Das Foto stimmt überein, ihr Alter ... Familienangehörige habe ich bisher leider noch nicht erreicht, was natürlich auch an der Zeitverschiebung liegt. Sie hat keine Geschwister angegeben, nur eine Mutter, die in einem Pflegeheim bei Perth wohnt. Aber immerhin habe ich die Adresse ihres Arbeitgebers."

Eve sah in ihren Notizblock.

"Robert und Barbara Nurring. Ein britisches Ehepaar, das sich vor etwa einem halben Jahr in eine größere deutsche Warenhauskette eingekauft hat. Anne Thursley ist bei ihnen als Au-pair für die beiden Kinder gemeldet; ich nehme an, dass sie auch dort wohnt. Bis heute Abend sollte ich den Fall abgeschlossen haben, wenn nichts dazwischenkommt. Oder ich gebe ihn direkt zurück an die Psychiatrische Abteilung der Charité."

Hebbich blieb stehen und starrte auf den Fußboden. Ohne

es zu bemerken, drehte er den obersten Knopf seines Jacketts zwischen den Fingern hin und her.

"Nurring ... Nurring ... Ich glaube, ich habe davon gehört. Die Firma hatte aber einen anderen Namen ... Soviel ich weiß, hat er auch Immobilienbesitz hier in Berlin?"

"Ich hatte keine Zeit für eine vollständige Recherche. Laut Google besitzen sie Land, Immobilien, Mehrheitsanteile einer Warenhauskette, Unternehmungen in Südostasien und noch einiges mehr."

"Kümmern Sie sich besser persönlich darum, bitte. Wenn man bedenkt ..." Hebbich brach ab und ließ die Hände sinken. "Ich denke, ein persönlicher Ansatz wäre das Beste. Auch für die junge Frau Thulley natürlich."

"Sicher."

Sie wartete vor dem Fahrstuhl. Auf keinen Fall wollte sie Anne in einen fensterlosen Verhörraum bringen. Dann besser in ihr eigenes Büro mit dem flimmernden Neonlicht, zu viel vertraulichen Informationen und den Kakteen, die Katrin ihr regelmäßig zum Geburtstag schenkte, weil sie vergessen hatte, rechtzeitig ein Geschenk zu besorgen. Die Kakteen waren vertrocknet.

Anne Thursley sah sich verwirrt um, als sie, flankiert von zwei Polizisten, aus dem Aufzug trat. Sie schien kleiner, als Eve sie in Erinnerung hatte.

Eve lächelte. "Hallo Anne."

"Thursday, Anne Thursday", murmelte sie mit einem schwachen Lächeln. "I remember now ... It was my **nickname** in **primary school**. Mrs Evans gave it to me on the first day of

---

nickname ['nɪkneɪm] Spitzname **primary school** ['praɪmərɪ ˌskuːl] Grundschule

school. 'Little Anne Thursday'. I hated that. It made me into **something special**. The other kids didn't like me. But Mrs Evans could make the most **incredible desserts**. **Crunchy** Banana Cinnamon Muffins. Wow."

"Anything else?"

Anne schüttelte verwirrt den Kopf. "Well – some. But it is really **amazing**. The way it's all coming back. Like pieces of a **jigsaw puzzle**."

"That's great! Let's **contact** your employer and get you back home. Is that one of Katrin's T-shirts you're wearing?"

Anne zupfte an dem zu kurzen Ärmel und blickte Eve verlegen an. "I found it in the bathroom. I didn't go through her **drawers**. Do you mind?"

Eve lachte. "I don't mind, Anne. I just don't think you want to spend the rest of your life in a Sex Pistols T-shirt."

"Maybe you're right!"

Anne wirkte leicht benommen. Sie sah blasser aus als gestern noch, und Eve spürte eine Art Enttäuschung. Sie hatte die Nachricht, wer sie war und woher sie kam, fast gleichgültig aufgenommen.

"Everything alright?", fragte sie sanft.

Anne nickte.

"Should I talk to your au pair family first?"

Anne nickte noch einmal. Sie nestelte am Saum ihres T-Shirts und sah sich Eves Kakteen an.

---

something special [ˌsʌmθɪŋ ˈspeʃl] etwas Besonderes **incredible** [ɪnˈkredəbl] unglaublich **dessert** [dɪˈzɜːt] Nachtisch **crunchy** [ˈkrʌntʃɪ] knusprig **amazing** [əˈmeɪzɪŋ] erstaunlich **jigsaw puzzle** [ˈdʒɪgsɔː ˌpʌzl] Puzzle **to contact sb.** [ˈkɒntækt] sich mit jdm. in Verbindung setzen **drawer** [drɔː] Schublade

"European Investment Funds Ltd, Cecily Gould. Womit kann ich Ihnen helfen?"

"Eve Santer, Kriminalpolizei Berlin. Frau Gould, könnte ich bitte mit Herrn Nurring sprechen?"

"In welcher Angelegenheit bitte?"

"Ich würde ihn lieber persönlich sprechen, wenn es Ihnen nichts ausmacht. Wir kennen uns nicht, ich habe Ihre Telefonnummer von der australischen Botschaft. Es tut mir leid, Mr Nurring während seiner Arbeitszeit stören zu müssen, aber ich habe ihm mehrmals auf die Mailbox gesprochen ..."

"Mr Nurring benutzt sein Handy nur in Notfällen. Einen Moment bitte."

Eve klemmte das Telefon zwischen Ohr und Schulter und nickte Anne über den Schreibtisch hinweg aufmunternd zu. In der Warteschleife spielten sie einen Song von Mariah Carey.

Ob sie nach Hause fahren sollte, um für Anne ein anderes T-Shirt zu besorgen? Immobilien, Landbesitz, Firmenbeteiligungen. Mariah Carey. Bei den Nurrings schien es sich nicht um die Art von Au-pair-Eltern zu handeln, die viel Verständnis für die Sex Pistols aufbrachten.

Die Musik brach abrupt ab.

Übung 12: Setzen Sie die folgenden Partizipien an den richtigen Stellen ein.

(calling, helped, spoken, sitting, run, informed, listening, happened)

"Nurring."

"Hello Mr Nurring, Eve Santer, from the Berlin Police. I am

1. _____ about ..."

"Is this about Anne? Oh my God. Have you already

2. _____ the embassy?"

"Actually, the embassy has **3.** _____ us to identify her ..."

"This is awful. She was so young. I thought she had just

4. _____ away for a few days." Nurrings Atem ging keuchend, als kämpfe er mit Tränen.

"Mr Nurring, now, please ..."

"We just had a slight **disagreement**, that's all. And now she's dead. I can't believe it!"

"Mr Nurring ..."

"How could this have **5.** _____? She ..."

"Mr Nurring!" Eve hob ihre Stimme. "Mr Nurring. Wait. You've got to listen. Anne Thursley isn't dead. She's alive."

Nurring schwieg abrupt. Eve wäre davon ausgegangen, dass er aufgelegt hatte, wenn sie im Hintergrund nicht die leise Stimme eines Radiosprechers gehört hätte, der Wirtschafts-nachrichten verlas. Sie gab ihm Zeit.

"Mr Nurring, are you still there? Are you **6.** _____?"

"Yes, but are you sure she's still alive?"

---

disagreement [ˌdɪsəˈgriːmənt] Meinungsverschiedenheit

"Yes, I am sure. She is 7. _____ about five metres away drinking coffee."

"Then why hasn't she 8. _____ to us?"

Nurring hielt inne. Seine Stimme wurde förmlich. "Can I speak to Anne, please?"

"Well, there's a slight problem. I am afraid she's got amnesia. She doesn't know who you are. The **psychiatrists** say it is only **temporary** ..."

"Amnesia?"

Hatte sie einen einzigen Satz zu Ende gesprochen? "Yes."

"She doesn't remember a thing?"

"No. That's the point I ..."

"I will call you back tomorrow."

Aus dem Hörer drang die karamellsüße Stimme Mariah Careys.

"Wie meinen sie das – Schwierigkeiten?" Hebbich fuhr sich nervös durch die Haare.

"Er hat aufgelegt."

"Dann versuchen Sie es noch mal."

Ja, Herr Hebbich, danke, dachte Eve. Aber sie sagte nichts.

"Versuchen Sie es über die Sekretärin. European Funds, sagten Sie?"

"European Investment Funds. Die Sekretärin gibt vor, dass er auf der anderen Leitung spricht", erklärte Eve geduldig.

"Und?"

"Seit eineinhalb Stunden."

---

psychiatrist [saɪ'kaɪətrɪst] Psychiater **temporary** ['temprərɪ] vorübergehend

"Ich verstehe nicht, wie Ihnen ein derartiger Anfängerfehler unterlaufen konnte. Das ist genau der Grund, weswegen derartige Anfragen niemals per Telefon durchgeführt werden. Niemals. Ein absoluter Anfängerfehler."

Eve zählte sechzehn Quadrate auf dem Fußboden bis zum Aufzug, während der Staatsanwalt mit seltsamen kleinen Trippelschritten auf und ab lief.

"Haben Sie es mit einer Mail versucht?"

"Das Einzige, was ich noch nicht versucht habe, ist ein Dosentelefon", entgegnete Eve.

"Was haben Sie jetzt vor?"

"Ich trete ihm ein wenig auf die Füße." Eve lächelte.

Hebbich lachte, unsicher, ob sie einen Witz gemacht hatte oder nicht.

"Das klingt vielleicht in diesem Fall ein wenig radikal. Ich meine ... Er ist britischer Staatsbürger, es liegt keinerlei Straftat vor." Jetzt war er es, der den Blick abwendete.

"Das ist das Problem."

"Stundenlanges Telefonieren ist letztendlich nicht verboten. Ich will nicht, dass Sie ihm zu nahe treten."

"Sicher."

"Juristisch gesehen haben wir keinerlei Befugnisse."

"Ich könnte es mit einer Brieftaube versuchen."

Auf diesem Boden sollte man Schlittschuh fahren, dachte Eve. Die Wände der Eingangshalle waren mit großen, matt erleuchteten Plexiglasscheiben bedeckt. Eine fleischige Pflanze kämpfte in grauem Substratboden um ihr Leben; sie erinnerte Eve an die Kakteen auf ihrem Schreibtisch.

Die unteren drei Stockwerke waren mit Arztpraxen belegt. Modernste Lasertechniken für Augenoperationen, Dermatologie und Plastische Chirurgie, nur für Privatpatienten erschwinglich. Der gläserne Aufzug bewegte sich fast lautlos, ein gelblicher Kokon, der mit majestätischer Geschwindigkeit herabglitt. Eine Frau in einem langen Mantel stand darin, den Rücken zur Tür gewandt. Sie drehte sich erst um, als die Türen sich bereits öffneten. Ihre Augen hatte sie trotz der matten Beleuchtung hinter einer Sonnenbrille verborgen. Ihre Haare waren bedeckt von einem Schal mit japanischen Motiven. Die Hände, die die Mullbinde über ihrer Stirn verdeckten, waren ein Jahrzehnt älter als ihr Mund. Von hinten wirkte sie zerbrechlich, alt. Warum hatten die Architekten sich für einen Aufzug aus Glas entschieden?

Eve sah der Frau nach, bis der Taxifahrer sie im anderen Ende der Drehtüren in Empfang nahm. Sie betrat den Aufzug.

Ab dem vierten Stockwerk gehörte das Haus der European Investment Funds Ltd.

Eve schob den aufgeweichten Zahnstocher mit der Zunge weiter nach rechts, ohne die Spitze zu berühren, die auch jetzt, nach zehnminütigem Kauen, noch schmerzhaft spitz war. Die Musik, die aus den versteckten Lautsprechern drang, war so klebrig und süß wie Sirup, selbst Eves Haut fühlte sich an, als sei sie mit einem dünnen Film bedeckt. Wie lange dauert es, bis Musik anfängt, ins Gehirn zu kriechen?

Die Frau am Empfang schien resistent. Sie stand noch immer hinter dem Tresen, hinter den sie sich nach Eves Ankunft zurückgezogen hatte. Jeden Anruf nahm sie mit der gleichen singenden Stimme entgegen, mit der Eve bereits am Morgen telefoniert hatte. Sie klang so künstlich wie das Substrat in den Terracottablumentöpfen neben dem Aufzug.

"European Investment Funds Ltd, Cecily Gould, was kann ich für Sie tun?"

Eve nahm den Zahnstocher aus dem Mund und erhob sich. Ms Goulds Kopf zuckte hoch. "Ich kann nichts tun. Er

spricht immer noch auf der anderen Leitung. Es gab heute Morgen einen Unfall in einer unserer asiatischen Firmen."
"Das tut mir leid. Was für eine Art von Unfall?"
"Im Moment sind alle sehr beschäftigt. Bitte setzen Sie sich. Es dauert nur noch ein paar Minuten." Sie schob einige Papiere auf ihrem Schreibtisch zusammen und ordnete sie neu. Ihre Augen wichen Eves Blick aus. Nervosität hatte sich in ihre Stimme geschlichen. "Möchten Sie eine Tasse Kaffee?"

Übung 13: Wie werden die folgenden Getränke und Speisen angeboten? Tragen Sie die passenden Buchstaben in die Kästchen ein.

Would you like

1. a cup of	☐	**a.**	cake?
2. a drop of	☐	**b.**	sugar?
3. a glass of	☐	**c.**	coffee?
4. some cheese and	☐	**d.**	milk?
5. a piece of	☐	**e.**	biscuits?
6. a lump of	☐	**f.**	wine?

Eve ignorierte die Aufforderung, sich zu setzen. Die Empfangshalle war riesig, architektonisch entkernt, um dem Gebäude ein anderes, großartigeres Aussehen zu geben. Zwischen Empfangsbereich und dem gläsernen Aufzug standen schwere Ledersofas verloren im Raum. Aus den Büros konnte Eve leises Gelächter hören und das typische Surren eines Druckers. Irgendwo klapperte Geschirr. Der dunkle Fußboden dämpfte ihre Schritte. Die Fenster reichten bis zum Boden; zu Eves Füßen schimmerten die ersten Straßenlampen auf dem nassen Asphalt; kurz nach vier und es wurde schon wieder dunkel. Im Spiegelbild der Fensterscheiben konnte Eve den Aufzug sehen: wieder ein Rücken im gläsernen Kokon. Wie die Frau mit dem japanischen Schal hatte der Mann seinen Blick starr auf die Anzeigentafel an der Rückwand gerichtet.

Ms Goulds Schultern entspannten sich, als der Aufzug nach unten verschwand.

"Excuse me for a moment, please. I'll be with you in a minute."

Ein Bleistift fiel zu Boden, sie beachtete ihn nicht. Ihre Bewegung war so schnell, dass ihre Hüfte den Empfangstresen streifte. Was hatte Dr. Golz gesagt? Geräusche oder auch häufig Gerüche, die ein Aha-Erlebnis oder eine Erinnerung hervorrufen. Ein Bild, eine Momentaufnahme. Puzzleteile, die plötzlich ein sinnvolles Ganzes ergeben. Eve starrte der Sekretärin nach. Bevor sie hinter der Trennwand verschwand, drehte sie sich um. Ihr kaltes Lächeln ließ Eve losrennen.

Wenn er daran gedacht hatte, den Aufzug zu blockieren, war es zu spät. Sie konnte nicht widerstehen, den Aufzugknopf mehrmals zu drücken, versuchte, nach unten in den Schacht zu sehen, aber das Licht verlor sich in der Dunkelheit. Sie schlug mit der flachen Hand gegen das Glas.

Hinter ihr, am Empfang, klingelte das Telefon zehnmal, bevor der Anrufbeantworter ansprang. Eve zog ihr Notizbuch aus der Tasche und setzte sich in Bewegung. Sie griff über den Empfangstresen und tippte die Nummer von Nurrings Mobiltelefon in Ms Goulds Festnetzgerät. Er würde die Absenderkennung lesen. Nach dem dritten Klingeln nahm er ab. "Mr Nurring?" Eve gab sich Mühe, den Tonfall und den britischen Akzent von Cecily Gould zu treffen. "A call from Asia. Please hold the line."

Sie legte den Hörer auf den Tresen und war beim Aufzug, als die Türen sich öffneten. In ihrer rechten Jackentasche fand sie einen letzten Kaugummi zwischen Zahnstochern und Taschentüchern. Sie glitt fast lautlos hinab, vorbei an Arztpraxen und Tropenpflanzen mit leicht staubigen Blättern. Unten im Parkhaus stand ein Mann neben einem Jeep, die Hand gegen das glänzend schwarze Dach gestützt, trommelte mit den Fingern auf den Lack und hörte mit zusammengezogenen Augenbrauen Mariah Carey.

"Mr Nurring! I need to talk to you."

Eve stand direkt vor ihm und lächelte höflich. Er blickte verwirrt auf. Im harten Neonlicht der Parkhausbeleuchtung erinnerte er sie an eine Krähe. Alles an ihm war schwarz und dunkelgrau. Die Augen glänzten wie runde Knöpfe, die Iris so dunkel, dass der Übergang von den Pupillen kaum zu sehen war. Das Handy immer noch ans Ohr gepresst, ließ er Eve nicht aus den Augen. Ein Mann, der warten kann, dachte Eve. Er wird mich reden lassen, mit denselben vorsichtigen Augen, und sehen, was kommt. Er macht nicht gern Fehler.

"I'm sorry. I don't **recall** ... I don't think we have met", sagte er kühl.

Übung 14: Welches Wort passt nicht in die Reihe? Unterstreichen Sie den nicht dazugehörigen Begriff.

1. cat, eagle, koi, didgeridoo
2. thrilled, excited, sad, happy
3. surfing, internet, waves, beach
4. remember, know, forget, recall
5. au pair, nurse, memory, policeman
6. tattoo, ring, jewellery, **necklace**

---

to recall sth. [rɪˈkɔːl] sich an etw. erinnern **necklace** [ˈnekləs] Halskette

"No", stimmte Eve ihm zu, ihr Gesicht so ernst wie seines. "You're right. But I need to talk to you." Sie griff in die Tasche und klappte ihren Ausweis auf. Robert Nurring studierte ihn aufmerksam.

"Eve Santer. You called this morning **concerning** Anne Thursley." Er nickte mehrmals.

"**Actually**, I don't think you will get a call from Asia, Mr Nurring. Currently **all lines are down**," sagte Eve sanft, als sie den Ausweis zurück in ihre Jackentasche steckte. "I am sorry." Nurring ließ das Telefon sinken und legte es vorsichtig auf das Wagendach. Er strich sich die dunklen Haare aus der Stirn. Als er sich umdrehte, erinnerte er Eve an einen ertappten Schuljungen. Wie viel von diesem Ausdruck war kalkuliert?

"You are angry with me. I'm sorry."

"I am not angry with you, Mr Nurring. But you could be a bit more polite. The view from your office windows is rather boring."

"Look, Mrs Santer, this hasn't got anything to do with you or Ms Thursley. I am really sorry but today is a bad day for me." Eve nickte, machte aber keine Anstalten, zur Seite zu treten. Auch sie konnte warten. Er räusperte sich.

"Yes. About Anne. Could you get her a hotel room? I will pay of course. We will **sort** everything **out** tomorrow. But now I am afraid I'll have to leave. My wife is **catching a plane**."

"Mr Nurring, this isn't good enough. Why didn't you tell the police that Miss Thursley was missing? Your car was missing too!"

---

concerning [kən'sɜːnɪŋ] wegen **actually** ['æktʃʊəlɪ] eigentlich
all lines are down [ɔːl ˌlaɪnz ə 'daʊn] alle Leitungen sind tot **to sort out sth.** [ˌsɔːt 'aʊt] etw. klären **to catch (caught, caught) a plane** [ˌkætʃ / ˌkɔːt / ˌkɔːt ə 'pleɪn] *hier:* auf dem Weg zum Flughafen sein

"Let me ... uhm ... offer you something for your **trouble**. How about five hundred?" Seine Hand fuhr in die hintere Manteltasche, um die Brieftasche hervorzuziehen. Eve streckte ihre Hand aus, um das Geld in Empfang zu nehmen.

"That's a **silly** thing to do, Mr Nurring. Do you need a **receipt** for your **bribe**?"

Übung 15: Setzen Sie die folgenden Wörter an der richtigen Stelle ein.

(traditional, calm, silly, thrilled, boring, slight, exotic, unemotional)

1. It's _____ to try to bribe a policewoman.

2. It's hard to feel _____ after a bad nightmare.

3. Many Australians can play _____ instruments like the didgeridoo.

4. I'm not feeling well. I have a _____ headache.

5. Mr Nurring was not _____ to see Eve.

6. Anne first thought that Germans were _____.

7. Eve didn't like her name when she was a child. She thought it sounded _____.

8. Natasha is an _____ name.

---

trouble ['trʌbl] Ärger **silly** ['sɪlɪ] dumm **receipt** [rɪ'siːt] Quittung
bribe [braɪb] Bestechungsgeld

Er zuckte zurück. Als habe er in einen Viehzaun gegriffen, dachte Eve. Seine Augen suchten die Überwachungskameras, die an der Decke installiert waren. Beim Schlucken stach sein Adamsapfel deutlich hervor.

"No, no, Mrs Santer. The money isn't a bribe. I just want to pay for the hotel room." Die Hände, die das Geld zurück in die Brieftasche schoben, zitterten leicht.

"A hotel room for an au pair in Berlin doesn't cost more than fifty euros, Mr Nurring. You know that."

"Okay, okay." Er sagte es mehr, um sich selbst zu beruhigen, als zu Eve; er lief einige Schritte, um Zeit zum Denken zu gewinnen. Dann schien er einen Entschluss gefasst zu haben.

"Mrs Santer. I will be **frank** with you. But don't tell any journalists."

"I'm a policewoman, Mr Nurring. You can **trust** me."

"I am serious. Don't tell anyone." Er stand sehr aufrecht, den Rücken durchgedrückt, als konzentriere er sich auf einen weit entfernten Horizont.

"Please tell me, Mr Nurring."

"Right." Er sah zu Boden, um sich zu sammeln. Sein dunkles Haar fiel in sein Gesicht wie ein Vorhang. Diesmal strich er es nicht zur Seite. "My wife and I **own** part of a factory in Taiwan. I got a phone call this morning. From the factory." Er unterbrach sich. "But don't tell the press ..."

"Yes, Mr Nurring, I understand", sagte Eve geduldig.

Nurring sah sie misstrauisch an.

"We make clothes for the European market", fuhr er schließlich fort, machte dann aber wieder eine Pause.

---

frank [fræŋk] offen **to trust sb.** [trʌst] jdm. vertrauen **to own sth.** [əʊn] etw. besitzen

Eve nickte ihm aufmunternd zu, doch Nurring starrte sie weiter misstrauisch an. Er verschränkte die Arme hinter dem Rücken und fing wieder an, hin und her zu laufen. Er sieht aus wie eine Krähe, dachte sie. Die Ähnlichkeit war überdeutlich. Eve hätte fast gelacht.

"There has been an accident. Some **chemicals leaked** into the river. I don't know the **details** yet. Three workers are in hospital with **first degree burns**. My wife – she is the vice president, you know – is on her way to the airport to catch the next flight to Taiwan. She wants to **deal with** it **personally**."

"I see." Eves Stimme war trocken.

Sein Kopf fuhr hoch.

"It is not a **cover-up**!" Sie hatte ihn aus der Fassung gebracht. "Our **standards** are above **average**. And you ... you **are way out of line**, Mrs Santer."

Eve lächelte, aber erwiderte nichts.

Nurring riss die Tür seines Wagens so heftig auf, dass sie gegen die Wand schlug und einen schmalen schwarzen Strich auf dem Putz hinterließ. Er bemerkte es nicht.

"I hope you will excuse me now, I don't have any time. I will deal with Anne tomorrow. Miss Thursley is welcome to come to my house at any time, of course. But I think a hotel room is better for tonight. Good night."

---

chemical ['kemɪkl] Chemikalie **to leak** [liːk] austreten **detail** ['diːteɪl] Einzelheit **first degree burn** ['fɜːst dɪˌgriː 'bɜːn] Verbrennung ersten Grades **to deal (dealt, dealt) with sth.** ['diːl / 'delt / 'delt wɪð] sich um etw. kümmern **personally** ['pɜːsnəlɪ] persönlich **cover-up** ['kʌvərʌp] Vertuschung **standard** ['stændəd] *hier:* Sicherheitsnorm **average** ['ævərɪdʒ] Durchschnitt **to be way out of line** ['weɪ aʊt əv ˌlaɪn] meilenweit daneben liegen

Übung 16: Sind die folgenden Behauptungen wahr? Kreuzen Sie die zutreffenden Sätze an.

1. ☐ Mr Nurring doesn't know Anne Thursley.
2. ☐ Mr Nurring offers Eve 500 euro.
3. ☐ Mr Nurring looks like a cow.
4. ☐ Mr and Mrs Nurring own part of a factory in Taiwan.
5. ☐ Mrs Nurring is in hospital.
6. ☐ Mr Nurring is very relaxed.

Obwohl Eve zur Seite trat, hätte er sie beim Anfahren fast gestreift; sie konnte spüren, wie der Wagen den Stoff ihres Mantels berührte. Sie drehte sich um und sah den Rücklichtern des Jeeps nach. Die Reifen quietschten, als er die Kurve der Auffahrt nahm. Aber ihre Aufmerksamkeit galt seinem Handy, das einige Meter vor ihr auf dem grauen Betonboden lag.

Die Anrufliste war kurz, nicht mehr als sieben Gespräche. Nur für Notfälle, hatte die Sekretärin gesagt. Ein Mann wie Nurring wollte nicht immer erreichbar sein, und Eve konnte es ihm nicht verdenken. Wie viele Störungen erträgt ein Mensch im Gedanken an seine Karriere? Wie viel erträgt seine Familie?

Eine der Nummern erkannte Eve wieder, sie hatte sie am Morgen aus dem Telefonbuch gesucht bei dem Versuch, Nurring zu erreichen. Vermutlich hatte er gegen Nachmittag öfter mit seiner Frau telefoniert, um Einzelheiten ihrer Reise zu besprechen. Eve blickte von dem kleinen Display auf.

Sie fühlte sich unwohl. "Way out of line", hatte Nurring gesagt. Er hatte recht. Sie wollte das Mobiltelefon gerade zuklappen, als sie die erste Nummer sah. Eve erkannte die internationale Vorwahl von Taiwan. 14.06 Uhr. Sie drückte die Wiederwahltaste.

"Singpong Hour Weaving Incorporated. You are calling outside of normal **working hours**. Our Taipei office is open Monday to Friday from 7 a.m. to 6 p.m. Please contact us via e-mail or leave a message after the ..."

"Mrs Santer!"

Cecily Goulds ausgestreckte Hand zitterte vor Empörung oder Wut. An der Innenseite ihres Oberschenkels kroch eine Laufmasche unter ihren Rock, ihr Atem ging schwer. Sie musste die Schuhe ausgezogen haben, um vier Stockwerke nach unten zu laufen. Über der Lichtschranke des Aufzugs klebte ein Kaugummi.

"I'll take that."

Eve ließ das Telefon sinken.

"Er hat es auf dem Autodach abgelegt. Er hatte es verdammt eilig."

---

working hours ['wɜːkɪŋ ˌaʊəz] Arbeitszeit

Six

Turgut Gülcan von der Verkehrssicherheit betrachtete den altdeutschen Apfelkuchen, als Eve ihr Tablett neben seins stellte.

"Der mit den Streuseln ist ziemlich gut", meinte sie.

Er blickte auf.

"Eve." Gülcans Lachfältchen zogen sich von den Augen über die Wangen fast bis zum Unterkiefer hin. "Ist aber aus der Tiefkühltruhe, oder nicht?"

Eve zuckte die Schultern und nahm sich eine Tasse.

"Das nennt man moderne Küche, Turgut. Hast du eine Minute Zeit?"

Er nickte. "Da hinten ist ein Fensterplatz frei. Kommst du?"

Gülcan riss die Alufolie von seinem Plastikmilchkännchen, und Eve sah zu, wie sich weiße Wirbel auf der dunklen Oberfläche ausbreiteten. Wie immer war sie ein wenig enttäuscht, als sie sich in der Tasse auflösten zu einem gleichmäßigen und langweiligen Hellbraun.

"Ich weiß nicht genau, was du von mir erwartest, Eve. Gefunden haben wir auf jeden Fall nichts. Genau genommen weiß ich nicht, was und wo wir suchen sollten."

"Sie hatte Hämatome, blaue Flecken am ganzen Oberkörper, dazu Abschürfungen, ein kleiner Schnitt oben am Hals. Als hätte ihr jemand einen Sicherheitsgurt auf den Oberkörper gemalt, Turgut. Ich verstehe nicht, wo das Problem ist."

Gülcan ließ die Kuchengabel sinken.

"Was hältst du davon: Sie fährt mit ihrem Freund ins Kino, die beiden streiten sich", sagte er. "Voller Wut fasst sie ihm ins Lenkrad, oder er übersieht einen Fahrradfahrer. Auf jeden Fall baut er einen Unfall, heftig genug, um sie nach vorne zu schleudern, nicht heftig genug für einen

Totalschaden. Sie rennt weg, fällt ins Wasser, er fährt nach Hause. Wir finden einen leicht beschädigten Poller an einer Verkehrsinsel. Ende der Geschichte."

"Ihre Verletzungen verlaufen von links oben nach rechts unten, Turgut. Sie saß am Steuer."

"Aber das beweist nicht, dass der Wagen in der Spree liegt. Sie kann den Unfall Stunden, Tage vorher gehabt haben. Vielleicht hängt der Wagen in einer Böschung und sie ist ausgestiegen und abgerutscht."

"Habt ihr einen gefunden?"

Gülcan schüttelte den Kopf. "Aber das beweist nichts, Eve. Und es rechtfertigt schon gar nicht eine Untersuchung für mehrere tausend Euro. Wir haben zwei Stellen identifiziert, an denen jemand möglicherweise – möglicherweise – ins Wasser gefahren sein könnte. Beschädigte Leitplanken an einer Baustelle. Wir haben sie untersucht. Wenn sie nüchtern war – und laut deinem Protokoll war sie nüchtern –, müssten wir auf der Straße etwas gefunden haben. Bremsspuren, Splitter eines Scheinwerfers, Autolack. Aber es gibt keine Bremsspuren, nichts."

"Aber auch keinen Unfallwagen."

Gülcan tupfte sich den Mund ab und schob das Tablett zur Seite. Im ganzen Präsidium kannte Eve niemand mit derart guten Manieren.

"Eve, du warst schon einmal bei einer Bergung dabei. Du kennst das. Stundenlanges Warten am Ufer; immer wenn du denkst, sie haben ihn, bricht die Stoßstange ab oder die Winde klemmt. Die Kälte kriecht dir durch die Schuhe, egal was du trägst. Du kannst gar nicht so viel Kaffee trinken, wie du hinterher pinkeln musst, und er ist sowieso immer schon fast kalt, wenn er aus der Thermoskanne kommt."

Er wartete auf ein Zeichen der Zustimmung, bevor er fortfuhr. "Aber du kannst dir im Traum nicht vorstellen, wie
kalt es für die Taucher da unten ist. Sie sind blau gefroren,
wenn ich sie nach 20 Minuten hochhole. Die Sichtweite ist
abhängig von der genauen Lage und Strömung, aber auf
keinen Fall beträgt sie mehr als 30 Zentimeter. Ich kann
nicht mit einem Detektor arbeiten, weil da unten alles voll
Metall ist, Einkaufswagen, Kühlschränke, Waschmaschinen.
Der Schlick steht dir bis zum Oberschenkel und das Wasser
darüber ist auch nicht viel klarer. Glassplitter, verrostete
Fahrradlenker, gebrauchte Spritzen, da unten ist alles, was
du dir vorstellen kannst, und du kannst dir eine Menge vorstellen, wenn du nichts siehst als braunen Schlick."
Was hätte Eve dazu sagen sollen? Sie wusste, dass Gülcan
selbst als Taucher angefangen hatte vor dreizehn Jahren.
"Lass gut sein, Eve. Bring das Mädchen zurück, freu dich,
dass es ihr gut geht, und Ende."

"But isn't it ... uhm ... dangerous?"
Eve hörte Katrins stockendes Englisch und beschloss, sich
beim Kochen ein wenig mehr Zeit zu lassen. Sie stellte die
Gasflamme unter dem Nudeltopf kleiner, schenkte sich einen
Schluck Rotwein ein und lehnte sich gegen den Arbeitstisch.
Die Soße warf große Blasen und spritzte über den Herd. Eve
schrak zusammen und goss die Nudeln ab.
"Yes, everybody is afraid of the **sharks** and the **salt water
crocodiles**. But the **currents** are really dangerous too. The
Bondi Beach surfers are also quite dangerous."
"So are you afraid too?"

---

shark [ʃɑːk] Hai **salt water crocodile** [ˈsɑːlt wɑːtə ˌkrɒkədaɪl] Salz-
wasserkrokodil **current** [ˈkʌrənt] Strömung

"Well, I should be. We have got the most **poisonous** animals in the world. And do you know which animal kills most people per year?"

Katrin schüttelte den Kopf, atemlos. "A **spider**? Or a **snake**, maybe?"

"No. It's a **bee**." Anne konnte sich ein triumphierendes Lächeln nicht verkneifen, obwohl Eve sicher war, dass sie diese Geschichte schon oft erzählt hatte.

"A bee?"

Anne nickte.

"The **common honeybee**. People can die from the sting." Sie lehnte sich vor, riss die Augen auf und flüsterte: "**Beware of** the common honeybee."

"You didn't like him then?"

"I didn't say that, Anne", erwiderte Eve und stellte die Teller in die Spülmaschine. "Can you please **hand** me the green pot? It has to be washed by hand. All I said is I didn't like his car."

"Why?"

"It looked like Arnold Schwarzenegger's car. It was **huge** and black. Two cars like mine could **fit inside** it. And some golf bags too."

"Maybe he is a **hunter**."

"Yes," sagte Eve, um Anne zu beruhigen, nicht, weil sie es wirklich glaubte. Die Vorstellung von Nurring mit einem

---

poisonous ['pɔɪsənəs] giftig **spider** ['spaɪdə] Spinne **snake** [sneɪk] Schlange **bee** [biː] Biene **common honeybee** [ˌkʌmən 'hʌnɪbiː] gemeine Honigbiene **to beware of sth.** [bɪ'weər əv] sich vor etw. hüten **to hand sb. sth.** [hænd] jdm. etw. reichen **huge** [hjuːdʒ] riesig **to fit (fit, fit) inside** [ˌfɪt / ˌfɪt / ˌfɪt ɪn'saɪd] hineinpassen **hunter** ['hʌntə] Jäger

toten Hirsch auf dem Rücksitz erschien ihr absurd, aber in letzter Zeit traf man häufiger auf Jeeps im Stadtverkehr, deren Vierradantrieb für eine Durchquerung der Anden geeignet war, aber nur für die Fahrt zum nächsten Kindergarten genutzt wurden.

Wie auch immer, das war nicht ihr Problem.

Übung 17: Steigern Sie die folgenden Adjektive, wie im Beispiel vorgegeben. Alle Substantive sollen im Plural angegeben werden.

1. Bondi Beach is a good surfing location.

   Bondi Beach is one of the _best surfing locations_ .

2. The common honeybee is a dangerous animal.

   The common honeybee is one of the _____.

3. Losing your memory is a bad experience.

   Losing your memory is one of the _____.

4. Bribing a policewoman is a silly thing to do.

   Bribing a policewoman is one of the _____

   to do.

5. English is a popular language.

   English is one of the _____.

6. Mr Nurring is a **mysterious** character.

   Mr Nurring is one of the _____ in the story.

---

mysterious [mɪˈstɪərɪəs] mysteriös

66

"But what does he look like?"

Im Badezimmer konnten sie Katrin gurgeln hören. Anne hatte den Tisch abgewischt und schüttelte die letzten Krümel in das Spülbecken.

"He is quite **good-looking**, but **somehow** he **reminds** me **of** a crow. He was wearing a black suit. Quite **stylish**. Boss, Armani, something like that. He was quite young – in his early forties, I think." Eve trocknete die Hände ab, dann hängte sie das Küchentuch auf, bevor sie sich ein Glas Wein eingoss.

Sie konnte spüren, wie die Anforderungen des Tages von ihr abglitten.

"Would you like some too?"

"No, thank you. I've just taken some **medicine**. I shouldn't drink alcohol now. Besides, I want to have a clear head tomorrow."

"Are you **nervous**?" Eve lächelte.

"Well ... I just hope I like them. I don't want to have amnesia and a boring job."

"Oh, that reminds me of something." Eve stellte das Weinglas auf den Tisch und sprang auf. "Here. I guess you lost yours." Sie reichte Anne ein Handy.

"It's just an old **mobile phone** with a prepaid card. The pin number and the phone number are written on the back."

"Thank you."

"Call me anytime. You are not alone, okay? You'll be fine, Anne. Just wait and see."

---

good-looking [ˌɡʊdˈlʊkɪŋ] gutaussehend **somehow** [ˈsʌmhaʊ] irgendwie **to remind sb. of sth.** [rɪˈmaɪnd / əv] jdn. an etw. erinnern **stylish** [ˈstaɪlɪʃ] elegant **medicine** [ˈmedsən] Medikamente **nervous** [ˈnɜːvəs] nervös **mobile phone** [ˌməʊbaɪl ˈfəʊn] Handy

"Number fifteen. Over there."

Eve lenkte den Wagen in die ruhige Seitenstraße im grünen Berliner Stadtteil Westend und stellte den Motor ab. Der Vorgarten des Hauses war im japanischen Stil gehalten. Die Kiesel glänzten matt in der fahlen Novembersonne, so frisch geharkt, dass die Streifen des Rechens noch deutlich zu sehen waren. Neben den Steintreppen am Eingang lag eine rothaarige Puppe. Das Haus war modern, ein quadratischer Bau mit großzügigen Glasfronten, umgeben von einer Terrasse aus Teak. Weiße Vorhänge fielen bis auf den Boden.

In einem der hinteren Zimmer konnte Eve einen modernen Kronleuchter erkennen, ein leichter Geruch von Holzfeuer lag in der Luft.

"Do you recognize anything?"

Anne schüttelte den Kopf.

"Okay. **Let's get it over with**. He **is expecting** us. His wife is still in Taiwan."

Anne hatte ihre Unterlippe zwischen die Zähne geklemmt und nagte unentschlossen an einem Hautfetzen.

"Look, Anne, I know this is hard for you. If things don't work out, we'll just book you on the next plane back to Australia. Dr Golz thinks it might be easier for you to remember in this **environment**, that's all. But it is up to you."

"Australia **is** not really **an option**." Anne brach ab. "I called my mother yesterday. She lives in a **nursing home** near

---

Let's get it over with. [ˌlets get ɪt ˈəʊvə wɪð] Bringen wir's hinter uns. **to expect sb.** [ɪkˈspekt] jdn. erwarten **environment** [ɪnˈvaɪrənmənt] Umfeld **to be an option** [biː ən ˈɒpʃn] in Frage kommen **nursing home** [ˈnɜːsɪŋ həʊm] Pflegeheim

Sydney. She has an eye problem – **macular degeneration**. She's going blind. She doesn't know much about my life, or the friends I made in school. I have got a father and two half-sisters, but she doesn't know where they live ... I guess Europe was my only way out."

Übung 18: Sind die folgenden Behauptungen wahr oder falsch? Kreuzen Sie die zutreffenden Aussagen an.

1. ☐ Anne can now remember everything.
2. ☐ Anne's mother is ill – she's going blind.
3. ☐ Anne is an only child.
4. ☐ Anne now has a mobile telephone.
5. ☐ Eve gave Anne a laptop.
6. ☐ Anne and Katrin talk German to each other.

Die Haustür öffnete sich. Mit einem Kind auf dem Arm sah Robert Nurring kleiner aus, menschlicher. Der Krawattenknoten war bis zum linken Schlüsselbein gerutscht. Über das dunkelgraue Kammgarn seines Anzugs zog sich an der Schulter ein feiner bräunlicher Schatten, Schokolade oder Brei, hastig mit einem feuchten Küchentuch verrieben. Das Kind, etwa zehn Monate alt, hatte den Kopf abgewandt und in der Halsbeuge seines Vaters vergraben. Hinter den beiden tauchte ein Mädchen auf, blonde Haare und ein eher altmodisch wirkendes Kittelkleid mit winzigen Rüschen aus Feincord, ganz Prinzessin bis zu den dunkelrosafarbenen Hausschuhen. Eve schätzte ihr Alter auf vier Jahre. Sie stieg aus, ging um den Wagen herum und öffnete für Anne die Beifahrertür.

"Look", sagte Nurring. "There she is. I told you she hadn't

---

macular degeneration [ˈmækjʊlə dɪdʒenəˈreɪʃn] Makuladegeneration

run away." Das Mädchen drängte sich an ihm vorbei und nahm die Puppe auf den Arm.

Annes Gesicht hatte sich gerötet.

"Robert. Bert. I know him." Sie wandte sich Eve zu, strahlend jetzt. "He's not a good golfer," Anne sprach schnell, als fiele es ihr schwer, ihre Gedanken in wenige Worte zu fassen. "He plays the piano well – Gershwin, Ellington, jazz and boogie. He studied at Oxford university. He **is allergic to strawberries**. He is a fantastic ..." Sie brach ab, plötzlich verwirrt und in ihren eigenen Gedanken verloren.

"Yes?"

"I don't know. I just thought of something but ... I think I**'m mixing** him **up with** someone else."

Anne rührte sich nicht, bis Eve sich über sie beugte, die Beifahrertür weit aufgerissen.

"If you need me just call. I'll pick you up any time, I promise. But I know you are going to be just fine."

Der Kies knirschte unter ihren Füßen, als sie den Gartenweg entlanggingen.

"Hello, Anne."

Nurrings Gesichtsausdruck war weich, sein Blick so intensiv, dass er fast starr wirkte. Er sucht nach einem Zeichen des Erkennens, dachte Eve, als Anne ihm die Hand gab, offensichtlich unsicher, wie sie ihn begrüßen sollte. Der kleine Junge hob seinen Kopf nicht, Eve hätte nicht sagen können, ob er schlief.

"It's nice to have you back, Anne. We were worried for a while."
Seine Hand fuhr durch die Luft, als sei er ein Schauspieler,

---

to be allergic to sth. [bi: əˈlɜːdʒɪk tə] gegen etw. allergisch sein
strawberry [ˈstrɔːbərɪ] Erdbeere **to mix sb. up with sb.** [ˌmɪks / ˈʌp wɪð] jdn. mit jdm. verwechseln

dem der Text entfallen war. Er wusste nicht weiter. "Well, my wife is in Asia, but she will be back in a week or two."

Anne lächelte höflich.

"And what's your name?" Anne ging in die Knie, bis ihr Gesicht auf der Höhe des Mädchens war, das noch immer hinter dem Bein ihres Vaters versteckt stand. Sie lächelte es an, und Eve konnte sehen, dass sie sich Mühe gab, ihre Unsicherheit zu verbergen.

"Merle."

"Hello, Merle. How are you?"

Ohne eine Miene zu verziehen, gab das Kind ihr die Hand. Den Arm weit von ihrem Körper gestreckt, hielt sie die Berührung so kurz wie möglich. So hatte Eve ihre Großtanten begrüßt, die einmal im Jahr aus Hannover kamen und klebrige Karamellbonbons mitbrachten, die stundenlang zwischen den Zähnen klebten.

Das Mädchen zog sich wieder hinter das Bein ihres Vaters zurück. Ihre linke Hand hatte den Stoff seiner Hose nicht losgelassen.

"She hasn't missed me", murmelte Anne und blickte fragend zu Nurring hoch.

Nurring lachte ein wenig zu laut und schob das Kind zur Seite. "Oh, I told her you weren't feeling well." Er fasste Anne entschlossen am Ellbogen und führte sie ins Haus. "I think she is a bit **confused**."

"Daddy promised me a horse." Noch immer hatte das Mädchen den gleichen herausfordernden Gesichtsausdruck.

"That's right, Merle. I'm going to give you a pony for your fifth birthday. You still have to wait another month."

Nurring zog das Mädchen von seinem Bein weg, ein wenig

---

confused [kənˈfjuːzd] durcheinander

fester, als nötig gewesen wäre. "Would anybody like some coffee?"

Sie standen in einem hellen Gästezimmer, spärlich, aber geschmackvoll möbliert, mit eigenem Badezimmer und einem kleinen Balkon. Der Blick ging auf den Garten hinaus, auf Rosenbeete und alten Baumbestand, englische Gemütlichkeit anstelle japanischer Ruhe. Am Rand der Terrasse stand eine Tischgruppe unter einem Glasdach.

Anne blickte sich in dem Zimmer um, als habe sie es noch nie gesehen. Ihre Finger strichen leicht über die Stereoanlage, eine Reihe von CDs, die kleine Sammlung von Briefbeschwerern auf der Kommode. Die oberste Schublade des Nachttisches war leer.

Eve spürte das leise Bedauern Annes, als sie sie wieder zuschob. Was hatte sie erwartet? Schmuck? Einen Kalender? Ein Adressbuch? Unter der achtlos ausgebreiteten Tagesdecke sah das Bettzeug warm und verknittert aus. Im Schrank stand eine Reihe von Schuhen, teuer, aber achtlos durcheinandergeworfen.

Anne zog eine Schublade der Kommode auf und strich über die darin liegenden Kleider, hob eine Bluse hoch und betrachtete sie ernst. Sie sprach langsam, als müsse sie die Empfindungen zu ihren Worten erst suchen.

"I remember this one. I had a leather skirt in the same colour."

Einer der Ärmel war verknittert. Anne strich ihn geistesabwesend glatt, faltete den Stoff sorgfältig und legte die Bluse zurück.

Du hast vielleicht dein Gedächtnis verloren, aber nicht deinen Charakter, dachte Eve. Das peinlich aufgeräumte Zimmer, das Anne in ihrer Wohnung bewohnt hatte, fiel ihr ein. Vielleicht war ihr Bedürfnis nach Ordnung größer geworden im Chaos der letzten Tage.

Im Badezimmer lachte Anne.

"Look at this **shower brush**. My first **room-mate** in Sydney gave it me. She said it was the **ugliest** thing she could find, and I would always have to think about her **whenever** I saw it." Sie stand in der Tür und winkte mit einer Duschbürste aus dunkelgrünem Plastik in Froschform. "And you know what? She was right."

Übung 19: Vervollständigen Sie die fehlenden Wörter.

1. Robert Nurring's wife is in A _ _ _.

2. Merle would like a p _ _ _ for her birthday.

3. Nurring enjoys a game of g _ _ _.

4. He can also play the p _ _ _ _.

5. Nurring has a s _ _ and a d _ _ _ _ _ _ _.

6. Anne has got a s _ _ _ _ _ brush that looks like a frog.

---

shower brush ['ʃaʊə brʌʃ] Duschbürste **room-mate** ['ruːmˌmeɪt]
Zimmergenossin **ugly** ['ʌglɪ] hässlich **whenever** [wenˈevə] wann
immer

Seven

Als Eve zwei Abende später nach Hause kam, ließ sie die Schlüssel auf den Tisch fallen und zog die Schuhe aus. Das Brot in ihrer Hand war noch warm, sie freute sich auf einen ruhigen Abend. Sie hätte den Anrufbeantworter nicht abgehört, wenn sie nicht eine Nachricht von Katrin erwartet hätte.

"Hallo Mama? Katrin hier. Andreas Katze hat drei Junge bekommen, sie hat mich eingeladen, sie anzugucken. Sie wollen sie verschenken, sonst kommen sie ins Tierheim, und Andrea sagt, die eine sieht aus wie ein Plüschhase und ist total süß. Auf jeden Fall komme ich so gegen acht, Andreas Mutter macht Pfannkuchen. Und, ach ja, in Mathe habe ich eine vier plus. Ciao!"

"Eve? It's Anne. I just wanted to thank you and say goodbye. I'm going home. Back to Australia."

Annes Stimme klang müde. Eve lehnte den Kopf gegen die Wand. Sie dachte an das Versprechen, das sie Anne noch zwei Tage zuvor gemacht hatte. Dann brachte sie das Brot in die Küche und steckte die Schlüssel wieder ein.

"She is such a ... She is ... I don't know. She's **two-faced**. She smiles at you one minute and the next moment she **drops** a glass full of orange juice into your **lap**. But **on purpose**, of course. I don't think she likes me."

Merle saß mit untergeschlagenen Beinen auf dem Teppich und schimpfte leise mit Fred dem Hamster, während sie versuchte, seinen Arm in einen zu engen Trainingsanzug zu

---

two-faced [ˌtuːˈfeɪst] falsch **to drop sth.** [drɒp] etw. fallen lassen
lap [læp] Schoß **on purpose** [ɒn ˈpɜːpəs] absichtlich

stecken. Sie hatte den Kopf leicht schief gelegt, die hochgesteckten Haare saßen wie kleine Hörnchen auf ihrem Kopf. Ein Kind wie Baiser mit Sahne, ein wenig zu süß. Eine einzelne Zahnlücke sah aus wie in ihr Gesicht retuschiert.

"Two-faced?" Eve hob die Augenbrauen, eher amüsiert als ernstlich beunruhigt.

Merle lächelte zögernd. Sie wusste genau, von wem die beiden Frauen sprachen.

"Two-faced and arrogant", flüsterte Anne. Mit verstellter Stimme fuhr sie lispelnd fort: "Daddy promised me a pony. I want a white horse, like **Sleeping Beauty's**. I'm going to get a pony for my birthday ..."

Eve lachte. Anne sah abgespannt aus. Sie war elegant, aber völlig unpassend gekleidet, mit einem leicht zerknitterten Seidenhemd und Strumpfhosen, die bereits die ersten Laufmaschen zeigten, und einem dunkelgrauen Rock. Ihr Blick wirkte unkonzentriert.

"I'm sorry. I guess I**'m overreacting**. The baby woke up **twice** last night. Aaron and Merle are **fussy** about their food. We need a full-time **chef** here to make the children's meals. I never know which **recipes** are best. And Mr Nurring has to work fifteen hours a day ... He's paying me extra, of course." Anne schloss die Augen und lehnte den Kopf an die Wand.

"I know I am the **grown-up** and Merle is only four years old but ..."

Eve wartete.

"I don't remember how I **managed** to look after Merle and

Sleeping Beauty [ˌsliːpɪŋ ˈbjuːtɪ] Dornröschen **to overreact** [ˌəʊvərɪˈækt] überreagieren **twice** [twaɪs] zwei Mal **fussy** [ˈfʌsɪ] heikel **chef** [ʃef] Koch **recipe** [ˈresəpɪ] Rezept **grown-up** [ˈɡrəʊnʌp] Erwachsene **to manage sth.** [ˈmænɪdʒ] etw. fertig bringen

little Aaron before", flüsterte Anne zusehends erschöpft. Eve blickte aus dem Fenster. Die Gartenstühle standen heute vor dem Schuppen, geschwärzt vom Nieselregen. Unter der Tischplatte hatte das herabfließende Wasser eine kleine Mulde in die Erde gegraben. Das Geheimnis des Wartens besteht darin, dem anderen Raum zu geben. Nicht nur die Pause abzuwarten, bis man selbst weitersprechen kann. Das Geheimnis des Wartens besteht im Nichts, dachte Eve. Sie sah in den Regen.

"Sometimes I think I **am going crazy**." Annes Stimme klang rau. Sie begann an ihrem rechten Ringfinger zu nagen.

Übung 20: Bringen Sie die Wörter in die richtige Reihenfolge, sodass sie vollständige Sätze ergeben.

1. guess I overreacting am I.

_____

2. remember look to Merle after don't I how I managed.

_____

3. twice the last up night baby woke.

_____

4. have children to the meals I make for.

_____

5. Nurring work each Mr has time day to long a.

_____

---

to go (went, gone) crazy [ˌɡəʊ / ˌwent / ˌɡɒn ˈkreɪzɪ] verrückt werden

6. girl pony father little the wants her a from.

_____

"What about the mothers of the other kids in kindergarten? Do you remember any of them?"

Anne schüttelte den Kopf. "I didn't take her there. Mr Nurring sent the **housekeeper** instead. It was kind of him."

"So, the two of you get on?"

"Yes ... yes. He's nice. But ... he never stops watching me."

"Maybe you are really overreacting a bit."

Anne lachte hart auf. "Maybe I **am paranoid**, is that what you mean? But somehow I **feel uncomfortable** around him."

"Anne, remember what Dr Golz said. You have to be **patient**. Don't give up now."

Im Nachbarzimmer begann das Baby zu weinen. Anne legte die Fingerspitzen auf ihre Augenlider und schüttelte hilflos den Kopf.

"It took me almost an hour to get him to sleep ..."

"He**'s probably teething**. Shall I take care of Merle for a while?"

"Yes." Sie starrte die Wand an. "Yesterday afternoon I took the kids to Bahnhof Friedrichstraße, Robert wanted me to pick up some books for Merle. I recognized the place. It was a great feeling."

Sie sah Eve direkt in die Augen.

_____

housekeeper ['haʊskiːpə] Haushälterin **to be paranoid** [biː 'pærənɔɪd] unter Wahnvorstellungen leiden **to feel (felt, felt) uncomfortable** [ˌfiːl / ˌfelt / ˌfelt ʌnˈkʌmftəbl] sich unwohl fühlen **patient** ['peɪʃnt] geduldig **probably** ['prɒbəblɪ] wahrscheinlich **to teethe** [tiːð] zahnen

"But I didn't recognize everything. I got on the train with the kids and after five stations I knew I was going in the wrong **direction**."

Eve hockte neben Merle auf dem Fußboden und fühlte sich um zehn Jahre zurückversetzt. Sie hatten Fred, den Hamster, ausgeschimpft und angezogen. Jetzt saß er schmollend im Kinderwagen und blickte mit seinen Glasaugen gegen die Wand. Merle kämmte mit großer Konzentration die Mähne ihres weißen Ponys. Aus dem Nebenzimmer drang noch immer die Melodie von Aarons Spieluhr.
"We're going to Austria in the summer holidays. And Daddy promised me a white ..."
"Merle!" Nurring stand in der Tür. Er hob das Kind hoch, den Blick starr auf Eve gerichtet.
"What are you doing here? Don't ask my daughter any questions when I'm not here." Er sah seiner Tochter sehr ähnlich in diesem Augenblick. Eve rechnete fast damit, dass er die Unterlippe vorschob.
"To tell you the **truth**. This isn't a police **interrogation**. It's a conversation." Sie schüttelte den Kopf, irritiert über das Missverständnis.

Übung 21: Benennen Sie die Gegensätze – tragen Sie den richtigen Buchstaben ein.

1. full		☐ **a.** dangerous
2. old		☐ **b.** weak
3. remember		☐ **c.** adults

---

direction [dəˈrekʃn] Richtung **truth** [truːθ] Wahrheit **interrogation** [ɪnˌterəˈgeɪʃn] Vernehmung

4. truth	☐ **d.** empty
5. strong	☐ **e.** lie
6. wrong	☐ **f.** young
7. children	☐ **g.** forget
8. safe	☐ **h.** right

"Where is Anne?"

"She**'s putting** Aaron to **bed**. I was just playing with Merle. I am sorry." Eve mochte den entschuldigenden Ton nicht, der sich unmerklich in ihre Stimme geschlichen hatte. "I didn't think you would mind."

"Yes, Daddy. Eve's been playing with me." Merle nickte, die hochgesteckten Zöpfe auf ihrem Kopf flogen vor und zurück. "And do you know what? I took Fred off the **shelf** and he **hid** under the sofa, and we had to **pull** him **out** together. He was so **naugthy**. But we **tricked** him."

Das Lächeln auf Nurrings Gesicht war gezwungen. Er setzte das Kind auf den Boden, ohne es angesehen zu haben.

"That's great, honey. Why don't you go and brush your teeth now? Show me that you are a big girl?"

"Fred won't fit into his jacket, so he will have to **go on a diet** just like my mum." Merle kicherte über ihre Indiskretion.

"Merle." Nurring kniete sich nieder, fasste das Kind bei den Schultern und sah ihm in die Augen. "Can you brush your teeth by yourself, honey?"

Sie nickte ernst.

---

to put (put, put) sb. to bed [ˌpʊt / ˌpʊt /ˌpʊt / tə 'bed] jdn. zu Bett bringen **shelf** [ʃelf] Regalbrett **to hide (hid, hidden)** [haɪd / hɪd / 'hɪdn] sich verstecken **to pull sb. out** [ˌpʊl / 'aʊt] jdn. herausziehen **naugthy** ['nɔːtɪ] ungezogen **to trick sb.** [trɪk] jdn. austricksen **to go on a diet** [ˌgəʊ ɒn ə 'daɪət] eine Diät machen

"Okay. Off you go. Tell me all about Fred when I come up and give your good night kiss."

"Okay." Ohne einen Blick zurück verschwand Merle im Flur.

Hat er Angst, ich könnte mit dem Silber durchbrennen?, dachte Eve. Hatte er einen harten Tag im Büro? Was machte den Mann derart unsympathisch?

"Well, now that you are here, I can leave." Eve war aufgestanden.

"I am sorry. I forgot to tell Anne." Nurring zögerte. "We don't want any people we don't know personally in this house. Friends of ours have had a few bad experiences."

Eve griff nach ihrer Jacke.

"Sure. I understand. You can't be careful enough. But remember, I am a policewoman!"

"I know ... I will tell Anne that you said goodbye."

"Please tell her she can call me any time. Good night."

Nurring hielt ihr die Tür auf. Um die Straßenlaternen bildete der Sprühregen eine gelbliche Aura. Eve zog den Kragen ihrer Jacke hoch.

"Eve!" Oben an der Treppe stand Merle, mit Zahnpastaflecken auf ihrem Kleid. Fred baumelte kopfüber an ihrer Seite.

"Yes?" Eve drehte sich um.

Das Kind, die Zahnbürste in der Hand, stieg die Stufen herunter, die Hand fest auf dem Geländer. Die Stufen schienen sehr hoch zu sein. Sie drängte sich an ihrem Vater vorbei und blickte ängstlich zu Eve auf.

"Fred", lispelte sie. "Do you really think he is too fat?"

"No, Merle." Für einen Augenblick sah Eve ihre eigene Tochter vor sich. "No, he isn't. I promise. He's a wonderful hamster with a great personality. He reminds me of Winnie-the-Pooh."

Übung 22: Die folgenden Wörter kann man leicht verwechseln. Unterstreichen Sie den in den Satz gehörenden Begriff.

1. Merle's hamster *(remembers/reminds)* her of Winnie-the-Pooh.
2. *(Eventually/Perhaps)* Eve started to remember details of her life.
3. *(Currently/Actually)* Anne is working as an au pair for the Nurring family.
4. Merle keeps her toys on a *(shelf/board)*.
5. Mr Nurring is the *(chef/boss)* of European Investment Funds Ltd.
6. Eve asked Nurring if he needed a *(receipt/recipe)* for his bribe.

Eight

"Eve? Gerade kam ein Anruf für dich rein."

Bessmann saß an seinem Schreibtisch und blickte nicht einmal von seiner Tastatur auf. Eve konnte seinen Hinterkopf sehen, die Haare, die dünner wurden, aber nicht grau. Eine kleine Eitelkeit, die ihn sympathischer machte in ihren Augen.

Er schickte seine Mail ab und sagte mit unbeteiligter Stimme: "Du hast am 24. November eine Suchmeldung aufgegeben. Jugendliche Blondine, lange Haare. Wer sucht so etwas nicht. Zehlendorf hat sich gerade gemeldet."

"Autsch", sagte Eve. Über dem Ärger mit Robert Nurring hatte sie vergessen, die Suchmeldung zurückzurufen, nachdem sie Annes Identität festgestellt hatte. Das Präsidium mit seinen Formularen und Berichten bot mehr als genug Gelegenheiten, Arbeit sinnlos hin oder her zu schicken, auch ohne dass ihr derartige Fehler unterliefen.

"Autsch", nickte Bessmann grinsend. "Ich wusste von nichts, aber ich habe mich in deinem Namen bedankt. Geradezu überschwänglich. Hier. Deine Anne Thursley. Ich habe gesagt, du rufst zurück."

Eve atmete so heftig aus, dass eine Haarsträhne nach oben wehte.

"Zehn Minuten hat Hebbich gesagt. Das war vor ...? Vier Tagen? Dauert nicht länger als zehn Minuten."

"Du solltest nicht alles glauben, was du hörst."

Eve nahm den Zettel und hatte den Hörer in der Hand, noch bevor sie ihre Jacke über die Stuhllehne gehängt hatte, und begann zu wählen.

Bevor sie die letzte Ziffer eintippte, sah sie auf. Der Kalender an der Wand stand noch auf dem achtzehnten November, eine Ecke des Papiers hatte sich von der Wand gelöst und leicht aufgerollt.

"Hast du Zehlendorf gesagt?"

Anne ging nicht an ihr Handy.

"Hello, this is Anne Thursley's mailbox. Sorry, I am not **available** right now. Please leave your name and number after the **beep**, I will call you back as soon as possible. Thank you and goodbye."

Immerhin benutzt sie es, dachte Eve, sie hat die Mailbox besprochen. Die Stimme klang jung und unbeschwert, wie die Stimme der braun gebrannten Anne auf dem Bild, das Eve auf ihrem Visumantrag gesehen hatte, nicht wie die erschöpfte Frau mit den Ringen unter den Augen.

Zehlendorf?

Übung 23: Vervollständigen Sie die folgenden Sätze mit den angegebenen Präpositionen.
(for, about, at, back, on, by)

"Anne? This is Eve. I have to ask you some more questions, I'm afraid. Don't worry **1.** _____ the questions, but please call me **2.** _____. You can reach me **3.** _____ my mobile phone or **4.** _____ the station. I hope you are doing okay, and I hope you can come **5.** _____ next week. Katrin and I would love to have you here **6.** _____ dinner. See you."

---

available [əˈveɪləbl] erreichbar beep [biːp] Piepton

Die Haut der Frau vor ihr war mit Flecken übersät. Zwischen bizarren braunen Inseln war die Haut so milchig transparent wie bei einem Neugeborenen. Die Haare auf ihrem Kopf waren nicht mehr als weißer Flaum, in sorgfältige Wellen gelegt über rötlichem Schorf. Eve roch eine Mischung aus Lavendel, Penatencreme und leicht säuerlichem Atem. Die Hände, die den Schlüssel hielten, zitterten, als sie das Schlüsselloch suchte.

"Kann ich Ihnen behilflich sein?"

Eve hatte so höflich wie möglich gefragt, aber die Frau schrak zurück, verdeckte die Hand mit dem Schlüssel instinktiv mit ihrem Körper und schien noch tiefer in ihren Mantel aus schwarzem Pelz zu kriechen. Dieses Misstrauen sagte mehr über ihr Alter aus als die Farbe ihres Haares.

"Eve Santer, Kriminalpolizei. Ich möchte zu einer Frau Kreising hier bei Ihnen im Haus."

Zu Eves Überraschung nickte die alte Frau schlicht und wandte sich wieder der Tür zu.

"Das Fräulein Thursley, ja? Haben Sie sie gefunden?"

"Ja."

Die dünnen Schultern der Frau sanken tiefer, die Hand mit dem Schlüssel verharrte bewegungslos in der Luft.

"Es geht ihr gut", fügte Eve hinzu.

Die alte Frau nickte wieder, öffnete die Tür und verstaute den Schlüssel sorgfältig in ihrer Handtasche. Der Verschluss rastete mit einem leisen Klicken ein.

"Sie könnten mir die Tüte tragen, wenn Sie so nett sein wollen." Sie wies auf eine Plastiktüte zu ihren Füßen. Eve nahm sie auf; sie war ganz leicht, die Einkäufe einer alten Frau, die nur sich selbst zu verpflegen hat, nicht mehr als Kekse und Tee.

"Kreising, Anneliese Kreising ist mein Name. Ich habe bei Ihnen angerufen."

Ohne sich noch einmal umzudrehen, begann die Frau, langsam die Treppe hochzusteigen. Ihre Handknöchel über dem geschwungenen Geländer färbten sich weiß vor Anstrengung. Eve sah auf den ersten Blick, warum Frau Kreising die Polizei verständigt hatte. Die Wohnung war leer geräumt, in einer schnellen, aber sorgfältigen Aktion. Reste von Verpackungen lagen neben einem halb vollen Umzugskarton. An der Wand konnte Eve die Umrisse von zwei Bildern erahnen, ein Nagel hatte beim Herausziehen ein wenig Putz mitgerissen. Kleinigkeiten, die ein Makler beim Auszug bemängelt haben würde, mehr nicht.

In der Küche hing eine Einkaufsliste:

garlic, tomatoes, **bay leaves**
Butcher's: **order** meat for Friday.
What is Wacholderbeeren? Ask R.
Bacon. Rice. **Yoghurt**.

Der Kühlschrank roch säuerlich nach alter Milch.

Hatte sie hier gestanden und gekocht, unbekannte Gerichte für zwei Personen, allein zwischen Kochbüchern, wie eine junge Hausfrau in den fünfziger Jahren? Das Mädchen mit dem Tattoo von Bondi Beach?

In dem Jugendstilschrank war ein malvenfarbener Lederrock vergessen worden. Der Rock lag auf dem Boden, er roch kaum wahrnehmbar nach Leder und Fisch. Eve strich ihn glatt und legte ihn vorsichtig zurück.

Cremes und Zahnpasta waren aus dem Badezimmerschrank

---

garlic ['gɑːlɪk] Knoblauch **bay leaf** ['beɪ liːf] Lorbeerblatt **butcher** ['bʊtʃə] Metzger **to order sth.** ['ɔːdə] etw. bestellen **yoghurt** ['jɒgət] Joghurt

verschwunden. Es wirkte, als habe jemand alles mit einem schnellen Griff ausgeräumt und dann keine Zeit mehr gehabt oder das Interesse verloren. Die Gurgellösung gegen Halsschmerzen stand allein neben einer angebrochenen Packung Zahnseide. Im Kamm hingen noch einige Haare, lang und blond. Die verschiedenen Aufsätze des Haartrockners steckten noch in der Originalverpackung; darauf war eine Frau abgebildet, von der man nichts als Haare und Badeanzug sah. Eve drehte die Verpackung um und las auf der Rückseite: Made in Australia. Der dazugehörige Fön war verschwunden.

Hinter der Verpackung lagen eine Creme gegen Pilzerkrankungen, ein elektrisches Epiliergerät und Tampons. Keine Gegenstände, die man neben seine Parfüms stellt, dachte Eve, aber wer lässt sie zurück, egal, wie viel Zeit noch bleibt? Hatte Anne gepackt? Nurring?

In der Dusche lag eine Seifenschale aus dunkelgrünem Plastik.

Anne ging nicht an ihr Handy. Eve wusste nicht, was sie eigentlich von ihr wollte. Wollte sie sie warnen? Befragen? Das Mädchen erinnerte sich an nichts.

Eve setzte sich auf das Bett in Anne Thursleys Schlafzimmer.

Sie streifte ihre Schuhe ab und starrte an die Decke. Draußen schwangen die Äste einer kahlen Buche im Novemberwind. Erst jetzt spürte sie, wie kalt es in dem Raum war.

Was hast du hier gemacht?, dachte sie.

Sie hatte beobachtet, wie Anne das Zimmer bei den Nurrings in Besitz genommen hatte. Ihre Verwirrung, ihre Angst, die Realitäten, die sich verschoben, die S-Bahn, die in die falsche Richtung fuhr – alle Erklärungen lagen hier vor ihr.

Anne hatte zuerst die Bücher angesehen, CDs und Bücher.

Eve erinnerte sich an das Bedauern, mit dem das Mädchen den Nachttischschrank in Nurrings Zimmer zugeschoben hatte. Was hatte sie gesucht? Eve drehte sich um.

Neben dem Bett stand ein Jugendstilnachttisch, die kupfernen Aufschläge in Form von Seeanemonen, das Wurzelholz so fein poliert, dass es den Glanz von billigem Lack angenommen hatte. Er war abgeschlossen, Eve stand auf und kippte das Schränkchen zurück, sie konnte hören, wie sich etwas in seinem Inneren verschob. Etwas, das zurückgelassen worden war, weil derjenige, der das Zimmer ausgeräumt hatte, den Schlüssel nicht besaß. Weil Anne ihn trug ... an einer Kette um ihren Hals? Von der nach dem Unfall nichts geblieben war als eine feine Abschürfung, die manchmal am Ausschnitt ihres T-Shirts zu sehen war?

Wer hat gepackt, dachte Eve, und warum? Handelte es sich um eine Amnesie, hervorgerufen durch einen schweren Schock? Oder war es nur eine dieser kläglichen alltäglichen Geschichten, in denen eine Lüge auf die andere folgt, bis es schließlich kein Zurück mehr gibt? War Nurring in die Wohnung seiner Geliebten gefahren, um heimlich ihre Zahnpasta und eine Duschbürste in Froschform nach Hause zu tragen? Warum?

Eve setzte sich wieder auf das Bett, stützte die Ellbogen auf ihre Knie und legte die Fingerspitzen leicht aneinander.

Sollte sie die Spurensicherung informieren? Es lag keine Straftat vor. Was sollte sie Staatsanwalt Hebbich sagen? Im Bad waren noch Tampons und Watte. Der Nachttisch war verschlossen, sie wusste nicht, was darin lag. Das war nicht genug.

Sie wusste, dass sie gehen sollte, aber ihre Augen suchten bereits einen Gegenstand, der flach und stabil genug war, um in die Lücke über der Schublade geschoben zu werden.

Das Schloss spang fast lautlos auf. In dem Nachttisch lag ein Buch, in dunkles Leder gebunden.

I am looking forward to spring.

At home it is nothing more than the feet of the surfers, red and **swollen** from the cold, but happy to be around again. The little yellow flowers at the beach **flourish** ... I don't even remember their name. Black clouds on the **horizon**, waiting to **burst**, and the cold wind that can **chill** you **to the bone** through a sweatshirt, even while you get ready to surf. It is over as soon as the first Santa Clauses **appear** at the beach, **sweating** under their white **beards**. **Within** a week or two temperatures jump up to 40 degrees Celsius at eight o'clock in the morning.

Summer is **unmistakable**. But spring? It's gone before you realize it's even been there.

But here, spring is something else. I've seen photographs of **blossoming cherry trees**. **Rosebuds**. New grass. An incredible nature wasting itself on spring.

Übung 24: Was wissen Sie über die Jahreszeiten in Australien? Kreuzen Sie die richtigen Aussagen an.

1. ☐ Spring is from September to November.
2. ☐ The Australian Christmas is in the middle of summer.

---

swollen ['swəʊlən] geschwollen **to flourish** ['flʌrɪʃ] sprießen **horizon** [hə'raɪzn] Horizont **to burst (burst, burst)** [bɜːst / bɜːst / bɜːst] zerplatzen **to chill sb. to the bone** ['tʃɪl / tə ðə 'bəʊn] jdn. völlig durchfrieren lassen **to appear** [ə'pɪə] auftauchen **to sweat** [swet] schwitzen **beard** [bɪəd] Bart **within** [wɪð'ɪn] innerhalb **unmistakable** [ˌʌnmɪ'steɪkəbl] unverwechselbar **to blossom** ['blɒsəm] blühen **cherry tree** ['tʃerɪ triː] Kirschbaum **rosebud** ['rəʊsbʌd] Rosenknospe

3. ☐ It is always very wet in Australia.
4. ☐ The centre of Australia is very dry.
5. ☐ The dry season is in autumn and winter.
6. ☐ It never snows in Australia.

Eve blätterte. Keine Namen, keine Daten. Das Buch war gefüllt mit Annes Gedanken.

In Japan the most **precious** things are **short-lived**. They are **fragile**. You know that they will be gone any moment now, that they **will vanish** in time. In Europe things have to **prove** themselves by **durability**. All these buildings here, after all these years, are **extraordinary**. Being around those things makes you feel connected to something going back a long time. I love the old buildings and **antiques** in Europe. They make me feel safe.

Sie hätte es nicht zurückgelassen, dachte Eve. Niemals. Ihr ganzes Leben war hier.

What was it like for my mother when she was going blind? Macular degeneration. A black **stain** in front of your eyes that gets bigger and bigger every day. My mother didn't have much time left to see everything she wanted to see, to do everything she wanted to do ...
And she lost everything: Dad, who left because he could not

---

precious ['preʃəs] kostbar **short-lived** [ˌʃɔːt'lɪvd] kurzlebig **fragile** ['frædʒaɪl] zerbrechlich **to vanish** ['vænɪʃ] verschwinden **to prove oneself** ['pruːv wʌnself] sich bewähren **durability** [ˌdjʊərə'bɪlətɪ] Haltbarkeit **extraordinary** [ɪk'strɔːdnərɪ] außergewöhnlich **antique** [æn'tiːk] Antiquität **stain** [steɪn] Fleck

89

take it any more; her house on Bondi Beach; and me. Europe
is my way out. Still, sometimes I wonder whether I have my
own black stain inside. Nobody can see it but it is there.
Europe is my way out.
I can hear a voice **whispering** at night. Take everything you
can get. As much as you can. Nothing lasts for ever.

Eve legte das Buch auf den Nachttisch und sah zu, wie die
Seiten sich wieder öffneten. Tief in der Falz konnten ihre
Fingerspitzen die unregelmäßigen Ränder von abgerissenem
Papier spüren.

Übung 25: Bilden Sie die Steigerungsform der Adjektive, wie
im Beispiel vorgegeben.

1. a big stain

    _____a bigger_____ stain

2. a loud noise

    a _____ noise

3. an important memory

    a _____ memory

4. a poisonous animal

    a _____ animal

5. a naughty child

    a _____ child

---

to whisper ['wɪspə] flüstern

6. a difficult job

   a _____ job

7. a bad experience

   a _____ experience

8. a busy beach

   a _____ beach

9. an interesting find

   a _____ find

10. a strange book

    a _____ book

"Tee?", sagte Frau Kreising und stellte die Kanne vorsichtig vor Eve auf den Glastisch. "Roibuschtee. Früher haben wir immer Earl Grey getrunken, mit Zitronensaft, nicht mit Milch, aber mein Magen verträgt das nicht mehr." Sie ging mit kleinen Schritten um den Tisch und ließ sich langsam in ihren Sessel am Fenster sinken. Dann maß sie sorgsam vier Teelöffel einer klaren Flüssigkeit ab und goss sie in ihre Tasse. "Dreimal am Tag vier Esslöffel", sagte sie, "gegen mein Herzrasen."

Für einen Augenblick schloss sie die Augen. Eve fragte sich, ob die Flüssigkeit nach Alkohol gerochen hatte.

"Zucker?"

"Danke, nein." Eve blickte auf die zierliche Tasse in ihrer Hand. Über dem Tee war ein dunkler Rand zu erkennen und ein Rest von Lippenstift; sie stellte die Tasse vorsichtig zurück auf den Tisch.

"Schön haben Sie es hier", sagte sie. "Frau Kreising, wann

genau hatten Sie den ersten Verdacht, dass Fräulein Thursley ..."

"Ein Service, achtzehn Teile, von Dessertschalen über Platzteller bis zur Sauciere", murmelte Frau Kreising. Ihre Lippen waren schlaff und ein wenig zu feucht. "Ein Hochzeitsgeschenk für Mama, verstehen Sie. Zusammen mit dem Haus haben sie es von ihren Schwiegereltern bekommen, fertig möbliert, mit Vorhängen und Wäsche. Sie haben es nicht selbst ausgesucht, sehen Sie, obwohl sie sie natürlich gefragt hatten, Mamas Schwiegermutter war sehr rücksichtsvoll in dieser Hinsicht. Ja. So war das damals. Ich habe es immer geliebt. Diese Anmut. Sehen Sie. Lilien." Ihre arthritischen Hände strichen über die faltenlose Tischdecke.

Eve lächelte. "Was Ihre Vermisstenanzeige angeht ..." Sie beugte sich vor und rückte bis an die Kante des Sessels, um Frau Kreisings Aufmerksamkeit auf sich zu lenken.

"Das meiste ist im Krieg zerbombt und verbrannt, natürlich. Wir hatten es im Garten vergraben, als die Russen kamen, zusammen mit dem Nazigeschirr der Helmholls von gegenüber. Geschirr mit Hakenkreuz, ich bitte Sie. Man kann auch zu weit gehen, als Nächstes kaufen sie Bettwäsche mit Runen. Dabei war er ein entsetzlicher Parvenü, hat Mama immer gesagt, mit diesem Dienstbotenbärtchen."

Frau Kreising zog die Flasche zu sich heran und goss vier weitere Teelöffel in ihre fast leere Tasse, hob sie mitsamt der Untertasse hoch und nahm einen Schluck. Ihre Hände zitterten nicht mehr. Sie stellte die Tasse wieder ab und sackte in sich zusammen. Eve wollte aufstehen, aber die Frau sprach weiter.

"Wir haben das Haus geteilt, natürlich. Zuerst waren Offiziere einquartiert, Engländer, sogar ein Neuseeländer war dabei. Sehr höfliche Menschen, und so exotisch für uns.

Lucky Strike, Hershey **Chocolate Bars**, die Kinder waren verrückt danach. 'You are such a beautiful lady', haben sie immer gesagt. 'So beautiful. What can we do for you?'" Die alte Frau verlor sich in ihren Erinnerungen. "I need some petrol please. A little bit of chocolate. A few bits of **fabric** to make a new skirt – das war alles, was ich zu sagen brauchte damals. Verstehen sie, die meisten Menschen haben sich ihre Kleidung aus alten Vorhängen genäht."

Übung 26: Die folgenden Begriffe sind zählbar oder nicht zählbar – fügen Sie "a few" oder "a little" ein. Die ersten Beispiele sind vorgegeben.

1. a _____little_____ chocolate

2. a _____few_____ cars

3. a _____ petrol

4. a _____ cups of tea

5. a _____ tea

6. a _____ ladies

7. a _____ friends

8. a _____ fabric

9. a _____ books

10. a _____ water

Eve nickte. Es hatte keinen Zweck, die Frau zu drängen. "Diese lockere Art, sich zu bewegen, und die Musik. Sehen

_____

chocolate bar ['tʃɒklət bɑː] Schokoriegel **fabric** ['fæbrɪk] Stoff

Sie, wir haben Glück gehabt. Keine Vertriebenen aus den Ostgebieten. Die haben zum Teil wild gehaust hier in der Gegend. Es war ja nicht ihr Geschirr ..."

Eve schwieg.

"Ich denke, deshalb hat sie die Wohnung genommen, weil ich ein wenig Englisch spreche. Fräulein Thursley, ja ... Sie war keine Britin, sie war Australierin, haben Sie das gewusst? Ein nettes Mädchen, sehr still, obwohl natürlich – aber die Vorstellungen haben sich geändert heutzutage."

Frau Kreising nahm den Löffel und rührte um, obwohl ihre Tasse eigentlich leer sein musste.

"Geändert inwiefern?"

Die alte Frau stellte die Tasse klirrend zurück. Ihr Lächeln war im linken Mundwinkel deutlicher zu erkennen als im rechten. Sie hatte einen Schlaganfall, dachte Eve, sonst würde ich sie für verschlagen halten.

"Ich war nicht immer so alt, Frau Kriminalkommissarin. Jazz hab ich gehört, mit sechzehn schon, schwarzen Jazz, Armstrong, Fitzgerald ..." Sie schloss die Augen und legte den Kopf zurück. Dann begann sie mit einer brüchigen Altstimme zu singen: "I've seen trees of green, red roses too ... and I think to myself ... what a wonderful world ... Wundervoll, nicht? Bis '36 natürlich nur. Danach haben wir die Platten weggegeben, alles andere hätte ich meiner Mutter nicht antun können." Sie nahm geräuschvoll einen weiteren Schluck.

"Seit wann hat Fräulein Thursley ..."

"Da können meine Enkel sagen, was sie wollen. Das war keine Mitläuferei. Ich hatte eine Verantwortung. Diese BDM-Landpomeranzen, mit ihren blonden Zöpfen, das waren wir nicht, hier war Berlin. Machen Sie sich nichts vor, das wurde alles nicht 1968 erfunden ... Aber Sie trinken Ihren Tee ja gar nicht."

"Faszinierend", murmelte Eve und versuchte, nicht in die Tasse zu sehen, während sie gehorsam einen Schluck nahm.

"Was das Fräulein Thursley angeht ... Die meisten jungen Menschen wohnen ja lieber in der Innenstadt heutzutage, zentral, wie man sagt."

Frau Kreising goss noch einmal aus der Flasche nach, diesmal ohne den Löffel zu Hilfe zu nehmen.

"Fräulein Thursley war schon ein wenig anders. In die Oper ist sie gegangen, ins Ballett. Elegant gekleidet, auch der Herr, das muss man sagen. Ein junges Ding ohne Deutschkenntnisse, Studentin, sehr hübsch, aber die Miete hat sie nicht selbst bezahlt, Frau Santer. Nicht, dass sie nicht von ihrem Konto kam ... Aber ich glaube nicht, dass sie sich auf Dauer damit zufriedengegeben hätte. Sie wollte höher hinaus, wenn sie mich fragen. Berechnend, das war sie. Eine kluge junge Frau."

Eves Mund wurde trocken. Sie dachte nicht an Anne. Sie dachte an Barbara Nurring.

Nine

"Ich begreife nicht, wie ihr so blind sein konntet", murmelte Bessmann ironisch.

Eve warf ein zusammengeknülltes Papier nach ihrem Kollegen. Sie selbst wiederholte diesen Satz seit über einer Stunde.

"Wir haben nie damit gerechnet, dass noch jemand in dem Wagen gesessen haben könnte. Ich habe nicht mal versucht, ihn bergen zu lassen."

"Dass sie vielleicht nicht in Taiwan ist, muss ja nicht gleich heißen, dass sie in der Spree liegt."

"Wenn Nurring nicht gelogen hat, *muss* hier eine Meldung vorliegen. Ein Chemieunfall, mein Gott, Bessmann, es muss eine Erwähnung geben. Nurring hat etwas von Brandverletzungen erzählt, Säure im Fluss … irgendetwas."

"Sie haben es unter den Tisch gekehrt", schlug ihr Kollege vor.

"Nein, vergiss es", beharrte Eve. "Frau Nurring ist immerhin Vizepräsidentin des Konzerns. Wenn sie nach Taiwan fliegt, ist da mehr umgekippt als eine Dose Cola."

"Falls sie nach Taiwan geflogen ist."

"Die Sekretärin hat die Geschichte bestätigt."

Bessmann nickte.

"Wir drehen uns im Kreis." Eve rieb sich die Augen. Sie starrte seit Ewigkeiten auf den Monitor.

"Ich begreife nicht, wie du so blind sein konntest."

"Hattest du Singpong Hour Weaving gesagt?" Bessmann tippte etwas auf seiner Tastatur. Der Drucker begann zu surren.

"China Financial Times. Aber kein Wunder, das wir nichts gefunden haben, scheint eine Lappalie gewesen zu sein. Es stand unter Vermischtes, neben der Einweihung einer Wetterstation, soweit ich es verstanden habe. Übersetzen musst du selbst."

Sie griff nach dem Papier, das Bessmann ihr über den Tisch reichte und überflog den Text.

Ammonia leak after **break-in** Taipeh, Taiwan. AFP
Poisonous chemicals (**ammonia**) leak into a river after a factory break-in in Taiwan. Security standards are very high, declared company spokeswoman Barbara Nurring. The police **are investigating** the **possibility** that this was an inside job ...

"Was steht drin?"
Eve hob die Schultern. "Barbara Nurring wird erwähnt. Sie hält eine Pressekonferenz in Taiwan zum fraglichen Zeitpunkt ab. Ansonsten liest es sich wie eine Werbebroschüre. Internationale Sicherheitsstandards, gute Krankenversorgung, kooperatives Verhalten der Firmenleitung. Drei leicht Verletzte. Ich weiß nicht, vielleicht hat Nurring einfach überreagiert."
"Oder sein Ansprechpartner in der chinesischen Produktion."
Eve nickte. "Ja. Kann sein."
"Reicht dir das?"

Übung 27: Welche der folgenden Aussagen sind wahr? Kreuzen Sie die zutreffenden Sätze an.
1. ☐ Some employees died in a factory in Taiwan.
2. ☐ The **company** makes **bombs**.
3. ☐ Poisonous chemicals leaked into a river.
4. ☐ Barbara Nurring was found in the car.

---

break-in ['breɪkɪn] Einbruch **ammonia** [ə'məʊnɪə] Ammoniak
to investigate sth. [ɪn'vestɪgeɪt] etw. untersuchen **possibility**
[ˌpɒsə'bɪlətɪ] Möglichkeit **company** ['kʌmpənɪ] Firma **bomb** [bɒm]
Bombe

5. ☐ Anne can speak German well.

6. ☐ Barbara Nurring is still in Asia.

"Wegen Frau Nurring? Ja, sicher. Ich habe ja nicht wirklich gedacht, dass sie in der Spree liegt. Aber blind war ich trotzdem. Und wissen wir, ob sie wirklich in Taiwan ist?"

"Willst du Kaffee?"

Eve schüttelte den Kopf. An der Tür drehte Bessmann sich noch einmal um.

"Soll ich die Anfrage bei der Flugsicherung stornieren? Nicht, dass du es wieder vergisst und ..."

"Mein Gott, Bessmann, du bist so ein Streber. Hau bloß ab." Sie hörte ihn lachen, als er den Flur hinunterging.

Eve goss etwas Mineralwasser in die Töpfe ihrer Kakteen. Die Erde fühlte sich schon nach wenigen Augenblicken wieder körnig und trocken an.

Nurring hatte eine solche Energie ausgestrahlt. Eine solche Konzentration. Womit hatte er gerechnet? Bhopal? Seveso? Tschernobyl? Wozu die Aufregung? Er hätte nur kommen und Anne bei mir abholen müssen, dachte Eve. Eine Fahrt in ihre Wohnung und einen Sekt darauf, dass Eve ihn und nicht seine Frau zuerst erreicht hatte. Im Grunde hatte er Glück gehabt. Warum hatte er solche Angst?

Sie strich die Erde von ihren Fingern und wandte sich wieder ihrem Monitor zu. Unter dem Stichwort "Ammoniak" fand sie drei weitere Einträge zu dem Unfall in Singpong Hour Weaving. Alle schienen die gleiche Geschichte zu erzählen.

The **leak** was first found by workers at 11:30 pm.

---

leak [liːk] Leck

Bessmann stellte eine Tasse Kaffee vor sie, schwarz. "Bist du immer noch dabei?"

Eve blickte weiter auf den Monitor. Bessmann ließ sich in seinen Bürostuhl fallen.

"Natürlich hat er gelogen, Eve. Was soll er denn sonst tun? Er ist aufgeflogen. Er gibt an, ihr Arbeitgeber zu sein, um ein Visum für sie zu erschleichen. Damit sie studieren kann, arbeiten, was weiß ich. Sie wird nicht die ganze Zeit zu Hause gesessen haben, um auf ihn zu warten. Und es war weiß Gott leicht genug für sie, ihn unter Druck zu setzen. Er hat einiges zu verlieren. Und zack hat sie ihr Visum. Das Problem ist nur, dass er seine Adresse als Arbeitgeber angeben muss."

Bessmann unterbrach sich, um Eves Reaktion abzuschätzen.

"Der arme Mann."

"Ich weiß, dass du sie magst", sagte er.

"Red weiter", erwiderte sie ruhig.

"Dann schickt die Botschaft die Polizei bei ihm vorbei, um das Au-pair zu Hause bei seiner Frau abzugeben. Natürlich hat er gelogen, was hättest du denn an seiner Stelle getan? Es sind schon reihenweise Leute aufgeflogen, weil sie vergessen haben, die Nachrichten auf ihrem Handy zu löschen. Lippenstift am Hemdkragen, eine Sekretärin, die nichts von der Geschäftsreise weiß ... Aber niemand, wirklich niemand rechnet mit so etwas."

Bessmann begann, mit einem Kugelschreiber zu spielen.

"Und weil er feige ist, hat er sich gedrückt, wie jeder vernünftige Mann in seiner Situation das tun würde. Hat dem Himmel für den Unfall in Taipeh gedankt, ihn ein wenig aufgebauscht und seine Frau in das nächste Flugzeug gesetzt, schließlich ist sie die Vizepräsidentin und nicht er. Und plötzlich hat er eine Polizistin im Haus, die seine Geliebte betreut und seine Tochter verhört. Das muss ein Albtraum für ihn gewesen sein. Unter den gegebenen Umständen war er eigentlich noch recht freundlich zu dir."

"Ich weiß nicht." Eve starrte auf den Monitor.

"Du bist stur." Bessmann warf den Kugelschreiber zurück auf den Schreibtisch.

"Mmh." Eve rief die nächste Seite auf.

"Okay." Er griff zum Telefonhörer. "Stellen Sie mich durch zu den Kollegen von der Flugsicherung, bitte." Sein Kugelschreiber klopfte leicht gegen die Schreibtischlampe, während er wartete.

Eve strich über ihre aufgesprungene Unterlippe und las den Artikel noch einmal.

The leak was first found by workers at 11:30 p.m. They informed their **supervisor** ...

Sie stutzte.

The leak was first found by workers at 11:30 p.m. ...

Sie sah auf. "Bessmann, in welcher Zeitzone liegt Taiwan?" Eves Kollege ließ den Hörer sinken.

Bessmann schob ihr die Anrufliste über den Tisch.

"Er kriegt meinen Anruf um halb zwei", murmelte Eve. "Da erfährt er, dass Anne Thursley am Leben ist. Dass die Polizei eingeschaltet ist und ihn für ihren Arbeitgeber hält."

"Und hängt dich ab."

Eve nickte. "Kurz nach zwei ruft er in Taiwan an. Das war der erste Anruf, den ich auf seinem Handy gefunden habe.

---

supervisor [ˈsuːpəvaɪzə] Vorgesetzter

Die Sekretärin sagt, er benutzt es nur in Notfällen."

Bessmann begriff, worauf Eve hinaus wollte. "Zu einem Zeitpunkt, an dem es in Taiwan noch keinen Notfall gab. Bei einer Zeitverschiebung von sieben Stunden war es erst kurz nach neun in Taiwan. Und der Unfall ..."

"... ereignete sich Stunden später, um halb zwölf." Eve sprach die Schlussfolgerung aus. "Nur dass es kein Unfall war, sondern Sabotage."

"Dann hat Nurring also irgendjemanden in Asien angerufen und den Zwischenfall inszeniert."

"Ja", sagte Eve, "aber wenn er bereit war, einen solchen Aufwand zu treiben, frage ich mich, in welchem Zustand Annes Wagen war, als sie verunglückt ist. Ich rufe die Verkehrssicherheit an. Und dann fahre ich zu den Nurrings."

Eve stand auf.

Bessmanns Telefon klingelte, die Zentrale stellte einen Anruf durch.

"Bessmann, Mordkommission." Er deckte die Sprechmuschel mit der Hand ab und sagte zu Eve: "Ich hab die Fluggesellschaft." Er stellte den Lautsprecher ein.

"Es geht um die Anfrage bezüglich einer Barbara Nurring, Berlin – Taiwan am 28. 11. 07", sagte die Frau am anderen Ende der Leitung. Die Stimme klang atemlos und dünn, als sei die Sprecherin noch sehr jung oder nicht ganz zurechnungsfähig. "Ich darf Ihnen telefonisch keine Auskünfte erteilen", fuhr sie unsicher fort.

"Frag sie, ob sie herausfinden können, wann der Flug gebucht wurde."

Bessmann reichte ihr wortlos den Hörer. "... für alles Weitere müssten Sie einen schriftlichen Antrag stellen."

Eve schwieg. Die Frau räusperte sich; Eve konnte ihren Atem hören, leicht keuchend vor Nervosität. Sie sprach weiter, weil

Eves Schweigen sie nervös machte, mit dem leicht singenden Tonfall einer geborenen Bürokratin.

"Also gut ... Hinflug 28.11. ab Flughafen Berlin Tegel planmäßig um 18 Uhr 23 nach Schiphol, Amsterdam. Barbara Nurring, erste Klasse, Sitz 8C. Eingecheckt mit einem britischen Reisepass Nummer E 08768543, ausgestellt am 24.8.2005 in London, Visum unbegrenzt gültig; Rückflug am 31. November, über Frankfurt am Main, Reisepass E 08768543, gelandet um 21 Uhr 37 in Berlin Tegel."

"Einunddreißigster November?"

"Ja, gestern Abend um halb zehn."

Übung 28: Bringen Sie die folgenden Ereignisse in die richtige Reihenfolge.

a. ☐ Eve told Nurring about Anne.
b. ☐ There was an 'accident' in a Taiwanese factory.
c. ☐ She lost her memory.
d. ☐ She had an accident.
e. ☐ Nurring called China.
f. ☐ The police found out who she was.
g. ☐ Anne came to Germany.
h. ☐ Someone took her to hospital.
i. ☐ She moved into Frau Kreising's apartment.
j. ☐ Barbara Nurring flew to Taiwan.

Ten

Augen aus Smaragd starrten bewegungslos in die Dunkelheit, gespiegelt in den gläsernen Vitrinen. Gelbe Löwen schritten majestätisch über türkisfarbenen Grund, als liefen sie über Wasser. Unter der Treppe stand das Modell einer Pyramide, deren Ränder schwarz und fettig waren von den Abdrücken kleiner Finger, die Menschen, die sich daran vorbeischoben, beachteten sie kaum. Der Raum roch nach nassen Wollmänteln und Resten von uraltem Staub. Neben einer Plastikpalme sprang ein Kind auf und ab, von den weißen Kacheln auf den roten Teppich, vor und zurück, ohne Unterbrechung oder erkennbaren Sinn. Irgendwo hustete ein alter Mann.

"Kaffee?"

Eve sah auf den Styroporbecher in Bessmanns Hand, dann in sein Gesicht. "Ich glaube, das müsste sie sein, in der blauen Strickjacke. Neben der Garderobe. Elf Uhr."

Eve deutete mit einer Kopfbewegung auf eine ältere Dame, auffallend groß, mit einer altmodischen Brille in Schmetterlingsform, die an einer vergoldeten Kette um ihren Hals hing. Die Haare waren in einem betont lockeren Knoten im Nacken zusammengebunden. Sie trug flache Schuhe, fleischfarbene Strumpfhosen und einen überknielangen grauen Wollrock.

"Die Beschreibung war gut", meinte Bessmann. "So was hätte ich gern öfter."

"Wir suchen die englische Museumsführerin, Mrs Brockhill", hatten sie der jungen Frau an der Kasse gesagt. Die Kassiererin hatte ihren Kaugummi zur Seite geschoben und genickt.

"Sieht genauso aus, wie man sich eine Museumsführerin

vorgestellt hat vor fünfzig Jahren. Sie können sie nicht verpassen, die Frau ist ein Witz. Erinnert mich immer an meine erste Handarbeitslehrerin."

"Ein Drachen?", meinte Bessmann. Er hatte sich weiter über den Tresen gebeugt, als nötig gewesen wäre. Die junge Frau hatte eine Haut, die das Licht anzuziehen schien, glatt und hell wie Milch.

"Aber sagen Sie es nicht weiter?", fügte er mit einem leichten Grinsen hinzu. Eve rollte die Augen.

Die Kassiererin zuckte gelangweilt die Schultern, die Gleichgültigkeit in ihrem Gesichtsausdruck ließ sie plötzlich weniger attraktiv erscheinen. "Ich hab mit ihr nichts zu tun. Ist mir scheißegal."

"Mrs Brockhill, Führung jede volle Stunde, vielen Dank." Er hatte mit der Hand auf den Tresen geklopft und Eve dann souverän am Ellbogen durch die wartenden Besucher geleitet. Sie nahm an, dass der Kaffee der Dank dafür gewesen war, dass sie ihre Gedanken nicht laut ausgesprochen hatte.

Eve musterte die Museumsbesucher, die sich bei der Frau bedankten, während sich schon eine neue Gruppe um sie zu sammeln begann: ein paar Rentner, eine Mutter mit Kinderwagen und einem Kleinkind an der Hand und eine Familie mit zwei gelangweilten Teenagern.

"The Pergamon is Berlin's most popular museum with as many as 850,000 visitors a year ...", begann Mrs Brockhill ihren Vortrag.

850.000 Besucher jährlich, dachte Eve, das sind wie viele am Tag? 2500? Wir suchen die Nadel im Heuhaufen. Und wir wissen noch nicht einmal, ob sie hier sind.

"... Among the great museums, art and culture in the capital of Germany, the standing of the Pergamon Museum is

104

hardly surprising", fuhr Mrs Brockhill fort. "It presents three **outstanding collections** under one roof: the Antiquity Collection, the Museum of Islamic Art and the Museum of the Near East. The museum has been named after the Great Altar of Pergamon, built in the second century **BC**. If you would follow me to the north wing, please."

Sie ließ ihren Blick über die Gruppe schweifen und nickte den Besuchern freundlich zu. Als die Teenager an ihr vorbeigingen, wurde ihr Blick schärfer. "And don't touch the glass, will you? Don't think I haven't seen it."

"Komm." Bessmann zog sie sanft am Ärmel. "Sie sind nicht hier."

Vor dem Eingang zerriss Eve ihren Becher in kleine Fetzen. Weiße Styroporschnipsel lagen zu ihren Füßen. Sie lehnte ihren Kopf erschöpft an die nasse Sandsteinwand hinter sich. Der Himmel über ihr war grau, seit Tagen schon. Die Regentropfen fielen fast senkrecht.

"Vergiss es", meinte Bessmann. "Sie sind unterwegs und sehen sich die Stadt an. Wieso sollten sie auch ausgerechnet im Museum sein", wiederholte er.

"Sie ist irgendwo hier. Falls sie wirklich eine Stadtbesichtigung machen, sind sie hier in der Nähe. Anne mochte Antiquitäten, Altertümer, alles in der Richtung. Alles, was es in Australien nicht gibt."

Er schob die Styroporflocken ordentlich mit der Spitze seines Schuhs zusammen, seine Augen suchten nach einem Papierkorb. "Versuch es doch noch einmal bei Nurring."

Was sind wir alle doch für brave kleine Streber geworden, dachte Eve. Wir sind so obrigkeitshörig wie jede Generation

---

outstanding [aʊtˈstændɪŋ] überragend **collection** [kəˈlekʃn]
Sammlung **BC** (= **Before Christ**) [biːˈsiː] vor Christus

vor uns und bemerken es noch nicht einmal. Oder bin ich einfach nur müde?

Eve schloss die Augen.

"Ich habe ihm viermal auf die Mailbox gesprochen und dazu noch seine Sekretärin benachrichtigt.

Übung 29: Setzen Sie die richtigen Wörter an den passenden Stellen ein.

(please, wife, talk, woman, call, walk)

'Mr Nurring, I have to **1.** _____ to your **2.** _____

or to Anne **immediately**. Your cleaning **3.** _____ tells

me that they are sightseeing in Berlin at this very moment.

They wanted to **4.** _____ around interesting parts of

the city. I am trying to find them. We are at Museumsinsel

right now. **5.** _____ give me a **6.** _____ as soon

as you hear from them.'

Einmal habe ich statt 'Anne' sogar 'your lover' gesagt. Das sollte doch wohl reichen, dass er mich zurückruft. Ich wüsste nicht, was ich sonst noch sagen sollte."

"Falls die Putzfrau alles richtig verstanden hat."

Eve schüttelte müde den Kopf.

"'Anne has to see some of Berlin, before she leaves. It would be a pity to go back to Australia without seeing some interesting **sights**.' Es gibt nicht viel, was man daran missverstehen könnte."

---

immediately [ɪˈmiːdɪətlɪ] unverzüglich **sight** [saɪt] Sehenswürdigkeit

"Es ist Nurrings Problem, nicht unseres. Seine Frau und seine Geliebte sehen sich Berlin an. Das ist kein Fall für die Mordkommission, Eve."

"Ja", sagte sie und dachte: noch nicht.

"Ich wünschte, Gülcan würde sich endlich melden", sagte Bessmann, "wie lange kann es dauern, einen Wagen zu bergen?" Die Reste des Styroporbechers zu seinen Füßen sahen aus wie eine kleine Pyramide.

"Ich muss zurück ins Präsidium, Eve", sagte Bessman. "Sightseeing in Berlin könnte alles heißen. Wenn du mich fragst, ist die Sache hoffnungslos."

"Ja, ich weiß", sagte Eve, machte aber keine Anstalten zu gehen.

"Wenn du willst, fahre ich dich noch irgendwo hin. Zum Alex oder zum Checkpoint Charlie?"

Eve dachte nach. Sie hatte Annes Tagebuch gelesen, Seite um Seite gefüllt mit ihren Gedanken. Sie versuchte sich zu erinnern.

All these buildings here, after all these years, are extraordinary. Being around those things makes you feel connected to something going back a long time. I like the old buildings and antiques in Europe. They make me feel safe.

"Oder kommst du mit zurück?", fragte Bessmann, als Eve nicht antwortete.

Sie schüttelte den Kopf.

"Ruf mich an, wenn du was hörst."

Eve war auf dem Weg zum Deutschen Historischen Museum im Zeughaus, als sie den Wagen in der Luft baumeln sah.

Es war ein schwarzer Jeep, überdimensioniert für die Straßen einer mitteleuropäischen Stadt, mit getönten Scheiben; einen schwarzen Panzer hatte Eve ihn genannt. Nurring schien nicht viel Zeit zum Parken gehabt zu haben. Fast zu groß für die Ladefläche des Abschleppwagens, ragte der Jeep unübersehbar in die Luft, er schwankte im Wind. Eve konnte das leise Knirschen der Ketten hören, an denen er hing. Der Fahrer des Abschleppwagens sah angespannt aus, das Gesicht unnatürlich gerötet unter der speckigen Baseballkappe, seine Augen zuckten zwischen Rückspiegel und Gangschaltung hin und her.

In diesem Augenblick klingelte ihr Handy.

"Santer."

"Mrs Santer? Nurring here. You were trying to reach me?"

"Mr Nurring, we know that your wife flew in from Asia yesterday evening ..."

"I know. We are all visiting Berlin Cathedral. We are ... Hold on for a second, plea..."

Das Gespräch brach ab. Eve wartete einige Minuten, aber die Leitung blieb tot.

Sie drängte sich vorbei an wartenden Touristen und einer gelangweilten Schulklasse. Verschiedene Treppen führten aus der Eingangshalle nach oben in den Rundgang der Kuppel, nach unten zu den Grabstätten, zum Restaurant und dem Inneren der Kirche. Eve schob sich durch das große Portal Richtung Altar. Sie brauchte einen Augenblick, um sich an die relative Dunkelheit im Dom zu gewöhnen. Die Besucher zwischen den Kirchenbänken im Altarraum hatten die Augen nach oben in die Kuppel gerichtet.

"Der Berliner Dom wurde zwischen 1747 und 1750 erbaut. König Friedrich der Große beauftragte den Architekten John Boumann den Älteren, einen neuen, barocken Dom anstelle des einsturzgefährdeten ursprünglichen Doms zu bauen ..."

"Anne?", rief Eve und übertönte die Museumsführerin.

Ihre Stimme füllte den Altarraum, prallte zurück von den filigranen Verzierungen des Altars, kletterte die Orgelpfeifen nach oben über die bärtigen Gesichter der Heiligen und schien das Glasdach in der Kuppel vibrieren zu lassen.

Die Gesichter, die sich Eve zuwandten, waren verzerrt vor Empörung.

"Was bilden Sie sich ein ..."

"Sie befinden sich in einer Kirche ..."

"Kriminalpolizei", sagte Eve, zog hastig das Foto von Anne aus der Tasche und reichte es dem Rentner neben sich. "Ich suche dieses Mädchen. Hat einer von Ihnen sie zufällig gesehen?" Dann legte sie wieder den Kopf zurück und schrie: "Anne? Mr Nurring?"

Das Foto wurde zögernd betrachtet und mit Kopfschütteln weitergereicht.

"Mr Nurring, where are you? I have to talk to you."

Ihre Stimme klang dünner diesmal, die Töne glitten durch das Echo ineinander, bis die Worte unverständlich wurden. Niemand antwortete. Füße kratzten über den Boden. Draußen auf der Spree gab einer der Ausflugsdampfer ein Signal, das Geräusch hörte sich dumpf und unwirklich an. Alle Augen waren auf Eve gerichtet.

Verdammt, dachte sie, vielleicht sind sie unten im Keller bei den Sarkophagen, vielleicht gehen sie gerade durch den Hinterausgang oder sitzen im Café. Vielleicht hat Nurring sich auch geirrt.

Oder er hatte gelogen.

"Dieses Mädchen? War das eine Engländerin?"

Eve drehte sich um. "Sie spricht Englisch, ja." Das Schlucken fiel ihr schwer.

"Ich habe gehört, wie sie sich unterhalten haben. Sie sind nach oben gegangen."

"Nach oben?"

"Nach oben. Aufs Dach."

Eve schob die Frau vor ihr zur Seite und begann zu rennen.

Die Gänge im oberen Teil des Doms waren ursprünglich nicht für Besucher gedacht gewesen. Ein schmaler Rundgang führte im Kreis um die Kuppel des Altarraums. Er war eng und schmucklos weiß verputzt. Eve rannte. Wegen der Krümmung des Gangs konnte sie nur wenige Meter weit sehen. Die wenigen Besucher, die vor ihr in den Altarraum hinuntersahen, richteten sich höflich auf und machten ihr Platz. Der Gang war so schmal, dass sie sich nur mit Mühe an ihnen vorbeizwängen konnte.

"Zum Dach?" Eve atmete in tiefen, fast krampfartigen Zügen.

"Am Ende des Rundgangs. Immer geradeaus", sagte die Frau, die Eve angesprochen hatte, freundlich. Sie zog ihre kleine Tochter ein wenig näher zu sich heran. "Es gibt keinen Aufzug", fügte sie hinzu, "vielleicht sollten Sie es ein wenig langsamer angehen."

Eve nickte, noch immer atemlos. Ihr Handy klingelte, ihre Finger fühlten sich steif an, als sie es ungeschickt aus der Tasche zog.

"Ja?"

"Mrs Santer?" Es war Nurrings Stimme, flach und leise. Eve presste das Telefon gegen ihr Ohr.

"We're on the roof. Please hu... No! No!"

Eve konnte die Angst in seiner Stimme hören. Übelkeit überschwemmte sie wie eine Welle.

Ein hartes, dumpfes Geräusch drang aus dem Lautsprecher, dann wieder Nurrings Stimme.

"I'll put it down. See? Here. Take it. I'll put it down."

Seine Stimme klang jetzt weit entfernt. Er hat das Telefon auf den Boden gelegt, dachte Eve. Sie biss sich auf die Lippen und spürte den salzigen Geschmack von Blut. Sie musste weiter, sie musste wissen, was sich dort oben abspielte, verhindern, dass ein Unglück geschah. Sie rannte keuchend den gewundenen Gang entlang, tastete nach ihrer Waffe und erinnerte sich daran, dass sie in der linken Schublade ihres Schreibtischs lag. Eine Kleinigkeit, es dauert nicht mehr als zehn Minuten, hatte Hebbich gesagt. Eve atmete hörbar aus.

"Mr Nurring?", rief sie in den Gang. "Anne? Are you there? Anne?"

Die Tür zum Außengang war ein kleines, schwankendes weißes Viereck vor ihr.

Auf dem Dach war der Wind stark und überraschend kalt, er trieb feine Regentropfen in Eves Gesicht. Vor ihr erhob sich die große, mit Grünspan überzogene Kuppel des Doms wie eine riesige Kugel. Eine schlichte Stahltreppe führte steil hinauf zur Aussichtsplattform.

Nurring stand auf halber Höhe der Konstruktion, den Blick nach oben gerichtet, sein Mantel flatterte im Wind. Die Hände waren um den Stahl des Geländers gekrallt.

Anne lag auf einem Baugerüst, zwei Meter unter der Treppe. Sie musste über das Geländer gestürzt sein. Der Arm unter ihrem Körper war seltsam verdreht. Eve konnte Blut an ihrer Schläfe erkennen, knapp über der Augenbraue. Das Haar darüber war verklebt, ungewohnt dunkel und stumpf. Eve sah hinunter auf das steil abfallende Dach und versuchte, nicht daran zu denken, was geschehen wäre, wenn Anne nicht von dem Gerüst aufgefangen worden wäre. Dann riss sie ihren Blick los und hob den Kopf.

Am oberen Ende der Treppe stand Barbara Nurring, eine zierliche, brünette Frau in einem eleganten dunkelblauen

Wollmantel. Der Bügel ihrer Handtasche war ihr von der Schulter gerutscht, das Haar klebte in feuchten Strähnen in ihrem Gesicht, die braunen Augen waren weit aufgerissen. Ihre geschminkten Lippen waren seltsam verzerrt, Mascara lief über ihre Wangen. Sie schüttelte den Kopf, eine mechanische Bewegung, sinnlos, als wäre ihr Hals eine langsam auspendelnde Feder. Sie schien sich kaum noch auf den Beinen halten zu können, die Hände fest um das Geländer der Stahltreppe gekrallt. Sie brauchte ihre ganze Konzentration, um einen Schritt nach oben zu machen, weg von Anne. Dann noch einen.

Ihre Augen waren auf Nurrings Gesicht gerichtet. Sie sah nicht ein einziges Mal zu Eve hinüber.

"Honey", murmelte Nurring, "I love you. Oh my God, I love you. I love you."

Der Wind blies ihm Tränen über das Gesicht.

Übung 30: Beantworten Sie die folgenden Fragen zu der Geschichte – kreuzen Sie an.

1. Who flew in from Taiwan?
   a. ☐ Eve
   b. ☐ Mr Nurring
   c. ☐ Mrs Nurring
2. Whose car was hanging in the air?
   a. ☐ Eve's
   b. ☐ Mr Nurring's
   c. ☐ Mrs Nurring's
3. What kind of things does Anne want to see before she goes home?
   a. ☐ modern buildings
   b. ☐ antiques
   c. ☐ shops

4. Where does Eve eventually find Mrs Nurring and Anne?
   a. ☐ in the Pergamon Museum
   b. ☐ in Berlin Cathedral
   c. ☐ in the Zoological Gardens
5. Who has fallen over the **railing**?
   a. ☐ Anne
   b. ☐ Mr Nurring
   c. ☐ Mrs Nurring

Eves Finger tasteten nach ihrem Telefon. Sie sprach schnell und leise.

"Ich hab sie, Bessmann. Wir sind auf dem Dach des Doms. Ich brauche einen Krankenwagen. Ich hoffe bei Gott, dass wir nur einen Krankenwagen brauchen. Vermutlich eine Schädel- oder Wirbelsäulenfraktur." Sie holte tief Luft. "Und die Feuerwehr." Eve blickte zu Barbara Nurring. Ihre Augen waren weit aufgerissen und starr. "Es könnte jemand springen." Sie ließ das Handy zurück in ihre Tasche gleiten. Dann trat sie vor.

"Mrs Nurring? It's **over**." Sie sagte es so sachlich wie möglich.

Nurring fuhr herum.

"Please **let me handle this** situation, Mrs Santer. Stay where you are. I am talking to my wife."

Die geheuchelte Sanftheit in seiner Stimme machte Eve aggressiv. Yes, your wife, dachte sie. But your lover is here too, Mr Nurring. And we all can see how well you have handled the situation up to now.

Sie sprach es nicht aus.

---

railing [ˈreɪlɪŋ] Geländer **over** [ˈəʊvə] vorbei **Let me handle this.**
[ˌlet ˈmɪ ˌhændl ðɪs] Überlassen Sie das mir.

Barbara Nurring nahm eine weitere Stufe. Sie ging rückwärts nach oben, die Hände noch immer um das Geländer verkrampft. Sie hatte Angst, furchtbare Angst.

Eve versuchte, sich weiter an sie heranzuschieben, aber Nurring stand ihr im Weg. Er redete noch immer auf seine Frau ein. Banalitäten, Fragmente, in einem singenden Tonfall, mit dem man ein Kleinkind beruhigt.

"It reminds me a bit of Venice, don't you think so? You remember Venice, don't you? The pizza on the piazza." Er lachte leise. "Our Italian **adventure holiday**. We had **blisters** on our feet." Er schob sich weiter nach oben. "We spent all of the third day in bed. Our first holiday after Merle's ... Babs!" Nurring schrie. Seine Frau war gestolpert, richtete sich aber sofort wieder auf, die Augen noch immer auf das Gesicht ihres Mannes geheftet. Sie hatte die Aussichtsplattform fast erreicht. Von unten trug der Wind den Klang einer Sirene herauf. Eve drehte sich um. Anne lag noch immer auf dem Gerüst einige Meter unter ihnen. Hatte sie sich bewegt?

"Mrs Nurring?" Eve sprach leise, aber bestimmt. "Do you want to talk to your lawyer? It is over, Mrs Nurring. It's over. Anne Thursley is alive. We just have to bring her in now. She will be alright."

Barbara Nurring bewegte ihre Lippen lautlos, brachte aber keinen Ton hervor. Sie steht unter Schock, dachte Eve.

"I will call your lawyer or anybody else you would like to talk to. Okay? Mrs Nurring? Look at me, please."

Barbara Nurring drehte den Kopf und sah hoch auf die Aussichtsplattform, der einzige Ausweg, der ihr noch blieb. Ihre Lippen waren so weiß wie der Rest ihres Gesichts, als

---

adventure holiday [əd'ventʃə ˌhɒlɪdeɪ] Abenteuerurlaub **blister** ['blɪstə] Blase

wäre ihr Mund wegradiert worden in den letzten Minuten. Ich habe noch nie einen Menschen mit einer derartigen Angst gesehen, dachte Eve. Mehr als Angst, es ist Entsetzen. "Honey, please. It's okay. I'll always be here. Always", sagte Nurring. Seine Frau blickte ihn an. Dann begann sie zu lachen, hart und in kurzen, gepressten Stößen. Sie drehte sich um und rannte die letzten Stufen hinauf.

Eve träumte davon, noch Wochen später. Die Treppe war nass, rutschig vom gerade wieder einsetzenden Regen; der Wind zerrte mit jedem Schritt stärker an ihren Kleidern. In ihrem Blickfeld tauchten weit unten die Straßen Berlins auf, der Alexanderplatz, rechts davon, schmal und weit entfernt, die Spree. Barbara und Robert Nurring hatten die Plattform fast erreicht. Der Wind schien jetzt von allen Seiten zu wehen. Da rutschte sie ab. Eve spürte den Schmerz, mit dem ihre Schienbeine auf die Stahlstufen schlugen und wusste, dass sie verloren hatte.

Barbara Nurring stand auf der Plattform, unerreichbar weit über ihr, den Blick starr nach unten gerichtet. Im letzten Augenblick schien sie zu zögern.

Ihr Mann warf sie zu Boden. Sie schrie und schlug wild um sich. Er presste sie mit seinem Körper auf den Boden und strich ihr das Haar aus der Stirn, zärtlich, immer wieder. Eve, Bessmann und der Leiter der Feuerwehr zogen ihn hoch. "I love you." Tränen fielen auf ihren Mantel. "I love you."

Übung 31: Bilden Sie das Gegenteil der folgenden Sätze, wie im Beispiel vorgegeben. Achtung: Die letzten drei Sätze stehen im Past Simple.

1. Mr Nurring loves his wife.

Mr Nurring doesn't love his wife.

2. Eve likes Mr Nurring.

_____

3. Anne is Robert Nurring's daughter.

_____

4. Bessmann called Eve.

_____

5. Nurring **shouted at** his wife.

_____

6. Anne woke up.

_____

---

to shout at sb. [ˈʃaʊt ət] jdn. anschreien

Eleven

"You were lucky! We found a short **rubber truncheon**, about twenty centimeters long. Small enough to fit into a coat pocket. You can buy them in any army shop. If she had used a **lead pipe** ... You were very lucky."

"Lucky", sagte Anne und hob die Hand vorsichtig an den Netzverband, der über ihren Kopf gezogen war. Sie benutzte die linke Hand, die rechte lag in einer Schlinge über ihrer Brust. "Actually, I feel sick."

Sie hatten Anne in ein Einzelzimmer auf der orthopädischen Station gelegt, nicht länger intensiv überwacht. Medizinisch gesehen war das ausgerenkte Schultergelenk die schwerste Verletzung. Ihre Kopfwunde war geklebt, nicht genäht worden, der Schädelknochen nicht verletzt. Sie hatte Glück gehabt.

"And I've got **a hell of** a headache", sagte sie.

"It's the second concussion within a few days, Anne. I'm sorry but I need a **brief statement** about what happened."

Anne lachte hart. "It will be quite brief, don't worry. I can't remember anything."

"You must know who **hit** you."

Anne schüttelte den Kopf. Eve sah, dass sie weiß wurde, und griff nach der Nierenschale.

"Es ist besser, wenn sie den Kopf nicht schüttelt", sagte die Krankenschwester, die wartend neben der Tür stand. "Und fassen Sie sich kurz."

---

rubber truncheon [ˈrʌbə ˌtrʌnʃn] Gummiknüppel **lead pipe** [ˈled paɪp] Bleirohr **a hell of** [ə ˈhel əv] höllisch **brief** [briːf] kurz **statement** [ˈsteɪtmənt] *hier:* Schilderung **to hit (hit, hit)** [hɪt / hɪt / hɪt] schlagen

Eve nickte. "Anne? I can come back another time."

"I'm fine."

Eve konnte die Anspannung auf ihrem Gesicht sehen. Sie wirkte erwachsen, bitter und sehr beherrscht; die Surferin aus Bondi Beach war kaum noch zu erkennen. Zeit, sie nach Hause zu schicken, dachte Eve.

"No, really", fuhr Anne fort. "It has got nothing to do with amnesia this time. I didn't see who hit me. We were walking up those **stairs**, talking about Berlin and the sights. I had the feeling that everybody was quite **tense**, but we were all trying to act normal."

"Did Robert Nurring meet you there?"

"We were looking at the altar when he arrived. He suggested going onto the **roof**. But I guess we would have gone **anyway**. All the **travel guides** recommend it."

"How did he know where to find you in the first place?"

"I guess Mrs Nurring called him."

"So you were sightseeing."

"Yes. I stopped to **pull up** the **hood** of my jacket. It was windy up there. So I couldn't really see what was behind me. I heard Barbara talking about the **synagogue**, and I remember looking for it. That was all. I woke up in the ambulance."

"Do you remember where you were standing?"

Anne überlegte. "We were halfway up those **steps**. I remember **leaning against** the **rail**, looking around, and trying to

---

stairs [steəz] Treppe **tense** [tens] angespannt **roof** [ruːf] Dach
anyway ['enɪweɪ] sowieso **travel guide** ['trævl gaɪd] Reiseführer
to pull up sth. [ˌpʊl 'ʌp] etw. hochziehen **hood** [hʊd] Kapuze
synagogue ['sɪnəgɒg] Synagoge **step** [step] Stufe **to lean** (**leant,
leant**) **against sth.** [ˌliːn / ˌlent / ˌlent əˈgenst] sich an etw. anlehnen
rail [reɪl] Geländer

see something. The synagogue, probably. I could go up there and show you."

"What do you remember about the railing?", fragte Eve.

Anne verstand sofort, was sie meinte. "It was – I don't know. One metre fifty perhaps? One sixty?"

Eve nickte nachdenklich. Ein brusthohes Geländer, hoch genug, um Besucher am Fallen zu hindern, aber nicht hoch genug, um einen willkürlich herbeigeführten Sturz oder Selbstmord auszuschließen. Sobald Anne ohnmächtig über dem Geländer hing, war es ein Leichtes gewesen, ihre Beine anzuheben. Sie war kopfüber nach unten gestürzt.

"Sorry, that's all. Did Barbara Nurring **push** me **over** the railing? Will she **get away with it**?"

Eve lächelte ihr zu. "Don't worry. We have her **fingerprints**, all over the truncheon. A colleague of mine is looking for her fingerprints on the car you drove a few weeks ago. We think she has a strong **motive** ...."

"But she **hasn't confessed**?"

Eve schüttelte den Kopf.

"Ich denke, Sie haben, was Sie brauchen?" Die Krankenschwester trat ans Bett. Eve klappte ihr Notizbuch zu und folgte ihr zur Tür.

"What about Robert?"

Annes Stimme war leise, aber klar. Als Eve zum Bett zurückging, bemerkte sie, dass sie sich Mühe gab, vorsichtig auf-

---

to push sb. over sth. [ˌpʊʃ / ˈəʊvə] jdn. über etw. stoßen **to get away with it** [ˌget əˈweɪ wɪð ɪt] ungestraft davonkommen **fingerprint** [ˈfɪŋɡəprɪnt] Fingerabdruck **motive** [ˈməʊtɪv] Motiv **to confess** [kənˈfes] gestehen

zutreten. Sie hatte gehofft, vermeiden zu können, was jetzt folgte, zumindest an diesem Tag.

"He can't **give evidence** right now. Doctor's orders. Besides, he is married to the **accused**. I am afraid he **will refuse** to give a **statement**. But we can't change that."

Anne blickte nicht auf. Sie weiß, sie ist nicht unschuldig an der Situation, dachte Eve. Auch wenn sie sich nicht erinnert.

"He was your lover, Anne. I found your **diary**. That's what I was calling you about all the time."

Anne widersprach nicht. Ihre Hände strichen die Bettdecke glatt.

"I couldn't find it. The mobile phone. I am sorry."

"That reminds me." Eve zog Katrins altes Handy aus ihrer Tasche und legte es auf Annes Nachttisch. "We found it in Barbara Nurring's coat pocket. She didn't want us to contact you."

Anne blinzelte und blickte an die Decke, um die Tränen zurückzuhalten.

"How is she?"

Übung 32: Setzen Sie die folgenden Wörter ein. Alle fangen mit "s" an.
(several, sad, sorry, shock, seen, simple)

"Mrs Nurring? She's in **1.** _____. I haven't **2.** _____

her yet. Besides, there are lawyers and doctors all around her.

It isn't that **3.** _____ to talk to her. But she will go to pri-

---

to give (gave, given) evidence [ˌgɪv / ˌgeɪv / ˌgɪvn ˈevɪdəns] aussagen **accused** [əˈkjuːzd] Angeklagte **to refuse** [rɪˈfjuːz] sich weigern **statement** [ˈsteɪtmənt] Aussage **diary** [ˈdaɪərɪ] Tagebuch

son for **4.** _____ years. **Attempted murder**. And she has the children to worry about. I think it's very **5.** _____.

Eve sah aus dem Fenster. Regentropfen glitten über die Scheiben und hinterließen verschlungene Muster.

"I am **6.** _____", flüsterte Anne. "It is all my **fault**."

Eve dachte daran, wie Nurring sich auf dem Dach verhalten hatte. Was hatte er gesagt? _I love you. I love you._
Sie können sagen, was sie wollen, es macht keinen Unterschied, dachte Eve und ging.

An der Art, wie er den Atem flach zwischen die Zähne sog, spürte Eve, dass Gülcans Anspannung stieg. Es war stockdunkel, nur zwei Polizeischeinwerfer tauchten die Szenerie in gleißendes Licht.
Das Heck des Wagens hatte sich aus dem Wasser gehoben, einer der schwierigsten Augenblicke der Bergung: der Moment, an dem der Auftrieb des Wassers nachlässt und Kran und Karosserie das Gewicht des gefüllten Innenraums tragen müssen. Wenn die Wagen älter waren oder länger im Wasser gelegen hatten, brachen sie oft, mit Glück nur an der Hinterachse, manchmal auch in der Mitte, wie ein minderwertiges Kinderspielzeug.
Gülcan griff nach seinem Sprechfunkgerät, um den Mann an der Winde anzuweisen, das Tempo zu verringern, ließ es aber doch. Der Mann wusste, was er tat. Eine Anweisung wäre nichts gewesen als ein bloßer Ausdruck der eigenen Ner-

---

attempted murder [əˌtemptɪd ˈmɜːdə] versuchter Mord **fault** [fɔːlt] Schuld

vosität und mangelnden Vertrauens. Sie warteten schweigend. Der Wagen hing fast bewegungslos, während das Wasser aus dem Innenraum strömte, eine unaufhaltsame, übel riechende Flut.

"B-NU 8466", sagte der Mann an der Winde, als er das Nummernschild lesen konnte, "wir haben ihn."

Der Tee, den einer der Taucher herumgehen ließ, schmeckte nach Rum. Gülcan trank, ohne eine Miene zu verziehen. Es war fast Winter, Eve spürte ihre Zehen nicht mehr. Oben auf der Brücke begannen vereinzelt Autos zu hupen, Schaulustige warfen ihnen Bemerkungen zu, die komisch sein sollten, der Wind trug sie in Fetzen vor sich her.

Das Fahrzeug schwenkte zu ihnen herüber, die herabrinnenden Tropfen bildeten einen Halbkreis auf der spiegelglatten Fläche der Spree.

"Der Wagen ist leer, das klären wir immer vor dem Anbringen der Winde", murmelte Gülcan. "Sieht immer ziemlich ekelhaft aus. Ich habe Wochen gebraucht, um wieder unbeschwert Auto fahren zu können nach den ersten Einsätzen. Aber du würdest dich wundern, manchmal schneiden wir aus solchen Wracks noch Menschen raus, die haben nicht mehr gebrochen als einen Unterarm." Er schob Eve zur Seite. "Mach Platz, Santer. Hier wird's gleich nass."

Der Boden war bereits nach wenigen Sekunden aufgeweicht und schlammig. Ein Hochdruckreiniger spülte den Schlamm von der Karosserie. Die rechte Frontseite war durch die Leitplanke und den Aufprall aufs Wasser beschädigt. Gülcan zog eine Taschenlampe aus dem Mantel und leuchtete in das Wrack.

"Okay. Ladet ihn auf und bringt ihn gleich nach Reinickendorf. Wir haben morgen um halb elf einen Termin in der forensischen Abteilung. Und der Generator muss heute Abend noch zurück." Der Fahrer des Abschleppwagens ließ den Motor an und setzte zurück. Gülcan wandte sich zu Eve um.

"Du siehst ja, die rechte Seite ist eingedrückt. Wahrscheinlich müssen wir die Karosserie aufschweißen, aber vorher müssen alle technischen Änderungen dokumentiert sein. Das kann ein, zwei Tage dauern. Gibt es irgendwas, das du im Moment dringend brauchst? Das Handschuhfach könnten wir auch von hinten erreichen."

Eve dachte nach. Gab es etwas, das sie im Augenblick dringend brauchte? Schlaf, ein heißes Bad. Zeit für ihre Tochter. Sie schüttelte den Kopf.

"Ich tippe auf eine Spannungsrisskorrosion an den Bremszangen, wahrscheinlich durch künstliche Überhitzung", fuhr Gülcan fort. "Das führt dann wiederum zu einem schlagartigen Belastungsversagen ... und wumm."

"Irgendeine Chance, dass es doch ein Unfall war, ein Werkstattfehler, Pech, irgendwas?"

Gülcan schüttelte den Kopf.

"Wenn du mich fragst, bei einem 2005er Modell – ich würde mir einen Durchsuchungsbefehl beschaffen. Das sieht nicht gut aus."

"Nach was soll ich suchen?"

Er zuckte die Schultern. "Einen Wagen zu sabotieren ist nicht schwer. Das Problem liegt darin, nicht aufzufliegen. Bunsenbrenner. Schraubenzieher, Flachzange. Ich hätte alles, was du brauchst, in der Garage."

Um halb elf kam der Anruf der Spurensicherung: Die Bremsleitungen des Unfallwagens waren angesägt. Eve sprach dem Staatsanwalt die letzten Informationen auf Band und ging nach Hause.

Sie hörte die Badezimmertür knallen.

"Wo ist mein blaues Sweatshirt?" Katrins Gesicht, rot vor Wut, tauchte in der Küchentür auf. Eve versuchte, ihrer Stimme den richtigen Klang zu verleihen: ruhig genug, um einer Auseinandersetzung aus dem Weg zu gehen.

"In der Wäsche, glaube ich."

Katrin drehte sich mit einem Aufschrei um. "Das hast du vor zwei Tagen schon gesagt!"

Ja, und, dachte Eve. Wahrscheinlich habe ich nicht gewaschen in den letzten zwei Tagen. Wahrscheinlich hatte ich anderes zu tun.

"Wenn du willst, schreibe ich dir eine Entschuldigung", rief sie ihrer Tochter hinterher. "Ich habe verschlafen. Mein Wecker hat nicht geklingelt. War mein Fehler." Ich hätte sie bei meiner Mutter schlafen lassen sollen, dachte sie, dann wäre sie pünktlich aufgestanden heute Morgen. Es ist nicht ihre Schuld, dass ich zu lange arbeiten muss in letzter Zeit.

Katrin warf sich den Rucksack über die Schulter und zog die Turnschuhe aus dem Schrank. Ihr Mund war klein und verbissen.

"Oh Gott, ja, großartig, dann kann ich mich auf einen halbstündigen Vortrag zum Thema Verantwortung und Eigenständigkeit von Frau Wiener gefasst machen. Und ich stehe da wie ein Baby."

"Katrin, ich habe mich entschuldigt. Und du hättest deinen Wecker wirklich ..."

"Das Telefon klingelt, Mama. Du solltest besser drangehen. Es könnte *wichtig* sein."

Wo hatte sie nur diesen Sarkasmus her? Eve hob den Hörer ab.

"Eve Santer."

"Du bist so blöd", schrie Katrin aus dem Hausflur. Eve hoffte, dass der Anrufer ihre Tochter nicht gehört hatte, aber dessen Stimme klang, als würde er lächeln.

"Bitte entschuldigen Sie die frühe Störung, Frau Santer. Jeremy Rosengarten, Barbara Nurrings Anwalt. Ich komme aus London." Jeremy Rosengarten sprach ein fast akzentfreies Deutsch. "Ich weiß, mein Anliegen ist vermutlich ungewöhnlich, aber ich möchte mit Ihnen sprechen. Meine Mandantin beteuert, dass sie unschuldig ist."

Ich auch, dachte Eve, ich auch. Aber das nützt uns nichts.

"Möchten Sie noch einmal allein mit Ihrer Mandantin sprechen?", fragte Eve.

Jeremy Rosengarten hielt die Tür für sie auf.

Er schüttelte den Kopf. "We had a few hours together yesterday, thank you. But I wouldn't mind some comfortable chairs." Er lächelte. "Und eine Tasse Kaffee", fügte er hinzu. "Damit unsere Unterhaltung kein strenges Anwaltsgespräch wird. Was meinen Sie, wäre das möglich?"

Wie kontrolliert er ist, dachte Eve. Ein schmaler, fast hagerer Mann, auf den ersten Blick eher unscheinbar, kaum größer als sie selbst, aber er strahlte eine unglaubliche Sicherheit aus. Er trug einen altmodischen braunen Anzug mit Weste und Seidenhemd und Schuhe aus braunem Leder, die vermutlich maßgeschneidert waren. Alles an ihm sah teuer aus, aber die Ausstrahlung lag in seinen Augen: dunkel und sehr intelligent. Er weiß, wie er wirkt, dachte Eve. Er versucht, mich zu beeindrucken.

"Wir haben kein Interesse an einer bloßen Unterhaltung, Mr Rosengarten", sagte Eve ruhig.

Rosengarten lächelte. "Sehen Sie, meine Mandantin ist vor wenigen Stunden aus dem Krankenhaus entlassen worden. Sie ist diese Art von Gespräch nicht gewöhnt ... Sie hat noch nie mit der Polizei zu tun gehabt. And she's really not feeling well."

"I'll see what I can do."

"Frau Santer! And you are Mrs Nurring's lawyer?" Hebbich kam mit ausgestreckter Hand auf Rosengarten zu. "Dr Hebbich, I am the **district attorney**." Er beugte sich ein wenig zu weit zu Rosengarten vor.

Eve sah, dass die Eleganz von Rosengartens Kleidung ihre Wirkung erzielt hatte. Hebbich war sichtlich beeindruckt.

"Mr Rosengarten, how nice to meet you. Ich hoffe, Sie hatten einen angenehmen Flug?"

Der Anwalt nahm Hebbichs Hand mit festem Griff.

"Pleased to meet you, Mr Hebbich. Macht es Ihnen etwas aus, wenn wir Englisch sprechen? Ich weiß, es ist eine ungewöhnliche Bitte, aber aus Rücksicht auf meine Mandantin ... und Ihr Englisch scheint hervorragend zu sein ... Aber das ist Berlin. Einzigartig."

Eve fiel ihr erstes Gespräch mit Hebbich ein, seine Angst, es könnte sich bei der Unbekannten um eine Diplomatentochter handeln. Jerry Rosengarten spielte damit, Hebbich das Gefühl zu geben, wichtig zu sein. Frau Nurring schien ihr Geld geschickt einzusetzen.

"No Problem, no problem", lächelte Hebbich. "As you say, it is an **informal** interview. Mrs Santer will talk for me."

"Möchten Sie, dass ich übersetze?"

"I speak English, Mrs Santer. You don't have to worry about me."

"Well, I **appreciate** your **concern**, Dr – Hebbich."

---

district attorney [ˌdɪstrɪkt əˈtɜːnɪ] Bezirksstaatsanwalt
informal [ɪnˈfɔːml] inoffiziell **to appreciate sth.** [əˈpriːʃeɪt] etw. zu schätzen wissen **concern** [kənˈsɜːn] Interesse

"Yes. Yes, as you say."

"Well, I haven't had much contact with the German police – or district attorneys – but I must say I am quite **impressed**."

Hebbich schien zu bemerken, dass seine Zusage, die Unterhaltung auf Englisch zu führen, voreilig gewesen war.

"I have an urgent appointment now. Mrs Santer will talk to you. But you can reach me on my mobile."

Übung 33: Welche Begriffe gehören zusammen? Tragen Sie den richtigen Buchstaben ein.

1. an informal	☐	**a.**	factory
2. an urgent	☐	**b.**	stain
3. a loss of	☐	**c.**	hamster
4. a black	☐	**d.**	memory
5. a clothes	☐	**e.**	appointment
6. a fat	☐	**f.**	interview

Rosengarten zog die Hosenbeine seines Kammgarnanzugs hoch, um den Stoff über den Knien zu schonen, als Bessmann an die Tür klopfte, um zu fragen, ob jemand Kaffee und Frühstück bei *Balzac* bestellt habe. Der Lieferservice stand vor der Tür. Der Anwalt musste das Frühstück schon vor Betreten des Präsidiums geordert haben.

Sobald sie allein waren, lehnte Rosengarten sich über den Tisch und redete leise und eindringlich auf Eve ein.

"Before we start, there is one thing I would like to make clear. I have made up my mind to take a very unusual step and to do something no defence lawyer would normally under any circumstances be prepared to do,

---

impressed [ɪmˈprest] beeindruckt

Frau Santer. Ich werde meine Verteidigungsstrategie offenlegen. Meine Mandantin und ich werden auf das Recht, keine Aussage zu machen, verzichten. Meine Klientin ist bereit, Sie mit allen erforderlichen Informationen und Auskünften, die zur Klärung des Falles beitragen könnten, zu unterstützen. Sie ist bereit, eine eidesstattliche Erklärung zu unterzeichnen oder jedes nur erdenkliche Schriftstück, das Sie wünschen."

Deshalb hat er mit Hebbich nicht deutsch gesprochen, dachte Eve. Er wollte ihn nicht dabei haben. Es geht um einen Deal.

"Und dafür erwarten Sie von uns ...", sagte sie vorsichtig.

"... dass Sie die Erklärung meiner Mandantin ernst nehmen", beendete Jeremy Rosengarten den Satz.

"Und die lautet, dass sie in jeder Hinsicht unschuldig ist?"

Rosengarten nickte wortlos. Eve schüttelte den Kopf, abgestoßen von seiner Arroganz.

"Sie mögen unseren Staatsanwalt beeindruckt haben, Mr Rosengarten, aber was Sie mir hier vorschlagen, ist aberwitzig. Sie müssen schon eine bessere Erklärung zu bieten haben, wenn Sie einen Deal mit uns machen wollen." Sie stand auf und ging zur Tür. "And thanks for the breakfast."

Rosengarten blieb ruhig.

"Es geht hier nicht um irgendeinen Deal, Mrs Santer. Es wird leicht sein, alle Ihre Beweise vor Gericht zu zerpflücken, und das wissen Sie. Der Sachverhalt ist keineswegs eindeutig, Sie haben keinen einzigen Beweis gegen meine Mandantin und kein Geständnis. Die Staatsanwaltschaft wird auf verlorenem Posten stehen. Aber darum geht es gar nicht, Mrs Santer. That's not the point."

"Ich wünsche Ihnen viel Glück. Aber was wollen Sie von mir?"

Rosengarten beugte sich vor und legte die Hand über das

Mikrofon, das auf dem Tisch stand. Er sprach so leise, dass das Richtmikrofon im Raum seine Stimme nicht auffangen konnte.

"You see, Mrs Thursley was pushed indeed. But not pushed by my client."

Eve sah ihn verwirrt an. Er gab zu, dass Anne vom Dach gestoßen worden war? Und Barbara Nurring sollte unschuldig sein?

Sie lachte.

"Hören Sie, Mr Rosengarten, worauf wollen Sie hinaus? Es war niemand auf dem Dach außer Barbara Nurring, Anne Thursley und ..."

Eve sah Rosengartens Gesichtsausdruck und brach den Satz ab.

Er nickte ernst. "Robert Nurring."

Übung 34: Setzen Sie den richtigen Begriff ein – der erste Buchstabe ist angegeben.

1. The first meal of the day is b _ _ _ _ _ _ _ _.

2. Some tourists love to go s _ _ _ _ _ _ _ _ _ _.

3. Anne's skirt was made of l _ _ _ _ _ _.

4. Anne was pushed over the r _ _ _ _ _ _.

5. Anne woke up feeling sick. She had a h _ _ _ _ _ _ _.

6. Thursley is Anne's s _ _ _ _ _ _.

Twelve

"Actually, I'm finding it quite difficult to believe, Mrs Nurring." Eve ließ die Hand mit dem Protokoll von Barbara Nurrings Aussage sinken. "We found your fingerprints all over that truncheon."

"He threw it at me." Barbara Nurring räusperte sich, bevor sie ihre Stimme wiederfand. "He threw the truncheon at me. I caught it **instinctively**."

Eve schwieg.

"Wir werden Experten hinzuziehen, die vor Gericht bestätigen können, dass es einen Reflex gibt, der Menschen in unerwarteten Situationen unwillkürlich Dinge auffangen lässt", schaltete Rosengarten sich ein. "Sie werden keinerlei Fingerabdrücke finden, die plausibel machen, dass meine Mandantin den Gegenstand so gehalten hat, als hätte sie damit zuschlagen wollen. Wenn sie das vorgehabt hätte, müsste sie ihn ganz anders gegriffen haben."

Er rollte ein Blatt Papier zusammen und hob es demonstrativ hoch. Er hatte recht, es gab nur eine Möglichkeit, einen Knüppel zu halten, wenn man ernsthaft damit schlagen wollte.

"Sie werden solche Fingerabdrücke nicht finden, weil meine Mandantin den Gegenstand zu keinem Zeitpunkt so in der Hand gehalten hat. Die Fingerabdrücke beweisen, dass Mrs Nurring den Stock nicht an seinem Ende, sondern in der Mitte angefasst und vor ihren Körper gehalten hat, ganz wie es ihrer Aussage entspricht."

Eve klappte die Akte vor sich auf, fand auf der dritten Seite die Untersuchungsergebnisse der Fingerabdruckexperten und eine schematische Darstellung des Knüppels. Die Fundstellen

---

instinctively [ɪnˈstɪŋktɪvlɪ] instinktiv

der Fingerabdrücke waren rot umrandet und stimmten mit der Darstellung von Jeremy Rosengarten überein. Am Griff war kein Abdruck gefunden worden. Eve schloss die Akte, ohne eine Miene zu verziehen, und wandte sich wieder Mrs Nurrings Aussage zu.

"Robert stayed down at the door, while Miss Thursley and I went up the steps.

Übung 35: Setzen Sie die Verben ins Past Simple, wie im Beispiel vorgegeben.

I **1.** *(to go)* _went_ first. I **2.** *(to think)* _____ Miss Thursley **3.** *(to be)* _____ behind me. I was talking to her. We **4.** *(to be)* _____ alone on that roof. A few seconds later I **5.** *(to hear)* _____ a noise. Ms Thursley was leaning against the railing. Her shoulder and her head were hanging over it. She wasn't moving. I **6.** *(to see)* _____ _____ she had **fainted**, and **7.** *(to turn)* _____ back to get help. I **8.** *(to take)* _____ one step when my husband **9.** *(to start)* _____ screaming into his mobile phone: 'No, no, I will put it down. Look, I'm putting it down.' Then he **10.** *(to throw)* _____ down the phone and **11.** *(to lift)* _____ Miss Thursley's legs up, and she **12.** *(to fall)* _____ to the ground."

_____

to faint ['faɪnt] ohnmächtig werden

Eve blickte auf. "Now, Mrs Nurring, why would your husband do that? She was his lover. Why should he kill her? Why didn't he try to kill you instead? This wasn't the first time you tried to kill her, was it? We found your fingerprints on the **screwdriver** in the garage, too. And some **brake fluid** you **drained** from the car ..."

Barbara Nurring ließ sich erschöpft in ihren Sitz zurückgleiten. Sie sah müde aus.

"It wasn't me. I ... I saw Robert sitting in front of the **washbasin** in the upstairs bathroom, about two to three weeks ago. His **tools** were lying about, probably some screwdrivers, too. He said the sink had been leaking, but he had to hurry. He left everything for me to **tidy up**. I put the tools away. I didn't want my children to get hurt. Any mother would have done that. He knew that."

Sie hat recht, dachte Eve. Kein Richter der Welt würde eine Frau verurteilen auf der Grundlage von Fingerabdrücken, die in ihrem eigenen Haus gefunden worden waren. Die Beweise waren wertlos. Machte das die Frau unschuldig?

"My guess is you will find some beautiful fingerprints on Anne Thursley's phone – Robert Nurrings prints", fügte Jeremy Rosengarten hinzu.

Eve dachte an das Handy, das sie auf Annes Krankenhaustisch gelegt hatte, und fand es zunehmend schwer, die Ausführungen des Anwalts zu ignorieren.

"Did your husband usually repair things himself?"

---

screwdriver ['skruː,draɪvə] Schraubenzieher **brake fluid** ['breɪk ,fluːɪd] Bremsflüssigkeit **to drain sth.** ['dreɪn] etw. abzapfen **washbasin** ['wɒʃ,beɪsn] Waschbecken **tool** [tuːl] Werkzeug **to tidy up** [,taɪdɪ 'ʌp] wegräumen

Frau Nurring lachte bitter. "**Are you kidding?** He never had any time."

"So, didn't it surprise you? When you saw him repairing the sink, I mean."

Frau Nurring stand so schnell auf, dass sie den Stuhl mit ihren Kniekehlen zurückschob, er rutschte bis fast an die Wand. Eve versuchte einen neutralen Gesichtsausdruck zu wahren. Barbara Nurring schrie. Rosengarten stand auf und legte ihr die Hand auf die Schulter.

"He was my husband! I trusted him ..." Sie holte tief Luft und versuchte sich zu fangen.

"Barbara ... I know you **are upset**, but please ..."

"I am sorry, Mrs Nurring. If you are upset, we can take a break at any time", bot Eve ihr an.

Sie schüttelte den Kopf. Rosengarten schob ihren Stuhl zurecht und wartete, bis sie sich gesetzt hatte. "I trusted him." Sie rang die Hände.

Wenn es stimmt, dachte Eve, hat er ihr ganzes Leben verraten. Für sie ist es noch schlimmer als für Anne. Sie erinnert sich an alles, aber alles war eine Lüge.

"I didn't even know he had a lover", flüsterte Barbara Nurring. "I found out when his secretary called me in Asia and told me there was an au pair in my house. I pay her to give me information like that. I got the call right after the **press conference** in Singpong Hour Weaving. Then I knew. After the accident. Not before."

"With two children in the house, Mrs Nurring? And Merle certainly old and intelligent enough to remember and tell

---

Are you kidding? [ˌɑː jə ˈkɪdɪŋ] Machen Sie Witze? **to be upset** [bi ʌpˈset] aufgebracht sein **press conference** [ˈpres ˌkɒnfərəns] Pressekonferenz

mummy all about the new **nanny**? Your husband could never have even hoped to explain things."

Barbara Nurring richtete sich auf. Ihre Stimme war flach, gepresst vor Bitterkeit.

"He didn't need an **explanation**. I trusted him ... A four-year-old child ..." Sie fuhr sich mit dem Handballen über die Schläfe.

"All he needed was a pony", schaltete Jerry Rosengarten sich ein.

Daddy is giving me a pony for my fifth birthday. I am getting a white pony ...

Merle hatte von nichts anderem gesprochen.

Eve drehte sich zu dem Spiegel um, hinter dem Hebbich das Gespräch verfolgte. Es sah nicht gut aus.

Sie unternahm einen neuen Versuch, Barbara Nurring in die Enge zu treiben.

"Then why did you meet her and take her sightseeing? Why didn't you **confront** her, or your husband **with** what you knew, Mrs Nurring?"

Barbara Nurring antwortete nicht. Auch Rosengarten schwieg. Eve lehnte sich vor.

"If you didn't want to hurt her, why did you go sightseeing with her?"

Eve sah es in ihren Augen. Warum sie nicht die Scheidung eingereicht hatte, was sie von Anne gewollt hatte, oben auf dem Dach? Sie wollte das Mädchen mit seinen Augen sehen. Roberts Augen. Frau Nurring sprach es nicht aus. Aus Liebe.

"Okay. I'll leave that for now," murmelte Eve. "If you really want me to catch Robert Nurring, you will have to help me.

---

nanny ['nænɪ] Kindermädchen **explanation** [ˌeksplə'neɪʃn] Erklärung
to confront sb. with sth. [kən'frʌnt / wɪð] jdn. mit etw. konfrontieren

Why would he want to kill Anne Thursley? And why did he save your life on that roof? The **case** would be closed already but for that."

Frau Nurring antwortete nicht.

"Because of the **prenuptial** agreement." Rosengarten hob seine Aktentasche auf den Tisch und entnahm ihr einen Vertrag. Eve schätzte ihn auf mehr als dreißig Seiten.

"Der Ehevertrag der Nurrings. Im Grunde besagt er Folgendes: Im Fall von Mrs Nurrings Tod sind die Kinder als alleinige Erben eingesetzt. Bis auf das Geld, das ihm als ihr Vormund zusteht, ginge ihr Ehemann leer aus. Im Fall einer Scheidung behält sie das Sorgerecht, er erhält eine monatliche Zahlung, die – nun, ehrlich gesagt – eher gering ist, wenn man sich einmal an einen gewissen Lebensstil gewöhnt hat. Ich glaube nicht, dass ihm bewusst war, worauf er sich eingelassen hat. Vor der Hochzeit hat diese Summe vielleicht nach viel Geld geklungen – heute würde es noch nicht einmal den Unterhalt seines Hauses am Comer See decken." Rosengarten seufzte.

"Aber soweit ich weiß ..."

"You see, the money was always hers. He never had much money for himself."

Übung 36: "Much" oder "many"? Setzen Sie den richtigen Begriff ein.

1. How _____ does the hotel room cost?

2. How _____ people were on the roof?

3. Robert Nurring doesn't like Eve _____.

---

case [keɪs] Fall prenuptial [ˌpriːˈnʌpʃl] vorehelich

4. Anne doesn't speak _____ German.

5. Eve doesn't know _____ Australians.

6. Not _____ children get ponies for their birthday.

7. How _____ does Barbara Nurring know?

8. How _____ milk do you drink in your coffee?

Eve blickte Barbara Nurring an. Ihr Gesicht war unbewegt.
"With a wife in prison, he'd get everything. Everything.
Alleiniges Sorgerecht für die Kinder. Eine führende Position
in der Firma in Asien. Und nicht zu vergessen zehn Jahre
Zeit, in denen er genügend Geld auf ein Privatkonto in der
Schweiz transferieren könnte. Verstehen Sie? Alles, was er
dafür tun musste, war, ihr den Mord an seiner Geliebten in
die Schuhe zu schieben – Mrs Thursely versus several mil-
lion dollars. For a man like Nurring –" Rosengarten zuckte
die Schultern. "All he had to do was to kill his lover."
"What do you expect me to do?", fragte Eve.
"Let's talk to Anne Thursley. Just the two of us", entgegnete
Rosengarten.

Thirteen

Die Haare waren streng zurückgekämmt und wirkten dunkler durch das Gel, die Haut war glatt wie mattes Porzellan. Die dunkel umrandeten Augen wirkten riesig.

Anne hatte abgenommen durch die Anstrengung der letzten Wochen und wirkte so filigran wie ein bitterarmes russisches Model auf dem Weg nach oben. Eher eine Mangazeichnung als ein menschliches Wesen, und doch angreifbar durch ihre unsicheren Schritte und den dünnen Gips, der ihren linken Arm umschloss. Ihre Stöckelschuhe klickten über das Linoleum. Sie war so schön, dass sie alle Aufmerksamkeit auf sich zog.

"Eine Mischung aus Bambi und Lauren Bacall", flüsterte Bessmann, ohne sie aus den Augen zu lassen. "Wow."

"Sei still." Eve stieß ihn in die Seite. "Anne? I think you have already met my colleague Bessmann", stellte sie vor. "And this is Jeremy Rosengarten, Barbara Nurring's lawyer."

"Yes, we already talked on the phone. Nice to meet you in person, Mr Rosengarten."

"Take a seat, please."

Um den kleinen Tisch war so wenig Platz, dass nur Eve, der Anwalt und Anne sich setzen konnten. Rosengarten strich vorsichtig mit der Hand über die Tischplatte, bevor er seinen Ärmel darauf legte.

"We really do appreciate your help, Mrs Thursley", sagte er.

"And Mr Bachler here will be near your table all the time, Anne." Eve stellte den Zivilfahnder vor, der bereits das weiße Hemd und die lange dunkelgrüne Schürze der Restaurantkellner trug. "He has a **two-way radio**. So he

---

two-way radio ['tuːweɪ ˌreɪdɪəʊ] Funksprechgerät

will be in contact with us and will be able to hear you and Nurring at the table. The microphone is in the **flower arrangement** on the restaurant table. It is quite powerful. Do you understand?"

Einer der Kellner streckte seinen Kopf durch die Tür.

"Der Mann ist vorn am Empfang. Er wird gerade zu seinem Tisch geführt."

"Ich komme", sagte Bachler. "Ich sollte auf meinem Platz sein, wenn er sich setzt."

"Nur abräumen", erinnerte ihn der Kellner. "Und stecken Sie das Hemd besser in die Hose."

"What was that about?", fragte Rosengarten, sobald die Türe sich hinter den beiden geschlossen hatte.

"Immer wenn wir gezwungen sind, Beamte in Zivil in Restaurants der gehobenen Klasse einzusetzen, hagelt es Ermahnungen des Restaurantbesitzers und der Kellner. Wahrscheinlich haben sie Angst, wir könnten die Hummer vom Teller fallen lassen."

Eve wandte sich Anne zu. "He **will serve** the wine. So whenever you need something, just lift up your glass. He'll be there immediately. The camera is behind the flowers on the **bar counter**. We will watch everything from here."

"Don't get drunk." Rosengartens Stimme war trocken. "He will just give you small **servings**. Make sure you only drink white wine tonight, as it is served in smaller glasses."

"Yes." Sie nickte, zu schnell, mehr um sich selbst zu überzeugen. "White wine. Okay."

"We want him to confess."

---

flower arrangement ['flaʊə əˌreɪndʒmənt] Blumengesteck **bar counter** ['bɑː ˌkaʊntə] Tresen **to serve sth.** [sɜːv] etw. servieren **serving** ['sɜːvɪŋ] Portion

Übung 37: Unterstreichen Sie die richtige Präposition.

1. The camera is *(in front of/behind)* the flowers.
2. The flowers are *(under/on)* the counter.
3. The waiter will pour wine *(in/into)* the glasses.
4. Someone is taking Nurring *(away from/towards)* his table.
5. Anne should lift *(up/down)* her glass when she needs something.
6. There are no policemen *(with/without)* uniforms in the restaurant.

"Anne?" Eve griff über den Tisch nach der Hand des Mädchens. Sie war kalt. "He tried to put an **innocent** woman in prison. He used you. He tried to kill you, Anne."

"Yes."

"You understand that I can't be there with you?"

Wieder ein rasches Nicken.

"Are you ready?", fragte Eve leise.

Anne sah auf. "Could you keep that for me, please?" Sie zog einen Umschlag aus ihrer Handtasche. "I don't want him to see it."

Es war ein Ticket für einen Flug zweiter Klasse nach Sydney, einfach.

"It will all be over soon, Anne", sagte Eve.

Bessmann blickte ihr schweigend nach, als sie den Aufenthaltsraum des Restaurantpersonals verließ. Rosengarten schenkte sich ein Glas Wasser ein und trank. Eve konnte seinen Gesichtsausdruck nicht entschlüsseln.

"Well, what do you think?", fragte sie, den Blick auf den Monitor gerichtet.

---

innocent ['ɪnəsənt] unschuldig

Im Restaurant ließ Anne sich gerade von einem Kellner aus dem Mantel helfen.

"She looks worried", sagte er leise. "She is very tense."

"Do you think she still loves him?"

Rosengarten zuckte die Schultern.

"Robert."

"Anne."

Nurring schwieg. Mit einer eleganten Bewegung nahm sie Platz. Beide sahen sich nicht an, sie suchten nach Worten. Anne klopfte nervös mit der Dessertgabel gegen ihr Weinglas.

Eve zuckte zusammen. Das Pfeifen in ihren Kopfhörern war unerträglich.

"I missed you, Anne."

Eve konnte erkennen, dass das Mädchen mit den Tränen kämpfte. Sie liebt ihn, dachte Eve, oder sie ist eine bessere Schauspielerin, als wir alle vermutet haben.

"I was so confused, Robert. And then ... I **dreamt** about you. I had these dreams all the time. And nothing made sense."

Sie liebt ihn, dachte Eve. Sie liebt ihn wirklich.

"And ... what do you remember?"

"I was on the roof. When I saw you with your wife, I suddenly knew ... I remembered everything." Ihr Blick ging zu der Kamera, einen Moment lang schien sie direkt in Eves Augen zu blicken. "... But I would – I couldn't ..." Sie war nicht in der Lage weiterzureden.

"Anne?" Nurring beugte sich vor und nahm ihre Hände. Ihr Ärmel streifte die Blumenvase. Das Mikrofon reagierte mit einem wütenden Kratzgeräusch.

---

to dream (dreamt, dreamt) [driːm / dremt / dremt] träumen

"Vilar da Galeira, 1996." Bachler war an den Tisch getreten und zeigte Nurring die Flasche.

"Yes. Yes, please. Give us a few moments, please." Nurring winkte den Polizisten weg und wandte sich wieder Anne zu.

"Anne, I am so ..." Der Rest des Satzes ging in einem kratzenden Geräusch unter. Eve sah auf dem Monitor, dass Anne begonnen hatte, an den Blättern der Tischdekoration zu spielen.

"Verdammt", murmelte Bessmann. "Wir haben es ihr fünfmal gesagt ... Das Mikro ist in der Blumenvase. Bitte halten Sie Ihre Hände still. Und kaum guckst du nicht hin ... Das ist immer derselbe Mist mit diesen Zeugen."

"Sie ist nervös, Bessmann", sagte Eve.

In den nächsten Minuten hörten sie nichts als Geräuschfetzen.

Bessmann schüttelte ungeduldig den Kopf. "Ich schicke Bachler vor."

"Wir haben noch Zeit", warf Rosengarten ein. "Sie sitzen erst seit fünf Minuten da. Frau Thursley macht das schon. Bleiben Sie ruhig. Setzen Sie sich, trinken Sie einen Schluck Wasser."

Bessmann nickte widerstrebend. Wenig später war Annes Stimme klar und deutlich zu hören.

"But Robert, how could you?"

"It was so easy, love. It was a chance I had to take. I ..."

Annes Hand streifte die Blumenvase. Das Mikrofon reagierte mit lautem Knirschen.

Eve beugte sich vor. Wovon hatten die beiden gesprochen?

"Um Himmels willen, sie soll doch nichts anderes tun, als ihn zum Reden bringen", murmelte Rosengarten ungeduldig.

"You could have killed me, Robert", hörten sie Anne flüstern.

"No! No, never. I knew Santer would find my car. She couldn't miss it. When she was near us, I called her. I saw her coming. I waited until I could hear her down on those steps. She was loud enough."

Eve spürte Bitterkeit in sich aufsteigen, Bitterkeit und Triumph. "Wir haben ihn. Bastard."

Anne schwieg.

"Then you put up your hood ... I made sure you wouldn't fall far and that you wouldn't land on your head either."

"That's it!" Rosengarten war aufgesprungen. "Wir haben ihn. Das reicht für eine Anklage, meinen Sie nicht?"

"Was für ein mieser, kaltschnäuziger Kerl", murmelte Bessmann kopfschüttelnd.

"But it was all planned! You took the truncheon with you!"

"Yes, yes but of course, Anne, we agreed ..."

Übung 38: Welches Wort gehört nicht in die Aufzählung? Unterstreichen Sie den nicht passenden Begriff.

1. hood, pocket, **handbag**, **button**
2. crowd, crow, **cow**, cat
3. flower, **lobster**, meat, yoghurt
4. wife, girlfriend, lover, woman
5. Austria, Australia, France, China

"You bastard!" Anne begann zu schreien. "You bastard!"

Ihre Augen waren weit aufgerissen, ihre Hand zuckte vor und grub sich in Nurrings Gesicht. Bachler stürzte zu ihr hin und riss sie zurück. Die anderen Restaurantgäste starrten entsetzt auf die Szene. Anne befreite sich aus Bachlers Griff, zog das Mikrofon aus dem Blumenarrangement und warf es vor Nurring auf den Tisch. Ihre Hände zitterten.

---

handbag ['hændbæg] Handtasche **button** ['bʌtn] Knopf **cow** [kaʊ] Kuh **lobster** ['lɒbstə] Hummer

"Mr Nurring, ich muss Sie bitten, mir zu folgen", sagte Bachler knapp.

Eve, Bessmann und Jeremy Rosengarten betraten den Raum. Robert Nurring senkte den Kopf und begann zu weinen.

Sie brachten Anne ins Krankenhaus und gaben ihr Valium. Eve und Bessmann fuhren mit Robert Nurring zum Revier.

"Yes?", fragte Rosengarten, als Eve eine halbe Stunde später den Verhörraum verließ.

Eve nickte.

"It's not a **confession**. He isn't saying much. He is asking for a lawyer. Aber er hat eine Erklärung unterschrieben, in der er die Unschuld Ihrer Mandantin bestätigt. Sie erhalten eine Kopie, sobald ich mit dem Staatsanwalt gesprochen habe. Und dann mache ich für heute Schluss. Alles Weitere können wir morgen besprechen."

Auf der Treppe zur Kantine hielt Gülcan sie auf. "Eve? Schön, dass ich dich treffe. Wir sind gerade durch mit dem Wagen. Wenn du eine Minute Zeit hast, wir haben etwas gefunden, das dich interessieren könnte."

Eve schüttelte den Kopf. "Verdammt, hört dieser Tag denn nicht mal auf? Wisst ihr eigentlich, dass ich eine dreizehnjährige Tochter habe?"

Gülcan trat einen Schritt zurück. "'Tschuldigung. Ist nicht so wichtig. Ich leg dir den Bericht auf den Tisch, gleich morgen."

"Danke ... Gülcan? Ich weiß deine Arbeit zu würdigen. Ich bin nur einfach wirklich erschlagen."

"Kein Problem."

Er war schon einige Treppenstufen nach unten gelaufen, als Eve zurückrief: "Was war es denn?"

---

confession [kənˈfeʃn] Geständnis

"Eine Sauerstoffflasche."

Das Klappern des Geschirrs in der Kantine schien auf einmal unnatürlich laut.

Sie ging auf Gülcan zu und ergriff seinen Arm.

"Könntest du das noch mal sagen?"

Gülcan drehte sich um, überrascht über ihr plötzliches Interesse.

"Eine Sauerstoffflasche. Sie war eingeklemmt, unter dem Beifahrersitz. Wir mussten den Wagen aufschweißen, deshalb hat es so lange gedauert. Ein kleines Ding, vierzig Zentimeter vielleicht. Für Notfälle, wird einfach in der Hand gehalten. Die technischen Einzelheiten kriege ich nicht vor morgen früh, aber Heiner war früher bei der Feuerwehr, dem kam das Ding bekannt vor."

Eve erinnerte sich an Annes Albtraum.

Do you know those dreams about forgetting something? I was dying. And I just couldn't find it. And it was getting darker all the time.

Eine Sauerstoffflasche. Sie hatte bereit gelegen, damit Anne nach dem Unfall auftauchen konnte. Nur dass es kein Unfall gewesen war. Anne hatte den Plan von Anfang an gekannt.

Im Krankenhaus hieß es, Annes Bett sei leer, ihr Koffer verschwunden. Eve ließ sich auf ihren Schreibtisch sinken. Ihr war schlecht.

"Wir müssen ihr Handy überwachen", sagte sie plötzlich.

Bessmann schüttelte den Kopf. "Eve, wir kriegen nie im Leben eine Erlaubnis, ihr Telefon abzuhören. Das ist ein Eingriff in ihre Privatspähre. Außerdem würde das Wochen dauern. Die Idee ist einfach absurd."

"Wir brauchen keine Erlaubnis und keinen richterlichen Beschluss."

"Santer, wenn du jetzt wieder ..."

Eve stand auf und packte ihn an beiden Armen.

"Bessmann, wir brauchen keine Erlaubnis. Es ist meins. Verstehst du? Ich habe ihr Katrins Telefon gegeben. Der Vertrag läuft auf meinen Namen."

Zehn Minuten später hatte Eve die Information von der Telefonüberwachung.

Anne hatte nur zweimal telefoniert. Ein Anruf ins englische Mobilfunknetz und eine Nummer, die Eve sehr lang schien, mit einer Vorwahl, die keine Nullen enthielt. Bessmann nahm ihr das Telefon aus der Hand.

"Das ist keine Telefonnummer, das ist ein Code", sagte er. "Wie bei jeder Hotline. Für Auslandsaufträge drücken Sie die Eins. Für Störungsmeldungen und Beschwerden drücken Sie die Zwei. Und so weiter ... Dann gibst du deinen PIN-Code oder Ähnliches ein. Bingo. Wir brauchen nur den ersten Teil der Nummer, wahrscheinlich bis zur ersten Null. Wir warten einfach auf einen Rückruf von der Zentrale."

Die zweite Nummer gehörte einer Bank auf den Cayman Islands. Die erste Nummer war angemeldet auf die englische Anwaltskanzlei Lorrington, Grent and Rosengarten.

"You paid her, Mr Rosengarten." Eve war bleich vor Wut.

"You know ... Eheverträge sind nie so wasserdicht, wie man sie sich wünschen würde", sagte Rosengarten versonnen. "Und selbst wenn sie es wären ... Es müssen vielerlei andere Dinge berücksichtigt werden. Es geht nie um das Ehepaar allein, sehen Sie? Friends and family ... Sie sind befreundet. Haben die Familienfeste zusammen gefeiert. Die Kinder bemerken die unterschiedlichen Lebensumstände und fangen an, sich zu wundern ... Und denken Sie an die Medien ... Man will nicht, dass die Bekannten sich auf die Seite des Ex-Mannes stellen, aus Mitleid oder einem falsch verstandenen Gerechtigkeitsgefühl. Ask Boris Becker, Donald Trump, Abramowitch ... they all had prenuptial agreements. They found out."

"Where will she pick up the money?"

Rosengarten wich Eves Blick aus. Scheinbar gelangweilt zuckte er die Schultern. "I don't know. She's got it already, I think. All I gave her was the code."

"Say that again, please."

"The money was waiting for her at the bank already ... Sowie uns Ihr Kollege Bessmann Robert Nurrings Erklärung hinsichtlich der Unschuld meiner Mandantin übergeben hat, hat Ms Thursley von mir den Code erhalten. Das Geld kann ganz einfach telefonisch transferiert werden."

Übung 39: Wie heißt das gesuchte Wort? Bringen Sie die Buchstaben in die richtige Reihenfolge.

1. Mrs Nurring didn't know her husband had a *(lervo)* _____.

2. She found out after the *(esspr)* _____ conference.

3. She agreed to *(etem)* _____ Anne.

4. Her husband tried to put her in *(pnoirs)* _____.

5. The *(picoel)* _____ arrested her husband.

6. Her lawyer Rosengarten gave Anne a *(ceod)* _____.

7. Mrs Nurring has paid Anne a lot of *(meyno)* _____.

Er sah Eve entschuldigend an.

"My guess is she already has the money."

"How much?"

"For Miss Thursley?" Er nahm seine Aktentasche und erhob sich. "In einem derartigen Fall? Frau Nurring ist eine sehr, sehr reiche Frau. And they have children ... Ich denke nicht, dass sie bei einer regulären Scheidung unter 20, 30 Millionen davongekommen wäre, wenn man die Immobilien einrechnet. Pfund, nicht Euro. Dann der Sorgerechtsstreit um die Kinder. Die psychische Belastung, das Medieninteresse, das Gerichtsverfahren ... This would have gone on for months."

Eve schüttelte ungläubig den Kopf. Ein Ehevertrag? War das alles, um was es hier ging?

"I don't understand", sagte sie. "You won't take him to court? Sie lassen die beiden laufen? Keine Anklage gegen Nurring? Anne Thursley soll nicht belangt werden?"

Rosengarten schüttelte den Kopf. "You still don't understand. Es ging nicht um Geld. Er wird nicht reden. Verstehen Sie? He won't talk. Mr Nurring kommt nicht ins Gefängnis, aber er verliert alles, was er hat. Sie behält die Kinder. It's her cheapest way out."

"Aber wir haben sein Geständnis", sagte Eve. "Die Tonbandaufnahme aus dem Restaurant."

Rosengarten sah lächelnd auf seine Schuhe. "Ein Geständnis? Frau Santer ... Er hat lediglich unterschrieben, dass seine Frau unschuldig ist. Was den Mitschnitt aus dem Restaurant anbelangt, wissen wir doch beide, dass die rechtliche Situation nicht eindeutig ist. Dazu noch eine Zeugin, die an dieser Intrige beteiligt war ... I beg your pardon, aber ohne Anne Thursley und eine Aussage von ihr haben Sie gar nichts."

"Sie wollen alles unter den Tisch kehren?" Eve war fassungslos.

"Think about it. Was hätte Barbara von einem Gerichtsverfahren zu erwarten? Gerechtigkeit? Waren Sie in letzter Zeit mal in einem deutschen Gericht? Ich erinnere mich an einen Amokfahrer, der zwei Menschen getötet und fünfzehn weitere verletzt hat: zwei Jahre auf Bewährung, weil er betrunken war. Was passiert, wenn Robert Nurring freigesprochen wird? Soll Barbara dieses Risiko eingehen?"

Eve schüttelte den Kopf. "Wir haben ein Geständnis", beharrte sie.

Rosengarten lächelte dünn. "Think about it. What have you got? 'Vortäuschung einer Straftat', is that what you call it? Noch nicht einmal 'Körperverletzung', wenn Ms Thursley nicht aussagt. Und wenn sie wusste, dass die Bremsen manipuliert waren, war es kein Mordversuch, sondern versuchter Selbstmord. Ist das strafbar in Deutschland? What have you got left? Sabotage in einer von Nurrings Firmen, ja, aber weit weg in Asien, und ein paar Arbeitsstunden für die Berliner Polizei. Die Krankenhausrechnung für Miss Thursley habe ich heute Morgen bezahlt."

Er breitete die Hände aus und lächelte entschuldigend. "I should get famous for that, but of course you will never hear about it. That's the most important part of the deal."

"So they just go on as if nothing had happened?"

Rosengarten schüttelte den Kopf. "After Nurring has signed an agreement to never talk to Barbara Nurring or his children again, he will lose everything ... except for a villa in South Africa. Would you call that 'getting away with it'?"

Eve stand auf und fuhr sich mit den Händen durchs Haar.

"Mordversuch in zwei Fällen", versuchte sie es noch einmal. "Schwere Körperverletzung ..."

"Have you got any witnesses?" Diesmal hielt Rosengarten Eves Blick stand.

"How much?", fragte Eve noch einmal. "How much did you pay Anne?"

Rosengarten zuckte die Schultern.

Eve dachte an die Sauerstoffflasche, die im Wagen bereitgelegen hatte, an das, was die Vermieterin gesagt hatte, an die herausgerissenen Seiten des Tagebuchs. Sie erinnerte sich daran, wie geschickt Anne sie manipuliert hatte, selbst im Restaurant noch. Alle Aussagen Nurrings, die Anne belastet hätten, waren von Störgeräuschen überdeckt worden. Sie hatte leichten Zugriff auf das Mikrofon gehabt.

Sie hatte ihren Geliebten ans Messer geliefert.

"Anne was in it from the very beginning, Mr Rosengarten, don't you understand? Maybe she even planned the whole thing."

Übung 40: Bilden Sie Fragesätze, wie im Beispiel vorgegeben.

1. You paid Anne some money. How much?

    How much money did you pay her?

2. Nurring called someone in Taiwan. Who?

    _____?

3. Anne gave somebody her plane ticket. Who to?

    _____?

4. Anne and Mr and Mrs Nurring met somewhere. Where?

    _____?

5. Something was in the flower arrangement. What?

    _____?

6. Mrs Nurring flew to Taiwan. Why?

_____?

7. Anne lost her memory. How?

_____?

8. Anne worked as an au pair. When?

_____?

9. Anne comes from an English speaking country. Which?

_____?

10. Some people think that Anne planned the whole thing. How many?

_____?

"I know."

"And you are paying her for that?"

"I am paying her because it's the best for my client", sagte er scharf. "Ich habe sie bezahlt, um Robert Nurring aus dem Weg zu haben. Um den Schaden für Barbara so gering wie möglich zu halten. Und nicht zuletzt, um ihren Ruf zu retten."

Er stellte seine Tasche wieder auf den Tisch. Als er weitersprach, war seine Stimme rau.

"Mit Miss Thursleys Hilfe könnte es gelungen sein, meine Mandantin aus einer unerträglichen Ehe zu befreien. Andererseits … Ich glaube nicht, dass Barbara über diesen Vertrauensbruch hinwegkommen wird. Ich kann mir nicht vorstellen, dass sie jemals wieder einem Menschen vertrauen wird … Ich möchte nicht in ihrer Haut stecken."

Er legte den Kopf zurück und schwieg für kurze Zeit. "But at least she will not have to answer any questions. The children will never know the truth. That's something anyway."

"Do you like her?"

"Yes, indeed. I like her. But she'll never trust anyone again."

Er drehte sich um und ging.

"Mr Rosengarten? Sie kommen damit nicht durch", rief Eve. "Ich habe Annes Ticket und einen Haftbefehl. Wir werden Anklage erheben."

Sie lief neben ihm her.

"Go ahead. But I don't think that's the only plane ticket in the world, Mrs Santer."

"I beg your pardon?", fragte Eve.

"Sie hat Ihnen das Ticket gegeben, um Sie in Sicherheit zu wiegen ... Soviel ich weiß, geht ihr Flug ..." – er sah auf seine Uhr – "in fünfzehn Minuten."

"Mr Rosengarten? How much did you pay Anne Thursley?"

Er drehte sich nicht um, während er sprach.

"Five million euro. She was cheap."

Fourteen

Natürlich kam Eve zu spät. Als sie die gläsernen Türen des Flughafengebäudes aufstieß, weil sie nicht auf die Drehtür warten wollte, wusste sie, dass sie keine Chance hatte. Als sie über den hellen Linoleumboden rannte, vorbei an Anzeigentafeln und Bergen von Koffern, vorbei an übermüdeten Geschäftsleuten, sie wusste es.

Sie stand keuchend an dem leeren Schalter, stützte die Arme auf die Absperrung und senkte den Kopf.

"Entschuldigen Sie bitte."

Eve drehte sich um.

Eine Angestellte in dem blauen Kostüm der Lufthansa schob sich an ihr vorbei, fuhr den Computer hoch und stellte ein Schild ihrer Fluglinie auf. "Warten Sie auf den Flug nach Delhi?"

Eve schüttelte wortlos den Kopf.

Sollte Bessmann Flugbegleiter befragen und die letzten Berichte schreiben – es war ihr egal.

Langsam verließ sie das Flughafengebäude. Sie hob ihr Gesicht und ließ sich den Regen über die Wangen rinnen.

Anne Thursley saß in einem Flugzeug nach Brasilien, ohne Zwischenstopp in einem europäischen Land, in dem Eve noch eine Auslieferung hätte beantragen können. Sie war frei.

Still, sometimes I wonder whether I have my own black stain inside. Nobody can see it but it is there.

I can hear a voice whispering at night. Take everything you can get. As much as you can. Nothing lasts for ever.

Lösungen

Übung 1
1. here, 2. He, 3. long, 4. cold, 5. few, 6. worry

Übung 2
1. true, 2. true, 3. false, 4. false, 5. true, 6. false

Übung 3
1f, 2d, 3g, 4e, 5c, 6b, 7a

Übung 4
2. The Germans, 3. The French, 4. The Canadians, 5. The Spanish, 6. The Italians, 7. The Australians, 8. The New Zealanders, 9. The (North) Americans, 10. The Scottish Englisch ist in 6 Ländern die Landessprache, nämlich in Großbritannien, Kanada (neben Französisch), Australien, Neuseeland, USA, Schottland

Übung 5
2. Yes, he is. 3. Yes, she does. 4. Yes, she is. 5. Yes, she does. 6. No, he wasn't. 7. No, she hasn't. 8. No, she can't. 9. Yes, she does. 10. Yes, I can./No, I can't.

Übung 6
1. hope, 2. find, 3. stay, 4. relax, 5. read, 6. like, 7. put, 8. leave, 9. want, 10. go

Übung 7

2. She hasn't got a headache. 3. She can't remember everything. 4. She isn't German. 5. Cats don't bark. 6. She doesn't drink her coffee with sugar. 7. Dr Golz isn't a policeman. 8. Eve doesn't know who the girl is.

Übung 8

1d, 2e, 3a, 4g, 5b, 6c, 7f

Übung 9

2. I fell asleep. 3. I had a dream. 4. In my dream I was in my car. 5. I had an accident. 6. I tried to find something. 7. I couldn't find it. 8. I felt afraid. 9. I started to cry. 10. Then I woke up.

Übung 10

1. wet, 2. windows, 3. feet, 4. cold, 5. sinking, 6. calm

Übung 11

1. true, 2. true, 3. true, 4. true, 5. false (the capital of Australia is Canberra), 6. true

Übung 12

1. calling, 2. informed, 3. helped, 4. run, 5. happened, 6. listening, 7. sitting, 8. spoken

Übung 13

1c, 2d, 3f, 4e, 5a, 6b

Übung 14

1. didgeridoo, 2. sad, 3. internet, 4. forget, 5. memory, 6. tattoo

Übung 15

1. silly, 2. calm, 3. traditional, 4. slight, 5. thrilled, 6. unemotional, 7. boring, 8. exotic

Übung 16

1. false, 2. true, 3. false, 4. true, 5. false, 6. false

Übung 17

2. most dangerous animals, 3. worst experiences, 4. silliest things, 5. most popular languages, 6. most mysterious characters

Übung 18

1. false, 2. true, 3. false, 4. true, 5. false, 6. false

Übung 19

1. Asia, 2. pony, 3. golf, 4. piano, 5. son, daughter, 6. shower

Übung 20

1. I guess I am overreacting. 2. I don't remember how I managed to look after Merle. 3. The baby woke up twice last night. 4. I have to make meals for the children. 5. Mr Nurring has to work a long time each day. 6. The little girl wants a pony from her father.

Übung 21

1d, 2f, 3g, 4e, 5b, 6h, 7c, 8a

Übung 22

1. reminds, 2. Eventually, 3. Currently, 4. shelf, 5. boss, 6. receipt

Übung 23
1. about, 2. back, 3. on, 4. at, 5. by, 6. for

Übung 24
1. true, 2. true, 3. false, 4. true, 5. true 6. false

Übung 25
2. louder, 3. more important, 4. more poisonous, 5. naughtier, 6. more difficult, 7. worse, 8. busier, 9. more interesting, 10. stranger

Übung 26
3. little, 4. few, 5. little, 6. few, 7. few, 8. little, 9. few, 10. little

Übung 27
1. false, 2. false, 3. true, 4. false, 5. false, 6. true

Übung 28
1g, 2i, 3d, 4c, 5h, 6f, 7a, 8e, 9b, 10j

Übung 29
1. talk, 2. wife, 3. woman, 4. walk, 5. Please, 6. call

Übung 30
1c, 2b, 3b, 4b, 5a

Übung 31
2. Eve doesn't like Mr Nurring. 3. Anne isn't Robert Nurring's daughter. 4. Bessmann didn't call Eve. 5. Nurring didn't shout at his wife. 6. Anne didn't wake up.

Übung 32

1. shock, 2. seen, 3. simple, 4. several, 5. sad, 6. sorry

Übung 33

1f, 2e, 3d, 4b, 5a, 6c

Übung 34

1. breakfast, 2. sightseeing, 3. leather, 4. railing, 5. headache, 6. surname

Übung 35

2. thought, 3. was, 4. were, 5. heard, 6. saw, 7. turned, 8. took, 9. started, 10. threw, 11. lifted, 12. fell

Übung 36

1. much, 2. many, 3. much, 4. much, 5. many, 6. many, 7. much, 8. much

Übung 37

1. behind, 2. on, 3. into, 4. towards, 5. up, 6. with

Übung 38

1. handbag, 2. crowd, 3. flower, 4. woman, 5. Australia

Übung 39

1. lover, 2. press, 3. meet, 4. prison, 5. police, 6. code, 7. money

Übung 40

2. Who did Nurring call in Taiwan? 3. Who did Anne give her plane ticket to? 4. Where did Anne and Mr and Mrs Nurring meet? 5. What was in the flower arrangement? 6. Why did Mrs Nurring fly to Taiwan? 7. How did Anne lose her memory? 8. When did Anne work as an au pair? 9. Which English speaking country does Anne come from? 10. How many people think that Anne planned the whole thing?

Lost in Ireland
Verschollen in Irland

von Billie Rubin

One

"Es gibt keinen Grund, nervös zu sein", sagte Conny zum wiederholten Mal.

"Ich weiß", erwiderte Ruth. Dennoch konnte sie den verkrampften Griff um ihre Armlehne nicht lockern. Immerhin war es eine ganze Weile her, dass sie geflogen war. Jetzt war sie noch dazu auf dem Weg nach Dublin, geschäftlich!

"Ich habe Angst", sagte sie.

"Vorm Fliegen?", fragte Conny erstaunt. "Seit wann hast du Angst vorm Fliegen?"

"Nicht vor dem Fliegen", gab Ruth zurück. "Vor der Konferenz." Sie war dankbar, dass Conny nicht lachte. Sie kam sich selbst ziemlich lächerlich vor. Sie war eine erwachsene Frau von 37 Jahren und hatte Angst vor einem Seminar.

"Ach was", versuchte Conny sie zu beruhigen. "Es wird lustig werden, glaub mir. Die Iren sind wunderbare Gastgeber."

Ruth war nicht überzeugt.

"Ich habe Angst vor dem Englischsprechen."

"Darüber haben wir doch schon zigmal geredet. Es gibt auch da keinen Grund, Angst zu haben. Du sprichst doch im Büro jeden Tag Englisch. Wo ist das Problem?"

Ruth zuckte die Achseln. "Ich hab einfach Angst, etwas falsch zu machen."

"Why don't we speak English then? Perhaps that will help!", sagte Conny.

"Was?" Ruth starrte die Freundin entsetzt an.

"Schau nicht so entgeistert. Wir könnten schon mal mit dem Üben anfangen. Dann bist du drin, wenn wir ankommen." Conny warf einen Blick auf ihre Armbanduhr. "Wird eh nicht mehr lange dauern."

"Du hast vermutlich recht", erwiderte Ruth.

"Ich weiß schon", sagte Conny. "Die Sache mit Georg hat dich mitgenommen." Sie schwieg eine Weile und fragte dann: "Hat er noch etwas gesagt?"

Ruth schüttelte den Kopf. "Nein. Er ist wohl immer noch sauer."

"Say it in English", forderte Conny sie auf. Als Ruth sie zweifelnd anschaute, fügte sie hinzu: "It's good training, believe me."

Ruth gab sich einen Ruck. "We had another **fight** yesterday evening", begann sie. "He wanted me to stay home ..."

"Really?"

Ruth nickte. Eigentlich wollte sie nicht an die unschöne Szene erinnert werden.

"What did you say?", wollte Conny wissen.

"I have to go as this is a **business trip** and the **company** is paying for it", sagte Ruth.

"I **guess** it didn't **impress** him much", bemerkte Conny spöttisch.

"No", bekräftigte Ruth und schloss die Augen.

Seit Wochen hatte es zu Hause kein anderes Thema mehr gegeben als die Konferenz in Dublin. Andere Männer wären vielleicht stolz gewesen, dass ihre Frau so eine Chance bekam, aber nicht Georg. Georg dachte nur daran, dass er sich fünf Tage lang selbst versorgen musste und für die Kinder verantwortlich war. Als wenn die noch einen Aufpasser nötig hätten. Susanne und Markus waren selbstständiger als ihr Vater.

"We **shouldn't have** talked about it", sagte Conny leise.

---

fight [faɪt] Streit **business trip** [ˈbɪznəs trɪp] Geschäftsreise
company [ˈkʌmpənɪ] Firma **to guess** [ges] schätzen
to impress sb. [ɪmˈpres] jdn. beeindrucken **should not have done sth.** [ʃʊd nɒt əv ˈdʌn] hätte etw. nicht tun sollen

"Ist schon okay", erwiderte Ruth. "Ein paar Tage Abstand tun uns ganz gut."

"Du denkst doch nicht an Trennung, oder?"

"Manchmal schon", gab Ruth zu. "Seit ich arbeite, ist der Wurm drin. An allem bin ich schuld. Dabei habe ich meine Arbeitszeiten schon so gelegt, dass sie nicht mit den Interessen der Familie kollidieren." Sie lachte. "Und wie sagt man das jetzt auf Englisch?", wollte sie von der Freundin wissen.

"Ach, sprechen wir einfach nicht über deine Familienprobleme", schlug Conny vor.

"Ich hatte nicht vor, mit Fremden darüber zu diskutieren", seufzte Ruth.

"I am sorry", sagte Conny. "Now you're worried about your family **instead of** looking forward to some nice, **relaxing** days in Ireland."

"Ich war noch nie in Irland", sagte Ruth. Im Gegensatz zu Conny, die schon dort gelebt hatte. Aber auch das war ein Thema, das man besser nicht ansprach.

"Things will be different from today. It may be fun to be a foreigner", sagte Conny fröhlich.

Die Stewardessen kamen den Gang herab und boten Duty-Free-Artikel an.

"I'd like to buy some **perfume** for my friend here", sagte Conny und deutete auf Ruth, die vergeblich protestierte.

Die Stewardess warf Ruth einen prüfenden Blick zu und meinte dann: "Perhaps *Cool water* is the right **choice**. Or *Iceberg*."

"No, I've got *Iceberg*", warf Ruth ein.

---

instead of [ɪnˈsted əv] anstatt **relaxing** [rɪˈlæksɪŋ] erholsam
perfume [ˈpɜːfjuːm] Parfüm **choice** [tʃɔɪs] Wahl

Conny grinste. "Then it'll be *Cool water*. I like it very much and I think it would suit you."

Sie hielt der Stewardess ihre Kreditkarte hin, unterschrieb den Beleg und nahm die Tüte mit dem Parfüm entgegen.

"My welcome present for you", sagte Conny und gab die Tüte an Ruth weiter.

"Danke", murmelte die. "Das wäre aber nicht nötig gewesen."

Sie schwiegen eine Weile. Plötzlich sagte Conny: "You were always the perfect **couple**."

Übung 1: Stimmen diese Aussagen? Kreuzen Sie die richtigen Antworten an.

1. ☐ Ruth and Conny **are sailing** to Ireland.
2. ☐ Ruth is afraid of flying.
3. ☐ Ruth can't speak English.
4. ☐ Conny can speak English very well.
5. ☐ Ruth's husband's name is Georg.
6. ☐ Ruth has two daughters.
7. ☐ Conny buys Ruth some perfume.
8. ☐ This is Conny's first trip to Ireland.

"Was?" Ruth hatte keine Ahnung, wovon Conny redete.

"Du und Georg. Ihr wart immer das perfekte Paar für mich. Ihr hattet nie Streit, es gab nie hässliche Szenen." Sie klang nachdenklich.

Zumindest nicht vor anderen Leuten, dachte Ruth. Die ersten Jahre waren wirklich harmonisch, aber Streit und Szenen haben wir in den letzten Wochen reichlich nachgeholt.

"Es war richtig, dass du dich für die Reise entschieden hast", sagte Conny.

---

couple ['kʌpl] Paar **to sail** [seɪl] segeln

"Ich weiß es nicht", erwiderte Ruth und gähnte. Sie spürte plötzlich Druck auf den Ohren. "Geht's schon runter?"

Conny schaute auf die Uhr und nickte. "Ja, wir sind bald da."

"Ladies and gentlemen, this is your captain speaking", ertönte es schnarrend über ihnen. Gleichzeitig leuchteten die Anschnallzeichen auf. "... **approaching** Dublin airport ... twenty-three degrees ... cloudy but no rain ... thank you for flying with us ..."

Sie tauchten in die erste Wolkenschicht ein und das Flugzeug wackelte bedenklich. Ruth überlegte, ob Georg traurig wäre, wenn sie jetzt abstürzen würden, oder ob er sich sagen würde: Recht geschieht's ihr.

Das ist absurd, dachte sie. Natürlich wäre er traurig.

Die erste Wolkenschicht war durchstoßen und unter ihnen tauchte Meer auf.

"The Irish Sea", sagte Conny. "Doesn't it look fantastic?"

"It's **just** water", bemerkte Ruth spöttisch und wunderte sich, dass sie schon ganz automatisch auf Englisch antwortete. Vielleicht machte sie sich wirklich zu viele Sorgen bezüglich der Sprache.

"Now that we're flying above Ireland we'll just talk English", sagte Conny. "No more German?" Sie schaute Ruth herausfordernd an. "Okay?"

Ruth nickte ergeben. "Okay."

"Good girl", sagte Conny und tätschelte ihr die Hand. "No need to **be afraid**. I'm with you and can explain everything."

Ruth nickte. Ohne die Freundin wäre sie niemals geflogen. Es gab doch einen gewissen Rückhalt, jemanden neben sich zu wissen, der die eigene Sprache verstand.

---

to approach [əˈprəʊtʃ] sich nähern **just** [dʒʌst] nur **to be (was/ were, been) afraid** [biː / wɒz / wɜː / biːn əˈfreɪd] Angst haben

Das Flugzeug setzte mit einem kleinen Stolpern auf und bremste dann ab. Conny wandte sich an Ruth. "Welcome to Dublin", sagte sie strahlend.

"Thanks", erwiderte Ruth. Sie ignorierte das flaue Gefühl in ihrem Magen, so gut es ging.

"Du machst dir zu viele Sorgen, Mama", hatte Susanne zum Abschied gesagt. "Wir kriegen das schon hin. Ich bin doch kein Kind mehr."

Ruth hatte verschwiegen, dass genau das ihr die meisten Sorgen bereitete. Würde Susanne das leere Haus nutzen, um mit ihrem Freund zu schlafen? Sie war doch erst fünfzehn.

"Hey, **are** you **dreaming**?", riss Conny sie aus ihren Gedanken. "We're ready to get off."

Ruth verdrängte die Gedanken an ihre Tochter und holte ihre Tasche aus dem Gepäckfach. Sie packte das Parfüm ein und folgte Conny. Das Gepäck ließ nicht lange auf sich warten und bald schon saßen sie im Taxi Richtung Innenstadt.

"Where are you from?", wollte der Fahrer wissen.

"Munich, Germany", antwortete Conny. "We're here for a **conference**."

"Ah, Munich. I lived there many years ago. I worked for BMW. I loved the beer", rief der Taxifahrer und lachte.

"Ha! And I thought the Irish did**n't** drink **anything but** Guinness", gab Conny zurück.

"Naa." Der Mann machte eine abfällige Bewegung. "I **hate** Guinness. Bavarian beer is the best." Er unterbrach sich, um einen anderen Autofahrer zu beschimpfen.

"Hör nicht hin", flüsterte Conny. "Das ist kein Englisch, das du können musst."

---

to dream [driːm] träumen **conference** ['kɒnfrəns] Konferenz **not anything but** [nɒt 'enɪθɪŋ bʌt] nichts außer **to hate** [heɪt] hassen

Ruth lachte nervös. Dass die Autos hier auf der linken Seite fuhren, hatte sie zwar gewusst, sich jedoch nie vor Augen geführt, was es bedeutete. Was hieß das für das Überqueren einer Straße?

"Ick kann nock ein bisscken Deutsch", sagte der Fahrer.

"Gut", lobte Conny ihn und gab ihm ein fürstliches Trinkgeld, als er sie Minuten später am Hotel ablieferte.

Während sich ein Hotelangestellter um ihr Gepäck kümmerte, schaute Ruth sich um. Das also war Dublin. Es hatte zumindest eines mit München gemeinsam: Der Verkehr war ein Graus.

Zum Glück muss ich nicht fahren, dachte Ruth. Das wäre ein Albtraum.

Sie folgte Conny ins Hotel. Die junge Dame an der Rezeption entsprach perfekt dem Klischee einer Irin: blasse Haut, rote Haare, unendlich viele Sommersprossen.

"Welcome to Dublin", sagte sie, "I hope you'll have a pleasant stay. You're in room 423, and you ..."

Ruth schaltete auf Durchzug und sah sich um. Mehrere Sitzgruppen und riesige Blumengestecke gaben der Eingangshalle eine gemütliche Atmosphäre. In einem Sessel saß ein Mann um die vierzig, der sie ungeniert anstarrte. Irritiert schaute Ruth weg.

Als sie erneut einen Blick in seine Richtung wagte, hatte er sich hinter einer Zeitung verschanzt.

"Idiot", murmelte Ruth.

"Alles in Ordnung?", fragte Conny besorgt.

"Ja, ja, alles in Ordnung", gab Ruth zurück.

Conny reichte ihr eine Konferenzmappe – den conference folder.

"We've got three-quarters of an hour to relax – there's even time for a **dip** in the **tub**! The conference starts at ten thirty, and it's down that **corridor**."

Sie deutete einen langen Gang hinunter.

Sie gingen zum Fahrstuhl und fuhren in den zweiten Stock, wo Ruth aussteigen musste. Conny hatte ein Zimmer in der vierten Etage.

Ruth schlenderte langsam den Gang entlang und suchte ihr Zimmer. Es war klein, aber sehr gemütlich. Der Blick ging auf die Straße, doch die Fenster schluckten den Verkehrslärm.

Ruth ließ sich auf das Bett fallen und streifte die Schuhe ab. "Na dann", murmelte sie. "Auf ins Abenteuer."

Übung 2: Wie heißen die Lösungswörter?

1. A big city in Ireland: _ _ _ _ _ _

2. A dark, Irish beer: _ _ _ _ _ _ _ _

3. The _ _ _ _ _ Sea is between Ireland and England.

4. The cars in Ireland drive on the _ _ _ _.

5. People here speak Irish Gaelic as well as _ _ _ _ _ _ _.

6. Many Irish people have _ _ _ hair.

---

dip [dɪp] kurzes Eintauchen **tub** [tʌb] Badewanne **corridor** [ˈkɒrɪdɔː] Gang

Two

"Good morning, ladies and gentlemen. Welcome to Dublin. I'm glad to see so many **participants** here today who wish to **attend** our conference. I hope you all had a good trip to Dublin, and to those of you who have come here **from abroad**, I hope you had a **smooth** flight and no **hassle** with the customs. I would like to start off with **introductions**, so that we can get to know each other a bit better. My name is Frank McNamara and I **am responsible for** ..."

Ruth hörte nur mit halbem Ohr zu. Eine Panikwelle durchflutete sie. Sie sollte jetzt vor allen Leuten hier Englisch reden ... Nein, das konnte sie nicht.

Hi, my name is Ruth Langner. Na, so schwer war das doch gar nicht. Ruth konnte sich eine Grimasse nicht verkneifen. War es nicht lächerlich, in ihrem Alter Angst vor einer Gruppe zu haben?

Frank war endlich fertig und forderte einen dicken, südländisch aussehenden Mann neben ihm auf, sich vorzustellen.

"Good morning", begann der mit lautem Bass. "My name is Constantinos Manopulos, I am from Athens in Greece."

Constantinos hatte einen starken Akzent und manches, was er sagte, konnte Ruth beim besten Willen nicht verstehen. Außerdem machte er ein paar grammatikalische Fehler. Aber es schien ihn nicht zu stören, dass sein Englisch nicht perfekt war. Ruth entspannte sich etwas. Es war wirklich nicht schwer.

---

participant [pɑːˈtɪsɪpənt] Teilnehmer **to attend sth.** [əˈtend] an etw. teilnehmen **from abroad** [frəm əˈbrɔːd] aus dem Ausland **smooth** [smuːð] ruhig **hassle** [ˈhæsl] Schwierigkeiten **introductions** [ˌɪntrəˈdʌkʃnz] Vorstellungsrunde **to be responsible for sth.** [bi: rɪˈspɒnsəbl fə] für etw. verantwortlich sein

Doch als Nächste war eine junge Frau an der Reihe, die so schnell sprach, dass offensichtlich kaum einer sie verstand. Die ältere Frau neben Conny hob kurz die Hand und sagte mit einem Akzent, der nach einem östlichen Land klang: "Could you please speak more slowly? I can't understand a word."

Einige der Teilnehmer nickten zustimmend.

Die junge Frau stoppte ihren Redefluss und hielt sich die Hand vor den Mund. "Oh, I am awfully sorry", sagte sie, um eine deutliche Aussprache bemüht. "I'll try again", fuhr sie fort und lächelte verlegen.

Es ist nicht schlimm, wenn ich Fehler mache, sagte sich Ruth. Die anderen machen auch Fehler und keiner nimmt es ihnen übel. Und es ist auch in Ordnung, jemanden darum zu bitten, langsamer zu sprechen.

Doch so oft sie sich das auch sagte, Ruth blieb nervös. Sie wünschte, sie hätte sich nicht auf Connys Vorschlag eingelassen, nicht nebeneinander zu sitzen, dann hätte sie jetzt wenigstens die Freundin als moralische Stütze an ihrer Seite gehabt.

Ihr Nachbar stupste sie sacht an.

"It's your turn", flüsterte er und lächelte.

Verdammt, jetzt hatte sie ihren Einsatz verpasst. Ruth spürte, wie sie rot wurde.

"Sorry", stotterte sie. "Sorry." Sie räusperte sich. "Okay ... I am Ruth Langner and I am from Munich." Sie stockte. Verdammt, was hieß noch mal Buchhaltung auf Englisch?

"You're doing great", sagte der Mann neben ihr leise. Sie schaute ihn unsicher an; er lächelte aufmunternd zurück. "I live in Munich", wiederholte Ruth, "and work **part-time**

---

part-time [ˌpaːtˈtaɪm] Teilzeit

in the **accounts department**. I am married and I have two children: Susanne who's 15, and Markus who's 13 years old."

Gehörte das überhaupt hierher? Wieso hatte sie nur nicht aufgepasst, was die anderen erzählten? Aber über ihren Job gab es kaum etwas zu berichten.

"I think that's all about me", fügte sie schließlich noch hinzu.

"Thanks a lot, Ruth", sagte Frank.

"Well done", flüsterte ihr Nachbar. Laut sagte er: "I guess it's my turn. My name is Ian Kavanagh, I work in the **software development department**. If you have problems with your computer, it's **probably** my **fault**."

Frank sagte: "Oh, you're the one!"

Ruth war immer noch mit sich beschäftigt und hatte den Witz nicht verstanden. Verwirrt schaute sie hoch, weil alle lachten. Als Ian weiterredete, war sie erleichtert.

Ich muss mich konzentrieren, dachte sie. Sie haben mich doch nicht hierher geschickt, damit ich mich amüsiere. Ich soll doch etwas lernen.

Allerdings hatte Conny kurz vor Beginn der Konferenz etwas anderes behauptet. "Nimm das hier nicht allzu ernst. Es heißt zwar offiziell Konferenz, aber eigentlich ist es eine Art Belohung für verdiente Mitarbeiter. Vor allem amüsieren wir uns."

Ruth biss sich auf die Lippen, um sich ein Grinsen zu verkneifen. Gut, dass sie das nicht vorher gewusst hatte. Sie hätte ihren Standpunkt Georg gegenüber niemals so über-

---

accounts department [əˈkaʊnts dɪˌpɑːtmənt] Buchhaltung
software development department [ˈsɒftweə dɪˌveləpmənt dɪˌpɑːtmənt] Abteilung für Softwareentwicklung **probably** [ˈprɒbəblɪ] wahrscheinlich **fault** [fɔːlt] Schuld

zeugend darstellen können, wenn sie auch nur eine Ahnung davon gehabt hätte.

"Hi, my name is Conny Bauer. I first worked as a **translator** but changed to the **localization department** seven months ago."

Übung 3: Was ist richtig? Unterstreichen Sie die zutreffende Alternative.

1. Ruth *(lives/is living)* in Munich.
2. She *(stays/is staying)* in Ireland.
3. She works *(part-time/full-time)* in the *(software/accounts)* department.
4. Ian Kavanagh works in the *(localization/software)* development department.
5. Ian *(has/is having)* *(black/brown)* hair.
6. Conny worked as a *(translator/teacher)*.

Wie leicht Conny das Reden fiel. Aber sie war ja schon immer der offenere Typ von ihnen beiden gewesen. Nie um eine witzige Bemerkung verlegen, immer schlagfertig. Immer am Flirten. Aber schließlich war sie auch Single.

"Na, war doch gar nicht so schwer", sagte Conny später in der Kaffeepause.

"Ja", gab Ruth zu und verschwieg die Gewissensbisse ihrer Familie gegenüber.

"Der Typ neben dir schaut ja verdammt gut aus", flüsterte Conny und deutete verstohlen auf Ian, der inmitten einer Gruppe Konferenzteilnehmer stand und sich offensichtlich gut unterhielt.

---

translator [træns'leɪtə] Übersetzerin **localization department** [ˌləʊkəlaɪ'zeɪʃn dɪˌpɑːtmənt] Abteilung für Lokalisierung

Ruth konnte nichts Attraktives an Ian finden. Er war sehr groß und hatte einige Pfunde zu viel auf den Rippen. Auffallend an ihm waren die extrem hellen Augen, die einen eigenartigen Kontrast zu den schwarzen Haaren bildeten, und die leicht schiefe Nase.

"Er hat was von einem Piraten", sagte Ruth.

"Ja, verwegen und mutig", grinste Conny. "Dagegen verblassen alle anderen."

"Du solltest dich ranhalten, wenn du bei ihm landen willst", meinte Ruth und deutete auf zwei albern kichernde Frauen, die nahe bei Ian standen.

Die Freundin schüttelte den Kopf. "Nein, kein Interesse", sagte sie in einem Ton, der Ruth aufhorchen ließ.

"Was ist los?", wollte sie wissen.

"Ach, nichts", sagte Conny, doch dann seufzte sie und fügte hinzu: "Zu viele Erinnerungen. Es ist das erste Mal seit Langem, dass ich wieder hier bin."

"Ich verstehe", sagte Ruth nur.

Connys Vergangenheit war tabu – it was a **mystery** ...

"Was meinst du? Wann soll ich zu Hause anrufen?", lenkte sie ab.

"Was?" Conny schaute sie verwirrt an, als wisse sie nicht, wovon Ruth sprach. "Ach so, bei dir zu Hause." Sie schüttelte den Kopf, als ob sie etwas Lästiges loswerden wollte. "Gar nicht", sagte sie dann.

"Gar nicht? Du meinst, heute nicht."

Conny schüttelte den Kopf. "Nein, ich meine: gar nicht. Weder heute noch morgen noch Mittwoch, Donnerstag oder Freitag. Gar nicht. Jamais, mai, never."

"Ich kann doch nicht ...", protestierte Ruth.

---

mystery ['mɪstrɪ] Geheimnis

Aber Conny ließ sie nicht zu Wort kommen.

"Mensch, Ruth, denk doch mal nach. Das ist deine Chance, Georg zu zeigen, dass du nicht abhängig von ihm bist." Conny sah Ruth herausfordernd an.

"Hm, vermutlich hast du recht."

"Ich habe ganz sicher recht", sagte Conny. "Glaub mir. Der größte Fehler, den du jetzt machen könntest, ist, daheim anzurufen. Schieb die Familie aus deinem Kopf und konzentrier dich auf dich. Das ist eine einmalige Chance." Conny wurde ernst. "Für euch alle."

Bevor Ruth noch etwas erwidern konnte, rief Frank sie zurück in den Konferenzraum. Nach ein paar einführenden Worten startete er eine Powerpoint-Präsentation. Die erste Folie zeigte einen Cartoon.

Ruth schaltete ab. Es war offensichtlich, dass hier keiner an ernsthaftes Arbeiten dachte, und sie ärgerte sich maßlos darüber. Warum hatte ihr Chef ihr das nicht gesagt, als er ihr die Einladung zu der Konferenz gegeben hatte? Weil er wusste, dass sie dann nicht gefahren wäre?

Ruth dachte über Connys Worte nach. Die Freundin hatte die Situation perfekt beschrieben. Sie hatte die Woche in Dublin tatsächlich als Chance für ihre Ehe gesehen, und deshalb hatte sie den Mut aufgebracht, sich gegen Georg durchzusetzen. Ein paar Tage Trennung, die man nicht so bezeichnen musste, weil es einen offiziellen Grund dafür gab, würden ihnen beiden gut tun. Sie hoffte sehr, dass Georg in den fünf Tagen ihrer Abwesenheit merken würde, wie viel sie für die Familie tat.

Nicht nur hatte sie ihre Arbeitszeiten nach dem Stundenplan der Kinder ausgerichtet, sie hatte auch ein überaus lukratives und vor allem reizvolles Angebot ausgeschlagen. Als Ruth erfahren hatte, dass der neue Job nur mit einer Vollzeitstelle zu machen war, hatte sie abgelehnt. Obwohl es die Traumstelle schlechthin gewesen wäre.

"**It's a pity**", hatte Powell gesagt. Er war der Chef ihres Vorgesetzten und kam regelmäßig aus den USA, um nach dem Rechten zu sehen. Er hatte kein Hehl aus seiner Enttäuschung gemacht. "Your talents are **wasted** in your **current position**. **Think it over**. That's an **order**! I'**ll keep it open** for you until you get back from Ireland."

Frank hatte seinen Vortrag beendet, und Ruth klopfte schuldbewusst wie die anderen Teilnehmer auf den Tisch.

"It will be five hard days", sagte Ian neben ihr.

"Sorry?"

"It looks like we're going to work quite hard here over the next five days", erklärte Ian.

"Oh", machte Ruth. "Yes, I think you're right." Sie deutete unsicher zur Tür. "Sorry, but I need to ..."

"Sure, no problem", sagte Ian und lächelte.

Ruth verließ den Konferenzraum und suchte die Toiletten. Warum nur hatte sie plötzlich so starkes Herzklopfen? Ian war absolut nicht ihr Typ.

Sie wusch sich die Hände und das Gesicht und steckte die Haare neu hoch.

Prüfend schaute sie in den Spiegel. Kaum Falten um die Augen, und die paar grauen Haare zwischen den blonden sah man zum Glück nicht. Ruth grinste ihr Spiegelbild an und zog die Lippen nach.

It's a pity. [ˌɪts ə ˈpɪtɪ] Das ist schade. **wasted** [ˈweɪstɪd] vergeudet **current** [ˈkʌrənt] jetzig **position** [pəˈzɪʃn] Stellung **to think (thought, thought) sth. over** [ˌθɪŋk / ˌθɔːt / ˌθɔːt / ˈəʊvə] sich etw. überlegen **order** [ˈɔːdə] Befehl **to keep (kept, kept) sth. open** [ˌkiːp / ˌkept / ˌkept / ˈəʊpən] etw. offenhalten

"Enjoy yourself and think about my offer", hatte Powell am Freitag noch einmal gesagt. "It's your big chance."

Vielleicht sollte ich diese Chance wirklich nutzen, dachte Ruth und ging zurück in den Konferenzraum.

Übung 4: Welche Zahl passt in welchen Satz?
(1, 5, 7, 13, 15, 45, 423, 854)

1. Ruth will be away from Georg for ___ days.

2. Conny moved to the localization department ___ months ago.

3. Ruth's daughter is ___ and her son is ___.

4. Munich is ___ miles away from Dublin.

5. Ruth got ___ conference folder.

6. Conny and Ruth relax for ___ minutes before the conference starts.

7. Conny is staying in room ___.

Three

Ruth zerrte die Bluse herunter und schleuderte sie auf das Bett. Das war doch lächerlich, was sie hier veranstaltete. Sie wollte mit ein paar anderen Konferenzteilnehmern etwas in einem Pub um die Ecke trinken, mehr nicht. Dennoch hatte sie den Wunsch, gut auszusehen.

Schließlich entschied sie sich für ein T-Shirt mit goldenem Aufdruck, das je nach Geschmack kitschig oder auch elegant wirken konnte. Darüber der dunkle Blazer. Nur die Jeans war von Anfang an über jeden Zweifel erhaben gewesen.

Es klopfte an der Tür.

"Are you ready?" Das war Julie. Eine runde, gemütlich wirkende Belgierin, die sie gefragt hatte, ob sie Lust hätte mitzugehen.

"Just a minute!", rief Ruth und nahm die Haare zu einem Pferdeschwanz zusammen. Nein, das sah zu businessmäßig aus. Unschlüssig löste sie die Spange und ließ die Haare auf die Schulter fallen. Aber auch damit war sie nicht zufrieden. Mit einer energischen Handbewegung steckte sie die Haare hoch und zog die Lippen nach. Sie warf einen Blick auf das Parfum, das Conny ihr geschenkt hatte. Sie hatte nur kurz daran geschnuppert, den Duft aber als zu intensiv für sich empfunden.

Ruth zögerte. Dann nahm sie entschlossen den Flakon und sprühte ein wenig auf ihren Hals und die Handgelenke.

Sie sah in den Spiegel und musste grinsen.

"Sorry!", sagte sie, als sie kurz darauf ihr Zimmer verließ. "I had problems with my **zip**."

Julie machte eine abwehrende Handbewegung.

"No problem. I was early **anyway**." Sie maß Ruth von oben bis unten und rief dann: "You look **gorgeous**. Men will have to be careful tonight!"

"Thanks." Ruth fühlte, wie sie rot wurde. Das konnte ja heiter werden. Kaum war sie mal ohne Familie unterwegs, fühlte sie sich wie ein Teenager.

In der Eingangshalle trafen sie Claudia, eine zierliche Italienerin, und Hannes, einen weiteren deutschen Teilnehmer aus Hamburg.

---

zip [zɪp] Reißverschluss **anyway** ['enɪweɪ] sowieso **gorgeous** ['gɔːdʒəs] blendend

Ruth fühlte sich beobachtet und drehte sich suchend um. Ein Mann in dunkler Kleidung saß auf einem Sofa, aber wegen der Blumengestecke in der Lobby konnte sie sein Gesicht nicht erkennen. Dennoch war sie sich sicher, dass es der Mann von heute Morgen war.

"Ready to go?", fragte Hannes, und sie machten sich auf den Weg ins nahe Pub. Fast alle Konferenzteilnehmer waren bereits anwesend.

"Let's go over there", schlug Claudia vor und deutete auf einen freien Tisch.

Julie beschloss mutig, ein Guinness zu probieren, Claudia entschied sich für einen Pinot Grigio, Ruth für einen Rotwein. Hannes brachte die Getränke und sie prosteten sich zu.

"It's nice here", bemerkte Julie.

Ruth nickte und sah sich nach den anderen um. Ian ragte aus einer Gruppe heraus; die beiden Frauen vom Nachmittag hingen an seinen Lippen und lachten immer wieder laut. Ian wirkte, als mache er gute Miene zum bösen Spiel. Ruth wandte sich ab.

"Is everybody feeling alright?", fragte Frank, der die Runde durchs Pub machte.

Alle nickten.

"There will be live music later in the evening. You should **stick around**. The group is great."

Kurz vor neun entschuldigte Ruth sich bei den anderen und verließ das Lokal. Sie hatte den ganzen Tag mit sich gerungen und schließlich beschlossen, nicht vor neun zu Hause anzurufen. Egal, was Conny sagte, sie musste einfach wissen, ob alles in Ordnung war.

Sie klappte ihr Handy auf und wählte die Nummer. Der

---

to stick (stuck, stuck) around [ˌstɪk / ˌstʌk / ˌstʌk əˈraʊnd] dableiben

Anrufbeantworter sprang an. Ruth war überrascht. Warum nahm keiner ab?

"Any problems?"

Ruth drückte vor Schreck den roten Knopf, obwohl sie eigentlich eine Nachricht hatte hinterlassen wollen. Sie zögerte einen Moment, bevor sie sich umdrehte. Ian stand hinter ihr. Sie schüttelte den Kopf und sagte: "No."

Ian schaute sie aufmerksam an, lächelte dann und sagte: "That's good."

"I tried to call my husband", erklärte Ruth und deutete auf das Handy. Sie wollte gleich klare Verhältnisse schaffen.

"Oh, I see", erwiderte Ian.

War das Spott in seinen Augen oder irrte sie sich? Ruth wandte sich verwirrt ab und ging ins Pub zurück. Ian folgte ihr.

"Let's go to the bar", schlug er vor. Und als Ruth einen Blick zu ihrem Tisch warf, sagte er: "Don't worry, they'll be fine."

Tatsächlich schienen sich Julie, Hannes und Claudia prächtig zu amüsieren. Frank hatte sich ihnen angeschlossen. Lautes Gelächter schwappte zu ihnen herüber.

"Okay, let's go to the bar", stimmte Ruth zu. Es wäre doch gelacht, wenn sie dieser Situation nicht Herr würde.

Ian bestellte ein **Stout** für sich und Rotwein für Ruth. Sie nahm es erstaunt, aber schweigend zur Kenntnis.

Sie prosteten sich zu.

Übung 5: Unterstreichen Sie die richtige Alternative.

"So, you are **1.** *(a/an)* **accountant**", sagte Ian und schmunzelte.

"Yes", erwiderte Ruth vorsichtig.

"Accountants are **2.** *(very/a bit)* **analytical**", fuhr Ian fort.

---

stout [staʊt] dunkles Bier **accountant** [əˈkaʊntənt]
Buchhalterin **analytical** [ˌænəˈlɪtɪkl] analytisch

"That **means** I shall have to be **3.** *(careful/careless)* about what I say." Er lachte.

Ruth entspannte ein wenig. Offensichtlich hatte sie den Iren falsch eingeschätzt. Er schien sich doch einfach nur unterhalten zu wollen. Sie nahm einen Schluck Rotwein und fühlte sich mutig genug, selbst eine Frage zu stellen:

"Do you **4.** *(live/stay)* in Dublin?"

Ian nickte. "Yes. But I **5.** *(am/was)* born on the west coast of Ireland."

Sie entdeckte Conny und hob den Arm, um ihr zuzuwinken, aber die Freundin schaute nicht in ihre Richtung. Sie war in Begleitung eines Mannes.

"I **6.** *(know/meet)* that man", murmelte Ruth. "Is he **7.** *(on/at)* our conference?", wandte sie sich an Ian. Sie deutete zur Tür. Ian sah sich den Mann an und schüttelte den Kopf. "No, I've **8.** *(ever/never)* seen the guy before."

Als Connys Begleiter ihr unvermutet das Gesicht zuwandte, erkannte Ruth in ihm den Mann, der sie im Hotel so unverschämt angestarrt hatte. War er ein Bekannter von Conny, den sie hier zufällig getroffen hatte? Auf jeden Fall hatten seine Blicke nicht ihr, sondern der Freundin gegolten.

"I know your friend, of course", sagte Ian.

"You do?", gab Ruth erstaunt zurück, sah dann jedoch an seinem Gesichtsausdruck, dass das lockere Spielchen zwischen ihnen weiterging. Aber so amüsant der Abend auch war, so verwirrend fand sie doch die Situation.

Ich bin das einfach nicht gewohnt, sagte sie sich. Wann habe ich mich zuletzt mit einem Mann einfach nur mal gut unterhalten? Sie konnte sich nicht erinnern. Mit Georg drehten

---

to mean (meant, meant) [miːn / ment / ment] bedeuten

sich die Gespräche um die Kinder, um den Samstagseinkauf, um größere Anschaffungen, um Termine. Mit ihrem Chef sprach sie über die Arbeit, mal über einen Urlaubsort, selten über die Kinder. Die Freunde? Da gab es nur Pärchen, und die Regelung war: Frauen und Männer zusammen oder unter sich.

Lebe ich tatsächlich so eingefahren, fragte Ruth sich erschrocken.

Aber was könnte sie daran ändern? Conny hatte sie früher oft aufgefordert, mal mit ihr auszugehen, doch immer war etwas dazwischengekommen.

"Ich habe mich für eine Familie entschieden und jetzt kümmere ich mich auch um meine Familie."

"Was soll ich gegen dieses Argument schon sagen?", hatte Conny erwidert.

"A penny for your thoughts."

"Was?" Ruth schreckte aus ihren Gedanken hoch. Ian schaute sie aufmerksam an. "Oh", machte Ruth. Für einen Moment hatte sie ihre Umgebung vollkommen vergessen.

"I'm sorry", sagte sie, und das meinte sie ehrlich.

"I never **realized** that I was that **boring**", seufzte Ian.

"It's not you", beeilte Ruth sich zu sagen. "I'm sorry."

Ian seufzte theatralisch.

"Poor man", sagte Ruth spöttisch und suchte nach Conny. Sie stand ganz hinten in einer Ecke und unterhielt sich mit ihrem Begleiter. Doch angenehm schien das Gespräch nicht zu sein, es war deutlich zu erkennen, dass die beiden stritten. Und in diesem Moment begannen sie auch, heftig zu gestikulieren.

———

to realize sth. [ˈrɪəlaɪz] etw. bemerken **boring** [ˈbɔːrɪŋ] langweilig

Ruth wandte sich wieder Ian zu. Sie wusste, dass Conny auf sich aufpassen konnte. Doch bevor sie etwas sagen konnte, stoppte die Musik vom Band, stattdessen ertönte eine männliche Stimme aus den Lautsprechern. Ruth verstand außer "live music" kein Wort. Aber dem Beifall nach zu schließen, sollte wohl in Kürze die Band zu spielen beginnen.

Conny stand immer noch mit dem Mann zusammen, aber inzwischen schienen sich die beiden wieder etwas beruhigt zu haben.

Ruth hatte erwartet, dass die Bandmitglieder auf die kleine Bühne kommen würden. Doch da teilte sich die Menge und gab den Blick auf eine Bank frei. Auf der Bank saßen vier Männer, vor ihnen stand eine Frau. Die Männer hielten eine Gitarre, eine Ziehharmonika, eine Trommel und eine Querflöte, die Frau eine Geige in der Hand.

Ian drehte sich auf seinem Hocker um und blickte erwartungsvoll in Richtung Band. Auch Conny und ihr Begleiter schauten hinüber und schienen ihren Streit für den Moment begraben zu haben. Beruhigt wandte sich auch Ruth den Musikern zu, die jetzt zu spielen begannen. Erneut ertönte lautes Gejohle und Klatschen.

Die Zeit verflog. Ruth trank Rotwein, lauschte der irischen Musik, warf ab und zu einen Blick zur Freundin und dem Fremden. Es war zu dunkel, um erkennen zu können, in welcher Stimmung die beiden sich befanden. Immerhin gestikulierten sie nicht mehr.

Ruth genoss das Gefühl, sich einmal um nichts kümmern zu müssen. Als sie einen Blick auf ihre Armbanduhr warf, war es weit nach Mitternacht.

"I should get to bed", rief sie Ian zu. Der verstand sie nicht.

"What?", brüllte er zurück.

Als sie sich vorbeugte, roch sie sein Rasierwasser. Es passte perfekt zu ihm. "It's quite late", rief sie ihm ins Ohr. "I should get to bed."

Er nickte und rutschte vom Hocker. Ruth hielt ihn zurück. "I can go **alone**. No need for you to come."

Ian schüttelte den Kopf. "No, I'll come with you. It's time for me to **hit the hay** as well."

Sie drängten sich durch die Menge in Richtung Ausgang. Ruth wollte Conny kurz Bescheid sagen, doch als sie nach der Freundin sah, war sie verschwunden. Der Mann ebenfalls.

Na, dann halt nicht, dachte Ruth und folgte Ian. Es war kühl draußen und Ruth war froh, dass sie ihren Blazer dabeihatte. Schweigsam gingen sie die wenigen Schritte zum Hotel. Als sie in der Lobby standen, kam für den Bruchteil einer Sekunde Verlegenheit zwischen ihnen auf. Ruth befürchtete, Ian würde sie womöglich zu küssen versuchen, doch er lächelte sie nur an und sagte: "Thanks for a lovely evening."

"I have to thank you", gab Ruth zurück. "And yes, it was a lovely evening." Der schönste seit Jahren, fand sie, als sie zum Aufzug ging.

Sie warf ihre Kleider auf einen Stuhl, schlüpfte in ihr Nachthemd, putzte die Zähne und legte sich ins Bett. Doch an Schlafen war nicht zu denken. Sie stand auf, öffnete das Fenster und betrachtete eine Weile den nächtlichen Verkehr. Musste sie ein schlechtes Gewissen haben, weil sie nicht an ihre Familie gedacht, sondern sich einfach nur amüsiert hatte? Nein, beschloss sie. Nein, das musste sie nicht. Sie hatte das Recht auf ein paar freie Stunden. Aber gleich morgen früh würde sie in München anrufen.

---

alone [əˈləʊn] allein **to hit (hit, hit) the hay** [ˌhɪt / ˌhɪt / ˌhɪt ðə ˈheɪ] sich aufs Ohr hauen

Übung 6: A lovely day in Ireland
Bringen Sie die folgenden Ereignisse in die richtige Reihenfolge.

a. ☐ Ruth attends a conference.
b. ☐ Ian buys Ruth some red wine.
c. ☐ She goes to the pub.
d. ☐ Ruth arrives in Ireland.
e. ☐ Ruth puts on some perfume.
f. ☐ They both go to their bedrooms.
g. ☐ Ruth sees the stranger from the hotel lobby again.
h. ☐ Ruth meets Ian in the pub.
i. ☐ Ruth drives to the hotel in a taxi.
j. ☐ Ian and Ruth enjoy the live Irish music.
k. ☐ A stranger looks at her in the lobby.

Four

Regen prasselte gegen das Fenster. Ruth drehte sich noch einmal um und wunderte sich, dass ihre Matratze so ungewohnt weich war. Doch dann war sie mit einem Schlag wach.

Das war ja gar nicht ihr Bett! Sie schlug die Augen auf und sah sich im Zimmer um. Es war klein, aber fein. Ein Blick auf den Wecker zeigte ihr, dass es bereits kurz nach acht war. Verdammt! Sie konnte doch nicht am ersten Tag verschlafen. Ruth sprang aus dem Bett, duschte kurz und zog Jeans und T-Shirt an. Mit einem dicken Pullover über den Schultern stürmte sie zum Frühstück.

Sie setzte sich zu Julie, bestellte starken Kaffee und lauschte geistesabwesend deren Gespräch mit Hannes. Als Ian auftauchte, waren am Tisch bereits alle Plätze besetzt. Ruth war beruhigt. So nett sie den Iren auch fand, so wenig wollte sie ständig mit ihm zusammen sein. Am Schluss gab es noch unschöne Gerüchte.

Als ein Handy klingelte, fiel Ruth ein, dass sie ja noch zu Hause anrufen wollte. Ihr Handy lag im Zimmer. Viertel vor neun – mit einem Sprint würde sie es schaffen. Sie entschuldigte sich bei den anderen und lief die Treppe hoch, schloss ihr Zimmer auf, griff zum Telefon und wählte ihre Münchener Nummer. Der Anrufbeantworter sprang sofort an. Ungeduldig wartete sie auf den Piepton und sagte dann: "Ja, hallo, ich bin's. Ich wollte nur sagen, dass alles in Ordnung ist. Ruft doch heute Abend mal an, vom Hotel aus ist es bestimmt sehr teuer." Sie legte auf.

Erstaunt stellte Ruth fest, dass ihre Knie zitterten. Das lag sicher an ihrem Sprint in den zweiten Stock. Sie setzte sich auf das Bett.

Ich muss mehr tun, dachte Ruth. Ich muss wieder regelmäßiger laufen.

Entschlossen stand sie auf, ging ins Bad und putzte sich die Zähne. Sie wollte gerade das Zimmer verlassen, als ihr einfiel, dass es besser wäre, das Handy mitzunehmen. Sie fand es in der Tasche des Blazers, den sie im Pub getragen hatte; ein schwacher Hauch von Ians Rasierwasser umwehte sie.

Sie hatte weder eine SMS erhalten noch eine Nachricht auf der Mailbox. Ihre Familie schien sie nicht sonderlich zu vermissen. Ruth presste die Lippen zusammen. Interessierte es Georg gar nicht, wie es ihr ging? Oder war etwas passiert?

Im Konferenzraum erwarteten die Teilnehmer eine Überraschung.

"We're going for an **excursion** shortly", verkündete Frank.

---

excursion [ɪkˈskɜːʃn] Ausflug

"Don't worry about the weather. Usually it rains for **a couple of** minutes, and then it's over", sagte er mit einem Blick aus dem Fenster.

Ungläubiges Gemurmel war die Antwort.

"Believe me, it's the **truth**. Okay, that's what we'll do."

Ruth sah sich nach Conny um, aber sie war nirgends zu sehen. So wie sie die Freundin kannte, lag sie wahrscheinlich noch im Bett. Vermutlich würde sie mit einem strahlenden Lächeln auftauchen, kurz bevor der Bus abfuhr, und keiner würde ihr böse sein.

Übung 7: Setzen Sie die fehlenden Fragewörter ein.
(who, where (2x), what, which, how, why)

"**1.** _____ are we going?", wollte sie von Julie wissen,

als sich die Gruppe auf den Weg machte.

"Weren't you listening to him?", fragte Julie.

Ruth lächelte schuldbewusst.

"**2.** _____ to? Oh, you **mean** Frank. I was listening but

I didn't catch everything he said. I am a bit worried because

I haven't heard from my family", sagte sie.

Julie tätschelte ihre Hand.

"Don't worry too much, **honey**", sagte sie. "We have to leave

them alone sometimes. **3.** _____ else will they learn

---

a couple of [ə ˈkʌpl əv] ein paar **truth** [truːθ] Wahrheit **to mean** [miːn] meinen **honey** [ˈhʌnɪ] meine Liebe

to **appreciate** us, right?" Ruth nickte, obwohl sie nicht so recht überzeugt davon war. Denn wenn sie sich auch manchmal wünschte, ihre Familie wäre etwas selbstständiger, war sie doch froh, dass sie sie brauchte.

"I just can't understand 4. _____ they haven't called", rechtfertigte sie sich und stieg hinter Julie in den Bus.

Während sie durch das verregnete Dublin fuhren, fragte Ruth sich, ob sie sich zu viele Gedanken machte.

"I still don't know 5. _____ we're going", sagte sie zu Julie, um sich abzulenken.

"Oh, Frank said something, but I don't remember

6. _____. Ah, now it's come back to me! We're going to visit a garden. I can't remember 7. _____ one – Chinese or Japanese. But it's an hour's drive with the bus."

Ein Garten? Was hatte ein Garten mit ihrer Arbeit zu tun?
Als ob Frank ihre Zweifel gespürt hätte, erhob er sich, nahm ein Mikro und sagte: "Ladies and gentlemen, you may **wonder** why we're going to the Japanese Gardens in Kildare. I won't explain it to you because you will see when we get there. I'll just tell you this much: The gardens **symbolize** life

---

to appreciate sb. [əˈpriːʃɪeɪt] jdn. zu schätzen wissen **to wonder** [ˈwʌndə] sich fragen **to symbolize** [ˈsɪmbəlaɪz] symbolisieren

from **beginning** to end. And like in everyday life, you'll have to make **several** choices. We have to make decisions **regarding** small things like – what do I want to eat tonight? But we also need to decide where we're **heading** in life. Will I go to university or just start working? Will I marry this man or woman, or wait for another – maybe better – model to **turn up**?" Frank grinste.

"There's no better model", rief eine Frau von hinten. "All men are bastards."

Allgemeines Gelächter ertönte.

"I think you got it", fuhr Frank lachend fort.

Ruth starrte aus dem Fenster. Obwohl sie froh war, nicht in einem Konferenzraum sitzen zu müssen, hatte sie auch keine Lust, durch einen Garten mit philosophischem Konzept zu laufen. Das war eher Connys Ding.

Wo war die Freundin überhaupt? Ruth drehte sich um, konnte Conny jedoch nirgends sehen. Vor ihr waren nur drei Reihen, und auch da blitzte Connys Lockenkopf nicht hervor.

"Who are you looking for?", wollte Julie wissen.

"My friend Conny", erwiderte Ruth. "I can't see her anywhere."

"Oh, that nice girl with short dark hair?"

"Yes", bestätigte Ruth. "Have you seen her? I can't **spot** her anywhere on the bus."

"Yes", sagte Julie. "I saw her this morning."

"Oh, that's good." Aber Ruth war immer noch besorgt. "Did you see her getting on the bus too?"

---

beginning [bɪˈɡɪnɪŋ] Anfang **several** [ˈsevrəl] mehrere **regarding** [rɪˈɡɑːdɪŋ] hinsichtlich **to head somewhere** [ˈhed sʌmweə] eine Richtung einschlagen **to turn up** [ˌtɜːn ˈʌp] auftauchen **to spot sb.** [spɒt] jdn. entdecken

Julie schüttelte den Kopf. "No, I can't remember that. But I am sure she is here somewhere."

Ruth drehte sich noch einmal um. Ian saß in der vorletzten Reihe und unterhielt sich angeregt mit Claudia. Dahinter lehnte jemand am Fenster und hatte einen Pullover über den Kopf gezogen. Das Muster kam Ruth bekannt vor. Ja, das war Connys Pulli. Beruhigt sank Ruth in ihren Sitz zurück.

Eine knappe halbe Stunde später erreichten sie Kildare. Es hatte tatsächlich zu regnen aufgehört und Frank bekam Lob von allen Seiten.

"Well, I am a good friend of St Peter's", sagte er lachend. Er wartete, bis sich alle um ihn geschart hatten, und erklärte: "I'll pay for the tickets for the **whole** group. There'll be a short **introduction**, and then we**'ll wander about on** our **own**. Take your time, **explore** the gardens, read the signs and explore your own thoughts and feelings. We will have lunch at the Visitors' Centre. There's also a **gift shop** – **in case** you want to buy something for your family."

Ruth sah sich wieder nach Conny um, doch sie konnte die Freundin nicht entdecken. Da erblickte sie in einer größeren Gruppe den vertrauten Pullover. Sie lief hin, doch als sie vor der Frau stand, war es Chantal, eine Französin. Verwirrt starrte Ruth sie an.

"Everything okay?", fragte Chantal.

"Yes ... yes", stotterte Ruth. "I'm sorry. I thought you were my friend. She's got the same **sweater**." Sie deutete auf den Pullover.

---

whole [həʊl] ganz **introduction** [ˌɪntrəˈdʌkʃn] Einführung **to wander about** [ˌwɒndər əˈbaʊt] herumlaufen **on one's own** [ˌɒn / ˈəʊn] allein **to explore** [ɪkˈsplɔ:] erforschen **gift shop** [ˈɡɪft ʃɒp] Souvenirladen **in case** [ɪn ˈkeɪs] falls **sweater** [ˈswetə] Pullover

"Oh", erwiderte Chantal. "I am sorry."

"There's no need to **apologize**", murmelte Ruth.

Aus der Nähe betrachtet sah sie, dass Chantals Pullover ein ganz anderes Muster hatte. Nur die Farben stimmten überein.

"You haven't seen her, have you?", fragte sie hoffnungsvoll.

"Who? Your friend?"

"Yes, Conny. She is a bit taller than me and a bit younger. She has very short dark hair. Shorter than mine but ..." Ruth wirbelte mit dem Zeigefinger in der Luft herum, da ihr das Wort für lockig nicht einfallen wollte.

Chantal schüttelte bedauernd den Kopf.

"No, I'm sorry. I haven't seen her."

"**Maybe** she just **overslept**", warf der Mann neben Chantal ein. Ruth konnte sich nicht an seinen Namen erinnern.

"Yes", sagte sie und nickte. "I guess so. It would be **typical** for her", fügte sie noch hinzu und kam sich wie eine Verräterin vor. Es war absolut nicht typisch für Conny, zumindest nicht, wenn es um den Job ging. Und trotz aller Lockerheit war das hier Business.

"Thanks", sagte sie und ging zu Julie zurück. Ja, die beiden hatten vermutlich recht. Wahrscheinlich saß Conny jetzt gemütlich im Frühstücksraum und würde danach einen ruhigen Tag in Dublin genießen.

---

to apologize [ə'pɒlədʒaɪz] sich entschuldigen **maybe** ['meɪbiː] vielleicht **to oversleep (overslept, over-slept)** [ˌəʊvə'sliːp / ˌə ʊvə'slept / ˌəʊvə'slept] verschlafen **typical** ['tɪpɪkl] typisch

Übung 8: Conny ist eine besondere Freundin.

Unterstreichen Sie das passende Wort.

1. Conny is *(taller/shorter)* than Ruth.
2. Conny's hair is *(longer/shorter)* than Ruth's.
3. Conny's English is *(better/worse)* than Ruth's.
4. Conny's pullover is *(the same as/different to)* Chantal's.
5. Conny is *(more relaxed/less relaxed)* about talking English than Ruth.
6. Conny is *(older/younger)* than Ruth.

Ruth folgte der Gruppe in den Garten und konzentrierte sich auf das, was der Führer erläuterte: "... **were created** between nineteen-oh-six and nineteen-ten. It was Colonel William Hall-Walker's idea. He was a **wealthy** Scotsman who **belonged to** a famous **brewery family**. His Japanese gardener and his son did the **layout**. The gardens are a living **monument** to the meeting of **Eastern** and **Western** cultures ..."

Ruth wartete ungeduldig darauf, dass der Führer fertig würde. Ob sie schnell mal zu Hause anrufen sollte? Oder wenigstens eine SMS schicken? Nein, das würde jetzt nur stören. Ruth schaute auf die Uhr. Kurz vor halb elf. Susanne und Markus waren in der Schule, Georg im Büro. Es hatte gar keinen Sinn anzurufen. Sie könnte natürlich im Büro ...

"Okay", riss Franks Stimme sie aus ihren Gedanken. "I hope you enjoyed Mr Gordon's introduction."

Applaus ertönte.

---

to be created [bi: kri:'eɪtɪd] erschaffen werden **wealthy** ['welθɪ] wohlhabend **to belong to s.o.** [bɪ'lɒŋ tə] jdm. gehören **brewery family** ['bru:ərɪ ˌfæmlɪ] Bierbrauerfamilie **layout** ['leɪaʊt] Gestaltung **monument** ['mɒnjʊmənt] Denkmal **Eastern** ['i:stən] östlich **Western** ['westən] westlich

"Now, you've got till half past twelve. Then we**'ll meet up** for lunch at the Visitors' Centre. Just follow the signs – you can't miss it. Any questions?"

Verneinendes Gemurmel.

"Then go off and enjoy yourselves", sagte Frank fröhlich, wedelte mit den Armen und scheuchte sie davon.

Ruth wollte allein sein und ging erst einmal zum Visitors' Centre. Sehnsüchtig blätterte sie in den Bildbänden und kämpfte gegen die Versuchung an, eines der Bücher zu kaufen. Aber es würde nur unnütz zu Hause herumliegen.

Später wanderte sie langsam durch den Garten und vergaß für eine Weile alle Sorgen. Sie hatte sich immer einen Garten gewünscht, doch Georg hatte ihr vorgehalten, wie viel Arbeit er machen würde. Aber vielleicht wäre sie dann weniger unzufrieden.

Selbst wenn man nichts von der Philosophie wusste, die hinter der Anlage steckte, konnte man doch erahnen, was der Planer vor Augen gehabt hatte. Zu Beginn des Rundgangs standen niedrige, hellere Pflanzen, die immer größer und dunkler wurden, die Reife des Menschen symbolisierend.

"Isn't it wonderful?", hauchte Patricia, eine englische Teilnehmerin, als sich ihre Wege kreuzten.

"Yes, it's **amazing**", sagte Ruth und lief weiter. Sie atmete tief ein und genoss die frische Luft. Dunkle Wolken jagten bereits wieder über den Himmel, aber noch regnete es nicht.

Ich mache mir zu viele Sorgen, dachte Ruth. Ich bin eine regelrechte Glucke. Sie sind alt genug, um auf sich selbst aufzupassen. Ich habe heute Morgen angerufen und gesagt, dass alles in Ordnung ist. Jetzt sind sie an der Reihe.

---

to meet (met, met) up [ˌmiːt / ˌmet / ˌmet 'ʌp] sich treffen **amazing** [ə'meɪzɪŋ] erstaunlich

Einigermaßen beruhigt schlenderte sie zurück zum Besucherzentrum, wo die meisten Teilnehmer schon beim Essen waren. Ruth hatte keinen Hunger und ging in den Laden, um einen der Bildbände zu kaufen.

Die Heimfahrt verlief ruhig, alle waren müde vom Herumlaufen und vermutlich auch vom vielen Bier, das während des Essens geflossen war. Petrus schien wirklich ein guter Freund von Frank zu sein, denn kurz nachdem sie Kildare verlassen hatten, begann es erneut zu regnen.

Five

Im Hotel ging Ruth in ihr Zimmer und wählte Connys Nummer. Niemand nahm ab. Vielleicht war Conny unterwegs.

Ruth ärgerte sich, dass die Freundin ihr nicht Bescheid gesagt hatte. Doch ein Blick auf ihr Handy zeigte ihr, dass ihr Akku leer war. Na toll – vermutlich hatte Conny schon mehrmals angerufen, sie aber nicht erreicht.

Fluchend steckte Ruth das Aufladegerät in die Steckdose und wartete ungeduldig, bis der Akku wieder zum Leben erwachte. Tatsächlich piepste es mehrmals. Auf dem Display erschien die Mitteilung, dass sie zwei Nachrichten erhalten hatte. Ruth wählte die Nummer ihrer Mailbox. Die weibliche Computerstimme teilte ihr mit, dass die erste Sprachnachricht um 7 Uhr 23 eingegangen war.

"Hallo Mama", hörte sie Markus sagen. "Lass doch mal von dir hören. Uns geht es gut."

Ruth war gerührt. 7 Uhr 23. Wann hatte sie heute Morgen angerufen? Ja, das war später gewesen. Aber warum hatte ihr Handy nicht geklingelt?

Verdammte Technik.

Die zweite Nachricht war drei Minuten später eingetroffen, und diesmal war es Susanne.

"Hallo Mutti. Markus hat vergessen zu sagen, dass wir dich vermissen."

Ruth schluckte. Sie legte das Handy weg, griff zum Telefonhörer und wählte 0049 – und drückte die Aus-Taste.

Nein, sie würde jetzt nicht anrufen.

Jeder wusste, dass es allen gut ging, mehr musste im Moment nicht sein.

Zufrieden mit sich und der Welt legte Ruth sich hin. Sie hatten den Rest des Nachmittags frei. Sie würde eine Stunde schlafen und dann Dublin erkunden.

Kaum war Ruth eingenickt, fuhr sie plötzlich hoch.

Keine Nachricht von Conny!

Erneut wählte sie die Nummer von Connys Zimmer, doch immer noch nahm niemand ab. Sie wählte Connys Handynummer.

"The number you have **dialled** is not **available** ..."

"Verflixt und zugenäht", schimpfte Ruth. "Conny, wo steckst du denn bloß? Ich dreh dir den Hals um."

Sie kämpfte ein paar Sekunden mit sich, beschloss dann aber, erst einmal nichts zu unternehmen. Conny war alt genug, um auf sich selbst aufzupassen. Und immer, wenn sie glaubte, es sei etwas Furchtbares passiert, stellte sich hinterher alles als völlig harmlos heraus.

Als Ruth eineinhalb Stunden später erwachte, dämmerte es bereits. Sofort fiel ihr Conny ein. Zum dritten Mal rief sie deren Zimmer an, doch wieder wurde nicht abgenommen. Auch ihr Handy zeigte keine eingegangene Nachricht oder einen verpassten Anruf an.

---

to dial ['daɪəl] wählen **available** [ə'veɪləbl] erreichbar

Ruth ging ins Bad, wusch sich das Gesicht und kämmte sich. Sie würde der Sache jetzt nachgehen.

Zaghaft klopfte sie im vierten Stock an die Tür von Zimmer 423. Keine Reaktion – was nicht weiter verwunderlich war, denn wäre Conny in ihrem Zimmer, hätte sie sicher auf den Anruf reagiert.

Es sei denn ... Panik durchflutete Ruth. Einen Moment lang hatte sie die Vision, die Freundin läge tot auf dem Boden des Hotelzimmers.

"Du spinnst", sagte sie sich und klopfte noch einmal. Sie blickte den Gang entlang, um sich zu vergewissern, dass niemand in der Nähe war. Sie legte den Kopf an die Tür und lauschte. Es war absolut nichts zu hören.

"May I help you?"

Ruth schreckte zurück und fühlte sich ertappt. Doch sie war beinahe erleichtert, dass Ian vor ihr stand.

"Oh, hi. I ..." Sie deutete auf die Tür. "I was looking for my friend. I haven't seen her for a while. I ..."

Unsicher brach sie ab.

"When did you last see her?"

Ruth dachte nach. "I didn't see her at breakfast and she didn't come to the Japanese Garden. But I didn't worry too much about it at the time."

Ian schaute sie fragend an.

Ruth zuckte mit den Schultern. "She lived in Ireland for several years. I guess she knows her way around", erklärte sie.

Ian nickte. "That **makes sense**." Er legte eine Hand auf Ruths Arm. "I am sure she's fine", sagte er beruhigend.

"I hope so", seufzte Ruth.

---

to make (made, made) sense [ˌmeɪk / ˌmeɪd / ˌmeɪd 'sens] einen Sinn ergeben

Ian zeigte auf seine Armbanduhr und sagte: "It's almost time for dinner. Shall we have an aperitif **beforehand**?"

Ruth zögerte. Eigentlich hätte sie lieber nach der Freundin geforscht, aber wahrscheinlich war Conny tatsächlich unterwegs auf altbekannten Pfaden. Vielleicht war sie mit dem Mann vom Pub verabredet und hatte übers Reden völlig die Zeit vergessen.

Sie fuhren mit dem Aufzug ins Untergeschoss, wo es eine Bar gab.

Ruth bat um Wasser, als Ian sie nach ihren Wünschen fragte.

"Water", bemerkte er trocken, aber er schmunzelte. "You're certainly not a heavy drinker."

Ruth lachte.

Ian ging an die Bar und kam mit einer Flasche Wasser für Ruth und einem Glas mit brauner Flüssigkeit zurück.

"Is that whiskey?", wollte Ruth wissen und deutete auf sein Glas.

"Yes, Irish whiskey. Would you like to try?"

"No, thanks", erwiderte Ruth. "I don't like that kind of stuff."

"That kind of stuff", mockierte Ian sich. "That's the best whiskey in the world and she calls it 'that kind of stuff'. I don't believe it."

Sie lachten und tranken.

"Tell me about your friend", sagte Ian dann.

Ruth dachte nach.

"We met at school for the first time", sagte sie. Conny war in der Fünften gewesen, sie in der Siebten. Sie hatten sich gekannt, wie man sich eben bei zwei Jahren Altersunterschied kennt. "We met again many years later and became friends."

"You **mentioned** that she lived in Ireland at one time."

---

beforehand [bɪˈfɔːhænd] vorweg **to mention** [ˈmenʃn] erwähnen

"Yes. She lived with a guy. He was a **painter**. You know …"
Ruth fuhr mit einem imaginären Pinsel in der Luft herum.
"He painted pictures."
Fragend schaute sie Ian an. Der nickte.
"Yes, he was an **artist**, a painter. Was he **successful**?"
Ruth zuckte die Achseln. "I have no idea. I don't think so.
Conny doesn't talk much about him. He died in an accident."
Es musste ein furchtbarer Moment in Connys Leben gewesen
sein. Sie reagierte immer wieder äußerst abweisend, wenn
jemand sie nach ihrem Leben in Irland fragte.
"I think I should go and look for her", sagte sie plötzlich und
sprang auf.
"I'll help you", sagte Ian. Er leerte sein Glas und folgte Ruth.
Sie begriff, dass sie Ian nicht loswerden würde, und nickte.
Insgeheim war sie dankbar für seine Anwesenheit, denn all-
mählich machte sie sich doch ernsthafte Sorgen.
Sie gingen ins Restaurant, doch Conny war auch hier nirgends
zu finden. Ruth fragte an allen Tischen, ob man ihre Freundin
gesehen habe, doch sie bekam immer nur Kopfschütteln als
Antwort.
"Let's go to her room again", sagte sie.
Sie fuhren mit dem Lift in den vierten Stock zurück und
klopften an die Tür von Zimmer 423. Schritte ertönten und
eine weibliche Stimme rief: "Coming!"
Ruth war erleichtert. Doch als die Tür aufging und eine
fremde Frau vor ihnen stand, blieb ihr die Luft weg.
"Oh, so… sorry. We …" Hilfe suchend wandte sie sich an Ian.
"Good evening", sagte er höflich und deutete eine kleine
Verbeugung an. Er entschuldigte sich für die Störung und

---

painter ['peɪntə] Maler **artist** ['ɑːtɪst] Künstler **successful** [sək'sesfl]
erfolgreich

erklärte, dass sie eigentlich jemand anders suchen würden, sich aber offensichtlich in der Tür geirrt hätten.

"No problem", murmelte die Frau und wollte die Tür schließen.

Ian fragte sie, wann sie eingecheckt habe.

Die Frau schaute ihn misstrauisch an, konnte aber offenbar nichts Verdächtiges in seinen Zügen erkennen und sagte: "Half an hour ago. Why? Is there anything wrong with the room?"

"No, no", beeilte Ian sich zu sagen. "Everything's alright. Sorry again. Have a nice stay."

Die Frau schloss die Tür.

"That's not possible", sagte Ruth. "I was sure it was 423."

"It *was* 423", versicherte Ian ihr. "I saw her coming out of this room yesterday." Er deutete erst auf die Tür von Zimmer 423, dann vage den Gang entlang.

Übung 9: Verneinen Sie die folgenden Sätze im Past Tense.

1. Conny went on the excursion.

Conny _____*didn't go*_____ on the excursion.

2. Conny called Ruth on her **mobile**.

Conny _____ Ruth on her mobile.

3. Conny lived with an **engineer** in Ireland.

Conny _____ with an engineer in Ireland.

4. Conny's boyfriend died of an illness.

Conny's boyfriend _____ of an illness.

---

mobile ['məʊbaɪl] Handy **engineer** [ˌendʒɪ'nɪə] Ingenieur

5. Ruth met Conny in Dublin for the first time.

Ruth _____ Conny in Dublin for the first

time.

6. Ruth tried the whiskey.

Ruth _____ the whiskey.

7. Conny opened the door to room 423 and said hello to

Ruth and Ian.

Conny _____ the door to room 423 and

she _____ hello to Ruth and Ian.

"Maybe she's changed rooms", schlug Ian vor. "Let's check
with reception."

"Good idea", stimmte Ruth zu, obwohl sie nicht daran
glaubte, dass Conny das Zimmer gewechselt haben könnte.
Sie hatte plötzlich ein sehr schlechtes Gefühl.

Da der Aufzug auf sich warten ließ, nahmen sie die Treppe.

"I'll kill her", murmelte Ruth, während sie an der Rezeption
warteten. Als sie an der Reihe waren, gab Ruth Ian ein Zeichen.

"Hi", sagte er. "We are looking for a **colleague** of ours. Her
name is Conny …" Er wandte sich fragend zu Ruth um.

"Conny Bauer", sagte Ruth. "She was in room 423."

"Bauer", sagte die Rezeptionistin und tippte etwas in ihren
Computer. "Yes, got her. She checked out this morning."

Ruth dachte, sie hätte falsch verstanden. "What?"

"She checked out this morning. At ten past ten to be **exact**",
sagte die junge Frau und lächelte Ruth höflich an.

---

colleague ['kɒliːg] Kollegin **exact** [ɪgˈzækt] genau

"Anything else I can help you with?", wandte sie sich an Ian.
"No, **I'm afraid not**", sagte er automatisch. Er schien genauso überrascht zu sein wie Ruth. "Do you have any idea why she checked out?"

Ruth schüttelte nur den Kopf. Das war doch nicht möglich. Hatte Conny eine schlechte Nachricht von zu Hause erhalten und war Hals über Kopf abgereist? Entgeistert starrte sie die junge Frau an.

Die Rezeptionistin zögerte einen Moment, drehte dann den Monitor zu ihr und sagte: "See for yourself. There's nothing to **hide**."

Ruth sah mit eigenen Augen, was auf dem Bildschirm stand: *Cornelia Bauer, room 423. Check-in time: June 22, 09:48 a.m. Check-out time: June 23, 10:10 a.m.* **Invoice** *paid? Yes. VISA.*

"Thanks", sagte Ian und schob Ruth sanft zur Seite.

Ruth war fassungslos. Das war nicht möglich. Warum sollte Conny abreisen und ihr nichts sagen?

"Did you call her mobile?", fragte Ian.

Ruth nickte. "Yes, but the service was not available. I'll try her home number", sagte sie, zog ihr Handy aus der Tasche und wählte Connys Nummer in München. Aber nur der Anrufbeantworter reagierte.

"How about the office?", schlug Ian vor. Als Ruth ihn fragend anschaute, meinte er: "**It's worth a try**, isn't it? Just to be on the safe side."

Ruth wählte ihre Büronummer und fragte nach Conny. Doch ihre Kollegin von der Localization hatte nichts von ihr gehört. "Ich dachte, ihr seid zusammen in Dublin?"

I'm afraid not. [ˌaɪm əˌfreɪd ˈnɒt] Ich fürchte nein. **to hide (hid, hidden)** [haɪd / hɪd / ˈhɪdn] verbergen **invoice** [ˈɪnvɔɪs] Rechnung **It's worth a try.** [ɪts ˌwɜːθ ə ˈtraɪ] Es ist einen Versuch wert.

Ruth murmelte etwas von einem Missverständnis und legte auf.

"Nothing", sagte sie zu Ian. "Maybe I should try her mobile again." Sie wählte noch einmal Connys Handynummer. Wieder hörte sie nur die Computerstimme.

"Still not available", sagte sie leise.

"Did she buy a new SIM card?", wollte Ian wissen.

"Maybe. I don't know."

"That could be one **explanation** for why you can't reach her", sagte Ian. Er führte sie zu einer Sitzgruppe und drückte sie sanft in einen Sessel.

"I could use a drink", sagte Ruth und zwang sich zu einem Lächeln.

"I'll get us something", sagte Ian und verschwand.

Während Ruth wartete und Gäste kommen und gehen sah, ohne sie wirklich wahrzunehmen, dachte sie über Connys Verschwinden nach. Ja, die Freundin war spontan und hatte manchmal verrückte Einfälle, die sie dann auch oft genug in die Tat umsetzte, aber so etwas war noch nie vorgekommen. Hatte sie womöglich eine Nachricht für sie hinterlassen?

Ruth wollte gerade aufstehen und noch einmal zur Rezeption gehen, als Ian mit zwei Gläsern zurückkam.

"It's a very mild one", sagte er erklärend und gab Ruth ein Glas. Sie roch daran und verzog das Gesicht.

"Drink up. It's really not that strong, and it's like medicine", befahl Ian und kippte seinen Whiskey in einem Zug hinunter. Ruth nippte an ihrem Glas. Die braune Flüssigkeit brannte leicht auf der Zunge, schmeckte aber nicht so schlecht wie befürchtet. Sie wagte einen größeren Schluck. Der Whiskey breitete sich warm in ihrem Inneren aus.

---

explanation [ˌeksplə'neɪʃn] Erklärung

Übung 10: Setzen Sie die folgenden Redewendungen ein. *(you're welcome, right, I'm afraid not, I wish, thanks, let's hope so, I'm sure)*

"**1.** _____", sagte sie zu Ian.

"Oh, **2.** _____", erwiderte er. "Whiskey always helps."

"No, I mean for your help", korrigierte Ruth ihn.

"**3.** _____ I had helped more", sagte Ian ernst.

"But **4.** _____ there's a simple explanation."

"**5.** _____," erwiderte Ruth.

"I've checked with reception again. They haven't got any messages for anybody."

Damit war diese Hoffnung auch zunichte.

Ruth leerte ihr Glas. "But that's impossible! I don't understand what's going on."

"Any idea what we should do now?", wollte Ian schließlich wissen.

Ruth schüttelte den Kopf. "No, **6.** _____."

"You said that the last time you saw her was last night, **7.** _____?"

Ruth dachte noch einmal über den gestrigen Tag nach. Sie waren am Morgen nach Dublin geflogen, hatten eingecheckt, waren beim Workshop gewesen, hatten zu Abend gegessen und waren dann ins Pub gegangen. Conny war bis zum Abendessen dabei; dann wollte sie sich kurz hinlegen, weil sie Kopfschmerzen hatte. Später war sie dann im Pub aufgetaucht.

"Yes, last time I saw her, she was in the pub. Do you remember? I asked you if you knew the guy who was with her", sagte Ruth. "You said you didn't know him."

Ian nickte. "Yes, of course I remember. He was a stranger." Er zögerte.

"What?", wollte Ruth wissen. "Tell me."

"It's nothing."

"Tell me", forderte Ruth.

Ian zögerte immer noch, sagte dann jedoch: "I also remember thinking that he looked a bit **suspicious**."

Six

Ruth sah ihn erschrocken an. Nur zu gut erinnerte sie sich an den starren Blick des Mannes in der Lobby. Sie erzählte Ian davon.

Das müsse gar nichts heißen, erwiderte er.

"Some people think I'm a bad guy, too." Er lächelte schief und deutete auf seine Nase.

Ruth sagte nichts. Widerstreitende Gedanken schossen ihr durch den Kopf und sie wusste nicht, was sie denken sollte. War der Fremde, mit dem sie Conny gesehen hatten, ein alter Bekannter oder ein Mensch, der ihrer Freundin etwas anhaben wollte?

---

suspicious [səˈspɪʃəs] verdächtig

Ruth versuchte sich an den gestrigen Abend zu erinnern.

"The two of them were having a fight", sagte sie, als sie an die Gestik der beiden dachte.

"Sorry?" Auch Ian schien seinen Gedanken nachgehangen zu haben.

"Conny and that man", sagte Ruth. "They were having a fight."

Ian schaute Ruth an und schüttelte dann langsam den Kopf. "Don't even think about it", sagte er.

"What am I thinking?"

"You think that something bad has happened to your friend." Ian beugte sich vor und legte eine Hand auf Ruths Arm. "**Trust** me, everything will be fine."

"How can you be so sure?" Ruth unterdrückte mit Mühe und Not einen Schluchzer. Sie wünschte, Georg wäre jetzt bei ihr. Er wüsste, was zu tun wäre.

Sie versuchte ihre Gedanken zu ordnen: Conny und der Fremde kannten sich offensichtlich und sie hatten sich gestritten. Conny war heute Morgen abgereist, und sie hatte keine Ahnung, warum und wohin. Sie konnte die Freundin nicht erreichen, weil Conny ihr Handy entweder abgeschaltet hatte oder eine neue SIM-Karte benutzte. Wie man es drehte und wendete, es sah nicht gut aus.

"We should tell the police", sagte Ruth.

"I have a friend in **the Garda**", sagte Ian.

Ruth schaute ihn überrascht an.

"It's worth a try", fuhr er fort. Er holte sein Handy aus der Hosentasche und suchte nach der Nummer, doch offenbar hatte er sie nicht eingespeichert. Er sprang auf. "I'll call him."

---

to trust sb. [trʌst] jdm. vertrauen **the Garda** [ðə ˈɡɑːdə] die irische Polizei

Während Ian zur Rezeption ging, blieb Ruth mit geschlossenen Augen in ihrem Sessel sitzen.

Conny, warum machst du das, dachte sie. Du hättest wenigstens Bescheid sagen können.

War das nun einer von Connys verrückten Einfällen oder war tatsächlich etwas passiert? Und wer war der Mann im Pub? Ein alter Bekannter?

"He's on **night shift**."

Ruth schreckte hoch. "What?"

Ian stand neben ihr. "Paddy, my **pal**", sagte er. "He's on night shift. His wife told me. He'll call me when he gets home." Er schaute sie an.

"You need to eat something", sagte er und zog Ruth aus dem Sessel.

"I'm not hungry", protestierte sie.

"Yes, I know. But you need to have at least some soup or a sandwich."

Ruth war müde und wollte in ihr Zimmer. Doch Ian bestand darauf, dass sie etwas essen müsste.

"When was the last time you ate anything?", fragte er, während er sie mit sich zog.

Ruth zuckte nur mit den Schultern. Sie hatte keine Ahnung und es interessierte sie auch nicht. Sie hatte das Gefühl, ein riesiger Stein läge in ihrem Magen, und sie war sicher, dass sie den ersten Bissen sofort wieder von sich geben würde. Doch als die dampfende Suppe im Restaurant vor ihr stand, lief ihr das Wasser im Mund zusammen. Sie verbrannte sich fast die Zunge, so hastig aß sie.

Ian betrachtete sie amüsiert, während er sein Club Sandwich vertilgte.

---

night shift ['naɪt ʃɪft] Nachtschicht **pal** [pæl] Kumpel

"Well, you were right and I was wrong", sagte Ruth, als sie gegessen hatte. "I was hungry and you knew it. Are you happy now?"

"No, but I feel better – much stronger."

Ruth gestand sich nur ungern ein, dass auch sie sich besser fühlte, wenn auch nicht wesentlich stärker. Und sie hatte immer noch keine Ahnung, was sie tun sollte, um Conny zu finden.

"Can I leave you alone for a second?", fragte Ian.

"Sure", erwiderte sie erstaunt. "Why?"

Ian grinste. "I need to go to the **loo**."

Ruth musste lachen. "Okay, you can go", sagte sie großzügig. "But don't stay away too long."

"**Gotcha**", sagte Ian. Er stand auf, beugte sich zu ihr, nahm ihre Hand und deutete einen Handkuss an. Ruth blieb verwirrt zurück und schaute ihm nach.

Reiß dich zusammen, mahnte sie sich. Du musst dich um Conny kümmern und hast keine Zeit, dich in einen Mann zu vergucken. Dennoch konnte sie nicht leugnen, dass sie Herzklopfen hatte.

Das Restaurant, in das Ian sie geführt hatte, war klein und überschaubar. Alle Tische waren besetzt. In einem Eck hatte man drei Tische zu einer langen Tafel zusammengerückt, um die lauter junge Frauen saßen. Sie lachten viel und schienen schon reichlich getrunken zu haben. Jeder Mann, der zur Toilette wollte, musste an ihrem Tisch vorbei. Ruth war sicher, dass das Absicht war, denn die Mädchen hielten jeden auf, zogen ihn an den Tisch und forderten ihn auf, etwas mit ihnen zu trinken. Wer sich weigerte, bekam einen Klaps auf den Hintern; die anderen wurden stürmisch gefeiert, was wieder zu einer neuen Runde Schnaps führte.

Auch Ian konnte sich nicht dagegen wehren. Tapfer trank er

---

loo [lu:] Klo **Gotcha: I have got you.** ['gɒtʃə] Alles klar.

den Schnaps und ließ sich auf dem Schoß einer jungen Frau fotografieren. Als er endlich Richtung Toilette verschwinden durfte und kein neues Opfer in Sicht war, zeigten die Mädchen sich gegenseitig die Fotos, die sie soeben geschossen hatten.

Fotos, natürlich! Ruth ärgerte sich, dass sie nicht schon früher daran gedacht hatte. Am Abend zuvor, im Pub, hatte doch jemand laufend Fotos gemacht. Sie zermarterte sich das Gehirn, konnte sich aber beim besten Willen nicht daran erinnern, wer es gewesen war.

"... a **hen party**", riss Ian sie aus ihren Überlegungen.

Ruth schaute ihn verständnislos an.

Er deutete auf den Tisch der Mädchen. "It's a hen party", wiederholte er. "One of them is getting married tomorrow and they are **celebrating** her last day of '**freedom**'." Ian markierte die Anführungszeichen in der Luft.

"Aha", sagte Ruth. Sie hatte jetzt keine Zeit für Hühnerpartys oder wie immer das hieß, was die jungen Frauen veranstalteten. Hastig erzählte sie Ian von ihrem Einfall.

"You're right!", rief er. "I saw a lot of **flashes**. We can ask everybody tomorrow morning."

Ruth starrte ihn entgeistert an.

"We can't wait until tomorrow morning", sagte sie empört.

"Do you want to **knock** on every door to find out who took pictures last night?" Ian klang ehrlich entsetzt. Er hielt ihr demonstrativ die Uhr hin. "Look at the time. It's almost midnight."

"Yes, I know", sagte Ruth matt. Verdammt, warum hatte sie sich nicht früher um Conny gekümmert?

---

hen party ['hen pɑːtɪ] Frauenpolterabend **to celebrate** ['seləbreɪt] feiern **freedom** ['friːdəm] Freiheit **flash** [flæʃ] Blitzlicht **to knock** [nɒk] klopfen

"Okay", sagte Ian leise. "We could try the pub and the hotel bar."

Ruth schaute ihn dankbar an.

"If we find a good **shot** of the guy, I'll call Paddy and ask him to **check** him **out**."

Ian zahlte und sie verließen das Restaurant. Das Pub lag auf ihrem Weg zum Hotel. Ruth konnte kein bekanntes Gesicht dort ausmachen und eine Welle der Panik durchfuhr sie.

"Relax", flüsterte Ian ihr ins Ohr und nahm ihre Hand.

Ruth ließ es zu, obwohl es sie verwirrte. Da sah sie Julie.

"There's Julie", schrie sie gegen die gerade wieder einsetzende Musik an und deutete auf den Tisch, an dem neben der Belgierin auch andere Konferenzteilnehmer saßen.

Sie drängten sich durch die Menge und wurden mit großem Hallo begrüßt. Ruth wurden plötzlich bewusst, dass sie immer noch Ians Hand hielt. Sie riss sich los. Doch keiner schien etwas bemerkt zu haben. Oder alle fanden es normal. Während Ian mit Frank redete, erklärte Ruth Julie, wonach sie suchten. Aber obwohl alle bestätigten, sich an einen Fotografen erinnern zu können, konnte keiner sagen, wer es gewesen war.

"Thanks anyway", sagte Ian und schob Ruth vor sich her.

Draußen hatte es zu nieseln begonnen, aber es war wohltuend ruhig hier nach dem Lärm in der Kneipe.

"Let's try the bar next", sagte Ian.

"We will never find him", sagte Ruth mutlos.

"We will find him", entgegnete Ian. "Don't give up. And if we don't find him today, we will tomorrow morning."

"Thanks", sagte Ruth und war dankbar für das "we". Sie drückte seine Hand und zog ihn Richtung Hotel.

---

shot [ʃɒt] Aufnahme **to check sb. out** [ˌtʃek / ˈaʊt] jdn. überprüfen

Sie waren gerade am Eingang angekommen, als Ians Handy klingelte.

"Hello?", meldete er sich. "Oh, hello Paddy. How are things?" Während er das Handy ans Ohr hielt, formte er das Wort "police".

Ruth nickte und betrat das Hotel. Die Lobby war leer, nur an der Rezeption stand ein junger Mann und tippte etwas in einen Computer.

"Good evening, Madam", sagte er, als er Ruth sah.

"Good evening", erwiderte Ruth und nahm in einem der Sessel Platz. Sie sah Ian vor dem Hotel auf und ab gehen und gestikulieren. Würde sein Freund Paddy ihnen helfen können? Was verstand man im Englischen unter dem Wort "pal"?

Übung 11: Übersetzen Sie die folgenden Begriffe ins Englische.

1. mein bester Freund _____

2. ein Fremder (Unbekannter) _____

3. mein Kollege _____

4. ein Paar _____

5. mein Chef _____

6. ein Ausländer _____

7. mein Kumpel _____

Was verstand sie selbst darunter? Machte sie sich zu viele Gedanken um Conny? Wie würde die Freundin reagieren, wenn sie den ganzen Tag nicht aufgetaucht wäre? Säße sie bei den anderen im Pub und amüsierte sich? Nein. Ruth war sich sicher, dass Conny ebenfalls alle Hebel in Bewegung setzen würde, um herauszufinden, was geschehen war.

Als Ian endlich das Hotel betrat, konnte Ruth seiner Miene nichts entnehmen. Erwartungsvoll schaute sie ihn an.

"There's some good news and some bad news. Which would you like to hear first?", sagte Ian und setzte sich in den Sessel neben ihr.

"First the bad news", sagte Ruth.

"Paddy isn't allowed **to check up on** this guy."

"Shit", sagte Ruth. "What's the good news then?"

Ian verzog das Gesicht zu einem Grinsen. "He **owes** me **a favour**. He's going to help us." Sie benötigten allerdings ein gutes Foto, am besten eines, das den Mann frontal zeigte.

Ruth sprang auf. "So let's go to the bar."

Die Beleuchtung der Bar war so schummrig, dass Ruth eine Weile brauchte, bis sie etwas erkennen konnte. Und selbst dann sah sie nur Schemen und konnte keine konkreten Personen ausmachen.

"I guess we'll have to ask around", sagte Ian frustriert. "I don't **recognize** anybody."

Sie teilten sich auf; Ruth übernahm die rechte Seite, Ian die linke. Mehr als einmal musste Ruth ein schmusendes Pärchen stören. Beim ersten Mal war es ihr ziemlich peinlich, doch dann dachte sie an Conny und was ihr womöglich passiert sein konnte und hatte keine Skrupel mehr.

Die meisten Leute waren nicht aus ihrer Gruppe und sie murmelte nur: "Sorry, I'm looking for a friend of mine." In einer Nische fand sie schließlich fünf Kollegen, die allerdings einen ziemlich betrunkenen Eindruck machten. Einer der beiden Männer, sein Name war Harry oder Henry, saß zwi-

---

to check up on sb. [ˌtʃek ˈʌp ɒn] über jdn. Nachforschungen anstellen **to owe sb. a favour** [ˌəʊ / ə ˈfeɪvə] jdm. einen Gefallen schulden **to recognize sb.** [ˈrekəgnaɪz] jdn. erkennen

schen einer sehr schlanken rothaarigen und einer üppigen schwarzhaarigen Frau. Der zweite Mann knutschte mit einer Blondine, die am Tag zuvor noch Ian angehimmelt hatte.

"Hey, Ruthie", lallte Harry oder Henry, was die Rothaarige zum Kichern brachte.

"Hey", sagte Ruth und sagte ihr Sprüchlein auf.

"Are you cold?", neckte Harry oder Henry sie. "Come here and I'll warm you up." Er schob die Schwarzhaarige von sich und klopfte auf den Platz neben sich.

Ruth schüttelte den Kopf. Sie sah sich nach Ian um, der offenbar auch kein Glück hatte. Er hob bedauernd die Schultern. Ruth winkte ihn zu sich.

"I need your help", sagte sie müde und deutete auf die Gruppe in der Nische. "I'm too tired to **handle** this."

"Let me try", entgegnete Ian.

"Hi guys", sagte er laut. "And ladies", fügte er leiser und eine Spur charmanter hinzu. Die Rothaarige kicherte wieder, die Schwarzhaarige lächelte schief, die Dritte kümmerte sich nicht um ihn.

"You're Henry, right?", sagte Ian zu dem Mann zwischen den beiden Frauen, was dieser mit Kopfnicken bestätigte. "Hi, I'm Ian and I need your help."

Ruth hatte erwartet, dass er von Connys Verschwinden erzählen würde, doch zu ihrem großen Erstaunen sagte er, sie, Ruth, habe sich gestern Abend im Pub in einen Mann verliebt und müsse ihn wiedersehen.

"I'm afraid it was **neither** me **nor** you", sagte er mit bedauerndem Ton zu Henry. "And it was**n't** him **either**." Er wandte sich zu Ruth um und deutete auf den knutschenden Typen.

---

to handle sth. ['hændl] etw. hinkriegen **neither ... nor** ['naɪðə / 'nɔː] weder ... noch **not ... either** [nɒt / 'aɪðə] auch nicht

Obwohl sie wütend war, dass er solche Gerüchte über sie verbreitete, schüttelte sie brav den Kopf.

Sie wüssten, dass im Pub jemand fotografiert habe und sie seien jetzt auf der Suche nach dem Foto. Ob einer von ihnen …?

Henry und seine beiden Frauen bedauerten, leider …

"I've got some pictures on my mobile", kam es aus der Knutschecke. Der Akzent klang französisch.

"Really?" Ians Stimme klang aufgeregt. "Can we see them?"

"… my room", kam die genuschelte Antwort. Immerhin hatten die beiden zu knutschen aufgehört.

Übung 12: Setzen Sie das richtige Pronomen ein.
(it, them, me, us, you)

"Can you get **1.** _____ please?"

"Now?" Der Mann starrte Ian ungläubig an.

"Yes, now. Look at **2.** _____. We're serious", sagte Ian mit so viel Nachdruck, dass der Mann sich ohne weitere Fragen erhob und die Bar verließ.

Während sie warteten, zischte Ruth Ian zu: "Thanks for that wonderful story. Do you think they believe **3.** _____? I think everybody will laugh at **4.** _____ tomorrow."

Ian lächelte. "Don't worry. They won't remember a word."

"I hope you're right", knurrte Ruth. "**Otherwise** I'll kill **5.** _____."

———

otherwise [ˈʌðəwaɪz] sonst

214

Bevor Ian etwas erwidern konnte, kam der Franzose zurück und reichte ihm wortlos sein Handy.

"Thank you. Let's see." Ian blätterte die Fotos durch. Die meisten waren ziemlich unscharf und Ruths anfängliche Aufregung wich einer grenzenlosen Enttäuschung.

"Got him!", rief Ian da und hielt ihr das Handy vor die Nase. Ungläubig starrte Ruth auf das Display. Es zeigte eindeutig Conny und den Fremden.

Seven

Sie zerbrach sich den Kopf, aber zu dem Gesicht wollte ihr einfach nichts einfallen. Ruth war sich sicher, dass sie diesen Mann vor ihrer Ankunft in Dublin noch nie gesehen hatte.

"What now?", wollte sie wissen.

"I need to ask Paddy. He'll need the picture, of course." Die fünf Kollegen hatten sich bisher wenig um sie gekümmert, doch Henry schien mittlerweile zu dämmern, dass die Geschichte, die Ian ihnen aufgetischt hatte, nicht stimmte.

"What's going on?", wollte er wissen und klang für Ruths Geschmack viel zu nüchtern.

"One of our colleagues, a friend of this lady's ...", Ian deutete auf Ruth, "... **has disappeared** and we are trying to find her. She was last seen yesterday evening at the pub with this man." Ian zeigte jedem das Display, doch alle fünf schüttelten nur den Kopf. "We have to find out who this guy is." Er wandte sich an den Franzosen. "Can I use your mobile to **transfer** this picture to the police? They may be able to **identify** him."

---

to disappear [ˌdɪsəˈpɪə] verschwinden **to transfer** [ˈtrænsfə] senden
to identify [aɪˈdentɪfaɪ] identifizieren

Der Franzose machte ein langes Gesicht, aber ein Blick zu Ruth hin schien ihm zu genügen. Er nickte.

"Okay then", erwiderte Ian. "I'll bring it back in a moment. I'll go outside just to make sure that everything gets through."

Ruth ging mit Ian durch die Lobby nach draußen. Fröstelnd zog sie die Schultern hoch, aber um nichts in der Welt wäre sie jetzt im Hotel geblieben. Angespannt verfolgte sie, wie Ian die Anweisungen seines Freundes wiederholte und diese auf dem Handy des Franzosen ausführte. Als Ian ihr dann sagte, dass sie nun auf jeden Fall bis zum Morgen warten müssten, bis Paddy sich meldete, konnte sie die Tränen nicht mehr zurückhalten.

"But we must do something", schluchzte sie.

Er legte den Arm um sie und führte sie ins Hotel zurück.

"Ruth", sagte er sanft, während sie zum Aufzug gingen. "We cannot do anything at all right now. It's almost two in the morning. You need some sleep."

Widerstandslos ließ sie sich zu ihrem Zimmer bringen.

"Take a sleeping pill", sagte Ian. "Try to sleep for a couple of hours." Er hauchte ihr einen Kuss auf die Wange.

"Okay", sagte Ruth und schloss ihr Zimmer auf. Sie war versucht, Ian mit sich zu ziehen, entschied sich aber im letzten Moment dagegen. So sehr sie jetzt eine Schulter zum Anlehnen brauchte – Ian war der falsche Mann dafür.

"Good night", sagte sie leise und schloss die Tür.

Sie ließ ihre Kleidung einfach fallen, fuhr sich kurz mit dem nassen Waschlappen übers Gesicht, putzte die Zähne und öffnete das Fenster, um frische Luft zu schnappen. Ihr Wecker zeigte dreizehn Minuten vor zwei. Obwohl sie sicher war, dass sie keine Sekunde schlafen würde, stellte sie ihn auf sieben Uhr. Dann legte sie sich hin und starrte an die Decke. Wo mochte Conny nur stecken? War ihr etwas passiert?

Ruth fiel in einen unruhigen Schlaf und konnte nicht glauben, dass sie tatsächlich eingeschlafen war, als der Wecker klingelte. Sie fühlte sich wie gerädert und stellte sich unter die kalte Dusche, um wach zu werden.

Ob Ian schon etwas erfahren hatte? Verdammt, sie wusste nicht einmal, in welchem Zimmer er untergebracht war.

Ruth überprüfte ihr Handy. Der Akku war noch fast voll, sie hatte keine Nachrichten. Sie ging in den Frühstücksraum hinunter, der zu ihrer Erleichterung noch fast leer war. Um nichts in der Welt hätte sie jetzt das banale Gerede anderer Leute ertragen.

Sie bestellte Kaffee und nahm sich ein Croissant vom Büffet, obwohl sie keinen Hunger verspürte. Lustlos zupfte sie daran herum und nippte an dem Kaffee, der stark war und ihre Lebensgeister weckte.

Was, wenn Paddy das Gesicht niemandem zuordnen konnte? Hieß das, der Fremde war harmlos, oder bedeutete es nur, dass die Polizei ihn noch nie geschnappt hatte? Und was, wenn sie ihn in irgendeiner Kartei erfasst hatten?

Ruth wusste nicht, welcher Gedanke ihr besser gefiel, und sie versuchte, die Grübeleien aus ihrem Kopf zu vertreiben. Das Einzige, was sie davon abhielt, an Conny zu denken, war Ian. Zum ersten Mal seit Jahren war sie allein unterwegs und prompt verliebte sie sich. Das war unerhört. Noch unerhörter aber war, dass sie sich bei einem Lächeln ertappte.

Als die ersten Konferenzteilnehmer den Frühstücksraum betraten, war Ruth dankbar für die Ablenkung. Manchmal war kollegiales Geschnatter doch besser als unliebsame Gedanken.

Ian tauchte gegen acht Uhr auf. Ein Blick in sein Gesicht zeigte Ruth, dass er noch nichts wusste. Da an ihrem Tisch kein Platz mehr frei war, setzte er sich an einen anderen. Sie entschuldigte sich bei den Kollegen und ging zu ihm hinüber.

"Good morning", sagte sie.

"Good morning", gab Ian zurück. Er sah müde aus, und Ruth entdeckte ein paar Stellen in seinem Gesicht, die der Rasierer nicht richtig erwischt hatte. Sie widerstand dem Verlangen, sie zu berühren.

"Did you **manage** to sleep?", wollte er wissen.

Übung 13: Adjektiv oder Adverb? Unterstreichen Sie das passende Wort.

Ruth nickte. "Yes, I slept quite **1.** *(good/well)*", erwiderte sie. Die Frage, wann sie Paddy anrufen könnten, brannte auf ihrer Zunge, aber sie wagte nicht, sie zu stellen.

Er werde Paddy sofort nach dem Frühstück anrufen, sagte Ian, als habe er ihre Gedanken erraten. "But I need some **2.** *(strong/strongly)* coffee first."

"I've **3.** *(ready/already)* had mine", sagte Ruth, "it works **4.** *(wonderful/wonderfully)* – at least for a while", fügte sie hinzu.

Konnte man einen Mann fragen, wie seine Nacht gewesen war, oder war das zu intim? Ruth beschloss, dass es ihr egal war.

"How was your night?"

"The night was too **5.** *(short/shortly)* and I slept **6.** *(bad/badly)* as well.", sagte Ian grinsend. "I am an old man."

Die Nachricht von Connys Verschwinden hatte sich offenbar herumgesprochen, denn einzelne Kollegen traten an ihren Tisch und fragten: "Have you found her yet?"

Ruth und Ian schüttelten nur den Kopf.

"I'm **7.** *(sure/surely)* we'll find her **8.** *(short/shortly)*. Ruth, are you **9.** *(ready/already)* to go?", sagte Ian schließlich.

Ruth nickte und sie verließen den Frühstücksraum. Ian schaute

---

to manage [ˈmænɪdʒ] können

auf sein Handy und deutete nach draußen. "The **signal** is too bad **inside**. Please, stay here. It's raining 10. *(heavy/**heavily**)*."

Ruth protestierte, doch dann sah sie, dass es tatsächlich schüttete, und beschloss, lieber drinnen zu warten. Ungeduldig ging sie auf und ab und beobachtete Ian, der unendlich lange telefonierte. War das ein gutes oder ein schlechtes Zeichen? Offensichtlich ein gutes, denn als er das Hotel betrat, war seine Miene sehr viel heiterer als vorher.

"Good news?", wollte Ruth wissen. Sie zog Ian zu den Sesseln hinüber. Sie setzten sich. "Come on", drängte sie, als Ian zögerte.

"Paddy's found him", begann er.

Ruth hielt den Atem an. Lieber Gott, lass ihn keinen Mörder sein, dachte sie.

"He's well known to the police", fuhr Ian fort. "He's mainly known for buying and selling stolen goods. They also **suspect** him of **forging** documents. But they can't **arrest** him as there's no **proof**."

Hehlerei und Urkundenfälschung? Das hörte sich eher harmlos an. Ruth atmete erleichtert auf.

"So he hasn't killed anybody?", sagte sie.

Ian versuchte ein Lächeln, das schrecklich misslang.

"Tell me", forderte Ruth. Ian zögerte. "Tell me", wiederholte sie.

"He hasn't killed anybody", bestätigte Ian schließlich, doch Ruth war sicher, da kam noch etwas. Sie hielt den Atem an.

"He's known to be **violent**."

Das klang nicht gut. Ein brutaler Schläger, der womöglich Conny in seiner Gewalt hatte.

---

signal [ˈsɪgnəl] Empfang **inside** [ˌɪnˈsaɪd] hier drin **heavily** [ˈhevɪlɪ] stark **to suspect sb.** [səˈspekt] jdn. verdächtigen **to forge sth.** [fɔːdʒ] etw. fälschen **to arrest sb.** [əˈrest] jdn. verhaften **proof** [pruːf] Beweis **violent** [ˈvaɪələnt] gewalttätig

Das klang überhaupt nicht gut. Ruth schloss die Augen. Panik erfasste sie.

"Are you alright?", fragte Ian und nahm ihre Hand.

"No, I am not!", sagte Ruth tonlos.

"Sorry, it was a stupid question."

"No, it wasn't." Ruth schlug sich beide Hände vors Gesicht. "What now?", fragte sie.

"That's what I asked Paddy as well", sagte Ian. "He said we should wait until tonight and then **contact** the police if Conny hasn't come back by then."

"I can't wait until tonight!", rief Ruth aufgebracht.

"I know", sagte Ian ruhig. "That's what I told him."

"Good", sagte Ruth. "Good."

Dann fiel ihr plötzlich ein, dass Ian noch keinen Namen erwähnt hatte.

"Do you know what his name is?"

Ian nickte. "Sure. His name is Terry McMahon." Er schaute sie aufmerksam an. "Do you recognize the name?"

Ruth sagte den Namen mehrmals vor sich hin, aber er löste nichts bei ihr aus. Frustriert schüttelte sie den Kopf.

"No, I don't think I have ever heard that name before."

Ian schaute auf die Uhr.

"The workshop is starting in five minutes", sagte er.

"I don't want to attend the workshop", entgegnete Ruth. "I want to find my friend."

"Yes, I know. I just wanted to let you know", beruhigte Ian sie.

"You can go if you want", erwiderte Ruth. Sie hoffte, er würde bleiben, und war mehr als erleichtert, als er sagte: "No, I'll stay with you, of course."

"Thanks."

---

to contact sb. [ˈkɒntækt] sich mit jdm. in Verbindung setzen

"No problem", murmelte Ian und sah schnell weg, als Ruth ihn anschaute.

"Do you know where he lives?", fragte sie.

"The address they have is Limerick", erwiderte Ian. "That's a town in the West of Ireland."

"I know where Limerick is", gab Ruth patzig zurück.

Ian hob abwehrend die Hände. "I didn't mean to **offend** you", sagte er.

"I know, I am sorry", seufzte Ruth. "I shouldn't **blame** you."

"It's okay. You're worried about Conny."

Ruths Augen füllten sich mit Tränen. Wie war sie nur in diese verfahrene Situation geraten? Alles, was sie wollte, waren ein paar Tage Abstand von ihrer Ehe. Und nun war ihre beste Freundin verschwunden, während sie hier in Dublin mit einem Mann saß, der ihr mehr als gefährlich werden konnte.

"Sorry", wiederholte sie. "His address is in Limerick." Sie stockte. "Wait a minute", sagte sie und dachte angestrengt nach. "Limerick **rings a bell**. I'm not sure why yet."

Sie kramte in ihrem Gedächtnis. Konnte sie den Namen Terry McMahon und Limerick in Zusammenhang bringen?

"I can't think clearly", sagte sie unwillig.

"Take your time", versuchte Ian sie zu beruhigen.

"You may laugh, but I have this feeling here ..." sie hielt ihre Hand auf ihren Bauch, "... that something terrible has happened. I need to find Conny."

"I would never laugh at you", protestierte Ian. "**Besides**, it's called a **gut feeling**. Always trust your gut."

---

to offend sb. [əˈfend] jdn. beleidigen **to blame sb.** [bleɪm] jdm. Vorwürfe machen **This rings (rang, rung) a bell.** [ˌrɪŋz / ˌræŋ / ˌrʌŋ ə ˈbel] Das kommt mir bekannt vor. **besides** [bɪˈsaɪdz] abgesehen davon **gut feeling** [ˈgʌt fiːlɪŋ] Bauchgefühl

"Thanks." Ruth schaute ihn dankbar an. Doch dann breitete sich Ratlosigkeit in ihr aus. "But what can we do?"

Übung 14: Stimmen diese Aussagen? Kreuzen Sie die richtigen Antworten an.

1. ☐ Limerick is a town in the south of Ireland.
2. ☐ Ruth is worried about Conny.
3. ☐ Ruth is going to attend the workshop.
4. ☐ Ian isn't going to attend the workshop.
5. ☐ Ruth can't think clearly.
6. ☐ Ruth has a gut feeling that everything is okay.
7. ☐ Ian likes Ruth.
8. ☐ Ruth knows what to do next.

Eight

"It all depends on you now", sagte Ian. "You have to try and remember every **detail** about your friend."

"I don't know much about Conny's life here in Ireland", erwiderte Ruth.

"I am sure you know more than you**'re aware of**." Ian schaute sich um. "We should go somewhere else. It's too noisy here and you need to **concentrate**." Er erhob sich. "I'll let Frank know that we**'re** both **skipping** the workshop. I'll be back in a minute."

Ruth schloss die Augen und dachte nach.

Conny hatte selten über ihre Zeit in Irland gesprochen. Sie

---

detail ['diːteɪl] Einzelheit **to be aware of sth.** [bi: əˈweər əv] sich einer Sache bewusst sein **to concentrate** [ˈkɒnsntreɪt] sich konzentrieren **to skip sth.** [skɪp] etw. schwänzen

waren sowieso nie die Art Freundinnen gewesen, die sich jeden Herzschmerz erzählten. Alles, woran Ruth sich im Moment erinnern konnte, war, dass Conny davon gesprochen hatte, dass sie damals auf einer Party einen jungen Mann kennengelernt hatte, den sie sofort faszinierend fand.

Sie hatte immer wieder Streit mit ihren Eltern gehabt und nichts als rausgewollt aus der Enge der Kleinstadt und des Elternhauses. Der junge Mann war ein Weltenbummler gewesen, der von Gelegenheitsjobs lebte. Wohl eine Art Künstler.

Jemand berührte sie am Arm. Ruth öffnete die Augen und sah Ian vor sich.

"Are you ready to leave?", fragte er.

Ruth nickte und stand auf. "Where are we going?"

"As it's a beautiful day, I thought we might visit Phoenix Park. It's a **huge** park here in Dublin and a good place to relax."

Er musterte sie von oben bis unten.

Ruth zog die Stirn kraus. "What?"

"I'm just checking your outfit", sagte Ian lachend. "It's perfect."

Ruth sah an sich hinunter. Sie war heute Morgen in bequeme Jeans, Turnschuhe und ein T-Shirt geschlüpft. Und Conny hatte ihr eingeschärft, immer und überallhin einen Pulli mitzunehmen, da das irische Wetter unberechenbar sei.

Sie fuhren mit dem Taxi am Liffey entlang und erreichten nach kurzer Zeit den Park. Ian bat den Fahrer, in eine Seitenstraße abzubiegen und sie dort aussteigen zu lassen. Sie verließen die Straße und liefen durch das Grün.

"I thought we could just walk around and relax a bit", meinte Ian. "It's the best way to remember something."

Ruth war einverstanden. Ian schlug ein forsches Tempo an, aber sie konnte gut mithalten. Anfangs machte er sie noch auf

---

huge [hjuːdʒ] riesig

Besonderheiten wie die Statue von Lord Wellington aufmerksam, doch Ruth gab nur einsilbige Kommentare dazu ab, und so liefen sie bald schweigend nebeneinanderher durch den Park.

Ruth genoss die frische Luft und versuchte, ihren Gedanken freien Lauf zu lassen, wie Ian es vorgeschlagen hatte. Erinnerungsfetzen schossen durch ihren Kopf. Plötzlich musste sie lachen.

"I remember a **sports event** in school", sagte sie. "It was held once a year. It's got a funny name – Bundesjugendspiele. I loved it because I was very good at sports. Conny hated it. She's not the sporty type, **even though** she is very slim."

Ruth lachte wieder. Sie war zum Zeitmessen beim 100-Meter-Lauf eingeteilt gewesen. Conny hätte noch eine bestimmte Punktzahl benötigt, um eine Urkunde zu bekommen, aber sie hatte die nötige Zeit um ein paar Zehntelsekunden verfehlt.

"She asked me to forge her **results**", sagte Ruth. "We had quite a fight about it, but in the end I won."

Sie wurde plötzlich ernst. Als sie sich einige Jahre später auf einer Geburtstagsparty wiedertrafen, hatte Conny sie darauf angesprochen.

"Ich habe dich damals gehasst", hatte sie gesagt. "Aber heute verstehe ich dich." Es war der Beginn ihrer Freundschaft.

"Tell me more about her", sagte Ian.

"Conny is a **tough** woman", sagte Ruth. "We were born and raised in the same small town, and we both hated it."

Ian nickte. "You can't do anything at all without your family knowing it."

"Yes", pflichtete Ruth ihm bei. "And we ..." Sie blieb plötzlich stehen. "Matthew", sagte sie und schaute Ian verwundert an.

---

sports event ['spɔːts ɪˌvent] Sportveranstaltung **even though** [ˌiːvn ˈðəʊ] obwohl **result** [rɪˈzʌlt] Ergebnis **tough** [tʌf] stark

"His name was Matthew. I suddenly remembered his name."
"I knew you would. It always works", sagte Ian. "What do you know about him?"
"Not much", sagte Ruth. "He was an artist. He died several years ago. It must have been an accident. Conny never talks about it. That part of her life is a real **puzzle** to me. One that I've never been able to **solve**."

Die Freundin war bald nach dem Unglück zurück nach München gekommen und hatte als Übersetzerin gearbeitet, bevor sie bei einer Firma anheuerte. Anfangs war es schwer gewesen, dem Thema Irland auszuweichen; oft genug hatte Conny selbst damit begonnen, um gleich darauf zu sagen: "Ich will nicht darüber reden."

"Where did they live?", unterbrach Ian ihre Gedanken.
"Somewhere in the West, **in the middle of nowhere**", erwiderte Ruth. "Conny mentioned a **remote** cottage **surrounded by meadows** and woods."
"Sounds romantic."
"Yes", stimmte Ruth zu. "But it couldn't have been very romantic. They never had enough money, Conny said."

Übung 15: Welches Wort passt nicht in die Reihe?
Unterstreichen Sie den falschen Begriff.

1. You can forge
   results, a painting, money, a trip
2. You can go on
   an excursion, a dream, a trip, a course

---

puzzle ['pʌzl] Rätsel **to solve** [sɒlv] lösen **in the middle of nowhere** [ˌɪn ðə ˌmɪdl əv 'nəʊweə] am Ende der Welt **remote** [rɪ'məʊt] abgelegen **surrounded by** [sə'raʊndɪd baɪ] umgeben von **meadow** ['medəʊ] Wiese

3. You can solve
   an accident, a problem, a mystery, a puzzle
4. You can live in
   a **cottage**, a shop, a house, an apartment
5. You can marry
   an artist, an engineer, a colleague, a meadow
6. You can be raised in
   a town, a ship, a village, a city
7. You can work in
   a meadow, a department, a company, an accident

Wieder blieb Ruth nachdenklich stehen. "It's **close** to Shannon. Once or twice she asked me to come and visit her and she said it's only half an hour from the airport."

"Shannon is very close to Limerick", sagte Ian zögernd, als wolle er die Bedeutung seiner Worte überprüfen.

Sie starrten sich an.

Langsam gingen sie weiter. Es waren nur Bruchstücke, an die Ruth sich nach und nach erinnern konnte; das Hauptstück des Puzzles würde vermutlich immer fehlen.

"Is there anybody else who might be able to help us?", wollte Ian wissen. "Other friends or family?"

Conny hatte keinen Kontakt mehr zu ihrer Familie, seit sie Matthew kennengelernt hatte, erklärte Ruth. "Her father was a very ..." Sie suchte nach dem richtigen Wort für engstirnig. Als ihr nichts einfiel, hielt sie beide Hände eng an die Stirn.

"Narrow-minded", sagte Ian. "Typical for small towns."

"Yes, her father was very narrow-minded. I think she **introduced** Matthew **to** her family once. I never met Matthew but

---

cottage ['kɒtɪdʒ] kleines Landhaus **close** [kləʊs] nahe **to introduce sb. to sb.** [ˌɪntrə'djuːs / tə] jdn. mit jdm. bekannt machen

Conny told me about him. He was a typical artist: long hair, **untidy** clothes and so on."

"Her father hated him."

"I guess so", sagte Ruth. "He was probably the sort of man a father would never choose for his daughter."

"Did she **keep in touch with** her mother?"

Ruth zuckte die Achseln. "I don't know. Probably not. She is quite **stubborn**."

Ruth suchte fieberhaft nach einer Verbindung zwischen der Freundin und dem Mann vom Pub.

"What was his name again?"

"Terry McMahon."

"Terry McMahon", wiederholte Ruth leise. Aber so angestrengt sie auch nachdachte – der Name löste einfach nichts bei ihr aus.

"Wait a minute", sagte sie dann. Sie hielt die Hand hoch zum Zeichen, dass Ian nichts sagen möge.

Conny war nach ihrem Umzug nach Deutschland mehrmals im Jahr nach Irland geflogen. Sie hatte das Cottage behalten, obwohl sie nur schreckliche Erinnerungen damit verband. Einmal hatte sie nach ihrer Rückkehr eine Freundin erwähnt, die sie während dieser Aufenthalte besuchte. Diese Freundin hieß …

"… Bridget and she lived in Limerick!", rief Ruth triumphierend. "I knew there was a **connection** to Limerick."

Sie erklärte Ian die wenigen Details, die sie wusste. Conny hatte Bridget durch Matthew kennengelernt, denn Bridget leitete eine Galerie in Limerick.

---

untidy [ʌn'taɪdɪ] unordentlich **to keep in touch with sb.** [ˌkiːp ɪn 'tʌtʃ wɪð] mit jdm. in Verbindung bleiben **stubborn** ['stʌbən] stur **connection** [kə'nekʃn] Verbindung

"Maybe Conny decided to pay her friend another visit", sagte Ian. "Did you try to call her again?"

Ruth nickte. "Yes, first thing this morning. There's still no connection."

Schweigend gingen sie weiter und hingen ihren Gedanken nach.

"It should be easy to find out if there's still a **gallery** in Limerick **owned by** a Bridget somebody. You don't know her last name, do you?"

"No, sorry", sagte Ruth. "I'm not even sure if her first name is correct."

"Don't worry. We will find out." Ian zog sein Handy heraus, wählte eine Nummer und orderte ein Taxi. Dann rief er die Auskunft an und fragte nach Galerien in Limerick.

Ruth sah sich um. Sie waren nicht sehr weit gekommen, dennoch fühlte sie sich erschöpft. Der tiefblaue Himmel war mittlerweile überzogen mit weißen Wolken dick wie Wattebäusche. Die perfekte Ansichtskarte.

Ruth fiel ein, dass sie noch immer nicht mit Georg gesprochen hatte. Sie nahm sich vor, ihn sofort vom Hotel aus anzurufen.

Ian sagte "Thanks so much" und drückte den roten Knopf.

"There are several galleries in Limerick. All she is allowed to do is give me the numbers", sagte Ian. "I'll call Paddy and ask him to do some **research**."

Das Taxi kam und brachte sie zurück zum Hotel. Wie verabredet, ging Ruth auf ihr Zimmer. Ian wollte sich melden, sobald er Informationen über die Galerien von seinem Freund bekommen hatte.

----

gallery ['gælərɪ] Galerie **to be owned by sb.** [bi: 'əʊnd baɪ] jdm. gehören **research** [rɪ'sɜːtʃ] Nachforschungen

Ruth duschte lange und heiß. Für Minuten gelang es ihr, weder an Conny noch an ihre Familie zu denken. Und auch Ian ließ sich zumindest für ein paar Sekunden ausblenden.

Sie cremte sich ein und zog sich wieder an. Das vertraute Verhältnis zu Ian verwirrte sie, aber es machte sie auch stolz. Nein, stolz war der falsche Ausdruck. Ruth zögerte, gestand sich dann jedoch ein, dass es sie glücklich machte. Seit langem fühlte sie sich wieder einmal als eine begehrenswerte Frau.

Georg und sie hatten sich fest vorgenommen, keines dieser eingefahrenen Paare zu werden, die man kannte. Aber genau das war aus ihnen geworden. Vermutlich will das niemand, aber man kann es nicht vermeiden, dachte Ruth und wählte Georgs Büronummer. Nach dem dritten Klingeln sprang der Anrufbeantworter an. Ruth legte wütend auf. Nie war Georg da, wenn sie ihn brauchte.

Frustriert wischte sie die Tränen aus den Augen. Warum nur war es so schwer, nicht in die Tretmühle Alltag zu geraten und sich nicht auseinanderzuleben? Conny hatte das geschafft, zumindest eine Zeit lang. Aber war sie glücklich gewesen, als sie mit Matthew gelebt hatte?

Ruth stockte. Es hatte da noch einen Mann gegeben.

"Er tut so, als wolle er Matthew helfen, aber ich traue ihm nicht über den Weg", hörte sie die Stimme der Freundin. "Ich weiß nicht, was Bridget an diesem Terry findet."

Terry! Das konnte doch kein Zufall sein, oder?

Aufgeregt lief Ruth zum Telefon. Sie musste sofort Ian sprechen, aber sie wusste seine Zimmernummer noch immer nicht. Doch bevor sie die Nummer der Rezeption wählen konnte, klopfte es. Sie legte den Hörer auf, lief zur Tür und öffnete. Ian stand mit einem triumphierenden Lächeln vor ihr.

"I think I've found him", sagten sie wie aus einem Munde.

Übung 16: Wie lauten die Wörter in den Klammern?
Bringen Sie die Buchstaben in die richtige Reihenfolge.

1. Bridget worked in a *(relylag)* _____ in Limerick.

2. Conny's father was very *(ranwor)*

   _____-minded.

3. Conny's boyfriend was an *(irttas)* _____

   named Matthew.

4. Matthew had long hair and his clothes were

   (dituny) _____.

5. Conny and Matthew lived in a *(togecat)*

   _____ in the middle of nowhere.

6. Conny didn't believe that Terry really wanted to

   (pehl) _____ Matthew.

Nine

Ruth zog Ian in ihr Zimmer. "You first", sagte sie.
"Paddy called me two minutes ago", sagte Ian atemlos. "There is one gallery in Limerick that still belongs to a Mr McMahon. And his first name is Terence." Er schaute Ruth erwartungsvoll an.
"I remembered that Conny mentioned a man called Terry", sagte Ruth. "This can't be a **coincidence**."

_____

coincidence [kəʊˈɪnsɪdəns] Zufall

Sie schauten sich an.

"What shall we do now?"

Ian zog einen Zettel aus seiner Hosentasche. "He gave me the telephone number. We could call."

"And ask if Conny is around?" Ruth nahm den Zettel, auf dem *Terence McMahon, Limerick Arts' Centre* und eine Nummer stand.

Limerick Arts' Centre war kein sehr einfallsreicher Name. Ruth starrte auf den Zettel, als hielte er eine Lösung für sie bereit.

"I don't know", sagte Ian. "It's the only **clue** we have."

Schweigend saßen sie eine Weile da und hingen ihren Gedanken nach. Ruth versuchte, die Bilder, die in ihr aufstiegen, zu verdrängen, aber immer wieder sah sie Conny vor sich, die gefesselt und geknebelt im Kofferraum eines Autos lag. Die womöglich vergewaltigt worden war. Die vielleicht sogar schon tot war.

Sie musste diese Gedanken aus ihrem Kopf verbannen.

"I can call if you want me to", sagte Ian. "We can ask for Conny and wait for their **reaction**."

"And if they don't react at all?", gab Ruth zurück.

Ian zuckte die Achseln. Er war genauso ratlos wie sie.

Wie konnten sie herausfinden, ob Terry McMahon etwas mit dem Verschwinden von Conny zu tun hatte? Nur weil sie die beiden zusammen im Pub gesehen hatte und ihn unsympathisch fand, hieß das noch lange nicht, dass er etwas Böses im Schilde geführt hatte. Aber sie hatten gestritten. Hatten Conny und Terry noch eine alte Rechnung offen?

Ruth wurde einmal mehr bewusst, dass sie kaum etwas vom früheren Leben ihrer Freundin wusste.

"We need to do something", sagte sie laut.

---

clue [klu:] Anhaltspunkt **reaction** [rɪ'ækʃn] Reaktion

"I'll call them", sagte Ian und streckte die Hand nach dem Zettel mit der Telefonnummer aus. Ruth reichte ihn ihm und stand auf. Sie wollte nicht in Ians Gesicht sehen müssen, während er telefonierte.

Sie ging zum Fenster und starrte hinaus. Unter ihr fuhren Autos, Busse, Radfahrer die O'Connell Street entlang; Fußgänger hasteten vorbei. Viele hatten einen Kaffee in der Hand oder auch etwas zu essen.

Ruth schaute auf die Uhr. Es war kurz nach zwölf. Mittagszeit in Dublin.

"Neither Bridget nor Terry were there", sagte Ian, nachdem er aufgelegt hatte. "I guess I talked to a student who helps out now and then."

Ruth verzog das Gesicht. So kamen sie nicht weiter.

"How far is it to Limerick?", wollte sie wissen.

"Four or five hours by car", sagte Ian.

Das war zu weit, um eben mal hinzufahren und die Freundin zu suchen. Ruth ließ sich in den Sessel fallen und schloss die Augen.

"Hey", sagte Ian leise. "We won't give up. We'll find her."

Er klang so sicher, so vertrauenerweckend, aber Ruth konnte ihm nicht glauben. Conny war seit zwei Tagen verschwunden. Das war nicht mehr normal, nicht einmal für die spontane Freundin.

"Let's go out and get a snack", schlug Ian vor. "And don't tell me you're not hungry. I know you're not hungry, but you must eat something. It won't help your friend if you **starve to death**."

Sie gingen in das kleine Restaurant, in dem sie am Abend vorher gewesen waren, und wieder machte Ruth die Erfahrung, dass sie mehr Appetit hatte als erwartet. Während sie auf

---

to starve to death [ˌstɑːv tə ˈdeθ] verhungern

das Hauptgericht warteten, klingelte Ruths Handy. Einen Moment lang war sie enttäuscht, als sie Georgs Büronummer erkannte.

"Du hast angerufen?", sagte Georg ohne Einleitung.

"Ja." Ruth überlegte, warum sie ihn hatte sprechen wollen, aber es fiel ihr nicht mehr ein.

"Gibt's was?" Georg war noch wortkarger als sonst.

"Nein, ich wollte mich nur mal melden", sagte Ruth.

"Geht's dir gut?", wollte Georg dann doch noch wissen.

"Ja, klar, mir geht's gut. Dublin ist sehr schön und die Konferenz ist ganz interessant."

"Schön."

Sie konnte an seiner Stimme hören, dass er mit den Gedanken ganz woanders war. Sie schluckte ihren Ärger hinunter und sagte: "Mein Essen kommt, ich muss auflegen."

"Ja, ich muss auch weitermachen", sagte Georg. Er zögerte, fügte dann hinzu: "Meld dich mal wieder."

Ruth hörte ein Klicken. Er hatte einfach aufgelegt! Wütend warf sie das Handy neben sich. Kein "Ich liebe dich", kein durch die Leitung gehauchter Kuss, nichts. Sie gestand sich ein, dass sie selbst nicht eben herzlicher gewesen war.

"My husband", sagte sie überflüssigerweise zu Ian, der es mit einem Nicken zur Kenntnis nahm.

In diesem Moment wurde das Hauptgericht gebracht und Ruth war dankbar für die Ablenkung.

Nach dem Essen schlug Ian vor, in einen der zahlreichen Coffee Shops zu gehen und dort einen Kaffee zu trinken.

"Don't you drink tea in Ireland anymore?", mockierte sich Ruth.

"Oh yes, we still do", bestätigte Ian. "If you feel down, there's nothing that helps better than a nice cup of tea. But if you want to wake up, there's nothing better than coffee." Er beugte sich zu Ruth, als wolle er ihr ein Geheimnis anvertrauen. "And I need to wake up", flüsterte er.

Sie bestellten einen Cappuccino und einen doppelten Espresso to go und liefen am Liffey entlang zurück zum Hotel.

Übung 17: Setzen Sie die passenden Zeitadverbien an der richtigen Stelle ein.
*(always, often, usually, sometimes, **rarely**, never)*

1. Ruth and her husband don't _____ talk to each other.

2. Ian is _____ kind to Ruth.

3. Ruth _____ feels hungry when Ian asks her to eat something.

4. They _____ drink tea in Ireland, but **now and again** they also drink coffee.

5. Before Ruth came to Ireland she _____ had a chance to speak English.

6. Ruth _____ thinks her husband doesn't love her anymore.

"It's almost time to call Limerick again", sagte Ian, als sie die Lobby betraten. Er fragte an der Rezeption, ob es womöglich eine Nachricht gäbe, aber der junge Mann schüttelte nur bedauernd den Kopf. In Ruths Zimmer wollte Ian zum Telefon

---

rarely [ˈreəlɪ] selten **now and again** [ˌnaʊ ənd əˈgen] hin und wieder

greifen, aber Ruth nahm ihm den Hörer aus der Hand.

"Maybe I should call the gallery", sagte sie. "Bridget might tell another woman more."

Sie hatte erwartet, dass Ian protestierte, aber er nickte nur und sagte: "Yes, maybe that's a good idea. It's worth a try."

Mit zitternden Fingern wählte Ruth die Nummer auf dem Zettel. Sie hasste es, auf Englisch zu telefonieren. Im Büro war es zum Glück sehr selten nötig; wenn möglich, erledigte sie ihre Anfragen per E-Mail, da hatte sie Zeit und Muße, im Wörterbuch nachzuschlagen, wenn sie ein Wort nicht wusste.

"I'm right here if you need any help", sagte Ian und drückte ihre Hand.

Ruth hätte ihn am liebsten geküsst, doch am anderen Ende der Leitung meldete sich jemand.

"Yes, hello, this is Ruth Langner from Munich, Germany", sagte Ruth und begann zu schwitzen. Sie hatte eigentlich nach Conny fragen wollen, sagte dann jedoch: "Can I talk to Mrs McMahon, please?"

"**Hold on** a second, please", ertönte die Stimme, danach ein Klick. Ruth hörte Musik und immer wieder eine männliche Stimme, die sie bat: "Hold the line."

Sie schaute zu Ian, der sie aufmunternd anlächelte.

"Bridget McMahon speaking."

Ruth stellte sich noch einmal vor und sagte dann: "I wonder if you have heard anything from Conny **recently**. Conny Bauer."

Bridget McMahon zögerte.

"Who are you exactly?", fragte sie misstrauisch.

Ruth stellte sich noch einmal vor und sagte, sie sei eine Freundin von Conny.

Hold on. [ˌhəʊld ˈɒn] Bleiben Sie dran! **recently** [ˈriːsntlɪ] in letzter Zeit

"Oh, you're Ruth!", rief Bridget und klang erfreut. "How are you?"

"I'm fine, thanks", sagte Ruth und fragte wieder nach der Freundin.

"Oh", sagte Bridget. "She called yesterday morning, around a quarter to ten."

"What did she say?", fragte Ruth.

Bridget sagte, dass Conny ihr mitgeteilt habe, sie wolle entgegen ihres ursprünglichen Plans doch nach Limerick kommen und sie besuchen.

"Of course I was **delighted** she'd changed her plans."

Sie hatte eine sympathische Stimme, allerdings einen starken Akzent, der es Ruth schwer machte, alles zu verstehen.

"So she's with you now?" Ruth hätte beinahe geweint vor Erleichterung.

"No, she hasn't arrived yet. I guess she went to the cottage to see that everything is in order."

"Oh, I see", sagte Ruth.

"Anything wrong?", wollte nun Bridget wissen.

"I don't know", gab Ruth freimütig zu und erklärte, dass Conny einfach abgereist war, ohne Bescheid zu sagen. "I know that she sometimes has **crazy** ideas", fuhr sie fort. "But usually she lets me know before she disappears from onehour to the next."

Bridget lachte und sagte, ja, sie kenne Conny. Aber sie würde bestimmt jeden Moment bei ihr auftauchen. "I'll tell her to call you right away, okay?"

"That would be very nice", sagte Ruth. "Tell her I'll kill her when she comes back."

Bridget lachte. "Listen, I have a customer", sagte sie dann.

---

delighted [dɪˈlaɪtɪd] begeistert **crazy** [ˈkreɪzɪ] verrückt

"I have to **hang up**. It was nice talking to you. Bye."

"Bye", war alles, was Ruth noch sagen konnte, dann hatte Bridget aufgelegt.

Sie berichtete Ian von dem Gespräch. Er sagte nicht: "I told you so." Das wäre Georgs Reaktion gewesen.

Ich muss aufhören, Georg und Ian miteinander zu vergleichen, dachte Ruth. Sie kam sich schäbig vor, denn Ian schnitt dabei besser ab als ihr Mann.

"What now?", fragte Ian und sah sie nachdenklich an.

Ruth atmete tief durch und sagte: "I still have this bad feeling."

"I think we should wait until tonight ", erwiderte Ian. "If she hasn't called by then we may call the police."

Es klang vernünftig. Zu vernünftig, fand Ruth angesichts des flauen Gefühls in ihrem Bauch. Es war gerade mal halb vier. Sollte sie bis acht oder neun untätig herumsitzen und warten? Nein, das war unmöglich. Sie musste etwas tun, selbst aktiv werden, die Unruhe in sich betäuben.

"I'm going to Limerick", sagte sie, bevor ihr selbst bewusst wurde, was sie da soeben beschlossen hatte.

"We'll go to Limerick together", sagte Ian, als sei es das Natürlichste von der Welt.

"No, no, I am going alone", sagte Ruth.

Ian schaute sie ruhig an. "How do you plan to get there?"

"I'll rent a car", gab Ruth zurück und zog ihre Reisetasche aus dem Schrank. Sie würde alles mitnehmen; vielleicht konnte sie von Shannon aus zurückfliegen. Sie musste einen Wagen anmieten, den Rückflug von Dublin stornieren, das Zimmer …

"Listen to me", sagte Ian und zwang sie sanft in den Sessel.

"You can't stop me", sagte Ruth und kämpfte mit den Tränen.

---

to hang (hung, hung) up [ˌhæŋ / ˌhʌŋ / ˌhʌŋ ˈʌp] auflegen

"I'm going to Limerick **whether** you like it or not." Trotzig wollte sie sich befreien, aber Ian hielt sie fest.

"Ruth, listen to me", sagte er leise, aber bestimmt. Als sie ihn anschaute, fuhr er fort: "Have you ever driven a car in Ireland?"

Übung 18: Setzen Sie das Partizip Perfekt der folgenden Verben an der richtigen Stelle ein, um die Fragen im Present Perfect zu vervollständigen.

(speak, read, pick, see, eat, drink, visit, kiss, be, drive)

1. Have you ever _____ a car in Ireland?

2. Have you ever _____ Irish Stew?

3. Have you ever _____ Guinness?

4. Have you ever _____ an Irishman or an Irishwoman?

5. Have you ever _____ Irish Gaelic?

6. Have you ever _____ a **shamrock** in Ireland?

7. Have you ever _____ a book by an Irish author?

8. Have you ever _____ a painting by an Iris artist?

9. Have you ever _____ Ireland?

10. Have you ever _____ to Dublin?

---

whether ['weðə] ob **shamrock** ['ʃæmrɒk] Kleeblatt

Sie starrte ihn an und ließ dann frustriert den Kopf sinken. Verdammt, daran hatte sie überhaupt nicht gedacht!

"Listen", sagte Ian. "Go and pack your things and check out. I'll go home, get my car and I**'ll pick** you **up**." Er schaute auf seine Armbanduhr. "It's almost four now. If we**'re lucky**, we will be out of town by six. That means we'll be in Limerick between ten o'clock and midnight."

Ruth konnte nur nicken. Er hatte an alles gedacht.

"How long will it take you to get back?", fragte sie, als er zur Tür ging.

"One hour at the most." Er kam zurück, fasste Ruth am Kinn und hauchte ihr einen Kuss auf die Lippen. "We'll find her. I promise", flüsterte er und verließ das Zimmer.

Ten

Ian ließ sich nicht durch den Feierabendverkehr aus der Ruhe bringen. Er fuhr konzentriert und ruhig. Ruth war froh, dass er neben ihr saß.

Kurz vor fünf war er mit seinem Wagen vor dem Hotel erschienen. Jetzt war es kurz vor sieben und sie hatten Dublin immer noch nicht verlassen. Ruth bezweifelte, dass sie es heute bis nach Limerick schaffen würden, aber Ian war zuversichtlich.

Ruth hatte versucht, Bridget noch einmal anzurufen, doch es war nur der Anrufbeantworter angesprungen. Sie hatte nicht gewusst, was sie sagen sollte, und aufgelegt. Sie wollte es später noch einmal versuchen, wenn sie eine Pause machten.

---

to pick sb. up [ˌpɪk / ˈʌp] jdn. abholen **to be lucky** [biː ˈlʌkɪ] Glück haben

"Tell me something about yourself", wandte sie sich an Ian.

"What do you want to know?", fragte Ian.

"When did you move to Dublin?", wollte Ruth wissen.

"When I came back from my **trip around the world**", erwiderte Ian.

Er war mit 15 von zu Hause abgehauen und hatte in Dublin auf einem Schiff angeheuert.

"Didn't your parents look for you?"

Ian zuckte die Achseln. "I don't know. I guess so." Als er Ruths entsetzten Blick sah, fügte er hinzu: "There were eleven of us in the family. Times were **rough** in those days."

Vier Jahre war er zur See gefahren, bevor er sich für ein paar Jahre in Neuseeland niederließ und sich als Boxer und als Schafzüchter versuchte.

"That's when this happened", sagte er und deutete auf seine schiefe Nase. "Then I **got homesick** and came back to Ireland."

Sie verließen Dublin und hatten endlich freie Fahrt.

"What next?", fragte Ruth.

"I met Sinead."

Ruth hielt unwillkürlich den Atem an.

"She's my ex-wife", fügte er wie nebenbei hinzu.

Ruth atmete erleichtert aus.

Ian deutete auf sein Handy in der Halterung neben dem Lenkrad und bat sie, eine Nummer zu wählen.

"I have to call her", sagte er.

Eine fröhliche Jungenstimme meldete sich.

"Hi Colin", sagte Ian. "How are you? Is your mum around?"

---

trip around the world [ˌtrɪp əˈraʊnd ðə ˈwɜːld] Weltreise **rough** [rʌf] hart **to get (got, got) homesick** [ˌget / ˌgɒt / ˌgɒt ˈhəʊmsɪk] Heimweh bekommen

"Hi Dad", rief Colin, um dann zu brüllen: "Mum? It's Dad!"
Eine dunkle Frauenstimme meldete sich und Ruth spürte
einen Stich der Eifersucht.

Übung 19: It's a **family affair**!
Welche Beziehung besteht zwischen den folgenden
Charakteren? Setzen Sie die richtigen Begriffe ein.
*(son, parents, husband, ex-wife, lovers, **divorced**, married, friend)*

1. Georg is Ruth's _____.

2. Sinead is Ian's _____.

3. Bridget is a good _____ of Conny's.

4. Bridget has the same surname as Terry. Perhaps they are

_____.

5. Colin is Ian's _____.

6. Conny and Matthew were _____.

7. Ian and Sinead are _____.

8. Georg and Ruth are Susanne's _____.

Ian sagte ihr nur, dass er auf dem Weg nach Limerick sei.
Sinead bat ihn, sie nach seiner Ankunft kurz anzurufen.
"**Yep**", sagte Ian und trennte die Verbindung. "Sorry", sagte er
zu Ruth. "I **was supposed to** pick up Colin tomorrow after
school and I won't make it, so I had to let my ex know."

---

family affair [ˌfæmlɪ əˈfeə] Familienangelegenheit **divorced** [dɪˈvɔːst]
geschieden **yep: yes** [jep] **to be supposed to** [biː səˈpəʊzd tə] sollen

Ruth konnte nichts entgegnen; sie war viel zu erstaunt über den freundschaftlichen Umgang eines geschiedenen Ehepaars. Ihr Gesichtsausdruck zeigte das wohl deutlich, denn Ian fragte: "What?"

"You **sound** like a happy couple", sagte Ruth und hörte den Neid in ihrer Stimme.

Ian lachte. "It wasn't always like this. We fought like cat and dog for years. But now we **get along** quite **well**."

Das konnte man hören, dachte Ruth.

"We always had what one could call an open **relationship**", sagte Ian. "We were a couple but it was okay to see other people."

Seinem Tonfall entnahm Ruth, dass ein Seitensprung für ihn etwas vollkommen Normales war. Sie schimpfte sich eine verdammte Idiotin.

"It was okay as long as it was just the two of us but when she got **pregnant** I wanted it to stop", sagte Ian und verwirrte Ruth einmal mehr.

Er lachte. "I guess we were a strange couple, Sinead and I."

Ruth nickte nur. Sie hatte Angst, ihre Stimme würde ihre Gefühle verraten. Da schwieg sie lieber.

"Do you want to hear the rest?", fragte Ian. "I'll make it short, I promise."

Ruth musste lachen. "There's no need to keep it short", sagte sie.

Die Geburt von Colin habe ihn komplett umgekrempelt, erzählte er. Er war ein ernsthafter Familienvater geworden, hatte neben seinem Job als Barmann ein Fernstudium

---

to sound [saʊnd] sich anhören **to get along well** [ˌget əˌlɒŋ 'wel] gut miteinander auskommen **relationship** [rɪˈleɪʃnʃɪp] Beziehung **pregnant** [ˈpregnənt] schwanger

begonnen und sei EDV-Spezialist geworden. Irland war damals im IT-Boom, das hatte er nutzen können. Er hatte so viel Geld verdient, dass er ein Haus kaufen konnte. "And what happened?", wandte er sich an Ruth.

"Sinead didn't like it", riet sie.

"Exactly!", rief Ian lachend.

"Sinead is a wonderful mother", sagte er, und wieder durchfuhr Ruth ein Stich der Eifersucht, als sie die Wärme in seiner Stimme hörte.

Er liebt sie immer noch, dachte sie.

"But she's a wild one." Er schmunzelte.

Ruth wunderte sich, was er damit meinte, wagte aber nicht zu fragen.

"That's enough about me", sagte Ian und sah Ruth an. "Now it's your turn." Ruth wurde rot. Sollte sie ihm jetzt von ihren Problemen mit Georg erzählen? Nein, das ginge entschieden zu weit.

"What do you want to know?", versuchte sie Zeit zu schinden.

"Tell me about your children", schlug Ian vor.

Ruth starrte auf die Straße vor ihnen. Der Verkehr war deutlich weniger geworden und sie kamen jetzt gut voran.

"Susanne is fifteen and Markus is thirteen", begann sie.

Was die beiden jetzt wohl machten? Vermutlich saßen sie vor dem Fernseher und sahen sich einen Film an. Hoffentlich achtete Georg darauf, dass sie ordentlich aßen und nicht nur zu McDonald's gingen.

"Don't worry about them. They are fine", sagte Ian.

"I'm an awful mother", stieß sie hervor. "I'm always trying to protect them."

"I am sure you are a wonderful mother", sagte Ian ernst und nahm ihre Hand. "And it's a mother's job to

protect her children."

"But they hate it."

Ian lachte. "**I bet** they do", sagte er. "At least sometimes. But that's normal for children."

Als wenn sie das nicht selbst wüsste. Ruth seufzte. Es war einfach so schwer zu akzeptieren, dass Markus am Wochenende nicht mehr zu ihnen ins Bett kam, um zu kuscheln. Oder dass Susanne eine größere Sammlung Make-up hatte als sie. Was keine große Kunst war, denn sie benutzte außer Wimperntusche und Lippenstift kaum etwas.

"I think I **overreact** sometimes", sagte sie leise und zog ihre Hand aus Ians.

"Sorry", sagte er mit einem raschen Seitenblick.

Einige Minuten herrschte verwirrte Stille. Die irische Landschaft flog an ihnen vorbei. Es war mittlerweile zu dunkel, um viel zu erkennen.

"Do you really think we'll find her?", fragte Ruth nach einer Weile.

Ian nickte. "Yes, I am sure we will. When we arrive in Limerick, she'll be there to **greet** us and to laugh at us."

"I wouldn't mind", murmelte Ruth.

Um halb neun hielt Ian vor einem Pub in einem Ort, dessen Namen Ruth nicht kannte.

"I need a **break**", sagte er.

"I need one too", stimmte Ruth zu. Sie hatte Hunger.

Sie betraten das Pub, bestellten Wasser und Sandwiches und suchten sich einen Platz. Während sie warteten, fragte Ian sie nach ihrem Job.

---

to protect sb. [prə'tekt] jdn. beschützen **I bet.** [aɪ 'bet] Das ist doch klar. **to overreact** [ˌəʊvərɪ'ækt] überreagieren **to greet sb.** [griːt] jdn. begrüßen **break** [breɪk] Pause

"I **was bored** at home", sagte Ruth. "Markus was ten, and I didn't need to be at home all day. So, I found a part-time job. Conny started to look for a new job several months later. I told her to **apply** to our company, and she got the job."

"She's very lucky to have a friend like you", sagte Ian.

"Thanks for the **compliment**", sagte Ruth und wurde rot. Sie war froh, dass im selben Moment das Essen gebracht wurde. Ian machte eindeutig zu viele Komplimente.

Sie tranken noch einen Kaffee und machten sich dann wieder auf den Weg.

"Do you want to drive?" Ian hielt ihr die Schlüssel hin.

Entsetzt starrte Ruth ihn an. "You can't be serious", sagte sie.

"I am", erwiderte er. "I always am." Dann grinste er wie ein Lausbub und fügte hinzu: "Most of the time."

Ruth schaute auf den Wagen, auf die Straße, auf Ian.

"No", sagte sie schließlich. "I don't think it's a good idea. I don't usually drive on the wrong side of the road!"

Ian lachte schallend und hielt ihr galant die Beifahrertür auf. Minuten später rollten sie weiter Richtung Westen.

Übung 20: Was ist richtig? Fügen Sie "much" oder "many" oder "a lot of" ein.

1. Ian pays Ruth _____ compliments.

2. Some Irish people drink too _____ whiskey.

3. When her children were older, Ruth didn't have

_____ things to do at home.

---

to be bored [biː ˈbɔːd] sich langweilen **to apply** [əˈplaɪ] sich bewerben **compliment** [ˈkɒmplɪmənt] Kompliment

4. Ruth doesn't use _____ make-up.

5. Ruth doesn't drink _____ alcohol.

6. _____ tourists visit Dublin.

7. There aren't _____ participants in the workshop.

8. Sinead didn't like her new life _____.

"Georg would never let me drive", sagte Ruth. "Georg is my husband."

"I thought so", schmunzelte Ian. "Why not?"

Ja, warum nicht?

Georg war kein fanatischer Autobesitzer, der sofort ausrastete, wenn sein geliebter Wagen einen Kratzer hatte. Aber es war ein ungeschriebenes Gesetz, dass er fuhr, wenn sie gemeinsam unterwegs waren.

"I don't know", gab Ruth zu. "He's just not that type of man."

"He's the boss", sagte Ian.

"I guess so." Ruth war dankbar, dass Ians Stimme völlig wertfrei geklungen hatte, als ginge es nicht um sie und ihren Mann, sondern um ein fremdes Ehepaar.

"What did he say when you told him about your job?", wollte Ian wissen.

"Why do you think I didn't tell him before?", gab Ruth zurück. Sie hatte nun doch ein schlechtes Gewissen. Hatte sie ihren Mann so negativ dargestellt? Oder war Georgs Wesen tatsächlich so offensichtlich?

"He's the boss", wiederholte Ian nur.

"He was not **amused**", sagte Ruth und grinste, weil sie den Terminus der Queen benutzt hatte.

"You are a very **brave** girl", sagte Ian und legte ihr die Hand auf den Arm.

Es war das erste Mal gewesen, dass sie sich durchgesetzt hatte. Es hatte wochenlang Streit gegeben. Georg war mit allen Argumenten gekommen, die ein Mann in so einer Situation aufbringen konnte: Die Kinder werden vernachlässigt; wir brauchen das Geld nicht; meine Frau muss nicht arbeiten; du bist zu lange raus aus dem Job; du nimmst jemandem die Stelle weg, der sie nötiger braucht.

Über das letzte Argument hatte sie lange nachgedacht, aber dann war sie zu dem Entschluss gekommen, dass dem nicht so war. Es war eine nicht besonders gut bezahlte Teilzeitstelle, von der eine Person in München kaum hätte leben können. Am nächsten Tag hatte sie ihm wortlos den unterschriebenen Vertrag hingelegt.

Eines musste man Georg lassen. Er war nicht nachtragend. Als er sah, dass er verloren hatte, sagte er: "Du machst einen Fehler", aber das war es dann auch. Und da zu Beginn alles reibungslos gelaufen war, wurde ihr Job nicht mehr erwähnt.

Erst in den letzten Monaten war das Thema wieder auf den Tisch gekommen, nachdem sie mehrmals hatte Überstunden machen müssen.

"This is Nenagh", sagte Ian, als sie durch eine Kleinstadt fuhren. "We **will** soon **be crossing** the river Shannon. Loch Derg is around here, too. It's one of the biggest holiday areas in Ireland."

Als sie den Fluss überquerten, sah Ruth viele kleine und

---

amused [əˈmjuːzd] erfreut **brave** [breɪv] mutig **to cross sth.** [krɒs] etw. überqueren

große Boote. "I've always wanted to go on a boating holi-day", sagte sie und schaute den Schiffen sehnsüchtig nach.

"You **ought to** come back", sagte Ian leichthin.

Ruth spürte seinen Blick. Sie sah ihn an, wandte den Kopf jedoch schnell wieder ab. Ihr Herz raste.

Worauf ließ sie sich da ein?

Eleven

Kurz vor 23 Uhr trafen sie in Limerick ein. Dank Bridgets guter Beschreibung fanden sie die Galerie schnell. Ruth hatte Bridget vom Pub aus angerufen, um ihr mitzuteilen, dass sie auf dem Weg seien, aber erst am nächsten Tag zu ihr kommen würden. Doch Bridget hatte darauf bestanden, dass sie bei ihr vorbeischauten, egal wie spät es werde.

Als Ruth aus dem Wagen stieg, öffnete sich die Haustür und eine zierliche blonde Frau erschien. Ihr Gesichtsausdruck verhieß nichts Gutes.

"What's wrong?", fragte Ian ohne Umschweife, als sie auf das Haus zugingen.

"I don't know", erwiderte Bridget. Während sie die beiden hineinführte, erklärte sie, Conny habe am Nachmittag ange-rufen und etwas von einer Planänderung gesagt. "I am wor-ried", sagte sie. Da sei etwas in Connys Stimme gewesen ... "Maybe it was the **line**, but I don't think so."

Sie führte Ruth und Ian in ein gemütliches Wohnzimmer, in dem in einem Kamin ein Feuer brannte, und bot ihnen etwas zu trinken an. Beide entschieden sich für Tee.

Während Bridget in der Küche den Tee zubereitete, berieten

---

ought to [ˈɔːt tə] sollte **line** [laɪn] Verbindung

Ruth und Ian, was sie von Connys Anruf halten sollten.

"If we're lucky, we'll get her new mobile number", sagte Ian.

Bridget kam mit dem Geschirr und einem Teller Kanapees zurück und deckte den Tisch.

"I almost forgot", sagte sie. "She **texted** me to let me know she's fine." Sie setzte sich, um gleich darauf wieder aufzustehen, weil der Wasserkessel zu pfeifen begann.

"But that's when I started to get worried", sagte sie und verließ das Zimmer. Als sie mit einer riesigen Kanne zurückkam, sagte Ruth: "We saw her in a pub with your husband, Terry."

Bridget stoppte inmitten ihrer Bewegung und hätte beinahe den Tee verschüttet.

Übung 21: Setzen Sie die folgenden Wörter an der richtigen Stelle ein.

(cottage, sense, ex-husband, sorry, divorced, surprised, know)

"Sorry", sagte sie und stellte vorsichtig die Kanne auf den Tisch. "I'm a bit **1.** _____", gab sie zu. "Besides, he's my **2.** _____. We got **3.** _____ two years ago."

"Sorry to hear that", sagte Ian.

"There's nothing to be **4.** _____ about", sagte Bridget ruhig, aber Ruth sah, dass ihre Augen zu glänzen begannen.

"Did you **5.** _____ he was in Dublin?", fragte Ian.

Bridget hatte eingeschenkt und nahm Platz. "No, I didn't know. I never know where he is."

———

to text sb. [tekst] jdm. eine SMS schreiben

Sie schwiegen eine Weile, schauten ins Feuer, tranken ihren Tee und aßen Sandwiches. Plötzlich sagte Bridget: "It would make **6.** _____. He wants to buy the **7.** _____."

Sie erzählte, dass Terry ein Museum in dem Cottage einrichten wolle. Ruth fragte, welche Art von Museum. Bridget schaute sie erstaunt an und sagte: "A Matthew Miller Museum, of course."
"Sorry, I don't understand", stammelte Ruth.
"Matthew Miller was Conny's artist friend?", fragte Ian.
"Yes", sagte Bridget und entschuldigte sich. Sie habe nicht daran gedacht, dass Ruth Matthew nicht gekannt hatte.
"Miller?", wunderte sich Ruth. "I thought he was German."
"He was. He's changed his German name Matthias into Matthew when he moved here." Bridget sagte "Mattheias" und brachte damit Ruth zum Schmunzeln.
"I thought Matthew wasn't a very successful painter", sagte Ian verwundert.
"Oh, he was", stimmte Bridget zu. "I don't know why but for some reason Terry kept Matthew's pictures. He left them in the gallery and one day a rich American came, saw the pictures and bought three of them. He paid a **ridiculous** price and **obviously** he told his friends in the U.S. about it, as we sold even more pictures after that."
"And now Terry wants to earn more money with a museum", sagte Ian.
Bridget nickte. Er habe ein paarmal davon gesprochen, Conny das Cottage abzukaufen, es zu renovieren und zu einem Museum umzubauen, in dem reiche Amerikaner Bilder kaufen sollten.
"He asked me several times for Conny's number and he

---

ridiculous [rɪˈdɪkjʊləs] *hier:* absurd **obviously** [ˈɒbvɪəslɪ] offensichtlich

keeps telling me that he's going to be one of the most famous museum directors of Ireland." Bridgets Ton verriet deutlich, was sie von den Plänen hielt.

Ruth hatte Mühe, dem Gespräch zu folgen. Zum einen war sie hundemüde, zum anderen fiel es ihr schwer, Bridget zu verstehen.

"I'm very tired", sagte sie. "I think we should go now." Sie warf Ian einen auffordernden Blick zu. Sie mussten sich noch ein Hotel suchen und es war mittlerweile kurz nach Mitternacht.

"Oh, you'll stay with me, of course", sagte Bridget sofort. "You're my guests. I've prepared two rooms for you."

Ruth und auch Ian protestierten, aber es half nichts, Bridget bestand darauf, dass die beiden blieben. Sie habe so viel ungenutzten Platz in dem großen Haus, sagte sie, und die Zimmer seien doch sowieso fertig. Und wie sollten sie um diese Uhrzeit noch ein vernünftiges Hotel finden? Reine Geldverschwendung.

Zu Ruths Überraschung stimmte Ian zu.

"I could use a **nightcap** before we go to bed", sagte Ian zu Bridget und lachte. "Something a bit stronger than this." Er deutete auf seine Teetasse.

"Oh, of course!" Bridget sprang auf. "I am an awful **host**. I've got Scotch and brandy and Irish whiskey, of course."

Ian entschied sich für einen Whiskey und auch Ruth bat um einen kleinen Schluck.

"It might help me fall asleep", sagte sie fast entschuldigend.

Bridget nahm die Flasche und verschwand erneut in der Küche. Sie hörten Schranktüren auf- und zuklappen und Gläser aneinanderklingen.

"We should go to this cottage tomorrow", flüsterte Ian.

---

nightcap ['naɪtkæp] Schlummertrunk **host** [həʊst] Gastgeberin

251

Ruth konnte nur noch nicken, denn gerade kam Bridget mit einem Tablett zurück, auf dem drei Gläser mit brauner Flüssigkeit standen.

Ruth schnupperte an ihrem Glas. Der Whiskey roch würziger und schärfer als der im Hotel. Vorsichtig nahm sie einen Schluck. Er brannte leicht in der Kehle, aber kurz darauf stellte sich das wunderbar warme Gefühl in ihrem Inneren ein.

"I'm afraid she'll become a heavy drinker before she leaves", sagte Ian lachend zu Bridget.

Ruth schnitt nur eine Grimasse und lehnte sich auf dem Sofa zurück. Wie erhofft, half der Whiskey beim Entspannen. Sie nippte immer wieder an ihrem Glas und hörte dem Gespräch der beiden zu.

Ian fragte noch einmal nach dem Anruf von Conny.

Der Anruf sei kurz nach vier gekommen, sagte Bridget. Sie habe sich erst nichts dabei gedacht, erst hinterher sei ihr eingefallen, dass Connys Stimme anders gewesen war. Als habe sie mit Gewalt versucht, fröhlich zu klingen.

Und dann sei die SMS gekommen?

Ja, die sei circa zwei Stunden später eingetrudelt.

"It said, 'I'm fine. Don't worry, C'." Bridget verzog das Gesicht. "That's when I started worrying."

Ruth nickte zustimmend. Ja, das war absolut untypisch für Conny.

"Have you kept her message?", wollte Ian wissen.

"Sure", sagte Bridget. "I'll go and get it."

"She is nice", sagte Ruth, als Bridget das Zimmer verlassen hatte.

"Yes", stimmte Ian zu. "But we don't know if she is **involved** or not. Never trust a stranger."

---

involved [ɪnˈvɒlvd] beteiligt

Ruth warf ihm einen amüsierten Blick zu.

"I'm not a stranger anymore, am I?", sagte er entrüstet.

Nein, bist du nicht, dachte Ruth. Du bist mir viel zu vertraut, und das macht mir Angst.

"Hm", machte Ian. "Says it all", fügte er ironisch hinzu.

"I wonder if Terry asked Conny to sell the cottage on Monday night", dachte Ruth laut.

"Probably. Bridget said Conny didn't want to sell. They had a fight, do you remember?"

Wie könnte sie das vergessen? Deutlich sah Ruth die Szene in dem Pub vor sich.

"Do you think she's still alive?", fragte sie ängstlich.

Ian nahm ihre Hand. "Yes, I am sure she's still alive. Don't worry. A dead Conny would be no use to him."

Übung 22: Wie heißen die Gegensätze? Setzen Sie den richtigen Buchstaben ein.

1. alive	☐	**a.**	friend
2. sell	☐	**b.**	divorced
3. stranger	☐	**c.**	**relieved**
4. host	☐	**d.**	dead
5. awful	☐	**e.**	buy
6. rich	☐	**f.**	guest
7. sorry	☐	**g.**	poor
8. married	☐	**h.**	glad
9. worried	☐	**i.**	remember
10. forget	☐	**j.**	wonderful

Ruth zog ihre Hand nicht weg. Sie war verwirrt. Vielleicht war es aber auch nur der ungewohnte Genuss von Whiskey,

---

relieved [rɪˈliːvd] erleichtert **rich** [rɪtʃ] reich

der dieses Kribbeln im Bauch verursachte.

Eine Tür klappte, kurz darauf waren Schritte zu hören.

Ruth wurde bewusst, dass sie und Ian wie verliebte Teenager auf dem Sofa saßen. Sie zog ihre Hand weg und verkniff sich ein "Sorry".

Bridget tippte auf einem Handy herum.

"Here it is", sagte sie und hielt Ian das Telefon hin.

Er nahm es und schaute auf die Nummer. "It's German", sagte er überrascht. Er reichte das Handy an Ruth weiter, die die Nummer auf dem Display mit der Nummer in ihrem Handy verglich. Es war Connys Nummer.

Bridget schaute verständnislos von einem zum anderen. Ian erklärte, dass Ruth mehrmals versucht habe, Conny auf dem Handy anzurufen, sie aber nie erreichen konnte.

"She's got a second cellphone with an Irish number", sagte Bridget. "I had the number on my old mobile but I can't **access** it because it **broke**."

"Oh", sagte Ruth enttäuscht.

Ian stand auf. "It's **way** past one. I think I'll have to go to bed now. I am **pretty** tired."

Bridget gähnte unverhohlen und sagte: "I am dead on my feet."

"Sorry for keeping you up so long", sagte Ian.

"No problem at all", gab Bridget zurück. "I like having guests. Really", bekräftigte sie. "As I said, I have prepared two rooms but ...", sie sah von Ian zu Ruth und zurück, "... you can also sleep in one, of course. There's a **queen-size bed** in the bigger one."

---

to access sth. [ˈæksəs] auf etw. zugreifen **to break (broke, broken)** [breɪk / brəʊk / ˈbrəʊkən] kaputtgehen **way** [weɪ] weit **pretty** [ˈprɪtɪ] ziemlich **queen-size bed** [ˌkwiːnsaɪz ˈbed] französisches Bett

"No", erwiderte Ruth einen Tick zu schnell. "No, two rooms are fine."

Weder Bridget noch Ian sagten etwas. Bridget führte sie in den ersten Stock und zeigte ihnen die Zimmer und das Bad. "Good night."

Ian und Ruth wünschten ihr ebenfalls eine gute Nacht und warteten, bis sie in ihrem Zimmer verschwunden war.

"I didn't …", begann Ruth, aber Ian legte ihr einen Finger auf die Lippen und machte: "Shush, it's okay. Two rooms are perfect."

Ruth war dankbar, dass sie nichts erklären musste, aber sie war enttäuscht, als Ian ihr nur noch einmal eine gute Nacht wünschte und in dem kleineren Raum verschwand, ohne sie zu küssen.

Du weißt nicht, was du willst, haderte sie mit sich und betrat ihr Zimmer. Es war groß und hatte ein breites Bett. Rechts stand ein geräumiger Kleiderschrank, in dem jedoch kaum etwas hing, links deutete ein bodenlanger Vorhang auf einen Balkon hin.

Ruth stellte ihre Reisetasche neben das Bett und zog vorsichtig den Vorhang zurück. Zwei Flügeltüren waren dahinter verborgen, die jedoch nicht zu einem Balkon führten. Ein hüfthohes Gitter sorgte für Sicherheit.

Ruth öffnete die Fenster und atmete die frische Luft ein. Es roch leicht rauchig, vermutlich wegen des Kaminfeuers.

Unter sich konnte Ruth einen Garten erahnen. Wie gerne würde sie jetzt in einem riesigen Park spazieren gehen. Sie hörte die Toilettenspülung und wandte sich ab. Müde nahm sie ihr Nachthemd und ihr Waschzeug aus der Reisetasche und wartete auf das Klacken von Ians Tür.

Als sie in ihr Zimmer zurückkam, drehte sie den Schlüssel um. Sie war sich nicht sicher, ob sie das vor Ian oder vor sich selbst schützen sollte.

Übung 23: Wie viel wissen Sie über Irland? Kreuzen Sie die richtigen Begriffe an. (Manchmal ist mehr als eine Antwort möglich!)

1. The biggest city in Ireland is
   a. ☐ Shannon
   b. ☐ Limerick
   c. ☐ Dublin

2. The colours on the Irish flag are
   a. ☐ green, yellow, white
   b. ☐ green, white, orange
   c. ☐ green, red, yellow

3. Ireland is famous for its
   a. ☐ brandy
   b. ☐ wine
   c. ☐ whiskey

4. Another name for Ireland is
   a. ☐ The Golden Isle
   b. ☐ The **Emerald** Isle
   c. ☐ The Diamond Isle

5. Which of these famous people were Irish?
   a. ☐ George Bernard Shaw
   b. ☐ James Joyce
   c. ☐ Oscar Wilde

---

emerald ['emrəld] Smaragd

6. Who is the **patron saint** of Ireland?
- **a.** ☐ St David
- **b.** ☐ St Patrick
- **c.** ☐ St George

7. Which of theses castles is in Ireland?
- **a.** ☐ Bunratty Castle
- **b.** ☐ Blarney Castle
- **c.** ☐ Ballencrieff Castle

8. Which of these rivers is in Ireland?
- **a.** ☐ River Shannon
- **b.** ☐ River Liffey
- **c.** ☐ River Boyne

9. What is Ireland's most **popular instrument**?
- **a.** ☐ harp
- **b.** ☐ piano
- **c.** ☐ drums

10. The Irish police are called
- **a.** ☐ the Garda Sìochàna
- **b.** ☐ the Garda Sean
- **c.** ☐ the Garda Sinead

Twelve

Ruth wälzte sich lange hin und her, und als sie endlich einschlief, träumte sie wirres Zeug, das keinen Sinn ergab. Um Viertel vor drei wachte sie auf. Ihr Mund war vollkommen aus-

---

patron saint [ˌpeɪtrən ˈseɪnt] Schutzheiliger **popular** [ˈpɒpjʊlə] beliebt **instrument** [ˈɪnstrəmənt] Musikinstrument getrocknet, und sie beschloss, sich ein Glas Wasser zu holen. Sie schlüpfte in einen Pullover, schlich leise die Treppe hinunter und suchte die Küche. Sie nahm ein Glas aus dem Schrank, füllte es mit kaltem Wasser aus dem Hahn und trank gierig. Auf dem Rückweg umwehte sie ein kalter Lufthauch. Eine offene Tür führte in den Garten, den Ruth von ihrem Fenster aus gesehen hatte. Sie trat hinaus. Es roch immer noch leicht rauchig und Blumenduft lag in der Luft.

Hinter ihr ging das Licht in der Küche an. Für einen winzigen Moment hoffte Ruth, es möge Ian sein. Eine romantische Nacht in einem irischen Garten – das hätte etwas.

Du bist eine dumme Pute, schimpfte sie sich, konnte sich aber ein Grinsen nicht verkneifen. Wo war nur die sittsame Ehefrau geblieben?

Sie sah Bridget in der Küche hantieren. Offensichtlich hatte auch sie Durst. Ruth betrat das Haus und ging noch einmal in die Küche. Sie wollte nicht, dass Bridget sie für einen Einbrecher hielt.

"Oh", sagte Bridget. "Did I wake you up?"

Ruth schüttelte den Kopf. "No, I can't sleep", erwiderte sie.

"That's a pity", meinte Bridget und trank ihren Becher in einem Zug aus.

"You have a lovely garden", sagte Ruth.

"Thanks. It's a lot of work, but I love it." Bridget füllte ihren Becher erneut und auch Ruth hielt ihr Glas noch einmal unter den Wasserstrahl.

"Do you have a garden?", wollte Bridget wissen.

"No, unfortunately not", antwortete Ruth.

Beide Frauen zögerten, gingen dann wie verabredet hinaus und setzten sich auf eine Bank. Die Wand hinter ihnen strahlte noch etwas Wärme ab.

"It smells good", sagte Ruth und schnupperte.

"That's the smoke from the **chimneys**. Most people **light a fire** in the evening."

Bridget sprach schnell und war schwer zu verstehen. Ruth nahm sich ein Herz und sagte: "Could you please talk a little bit more slowly?"

Bridget hielt sich die Hand vor den Mund.

"I'm so sorry. Sometimes I just **babble away** without thinking." Sie redete langsamer und bemühte sich um eine korrekte Aussprache. "Your English is very good."

"Thank you", rief Ruth erfreut. Erschrocken schaute sie nach oben.

"Don't worry", meinte Bridget. "He looked like **a sound sleeper**." Sie sah Ruth neugierig an. "He **seems** very nice."

Ruth wurde rot. Gut, dass es dunkel war.

"Yes, he is very nice", sagte sie leise. "He's helped me a lot."

"I thought he and you ...", begann Bridget und schaute sie fragend an.

"No", erwiderte Ruth. "It's **complicated**."

"You're married", stellte Bridget nüchtern fest.

Ruth fragte sich, ob man ihr das so deutlich ansah, doch dann fiel ihr Blick auf ihren Ehering.

Sie hielt die rechte Hand hoch und sagte: "Yes, I am married. And I have two children."

"Sometimes it's better to end something that isn't working."

Ruth schwieg. Wollte sie das wirklich? Ja, sie hatte in den letzten Wochen und Monaten immer wieder daran gedacht, sich von Georg zu trennen, zumindest eine gewisse Auszeit

---

chimney [ˈtʃɪmnɪ] Kamin **to light (lit, lit) a fire** [ˌlaɪt / ˌlɪt / ˌlɪt ə ˈfaɪə] ein Feuer machen **to babble away** [ˌbæbl əˈweɪ] drauflosplappern **a sound sleeper** [ə ˌsaʊnd ˈsliːpə] jd. der einen guten Schlaf hat **to seem** [siːm] scheinen **complicated** [ˈkɒmplɪkeɪtɪd] kompliziert

zu nehmen. Aber eine Scheidung kam nicht infrage. Da waren ja auch noch Markus und Susanne. Wie würden sie auf eine Trennung ihrer Eltern reagieren?

"Do you love him?", fragte Bridget.

Verwirrt schaute Ruth sie an. Was für eine Frage!

Übung 24: Die folgenden Sätze sind durcheinandergeraten. Können Sie die Wörter in die richtige Reihenfolge bringen?

1. Ruth two with is children married.

Ruth _____.

2. Ruth much Ian likes very.

Ruth _____.

3. Ruth she if Ian loves know doesn't.

Ruth _____.

4. Ruth a sleep bedroom in to wants **separate**.

Ruth _____.

5. Ian **lips** finger Ruth's onto his puts.

Ian _____.

6. Ruth carefully door bedroom her locks.

Ruth _____.

Natürlich liebte sie ihren Mann. Doch dann wurde ihr klar, dass Bridget Ian meinte. Sie wollte den Kopf schütteln, zögerte jedoch. Schließlich zuckte sie nur müde mit den Schultern und sagte leise: "I don't know. I like him a lot." Fragend

---

separate ['seprət] getrennt **lip** [lɪp] Lippe

schaute sie die Irin an. "Can you fall in love with someone **within** a couple of days?"

War es möglich, dass sie und Ian sich erst knappe drei Tage kannten? Es kam Ruth vor wie eine halbe Ewigkeit. Und doch viel zu kurz.

"Yes", sagte Bridget. "I fell in love with Terry the first minute I saw him." Sie forschte in Ruths Gesicht und sagte dann ruhig: "I guess you know he's a bit of a wild one. He's given me a hard time all these years – but I still love him." Es klang eher verzweifelt als glücklich.

Immerhin ist Georg kein Krimineller, dachte Ruth dankbar. Er war ein guter Vater, wenn auch manchmal zu streng.

"How did you meet Terry?", wollte sie wissen.

"Oh, we didn't meet exactly", sagte Bridget. "We lived in the same village, forty or fifty kilometres from here. You could say I've known him all my life. But I **suppose** we didn't really know each other that well. Terry is eight years older than me." Ruth nickte. Ja, acht Jahre bedeuteten Welten, besonders bei Jugendlichen. Susanne hatte erst vor ein paar Wochen über einen Zwanzigjährigen gesagt, er sei ja uralt.

"**Anyway,** he left the village when he was sixteen", fuhr Bridget fort. "I was eight, and **it didn't bother me**. I heard some rumours that he was in **jail**." Sie lachte. "Parents told their sons that the same thing might happen to them if they weren't good boys. Of course, Terry became their **hero**."

Sie lehnte den Kopf zurück und schloss die Augen. Ruth fragte sich, ob sie zu neugierig gewesen war.

Plötzlich sprang Bridget auf, goss den Rest ihres Wassers auf

---

within [wɪ'ðɪn] innerhalb **to suppose** [sə'pəʊz] vermuten **anyway** ['enɪweɪ] wie auch immer **It didn't bother me.** [ɪt ˌdɪdnt 'bʌðə miː] Es war mir egal. **jail** [dʒeɪl] Gefängnis **hero** ['hɪərəʊ] Held

die Erde und sagte: "I need something stronger than that." Sie ging ins Haus und kam kurz darauf mit der Whiskeyflasche zurück.

Ruth lehnte dankend ab. Sie wollte am nächsten Morgen einen klaren Kopf haben. Eine schlaflose Nacht war genug.

Bridget schenkte sich großzügig ein und trank den halben Becher in einem Zug.

"It helps to **brighten up memories**", lachte sie und hielt den Becher hoch. "You only see the good things."

"I'm sorry", sagte Ruth. "I shouldn't have asked."

"No, it's okay", sagte Bridget. "Believe me, it's okay." Sie tätschelte Ruths Arm. "He came back five years later. He looked so gorgeous ..." Ihre Stimme nahm einen schwärmerischen Klang an. "... short black hair, bright blue eyes, lots of **muscles**."

Beschreibt sie jetzt Terry oder Ian?, dachte Ruth verwirrt.

"I was thirteen, and I fell in love with him the second I saw him."

Bridget nahm einen großen Schluck Whiskey.

"Well, I guess I made the first move. I flirted with him a lot – I **se-duced** him – but it took me seven years of hard work to **convince** him that I was the one and only girl for him", sagte sie trocken. "At least he believed it for the first couple of years."

Ein paar Minuten lang sagte keine der beiden etwas. Irgendwo in der Ferne knatterte ein kaputter Auspuff, aber ansonsten war es sehr still.

"I met Georg at a party when I was twenty", sagte Ruth nach einer Weile. "We lived in a small town in Bavaria but I met him for the first time at this party."

---

to brighten up [ˌbraɪtn ˈʌp] auffrischen **memory** [ˈmemərɪ] Erinnerung **muscle** [ˈmʌsl] Muskel **to seduce sb.** [sɪˈdjuːs] jdn. verführen **to convince sb.** [kənˈvɪns] jdn. überzeugen

Er war ihr sofort aufgefallen. Er hatte ruhig in einer Ecke gestanden und die Leute beobachtet. Irgendwann später hatten sie sich unterhalten und Ruth hatte in ihm einen amüsanten Gesprächspartner entdeckt.

"It wasn't love ... How do you call that?", fragte sie Bridget.

"Love at first sight."

"Yes, thanks. It wasn't love at first sight", wiederholte Ruth. "We were more like friends in the beginning. We went to the cinema and to concerts and we even **went hiking** once." Sie lachte leise. Sie waren ins Gebirge gefahren und hatten sich hoffnungslos verlaufen. Es war der chaotischste Tag in ihrem Leben gewesen.

Übung 25: Love is in the air ...
Setzen Sie die folgenden Vokabeln richtig ein.
(made the first move, kissed, a bit of a wild one, flirted, fell in love, seduced)

"I think that was the day I **1.** _____ with him", sagte sie. "We had to spend the night in a **hut**. We **2.** _____ a little and **3.** I _____ him on the **cheek**. Yes, I ..." Sie stockte. Daran hatte sie schon ewig nicht mehr gedacht.

"What?", drängte Bridget.

---

love at first sight [ˌlʌv ət ˌfɜːst 'saɪt] Liebe auf den ersten Blick **to go (went, gone) hiking** [ˌgəʊ / ˌwent / ˌgɒn 'haɪkɪŋ] wandern gehen **hut** [hʌt] Hütte **cheek** [tʃiːk] Wange

Verwundert schüttelte Ruth den Kopf. "I can't believe it",
sagte sie. "I **4.** _____."

"You **5.** _____ him?", fragte Bridget lachend.

"I guess so", erwiderte Ruth grinsend.

Bridget schaute Ruth schelmisch an und sagte: "I think
you're **6.** _____, too."

Ruth dachte an Ian. Würde sie auch hier den ersten Schritt
machen müssen? Aber dazu war sie nicht bereit. Noch nicht.
"So, you got married and had two lovely children", schluss-
folgerte Bridget.
"No. In fact I got pregnant first and then we got married",
korrigierte Ruth. "I've been lucky. My life with Georg has
been wonderful even though he travels a lot."
Ihr fiel selbst auf, dass sie "has been" gesagt hatte.
"Is there anything wrong?", fragte Bridget.
Ruth zuckte die Achseln. "I don't know."
Es war schleichend passiert, wie vermutlich in allen Ehen.
Der Alltag fraß einen auf.
Ruth starrte in den dunklen Garten. Wie gerne hätte sie einen
solchen Garten gehabt. Als sie vor sieben Jahren das Haus
am Rande von München kauften, hatte sie sich ein größeres
Grundstück gewünscht, um einen kleinen Garten anlegen zu
können. Doch Georg hatte nur den Aufwand gesehen, den
die Pflege bedeuten würde, und nicht einmal der Hinweis auf
den Nutzen für die Kinder hatte ihn umstimmen können.
Sie hatten wochenlang gestritten, und eines Tages war er mit
dem unterschriebenen Vertrag nach Hause gekommen.
Für einen Moment hatte Ruth geglaubt, er habe ihr Wunsch-

grundstück gekauft, doch ein Blick in den Vertrag hatte sie eines Besseren belehrt.

War das der Anfang vom Ende gewesen?

"What about him?", fragte Bridget und deutete mit dem Daumen nach oben.

Wortlos hielt Ruth ihr das leere Glas hin. Bridget schenkte es halb voll. Ruth roch daran, verzog das Gesicht und nippte an dem Whiskey.

"I don't know to **be honest**. He **reminds** me **of** my husband when we first met. **I'm afraid** I don't know the words to **describe** him", sagte sie entschuldigend.

"I can **imagine** them", sagte Bridget lachend. "He is **witty**, **charming** and **gallant**."

"Sounds good", murmelte Ruth. Und er war da, als sie ihn brauchte.

"He's told me a little bit about his life", sagte sie. "He was quite a wild one, too."

"So, you make the perfect couple", bemerkte Bridget trocken. Ruth kippte den Whiskey hinunter. Eine Weile saßen sie schweigend nebeneinander auf der Bank und hingen ihren Gedanken nach.

"So, do you **run** this gallery?", sagte Ruth schließlich, um endlich auf andere Gedanken zu kommen.

"Yes, I am the **so-called** manager", erwiderte Bridget. "Terry owns the gallery – I do the work and he earns the money."

---

to be honest [biː ˈɒnɪst] um ehrlich zu sein **to remind sb. of sb.** [rɪˈmaɪnd / əv] jdn. an jdn. erinnern **I'm afraid** [ˌaɪm əˈfreɪd] leider **to describe sb.** [dɪˈskraɪb] jdn. beschreiben **to imagine sth.** [ɪˈmædʒɪn] sich etw. vorstellen **witty** [ˈwɪtɪ] geistreich **charming** [ˈtʃɑːmɪŋ] charmant **gallant** [ˈɡælənt] galant **to run (ran, run) sth.** [rʌn / ræn / rʌn] etw. betreiben **so-called** [ˈsəʊkɔːld] sogenannt

Sie ließ den Kopf hängen. "The gallery is all I had and he **took** it **over**. He said I was lucky he wanted to **keep** me **on** as manager. I had no choice as a single parent."

Ruth war überrascht. "You have children?" Doch dann fielen ihr der Kinderanorak an der Garderobe ein und die Kinderbilder im Wohnzimmer.

Ein Lächeln huschte über Bridgets Gesicht.

"Yes, I have a little boy called Morris. He'll be five next month. My mother is taking care of him now; that's why the house is so quiet", fügte sie hinzu. Wütend wischte sie sich die Tränen aus den Augen. "He's the apple of my eye, and the reason I'm still here working for the bastard."

Wieder fragte sich Ruth, ob Terry an Connys Verschwinden beteiligt war.

Sie atmete tief durch und sagte: "Do you think Terry might **harm** Conny?"

Fast schon glaubte sie, Bridget habe die Frage nicht gehört, denn sie saß schweigend da und starrte in die Dunkelheit. Sie wollte gerade aufstehen und in ihr Zimmer gehen, als Bridget sagte: "I just don't know. I've been asking myself the same question all evening."

Thirteen

Als Ruth am nächsten Morgen in die Küche kam, stand Ian mit einer dampfenden Tasse in der Hand am Fenster und schaute in den Garten.

---

to take (took, taken) sth. over [ˌteɪk / ˌtʊk / ˌteɪkən ˈəʊvə] etw. übernehmen **to keep sb. on** [ˌkiːp / ˈɒn] jdn. weiterbeschäftigen **to harm sb.** [hɑːm] jdm. etw. antun

"Good morning", sagte Ruth leise, um ihn nicht zu erschrecken.

Ian drehte sich um und lächelte sie an. "Good morning. Did you sleep well?"

Ihr Herz begann zu rasen. Was hatte sie in der Nacht über ihn gesagt? Hatte sie sich zu irgendwelchen Geständnissen hinreißen lassen?

"I slept well but not long enough", erwiderte sie und nahm dankbar die Tasse, die Ian ihr eingegossen hatte. Der Kaffee war stark und gut.

Sie erzählte von ihrem nächtlichen Gespräch mit Bridget.

"She doesn't know what to think about Terry."

"We still don't know if Conny is with Terry", sagte Ian.

"Shall we go to this cottage?", fragte Ruth.

Ian nickte, wandte sich dem Kühlschrank zu, öffnete ihn, kramte darin herum und fragte dann: "What would you like for breakfast? Eggs, bacon, **pancakes**?"

"I'm not at all hungry", gab Ruth zur Antwort, aber natürlich wollte Ian das nicht gelten lassen.

"You're not taking care of yourself", mahnte er und schlug ein paar Eier in eine Pfanne. Bald darauf erfüllte köstlicher Duft nach gebratenem Speck die Küche und Ruth lief das Wasser im Mund zusammen.

Sie hatten fast fertig gefrühstückt, als Bridget erschien.

"Good morning", sagte sie und gähnte herzhaft. Sie setzte sich und trank gierig den Kaffee, den Ian ihr hinstellte.

"You're wonderful", sagte sie begeistert, als er ihr auch noch einen Teller mit Schinken und Eiern brachte. Zu Ruth gewandt, meinte sie: "You should keep him."

Ruth lächelte verlegen. "I'll think about it", erwiderte sie und

---

pancake ['pænkeɪk] Pfannkuchen

war überrascht, als sie erkannte, dass sie es tatsächlich so meinte.

Nach dem Frühstück ließ Ian sich den Weg zum Cottage erklären. Es war eine knappe Stunde Fahrtzeit und Ruth drängte zum Aufbruch.

"Thanks for your **hospitality**", sagte Ruth zu Bridget. Sie umarmten sich.

"It was a **pleasure** having you here", gab Bridget zurück.

Ruth stieg in den Wagen.

"Oh, Ruth", rief Bridget. "I thought about what I said last night. I am sure he won't harm her", sagte sie mit fester Stimme.

"Thank you", antwortete Ruth und kämpfte mit den Tränen. Sie hoffte, Bridget hatte recht.

Schweigend fuhren sie durch Limerick.

Ruth trommelte nervös mit den Fingern auf ihrem Knie herum.

"No **hassle**. Don't worry. She'll be fine", sagte Ian beruhigend.

"It's driving me crazy", stieß Ruth hervor.

Ian nahm ihre Hand und hielt sie fest.

Ruth schob alle Gedanken an Georg zur Seite. Georg war nicht da, Ian war es, und sie brauchte jetzt einen Menschen an ihrer Seite.

Sie lehnte sich zurück und schaute aus dem Fenster. Es war wieder ein wunderbarer Tag. Der Himmel war tiefblau und dicke weiße Wolken jagten über ihn hinweg.

---

hospitality [ˌhɒspɪ'tælətɪ] Gastfreundschaft **pleasure** ['pleʒə] Vergnügen **hassle** ['hæsl] Hektik

Übung 26: Setzen Sie in diesem irischen Lied die richtigen Wörter ein. Es reimt sich!
(mile, meadows, castle, Emerald, boyfriend, cottage, whiskey, cliffs, Irish, Limerick, hassle)

I love my home in **1.** _____

My **2.** _____ and my **3.** _____ Mick

The **4.** _____ and the fields around

The **5.** _____ Sea's **familiar** sound

The **taste** of **6.** _____ in the pub

Walks on the **7.** _____, dips in the tub

I often paint an Irish **8.** _____ –

To get away from the city's **9.** _____

My heart belongs to the **10.** _____ Isle

Where the coastline **stretches** for mile upon

11. _____.

Als zu ihrer Rechten Bunratty Castle auftauchte, sagte Ian: "I wish we could visit it."
"Me too", erwiderte Ruth ruhig.
Ian hatte ihre Hand losgelassen, da der Verkehr um das Schloss herum stärker geworden war, doch nach ein paar Kilometern beruhigte sich alles wieder und er nahm erneut ihre Hand. Ruth freute sich.

---

familiar [fə'mɪlɪə] vertraut **taste** [teɪst] Geschmack **to stretch** [stretʃ] sich erstrecken

In Ennis bogen sie auf eine schmalere Straße ab und fuhren durch kleine Orte, die witzige Namen wie "The Hand Cross Roads" trugen.

Ruth lächelte. Ein hübscher Name für einen Ort. Sie hatte bisher kaum etwas von Irland gesehen, doch jetzt konnte sie endlich die viel gerühmte irische Landschaft genießen. Sie musste zugeben, dass die Reiseführer nicht übertrieben. Sanfte Hügelketten, zwischen denen immer wieder kleine Seen eingebettet waren, zeigten unendlich viele Variationen der Farbe Grün. Sie wünschte, sie könnten jetzt einfach anhalten, ein paar Stunden querfeldein laufen und alle Sorgen vergessen.

"Your country is beautiful", sagte sie. "I can understand why Conny wanted to live here."

Würde sie auch hier leben wollen? Vielleicht könnte sie eine Auszeit nehmen …

"We're almost there", sagte Ian in ihre Gedanken hinein. "Look out for a small **unpaved** road to the left."

Ruth konzentrierte sich auf die Straße und die Landschaft zu ihrer Linken. Bald tauchte der Weg auf. Sie verließen die Straße und rumpelten auf dem unebenen Pfad dahin. Ruth hielt Ausschau nach einem Haus, aber es waren nur Wiesen und Sträucher zu sehen.

"Perhaps we're on the wrong road", murmelte Ian, als nach einigen Minuten immer noch kein Cottage in Sicht war. Er hielt an und wollte zurücksetzen, aber Ruth sagte ihm, er solle noch ein Stück weiterfahren. Tatsächlich war nach ein paar hundert Metern in der Ferne ein Haus zu erkennen.

"We must be near the cliffs", sagte Ian.

Ruth krallte ihre Finger in das Sitzpolster.

---

unpaved [ʌnˈpeɪvd] nicht asphaltiert

Was würde sie dort erwarten?

Doch alles, was sie sahen, war ein typisch irisches Cottage. Vor dem Haus stand ein Wagen.

"Somebody must be there", sagte Ian und parkte daneben.

Ruth fragte sich, welchen Sinn ein Museum hier am Ende der Welt machen sollte. Wer würde diese lange Anfahrt auf sich nehmen?

Sie blieben im Wagen sitzen. Wenn jemand im Haus war, musste er sie gehört haben. Doch alles blieb ruhig.

"Do you want to wait here while I check the house?", fragte Ian und öffnete die Tür. Ein heftiger Wind riss sie ihm beinahe aus der Hand.

Ruth schüttelte energisch den Kopf und stieg ebenfalls aus. Der Wind peitschte ihr die Haare ins Gesicht.

Ian warf einen Blick in das Auto. "It's a **rental car**", sagte er und deutete auf die Plakette des Verleihers.

Ruth schöpfte Hoffnung. Terry hatte sicher ein eigenes Auto, also musste das Connys Leihwagen sein.

Gemeinsam gingen sie auf das Haus zu. Instinktiv nahm Ruth Ians Hand.

Ian klopfte an die Tür. Von innen war kein Laut zu hören. Er drückte die Klinke und die Tür gab nach.

"Hello? Anybody home?", rief Ian laut und schob die Tür langsam auf.

Ruth hatte versucht sich vorzustellen, was sie erwarten könnte, hatte sogar befürchtet, Connys Leiche zu finden. Womit sie nicht gerechnet hatte, war das heillose Chaos, das in dem Haus herrschte.

Möbel waren umgeworfen, Bücher lagen zerfleddert auf

---

rental car ['rentl kɑ:] Mietwagen

dem Boden, in einem zerbrochenen Fenster wehte ein zerrissener Vorhang.

"Good Lord", flüsterte Ian. "**What the hell** has happened? It's a **scene** of **devastation**."

Vorsichtig betraten sie den großen Raum. Es knirschte unter ihren Schuhen.

Übung 27: Bringen Sie die folgenden Ereignisse in die richtige Reihenfolge.

a. ☐ They walk into the cottage.
b. ☐ They drive through Limerick.
c. ☐ Ian checks the car.
d. ☐ They find a scene of devastation.
e. ☐ They find the cottage.
f. ☐ They have bacon and eggs for breakfast.
g. ☐ They knock on the door.

"**Watch your step**", warnte Ian und zeigte auf Glas- und Porzellanscherben, die überall verstreut waren.

"Looks like there's been a fight", sagte Ruth ängstlich. "Conny?", rief sie laut. "Bist du da?"

Sie glaubte ein Stöhnen zu hören, lauschte, aber es war nur der Wind, der durch den Kamin heulte.

"I'll check upstairs", sagte Ian und deutete auf die Treppe.

"I'll come with you", sagte Ruth. Um nichts in der Welt wollte sie jetzt allein bleiben.

Sie stiegen die Treppe hinauf. Im ersten Stock gab es nur zwei kleine Zimmer. In dem einen standen ein Bett und ein

---

what the hell [ˌwɒt ðə 'hel] was zum Teufel **scene** [siːn] Szene **devastation** [ˌdevə'steɪʃn] Verwüstung **Watch your step!** [ˌwɒtʃ jə 'step] Pass auf!

Schrank, beide intakt.

Auf dem Boden verstreut lag zerrissene Kleidung, darüber eine dünne Schicht Federn. Die leeren Kissenhüllen lagen auf der aufgeschlitzten Matratze.

Ian machte einen Schritt in das Zimmer hinein, um hinter das Bett schauen zu können, und wirbelte die Federn auf.

"Nothing", sagte er zu Ruth.

Sie wusste nicht, ob sie erleichtert oder beunruhigt sein sollte. Mit klopfendem Herzen öffnete sie die Tür zum zweiten Zimmer und blieb erstaunt stehen. Wer immer in dem Haus gewütet hatte, diesen Raum hatte er ausgelassen.

"The studio", sagte Ian.

Ruth sah ihn fragend an.

"Matthew's studio. See the **paintbrushes** and the **easel**. He didn't finish all the paintings. Look at that oil painting over there. And here's a **watercolour**", erklärte Ian und zeigte auf die Staffelei und das riesige Fenster im Dach, durch das sie die Wolken über den Himmel jagen sahen. Der Raum war sehr hell.

Ruth fühlte, wie ihr ein Schauer über den Rücken kroch. Auf der Staffelei stand ein unvollendetes Gemälde. Viel Blau am unteren Rand ließ ein Bild vom Meer vermuten. Auf einem kleinen Tisch neben der Staffelei stand ein großes Glas, in dem unzählige Pinsel steckten, daneben lag eine bunt gefleckte Palette.

Ein dünner Pinsel lag darauf. Bei näherem Hinsehen entdeckte Ruth, dass er vollkommen eingetrocknet war.

"It's like a **shrine**", sagte Ian leise.

---

paintbrush ['peɪntbrʌʃ] Pinsel **easel** ['iːzl] Staffelei **watercolour** ['wɔːtəkʌlə] Aquarell **shrine** [ʃraɪn] Heiligtum

Übung 28: "Painting words"

Wie viele Vokabeln im Zusammenhang mit Malerei sind Ihnen bekannt? Vervollständigen Sie die folgenden Begriffe.

1. Someone who paints pictures well is an a _ _ _ _ t.

2. You paint watercolours with a p _ _ _ _ _ _ _ _ h.

3. Painters often work with an e _ _ _ l.

4. Painters work in a room called a s _ _ _ _ o.

5. Successful painters show their work in a g _ _ _ _ _ y or

   m _ _ _ _ m.

6. Some painters f _ _ _ e the work of famous artists and

   make their money that way.

"I want to leave", drängte Ruth.

"Go downstairs and wait outside", sagte Ian. "I'll check the rest of the house. It isn't that big, so I'll be back in a minute. Are you okay?", fragte er besorgt.

Ruth nickte. Sie atmete tief ein und aus und versuchte sich zu beruhigen. Sie hatten keine Leiche gefunden ... Aber war das wirklich ein Grund zur Hoffnung?

Während Ian noch im Haus war, schaute Ruth sich draußen um. Das Meer konnte nicht allzu weit sein, denn immer wieder tauchten Möwen auf und schwebten kreischend über sie hinweg.

Ian kam nach kurzer Zeit heraus und sagte: "Same **mess** in the kitchen and the bathroom. There's another, smaller, room downstairs. It's almost empty."

---

mess [mes] Durcheinander

"How could the two of them have lived here?", fragte Ruth fassungslos.

Das Haus lag nicht nur am Ende der Welt, es war auch jenseits jeglicher Zivilisation. Hier schien es weder Strom noch fließendes Wasser zu geben.

"I have no idea", stimmte Ian zu. "After two days I would go crazy."

Er schaute Ruth an. "What now?"

"Can we have a look over there?", fragte sie und deutete Richtung Meer.

"Sure, why not?"

Sie gingen um das Haus herum. Auf der Rückseite entdeckten sie einen kleinen Anbau.

"They've got their own **well**", sagte Ian und deutete auf eine Pumpe. "And they have their own **electricity supply**." Neben der Pumpe stand ein Generator.

Trotz dieser Annehmlichkeiten musste das Leben hier hart gewesen sein. Ruth wunderte sich, wie Conny das ausgehalten hatte.

Sie ließen das Haus hinter sich und liefen auf das Meer zu. Die Möwen erhofften sich offensichtlich etwas zu fressen, denn sie sammelten sich über ihren Köpfen und stimmten eine heisere Kakophonie an.

Ian rief Ruth etwas zu, aber der Sturm ließ nur Wortfetzen bei ihr ankommen. "... cliffs ... **steep** ... **dangerous**."

Sie nickte. Langsam kämpfte sie sich gegen den immer stärker werdenden Wind vor. Sie wünschte sich, sie hätte ihre Haare hochgesteckt, ihr Pferdeschwanz schlug ihr immer wieder schmerzhaft ins Gesicht.

---

well [wel] Brunnen **electricity supply** [ɪˌlekˈtrɪsətɪ səˌplaɪ] Stromversorgung **steep** [stiːp] steil **dangerous** [ˈdeɪndʒərəs] gefährlich

Plötzlich fasste Ian sie hart am Arm und stoppte in seiner Bewegung. Sie wollte protestieren, doch er zeigte auf etwas vor ihnen.

Ruth blickte auf und sah nahe den Klippen zwei Gestalten sich gegenüberstehen. Eine war Conny, die andere musste folglich Terry sein.

"Conny!", rief sie, aber die Freundin schien sie nicht zu hören, denn es kam keine Reaktion.

"She's alive", sagte Ruth und schluchzte.

"At the moment, **at any rate**", sagte Ian und deutete erneut nach vorn.

Ruth kniff die Augen zusammen.

Conny und Terry standen sich wie zwei Duellanten gegenüber, nur trugen sie keine Waffen. Oder doch? Ruth musste erkennen, dass sie sich geirrt hatte. Conny hielt den Mann mit einer Pistole in Schach.

Übung 29: Sind die folgenden Aussagen wahr oder falsch? Kreuzen Sie die zutreffenden Sätze an.

1. ☐ The cottage was **tidy** when Conny and Ian arrived.
2. ☐ The cottage gets its water from Limerick.
3. ☐ The cottage has its own electricity supply.
4. ☐ The cottage is close to the cliffs.
5. ☐ Terry has killed Conny.
6. ☐ Conny is alive.

---

at any rate [ət ˌenɪ 'reɪt] auf jeden Fall **tidy** ['taɪdɪ] aufgeräumt

Fourteen

"Conny!", schrie Ruth aus Leibeskräften, aber der Wind gab ihr keine Chance, zu ihr durchzudringen.

Hilflos mussten sie mit ansehen, wie Conny Terry langsam in Richtung Klippen trieb.

"We must do something", rief Ruth Ian zu. Doch der telefonierte.

Rief er die Polizei? Bis die kam, war es längst zu spät.

Ruth schaute hoch zu den beiden auf den Klippen. Noch war genügend Abstand zwischen ihnen und dem Abgrund, aber Conny schien gewillt, Terry hinabzustürzen. Ian war ganz auf sein Telefonat konzentriert. Auf ihn konnte sie im Moment nicht zählen. Ruth blieb keine andere Wahl, als selbst zu handeln.

Langsam ging sie auf die Klippen zu. Offensichtlich hatte die Freundin sie aus den Augenwinkeln wahrgenommen, denn plötzlich blieb sie irritiert stehen. Die Waffe immer noch auf Terry gerichtet, schaute sie vorsichtig in Ruths Richtung. Erstaunen spiegelte sich auf ihrem Gesicht wider, dann Entsetzen.

"Go away!", rief sie. "**It's none of your business.**"

"Conny, mach dich nicht unglücklich!", schrie Ruth, so laut sie konnte.

Schritt für Schritt schob sie sich vorwärts.

Terry rief etwas, doch Ruth konnte ihn nicht verstehen. Erstaunlicherweise zeigte er keine Angst, er hatte eher einen spöttischen Ausdruck im Gesicht, als nehme er die ganze Situation nicht ernst.

It's none of your business. [ɪts ˌnʌn əv jə ˈbɪznəs] Das geht dich nichts an.

Ruth war inzwischen bis auf wenige Meter an die Freundin herangekommen, die ihren Widersacher weiter in Richtung Klippen trieb.

"Conny, don't do that", rief Ruth.

"Go away, Ruth. It's none of your business", wiederholte Conny.

Ruth war sicher, dass Conny in diesem Moment nicht ganz zurechnungsfähig war. Sie wandte sich nach Ian um, der sich im Zeitlupentempo auf sie zuzubewegen schien.

Gab es etwas, womit sie Conny von dem, was sie tun wollte, abbringen konnte? Sie wagte noch einen Schritt.

"Conny, tell me what's going on", rief sie.

"She is completely crazy", rief Terry.

"Keep your mouth shut!", schrie Conny wie von Sinnen und richtete die Waffe auf seinen Kopf. Doch Terry grinste nur böse.

"Conny", versuchte Ruth es erneut. "He's not **worth** it. – Denk nach", wechselte sie ins Deutsche. "Willst du seinetwegen ins Gefängnis?"

"He killed him", rief Conny. "He has to die."

Einen Moment lang war Ruth irritiert. Wovon redete sie?

"It was an accident!", schrie Terry. "He was drunk and he fell down the cliffs, you know that, you **stupid bitch**."

Ruth ging ein Licht auf: Sie redeten über Matthew. Offensichtlich glaubte Conny, Terry habe ihren Freund getötet.

"Conny", sagte Ruth. "Willst du dein Leben ruinieren? Denk doch mal eine Minute lang nach."

Doch die Freundin war für vernünftige Worte nicht empfänglich. Unwillig schüttelte sie den Kopf und konzentrierte sich wieder ganz auf Terry.

---

worth [wɜːθ] wert **stupid bitch** [ˌstjuːpɪd ˈbɪtʃ] blöde Schlampe

278

"Don't **be scared**", sagte Ian leise hinter ihr. "It's only me."

Er stand jetzt direkt hinter Ruth. Ein unwirkliches Gefühl von Sicherheit durchflutete sie.

"We must do something", drängte sie.

"I think you should know something first", sagte Ian und griff nach ihrem Ellbogen. Seine Stimme klang so beunruhigt, dass Ruth sich zu ihm umdrehte.

"Paddy just called me", sagte er. "He found out something about the accident five years ago."

Ruth gefiel nicht, wie er das Wort "accident" betonte.

"There was an **investigation**", fuhr Ian fort.

"Did they find out anything?", fragte Ruth und wandte den Kopf. Conny hielt Terry weiter mit der Pistole in Schach.

"Yes, they did", erwiderte Ian. "All three of them, Terry, Bridget and Conny, were suspected at different times of having killed Matthew."

Ruth hörte die Worte, aber sie wollte sie nicht verstehen. Ungläubig starrte sie Ian an. Waren jetzt alle übergeschnappt?

"I'm sorry", sagte Ian. "I couldn't believe it myself, but Paddy's colleague faxed him the **file**. He's seen it in black and white."

Das war nicht möglich! Ruth war sich sicher, dass Ians Freund einen Fehler gemacht hatte. Aber Ians nächste Worte machten diese Hoffnung zunichte.

"The investigation lasted several months, but the police couldn't **prove** anything. **Apparently** the three of them told the same story over and over again."

Ruth drehte den Kopf zu Conny, deren Arme allmählich schwächer wurden. Nur mit Mühe konnte sie die Waffe aus-

---

to be scared [bi: 'skeəd] Angst haben **investigation** [ɪnˌvestɪ'geɪʃn] Ermittlungsverfahren **file** [faɪl] Akte **to prove sth.** [pruːv] etw. beweisen **apparently** [ə'pærəntlɪ] anscheinend

gestreckt vor sich halten. Terry grinste. Für einen Moment konnte Ruth die Beweggründe ihrer Freundin nachvollziehen – diesen Typen konnte man nur hassen. Aber das war kein Grund, ihn umzubringen, schon gar nicht, wenn sie der Ansicht war, er sei Matthews Mörder. Dann gehörte er vor Gericht und ins Gefängnis.

"They all **stated** that Matthew often had **fits** of depression because he was **unsuccessful** as a painter", fuhr Ian fort. "It seemed clear that he woke up in the middle of the night, still drunk, and decided to kill himself."

Übung 30: Welche Verdächtigungen sind zutreffend? Unterstreichen Sie die richtige Alternative.

1. The police suspected *(Bridget/Ian)* of killing Matthew.
2. The police also believed that *(Terry/Ruth)* had something to do with Matthew's "accident".
3. The police didn't think that *(Conny/Ian)* was involved in Terry's murder.
4. The investigation lasted three *(days/months)*.
5. The police *(proved/couldn't prove)* that Matthew was murdered.
6. Matthew often felt *(glad/sad)* because he was *(successful/unsuccessful)* as a painter.

Das also war Connys großes Geheimnis. Hatte sie jemals mit irgendjemandem darüber geredet? Ruth gegenüber hatte sie so gut wie nichts erzählt. Es hatte einen Unfall gegeben, das war alles, was sie erfahren hatte. Aber Selbstmord oder gar Mord? "It makes sense", sagte Ruth.

---

to state [steɪt] aussagen **fit** [fɪt] Anfall **unsuccessful** [ˌʌnsək'sesfl] erfolglos

"I mean, if he was **depressed** he might have killed himself."
Vermutlich war die Polizei nur besonders gründlich gewesen und hatte jeden Verdacht ausschließen wollen.

"That's what they thought, too", stimmte Ian zu. "But the **coroner's inquest** showed that there were **injuries** that couldn't have come from **suicide**. So they **assumed** that one of them must have killed him. I wonder what happened over the last two days. Somehow Conny must **have received** new information."

"Even if he killed Matthew", sagte Ruth und deutete auf Terry, "we can't let them kill each other now."

Conny und Terry standen sich unverändert gegenüber.

"You're right", sagte Ian. "Can't you talk to your friend?"

"I tried, but she won't listen to me", sagte Ruth.

"I'll try", sagte Ian entschlossen. "Keep behind me."

"She won't kill me", sagte Ruth im Brustton der Überzeugung. Aber konnte sie sich da sicher sein? Wer war diese Frau, die da breitbeinig auf einer Klippe stand und einen anderen Menschen mit einer Waffe bedrohte?

Ian war nur noch einen Meter von Conny entfernt und redete auf sie ein. Conny hielt die Waffe immer noch erhoben, aber sie wirkte unsicher und verwirrt.

"... not worth it, is it?"

"But he killed him!", gab Conny zurück und drückte die Arme wieder durch.

Terry, der einen Schritt auf sie zu gemacht hatte, wich zurück.

"You'd better keep your **distance**", rief Ian ihm zu.

---

coroner's inquest [ˈkɒrənəs ˈɪŋkwest] amtliche Leichenschau **injury** [ˈɪndʒərɪ] Verletzung **suicide** [ˈsuːɪsaɪd] Selbstmord **to assume** [əˈsjuːm] annehmen **to receive sth.** [rɪˈsiːv] etw. erhalten **depressed** [dɪˈprest] depressiv **distance** [ˈdɪstəns] Abstand

Terry machte eine abfällige Handbewegung, hielt aber Abstand.

"Do you want to go to jail because of him?", fragte Ian.

Conny lachte kurz und hart. "I don't care. I'll go to jail anyway so I might as well kill him." Sie schaute kurz zu Ian und Ruth, wandte sich aber sofort wieder Terry zu. "I could kill him and then myself", sagte sie ruhig.

"Why should you kill yourself?", wollte Ian wissen.

"Matthew is dead", sagte Conny.

"So what?" Ians Stimme klang ganz ruhig. "He's been dead for five years now. Why didn't you kill yourself before now then?"

Entsetzt starrte Ruth Ian an. War er komplett übergeschnappt? Sie wollte dazwischenfahren, doch zu ihrem großen Erstaunen sah sie, dass Conny Ian unsicher anschaute. Sie schwieg.

"I ... I don't know", sagte sie kläglich.

"But I know", sagte Ian und schob sich kaum merklich auf sie zu. "I know that you want to be alive and be together with your friends. See, Ruth came all the way from Dublin to look for you. She is your friend, isn't she?"

Conny schaute Ruth an, als sehe sie sie zum ersten Mal.

"But I'm not a good friend to Ruth", sagte sie dann und wich einen Schritt zurück.

Ohne nachzudenken rief Ruth: "Aber du bist meine Freundin. Ich brauche dich doch!" Sie hielt den Atem an. Wie würde Conny reagieren?

"Ich bin keine gute Freundin", sagte Conny und ließ für einen Moment die Pistole sinken.

Sowohl Ian als auch Terry machten einen Satz nach vorne, doch Ian stand näher bei Conny und griff als Erster nach der Waffe. Conny leistete nur kurz Widerstand. Sie fiel zu Boden wie eine Marionette, der man die Fäden durchtrennt hatte.

Ruth lief zu ihr.

Ian hielt die Waffe auf Terry gerichtet.

"I **will shoot** if I have to", sagte er warnend. "We'd better go back to the house", wandte er sich an die beiden Frauen.

"Leave me alone", schluchzte Conny.

Ruth versuchte mit beruhigenden Worten, sie aufzurichten, doch ohne Erfolg. Sie wurde wütend.

"Verdammt noch mal, Conny, reiß dich zusammen!", schrie sie die Freundin an. "Ich bin durch halb Irland gefahren, weil ich mir Sorgen um dich gemacht habe, und du veranstaltest ein solches Theater."

Endlich reagierte Conny. Sie ließ sich hochziehen und zum Cottage führen.

Fifteen

"Can you please look for something to drink?", sagte Ian zu Ruth und nahm ihre Hand. Seine war eiskalt. "I need a whiskey now."

Im Küchenschrank fand Ruth eine Flasche mit einer braunen Flüssigkeit, die nach verbranntem Teer roch. Sie verzog das Gesicht, aber sie brauchten alle eine Stärkung. Ruth suchte vier Gläser, fand nur drei und nahm eine Tasse als Ersatz.

Als sie Ian das Glas reichte, sah sie, dass seine Hand leicht zitterte. Das beruhigte sie mehr, als wenn er völlig cool gewesen wäre. Sie drückte Terry und Conny ebenfalls ein Glas in die Hand, behielt selbst die Tasse und stellte sich zu Ian neben das umgekippte Bücherregal.

"Cheers", sagte Terry schief grinsend und hob das Glas. Er

---

to shoot (shot, shot) [ʃuːt / ʃɒt / ʃɒt] schießen

ließ sich auf den Boden sinken und lehnte den Kopf gegen die Wand.

Conny drehte ihr Glas gedankenverloren in der Hand.

Ian legte die Pistole auf das Bücherregal. Als er Terrys lauernden Blick sah, sagte er: "Don't even think about it. I may look like a **lazy lump** but I can be very quick if I want to be."

Terry schnitt eine Grimasse.

"What happened?", fragte Ian schließlich und zeigte auf das Chaos rings um sie.

Übung 31: What happened?
Stellen Sie die richtigen Fragen – welche Fragewörter gehören an den Anfang des jeweiligen Satzes?
(Whose, When, How much, How many, Why, How far, Who, Where)

1. _____ was holding a gun?

   Conny was.

2. _____ is the cottage?

   Near the cliffs.

3. _____ cottage is it?

   Conny's.

4. _____ years has Matthew been dead?

   Five years.

5. _____ did Ruth travel to find Conny?

   Halfway through Ireland.

---

lazy ['leɪzɪ] träge lump [lʌmp] Klotz halfway ['hɑːfweɪ] halb

6. _____ did Ruth and Ian find Conny and Terry?

After they had left the cottage.

7. _____ does Conny hate Terry?

Very much!

8. _____ did Conny want to kill Terry?

Because she thought he killed her lover.

Terry lachte laut auf. "This lady here", er deutete auf Conny, "is completely crazy. All I wanted to do was to buy this cottage, but she **kidnapped** me."

"I should have killed you", zischte Conny böse.

Ruth war sich nicht sicher, ob sie Terry richtig verstanden hatte. Conny hatte ihn entführt? Wie hätte sie das tun sollen? Ian wollte wissen, was in Dublin vorgefallen war.

"I only wanted her to sell me the cottage", sagte Terry.

"Bridget told us you were **planning** to open a museum", sagte Ian.

"You met Bridget?", gab Terry erstaunt zurück.

"I was quite surprised to see him", sagte Conny und ihre Stimme klang jetzt sehr ruhig. "I'd not seen him since the coroner's inquest. I was even more surprised when he told me what he wanted. Terry had always wanted to buy the cottage but this time he offered me a sum so ridiculously high that I got **suspicious**. I know that Ireland is booming like crazy. But see for yourself: It's the end of the world here, and it's just an **ordinary** cottage."

---

to kidnap ['kɪdnæp] entführen **to plan** [plæn] planen **suspicious** [sə'spɪʃəs] misstrauisch **ordinary** ['ɔːdnərɪ] gewöhnlich

"Next time I'll offer less and get it", warf Terry ein.

"So, you met and went to the pub", sagte Ian.

Conny nickte. "Yes. He offered me two hundred thousand euros."

"It's a nice house but it's not worth that price", sagte Ian. Ruth nickte. Es war ein Wochenendhaus, mehr nicht.

"I know", sagte Conny. "That's why I got suspicious. I asked him why he wanted to pay so much. But all he told me was that this might be the chance for me to **finally** sell the house. He knew I wanted to **get rid of** it one day. If he had told me the truth, I might even have said yes. But I knew he **was lying** to me. Again."

Terry lachte. "I never lied to you. You just didn't want to see the truth", rief er spöttisch.

Conny warf ihr leeres Glas nach ihm. Er duckte sich und das Glas schlug krachend an die Wand.

"Hey, **behave yourself!**" Ian griff nach der Pistole. Conny und Terry starrten sich hasserfüllt an.

"What happened next?", wollte Ian von Conny wissen.

"I called Bridget. She told me that Terry knew I was in town. I had called her several weeks ago to let her know I might come to Limerick." Sie sah schnell zu Ruth, senkte aber sofort den Blick. "I had planned to stay longer."

Ruth blieb ruhig. Egal, dann wäre sie eben allein zurückge-flogen. Erstaunt sann sie über diesen Gedanken nach. Noch vor Tagen hätte sie diese Aussicht in helle Panik versetzt, doch jetzt war es tatsächlich vollkommen gleichgültig. Konnte man sich innerhalb von vier Tagen so verändern?

Sie schaute die Freundin an. Auch Conny hatte sich verändert.

---

finally ['faɪnəlɪ] endlich **to get rid of sth.** [ˌget 'rɪd əv] etw. loswer-den **to lie** [laɪ] lügen **Behave yourself!** [bɪ'heɪv jɔːˌself] Benimm dich!

Sie war fast eine Fremde geworden. Die Frage war: Hatte sie diese Frau jemals wirklich gekannt?

"She told me about Matthew's pictures. Almost two years ago some American liked one and bought it, and he ...", sie hob den Kopf kurz in Terrys Richtung, "... was selling the pictures at ridiculous prices. He must have made a **fortune**." Sie warf Terry einen wütenden Blick zu, doch der lehnte mit geschlossenen Augen an der Wand. "She also told me about the museum he was planning. I thought it was a strange idea. Who would come this far to see Matthew's house?"

Keiner, dachte Ruth.

"Americans", sagte Ian.

"Yes. Only Americans are crazy enough to do that", stimmte Conny ironisch zu. Sie zeigte auf Ians Glas und fragte: "Is there any more of that stuff?"

Ruth reichte ihr ihre Tasse.

Conny nahm einen langen Schluck und erzählte weiter. Nach dem Telefonat mit Bridget hatte sie den Plan gefasst, das Haus tatsächlich zu verkaufen. Allerdings nicht an Terry, sondern an einen Makler.

Übung 32: Setzen Sie die Verben ins Past Tense und in die passenden Sätze ein.

(to get to, to have, to happen, to know, to check out, to pack, to be, to rent, to let)

"I **1.** _____ a car, **2.** _____ my suitcase and

3. _____. When I **4.** _____ the garage he

was waiting for me", sagte sie.

---

fortune ['fɔːtʃən] Vermögen

Terry blinzelte.

"He **5.** (not) _____ me get into my car, so we

6. _____ a **brief argument**. I can't remember exact-

ly how it **7.** _____ but **suddenly** I was holding his

pistol in my hands." Connys Stimme klang ungläubig. "I

8. *(not)* _____ sure what to do with it but I

9. _____ he didn't know that."

Terry öffnete die Augen und schaute Conny überrascht an.

"Suddenly there were lights and I **panicked**." Conny räusperte sich. Dann sagte sie leise: "I **forced** him to get into my
car."

"She **abducted** me", sagte Terry. "We should call the police."

"Yes", stimmte Conny zu und lachte bitter. "Call the police. I
wonder what they'll find out about you."

"I called the police when we found this mess. They should
be here any minute now", sagte Ian ruhig.

"I don't understand", sagte Ruth. "How come Terry had
Matthew's pictures?"

"Good question", sagte Conny. "I didn't even know that there
were so many pictures left."

Matthew sei ein ziemlich erfolgloser Künstler gewesen, als
sie sich kennenlernten, fuhr Conny fort, aber er habe die
Hoffnung nie aufgegeben. Als Terry in ihrem Leben aufgetaucht sei, habe sie von vornherein ein schlechtes Gefühl

---

brief [briːf] kurz **argument** [ˈɑːgjʊmənt] Streit **suddenly** [ˈsʌdnlɪ]
plötzlich **pistol** [ˈpɪstl] Pistole **to panic** [ˈpænɪk] in Panik geraten **to
force sb.** [fɔːs] jdn. zwingen **to abduct sb.** [əbˈdʌkt] jdn. entführen

gehabt, aber Matthew sei plötzlich so optimistisch gewesen, seine depressiven Phasen seien immer kürzer geworden und dann ganz verschwunden. Deshalb habe sie die Zusammenarbeit der beiden auch nicht unterbunden.

"And Matthew was right and I was wrong", sagte Conny. "I don't know how he managed to do it, but one day Terry came and told Matthew he had sold one of his pictures. God, we had quite a party."

"You are such a great **liar**", sagte Terry spöttisch.

Alle Blicke wandten sich ihm zu. Er hob die Hände. "She can't tell me she didn't know about the **deal** I had with Matthew."

"What deal?", fragte Ian.

"Matthew was a **dreadful** painter." Er warf Conny einen raschen Blick zu. "He was **simply** dreadful", wiederholte er.

Matthew habe absolut keine Inspiration gehabt, seine Bilder seien langweilig und öde, er selbst aber ein perfekter Kopist gewesen. Er habe praktisch jedes berühmte Gemälde der Welt perfekt nachmalen können.

"You mean he **copied** famous paintings and you sold them?", hakte Ian nach.

"Exactly." Terry schien sehr zufrieden mit sich zu sein.

Ruth konnte nicht mehr folgen.

"Was will er damit sagen?", fragte sie Conny auf Deutsch.

"Matthew hat offensichtlich Fälschungen angefertigt, die Terry dann verkauft hat." Sie schlug sich die Hand an die Stirn. "Ich bin so ein Idiot."

Terry lachte dreckig.

---

liar ['laɪə] Lügnerin **deal** [diːl] Abmachung **dreadful** ['dredfl] schauderhaft **simply** ['sɪmplɪ] einfach **to copy sth.** ['kɒpɪ] etw. kopieren

"Ich hab mich gewundert, warum Matthew plötzlich so viel Geld mit den Bildern machte, aber ich dachte tatsächlich, dass Terry etwas von dem Geschäft versteht", sagte Conny zu Ruth. "Ich hab es wirklich nicht gewusst."

"Ich glaub's dir ja", sagte Ruth. Aber ob das auch die Polizei glauben würde?

"To be honest I don't get it", sagte Ian. "How can you sell 'originals'? Everybody must know that they are in museums?"

Terry lachte wieder. "You don't know much about this business, do you?"

Ian nickte nur.

"You need a lot of **connections**", sagte Terry stolz. "It's a **secret network**. You start a rumour. **Collectors** are so **greedy** they would pay any price to own the picture of their dreams. I asked Matthew to copy famous pictures. For each copy we sold, an original Matthew Miller disappeared into the **basement** of the gallery. Of course, he didn't like it at first. But when he saw the money, he **swallowed** his **pride** and **got down to work** like **mad**."

"Ich hab's nicht gewusst", wiederholte Conny tonlos. "Wie konnte ich nur so blöd sein."

Ian wollte wissen, wie es dazu gekommen war, dass Matthews Bilder schließlich doch noch erfolgreich wurden.

Vor gut zwei Jahren sei er beim Aufräumen über die Bilder gestolpert, erklärte Terry. Aus sentimentalen Gründen habe er eines in die Galerie gehängt. Zwei Tage später habe ein

---

connection [kə'nekʃn] Geschäftsbeziehung   **secret** ['si:krət] geheim **network** ['netwɜ:k] Netzwerk   **collector** [kə'lektə] Sammler   **greedy** ['gri:dɪ] gierig   **basement** ['beɪsmənt] Keller   **to swallow sth.** ['swɒləʊ] etw. hinunterschlucken   **pride** [praɪd] Stolz   **to get down to work** [ˌget 'daʊn tə 'wɜ:k] sich an die Arbeit machen   **mad** [mæd] verrückt

reicher Amerikaner es gekauft und gefragt, ob es mehr davon gebe. Mittlerweile verkaufe er die Bilder nach und nach in die USA.

Sein Gesicht zeigte deutlich, wie großartig er sich fand.

"You know", sagte Conny langsam und schaute von Terry zu Ian zu Ruth, "when we were driving over here, he told me he killed Matthew."

"Ha!", rief Terry und machte eine abfällige Bewegung mit der Hand.

"Oh yes", rief Conny. "You were **jealous** because of what Bridget did."

Terry schloss betont gleichgültig die Augen, als interessiere ihn das alles nicht. Doch Ruth sah, dass seine Halsschlagadern kräftig pulsierten.

"Er hat mir ein Foto gezeigt", sagte Conny zu Ruth. "Ich hatte schon immer den Verdacht, dass da was lief, aber ich konnte nie etwas beweisen." Sie senkte nachdenklich den Kopf. "Vielleicht wollte ich es auch gar nicht wissen", sagte sie leise.

"Was nicht wissen?", fragte Ruth.

"Dass Matthew und Bridget ein Verhältnis hatten", sagte Conny.

Terry öffnete die Augen.

"You showed me that photo", sagte Conny zu ihm. "You are the one with a **motive** to kill him."

"I don't understand a word", sagte Ian hilflos zu Ruth. "Which photo is she talking about?"

Ruth schüttelte den Kopf. Sie hatte ebenfalls keine Ahnung.

"Welches Foto?", fragte sie die Freundin.

"Das von Bridgets Sohn", gab Conny zurück.

---

jealous ['dʒeləs] eifersüchtig **motive** ['məʊtɪv] Motiv

Übung 33: Setzen Sie die folgenden Wörter an der richtigen Stelle ein.

(ridiculous, greedy, jealous, dreadful, ordinary, unsuccessful)

1. Matthew was an _____ painter.

2. Collectors are _____ people.

3. The prices that Matthew got for his pictures were so high

that it was _____.

4. Matthew's pictures were very bad. Actually, they were

_____.

5. The cottage in Limerick is really quite _____

_____. There's nothing special about it.

6. Conny thinks Terry was _____

_____ because of what Bridget did.

Sixteen

Weder Terry noch Ian brauchten eine Übersetzung, um das zu verstehen.

"Are you saying that Matthew is Morris' father?", fragte Ian.

"I'm not", gab Conny zurück. Sie zeigte auf Terry. "He is."

In Ruths Kopf schwirrten die Gedanken wild durcheinander. Matthew hatte ein Verhältnis mit Bridget gehabt. Terry hatte also sehr wohl ein Motiv, den Nebenbuhler umzubringen. Ja, das ergab einen Sinn. Ihr Blick fiel auf die Freundin, die vor ihr im Sessel saß. Ruth schluckte. Nicht nur Terry hatte ein Motiv. Conny hatte ein zerknittertes Foto aus ihrer Hosentasche gezogen und hielt es ihr hin. Ruth kannte Matthew nur von einem Schnappschuss, der in Connys Schlafzimmer hing, aber sie sah sofort, dass Terry recht hatte. Ein Vaterschaftstest wäre überflüssig gewesen.

Das Geräusch von Rädern auf Kies ertönte, kurz danach wurde gebremst und der Motor abgeschaltet. Alle lauschten auf die Laute von draußen.

Schritte näherten sich, hielten inne, kamen weiter näher. Die Tür wurde vorsichtig geöffnet, und Bridgets Stimme rief: "Hello? Anybody in there?"

Terry war blass geworden, doch jetzt kehrte wieder Farbe in sein Gesicht zurück. "We are in here", rief er spöttisch.

Bridgets blonder Kopf erschien im Türspalt. Sie sah sich entgeistert um. "What's going on in here?"

"Oh, we're just talking about the good old days", sagte Terry. "Why don't you come and **join in**?"

Bridget zögerte, betrat jedoch den Raum. Sie setzte sich neben Ruth, die immer noch das Foto in der Hand hielt. "Oh", sagte sie nur, als sie ihren Sohn darauf erkannte.

Ruth fragte sich, warum Conny das nicht früher gesehen hatte. Die Ähnlichkeit war eindeutig.

Terry schien denselben Gedanken gehabt zu haben, denn er sagte: "I wonder why you didn't realize that."

"She's never seen my son", sagte Bridget. "I took him to Ma whenever she visited me, and I put all the photos of him away." Sie stockte, sah Conny an, die immer noch teilnahmslos im Sessel saß, und sagte leise: "I didn't want to hurt you."

"But the photos you showed me ...?", murmelte Conny.

"My sister's son."

Conny vergrub das Gesicht in den Händen.

---

to join in [ˌdʒɔɪn ˈɪn] mitmachen

"So, it's true", sagte Ian.

"Yes, it's true", bestätigte Bridget. "I am not **proud** of it, though I am very happy to have Morris. You see", wandte sie sich an Conny, "it wasn't like we had a long **affair**. When I got pregnant, we **broke up immediately**."

Conny zeigte keine Reaktion.

"Matthew loved you", sagte Bridget eindringlich. "But he was depressed because nobody liked his paintings. I remember one evening when you were in Germany for a couple of days. He came to **supervise** a new **exhibition**. He was so full of **energy** and pride, and he seemed so young. Then Terry came and told him he would probably not sell a single picture."

Conny sah Terry böse an. "I didn't know you could be so polite. Shouldn't you have said: Listen, your stuff is **rubbish** and it won't sell?"

"Maybe I should have done that", sagte Terry, und es klang erstaunlich ehrlich. "I could have **spared** us all of this."

Bridget warf ihm einen hasserfüllten Blick zu, wandte sich dann wieder an Conny und erzählte weiter: Eine Woche später war Matthew aufgetaucht, um nach ersten Erfolgen zu fragen. Als sie ihm sagen musste, dass bisher noch kein Bild verkauft worden war, begann er zu weinen.

"He looked so **helpless**, so **innocent**", sagte Bridget leise. "I **stroked** his hair and we started kissing. That's when it first happened."

---

proud [praʊd] stolz **affair** [əˈfeə] Affäre **to break up** [ˌbreɪk ˈʌp] sich trennen **immediately** [ɪˈmiːdɪətlɪ] sofort **to supervise sth.** [ˈsuːpə vaɪz] etw. beaufsichtigen **exhibition** [ˌeksɪˈbɪʃn] Ausstellung **energy** [ˈenədʒɪ] Energie **rubbish** [ˈrʌbɪʃ] Schrott **to spare sb. sth.** [speə] jdm. etwas ersparen **helpless** [ˈhelpləs] hilflos **innocent** [ˈɪnəsənt] unschuldig **to stroke sth.** [strəʊk] über etw. streichen

"In the kitchen?", fragte Terry.

Ein Lächeln huschte über Bridgets Gesicht. "No, not in the kitchen. It was, in fact, in our bedroom. Do you want to know all the details?"

Terry zischte etwas, das Ruth nicht verstand.

"Well, you should be **grateful** that it happened", erwiderte Bridget ruhig. "Matthew was planning to look for another gallery because he was convinced you **were cheating** him."

Terry sah sie erstaunt an. Offenbar hörte er das zum ersten Mal.

"It was me who told him to look for another gallery", sagte Conny.

"Who else?", höhnte Terry.

"I never trusted Terry", fuhr Conny fort. "But Matthew was such a **loyal** person." Mit einem Blick auf Bridget ergänzte sie: "At least I thought so."

"He loved you", sagte Bridget. "He really loved you."

"But he still slept with you – and more than once!", erwiderte Conny.

Bridget hob die Schultern und ließ sie erschöpft wieder fallen. "Well, yes, it happened again."

Sie hatten noch ein paarmal miteinander geschlafen, dann war sie schwanger geworden. Matthew war in Panik geraten und hatte sie mehr als einmal gebeten abzutreiben. Aber zum ersten Mal seit langem hatte Bridget sich wunderbar gefühlt.

In vielen durchwachten Nächten hatte sie schließlich beschlossen, das Kind zu behalten, wider alle Vernunft. Sie habe es nie bereut, schloss sie.

---

grateful ['greɪtfl] dankbar **to cheat sb.** [tʃiːt] jdn. übers Ohr hauen **loyal** ['lɔɪəl] treu

"What happened after the baby was born?", fragte Ruth, die Bridgets Worten atemlos gefolgt war.

"At first nothing really happened", sagte Bridget. Die Ähnlichkeit mit Matthew sei erst allmählich sichtbar geworden. Aber Terry habe es wohl von Anfang an gewusst.

"He isn't stupid", sagte sie, als wäre Terry gar nicht anwesend. Er quittierte es mit einem ironischen "Thanks very much."

"What did Matthew say?", mischte sich nun auch Ian ein. Bridget schwieg eine Weile, dann sagte sie: "He never saw his son. By the time Morris was born, his father was already dead." Stille lastete auf dem Raum. Niemand sprach ein Wort.

"Has anybody called the police?", fragte Bridget plötzlich.

"Yes", sagte Ian. "They should be here any minute now."

"That's ridiculous", rief Terry. "What do we need the police for?"

"We need them because you killed Matthew", sagte Bridget.

"What?" Terry klang ehrlich überrascht.

Aber Bridget ließ sich nicht beirren. "You killed Matthew. I know. I saw you."

Terry sprang auf und wollte sich auf Bridget stürzen, aber Ian verstellte ihm den Weg, die Pistole in der Hand.

"Sit down", sagte er.

Terry stand mit gesenktem Kopf vor ihm.

"Sit down", wiederholte Ian ruhig und machte einen Schritt auf ihn zu. Terry musterte Ian, hob abwehrend die Hände, lächelte und setzte sich wieder auf den Boden.

Ruth kämpfte mit den Tränen. Sie sah, dass Ians Hände zitterten. Sie hoffte, Terry würde es nicht bemerken.

"Why didn't you tell the truth during the inquest?", fragte Ian Bridget.

"Because he told me he would kill me if I ever told the truth", erwiderte sie ruhig und schaute zu Terry. Dann wandte sie sich an Conny. "I am sorry. I had no choice. I was pregnant and I had no money. I **was living off** him. I **was sick of** it."

"Why didn't you tell *me*?", wollte Conny wissen.

"It would have been the same", gab Bridget zurück. "But I decided I've kept my mouth shut long enough now."

Terry stieß einen Fluch aus. Bridget lachte.

Übung 34: Setzen Sie die richtige Präposition ein.
(with (2x), about, for, off, of, at, out)

"That's the man I've known **1.** _____ years now. That's the man I lived **2.** _____. The man I loved and married. I was so stupid."

"You didn't mind the money I gave you", fauchte Terry.

"That's right", gab Bridget ohne zu zögern zu. "But I did it for Morris."

"Did you know **3.** _____ the **forgeries**?", fragte Ian sie.

"Not **4.** _____ first", sagte Bridget. "Then Matthew told me."

"What did you say?"

"I told him to forget it", gab Bridget zur Antwort. "But he was sick **5.** _____ living **6.** _____ Conny's money, he wanted to earn something himself."

---

to live off sb. ['lɪv ɒf] auf jds. Kosten leben **to be sick of sth.** [bi: 'sɪk əv] etw. satt haben **forgery** ['fɔːdʒərɪ] Fälschung

"He was so old-fashioned", warf Conny ein. "He was worse than my father."

Bridget nickte.

Terry lachte. "You should keep your mouth shut, honey", sagte er spöttisch. "If I go to jail you'll go **7.** _____ me. And you'll never own the gallery again."

"I know", sagte Bridget ruhig. "But I will probably be **8.** _____ long before you."

Terrys Gesicht verlor alle Farbe, und zum ersten Mal, seit Ruth ihn gesehen hatte, zeigte er so etwas wie Angst.
"You can't do that", flüsterte er heiser.
"Yes, I can", erwiderte Bridget. "I **have kept silent** about it for too long."

Seventeen

Eine Sirene ertönte und Blaulicht huschte über die Wände.
"The police have arrived", sagte Ian. "Could you please go out and tell them about the situation in here?", bat er Ruth.
Sie stand auf und ging zur Tür.
Vorsichtig spähte sie hinaus. Acht Wagen, darunter vier Streifenwagen mit der Aufschrift *Garda*, standen vor dem Haus. Hinter den aufgeklappten Türen der Zivilfahrzeuge kauerten mit schussbereiter Waffe die Beamten. Ein älterer

---

to keep silent [ˌkiːp ˈsaɪlənt] Stillschweigen bewahren

Mann, vermutlich der Einsatzleiter, zog gerade ein Megaphon aus dem Fond eines Wagens. In den Streifenwagen saßen uniformierte Polizisten.

Ruth öffnete langsam die Tür und hob die Hände.

"Alles in Ordnung!", rief sie. Ich Idiot, dachte sie und wiederholte auf Englisch: "Everything is under control!"

"Who are you?", wollte der Einsatzleiter wissen.

"My name is Ruth Langner", erwiderte Ruth.

"What's going on in there?"

Ruth schilderte in knappen Worten die Lage. "The house is a mess but we are all okay." Das Herz klopfte ihr bis zum Hals.

Die Beamten hinter den Autotüren machten keine Anstalten, ihre Position aufzugeben. Der Einsatzleiter legte das Megaphon zurück in den Wagen, rief zwei der uniformierten Polizisten zu sich, sagte noch etwas zu seinem Partner und kam dann, gefolgt von zwei Kollegen, auf Ruth zu.

"**Superintendent** Peter Moore from Limerick, Ma'am", sagte er und tippte sich mit zwei Fingern an die Stirn.

"Nice to meet you", erwiderte Ruth automatisch.

"Are you alright?", fragte er.

Ruth nickte. "Yes, I am alright. But I will be happy when this is all over."

Moore zog seine Waffe und betrat das Cottage. Seine Kollegen folgten ihm. Drinnen war es still; Ruth konnte das Knirschen der Scherben unter Moores Schuhen hören.

"Everything alright, Officer", hörte sie da auch Ians Stimme. "I am glad you're here."

Sie folgte den Beamten ins Haus. Ian hielt immer noch die Pistole auf Terry gerichtet.

---

superintendent [ˌsuːpərɪnˈtendənt] Kommissar

"Give me the **weapon**", forderte Moore Ian auf. Der reichte ihm wortlos die Pistole.

"This man is crazy", rief Terry aufgebracht. "I don't know what she told you ..." er deutete auf Ruth, "... but ..."

"Shut up, Terry", unterbrach Bridget ihn. "It's too late, don't you see?"

Terry hielt tatsächlich den Mund. Moore stellte sich noch einmal vor.

"I thought you'd never arrive", sagte Ian.

"Now we're here and we'll take over." Moore reichte Terrys Pistole einem seiner Kollegen und schickte beide mit einer Handbewegung hinaus.

"Now, who can tell me why we're here?", fragte er in die Runde.

"I will", sagte Bridget. "I want to **give evidence** against this man." Sie zeigte auf Terry. "I saw him kill someone."

Moore schien die Hintergründe zu kennen, denn er sagte nur: "Alright, let me hear your story. But first tell me who you are."

"My name is Bridget McMahon", begann sie. "It all happened five years ago. You may have heard about a painter called Matthew Miller who died then."

In knappen Worten wiederholte sie noch einmal die ganze Geschichte: Matthews Misserfolg mit den eigenen Bildern, Terrys Vorschlag, berühmte Gemälde zu fälschen. Für das erste Bild habe Terry zwanzigtausend Pfund kassiert. Er habe Matthew die Hälfte davon gegeben und ihn damit zu überzeugen versucht, in den Handel einzuschlagen.

"And he did?", fragte Moore.

"Yes, he did." Bridget schaute zu Conny, seufzte und sagte:

---

weapon ['wepən] Waffe **to give (gave, given) evidence** [ˌgɪv / ˌgeɪv / ˌgɪvn 'evɪdəns] aussagen

"You know, he always had problems with the **fact** that his girlfriend earned the money."

"Did you know about it then?", wollte Moore wissen.

"Yes, I knew about it. I didn't know in the beginning", sagte Bridget. "The gallery wasn't doing well, you know. Limerick was not the **fancy** kind of town that tourists like. I mainly sold postcards and small souvenirs, the **usual** stuff. I also sold a picture now and then, but it was not enough to **make a living**."

Doch dann war Terry ins Geschäft eingestiegen und plötzlich war Geld da. Er hatte ihr erzählt, ein verrückter Sammler aus Amerika habe eines von Matthews Bildern gekauft und er wolle noch mehr davon.

"He did buy it!", rief Terry dazwischen.

"Yeah, two years ago", gab Bridget zurück.

Terry schnaubte wütend.

"I found out two or three months later", fuhr Bridget fort. "I was looking for a certain picture in the **storage room** and **stumbled** over one of Matthew's paintings. It was the one that had already been sold – **supposedly**. When I asked my husband about it, he told me the truth. Later Matthew confirmed it."

"Why didn't you go to the police?", wollte Moore wissen.

"I was too greedy, I guess."

Ian trat zu Ruth und nahm ihre Hand. Ruth drückte sie dankbar. Sie wollte nichts so sehr wie diesen Ort verlassen und Ordnung in ihr Leben bringen.

---

fact [fækt] Tatsache **fancy** ['fænsɪ] schick **usual** ['juːʒʊəl] üblich **to make a living** [ˌmeɪk ə 'lɪvɪŋ] seinen Lebensunterhalt verdienen **storage room** ['stɔːrɪdʒ ruːm] Abstellkammer **to stumble** ['stʌmbl] stolpern **supposedly** [sə'pəʊzɪdlɪ] angeblich

Doch Moore schien alle Zeit der Welt zu haben. Er forderte Bridget auf weiterzuerzählen.

Sie habe sich keine schicken Klamotten gekauft, fuhr Bridget fort, nun ja, ein Kleid, das habe sie in einem Katalog gesehen, und sie seien auch nicht teuer essen gegangen, aber endlich, endlich habe sie alle Rechnungen bezahlen können. Es sei ein wunderbares Gefühl gewesen. Deshalb sei sie nicht zur Polizei gegangen.

"I see", sagte Moore nur. "What happened next?"

"Matthew wanted it to stop. Terry tried to **frighten** Matthew, but he wasn't **impressed**. He told him he had earned enough money and wanted to concentrate on his own art." Bridget schüttelte den Kopf. "He could be so stubborn. I heard them **yelling at** each other more than once. And suddenly Terry gave in."

Sie zögerte, fügte dann hinzu: "He never does that."

Ruth bemerkte den verwunderten Ausdruck auf Bridgets Gesicht. Sie schien es immer noch nicht glauben zu können.

"Was this before or after Matthew decided to stop painting forgeries?", wollte Moore wissen.

"It was around the same time", sagte Bridget. "I remember our last time together. Matthew was in a **bright mood** and I **suspected** he was on **drugs**. But he told me he had made a decision and he was going to start a new life." Sie wischte sich über die Augen. "I told him to do it. He was so happy. He also told me he wanted to marry Conny."

"What?"

---

to frighten sb. ['fraɪtn] jdm. Angst machen **impressed** [ɪm'prest] beeindruckt **to yell at sb.** ['jel ət] jdn. anbrüllen **bright** [braɪt] strahlend **mood** [muːd] Laune **to suspect** [sə'spekt] den Verdacht haben **drug** [drʌg] Droge

Übung 35: Übersetzen Sie die folgenden Wörter ins Englische.

1. deprimiert   _____

2. eifersüchtig   _____

3. misstrauisch   _____

4. stur   _____

5. erfolglos   _____

6. gierig   _____

7. gewalttätig   _____

8. absurd   _____

Conny hatte teilnahmslos im Sessel gekauert, doch jetzt schaute sie auf.

"You mean to tell me that he slept with you and told you at the same time he wants to marry me? That's ridiculous."

Bridget hob die Schultern.

"I know it sounds **weird** but it's the truth."

"Let's bring this to an end now", sagte Moore. "Tell me about the **murder**", forderte er Bridget auf.

"We had a party", sagte Bridget. "Matthew had invited us. I guess he wanted to tell us about his **marriage** with Conny."

"He never ever asked me to **marry** him!", rief Conny.

"It was just the four of us", fuhr Bridget fort. "He had bought tons of food and **loads of** beer, wine and whiskey. We listened to old records, we danced and had a good time."

Es sei so harmonisch wie in den Anfängen gewesen, und sie

---

weird [wɪəd] verrückt **murder** ['mɜːdə] Mord **marriage** ['mærɪdʒ] Hochzeit **to marry** ['merɪ] heiraten **loads of** ['ləʊdz əv] jede Menge

habe sich gefragt, ob alles wieder im Lot sei. Terry schien nicht mehr sauer auf Matthew gewesen zu sein.

"We drank a lot and laughed a lot and danced outside the house." Sie deutete nach draußen. "That's the best thing about this place: No **trouble** with the neighbours."

Irgendwann sei sie vor Erschöpfung, die anderen wegen zu viel Alkohol eingeschlafen. Früh am Morgen sei sie aufgewacht. Ihr sei furchtbar übel gewesen und sie sei nach draußen gegangen, um sich zu übergeben.

"When I came back I couldn't find Terry. I wanted to go home but he wasn't anywhere in the house. I even checked the bedroom upstairs but Conny was the only one there, **sleeping like a log**." Sie lächelte. "I am still glad you were asleep", sagte sie leise.

Sie sei zu den Klippen gegangen, sie wüsste nicht, warum. Dort habe sie die beiden Männer gesehen. Sie stritten ganz offensichtlich, sie rangen miteinander.

"Terry **bent down**, **picked** something **up** and **hit** Matthew on the head with it. The **coroner** later said it was a stone. Matthew **collapsed**, and Terry kicked him over the cliffs."

"Liar!", rief Terry aufgebracht. "You are such a liar."

"No, I am not. I'll never forget it. You pushed him over the cliffs and you killed him", sagte Bridget.

"Mörder!" Conny sprang auf und stürzte sich auf Terry, ohne dass Moore es verhindern konnte. Sie krallte sich in Terrys Haare und versuchte, ihn ins Gesicht zu schlagen.

Moore rief laut: "**Lads!**"

---

trouble ['trʌbl] Ärger **to sleep like a log** ['sliːp laɪk ə 'lɒg] wie ein Murmeltier schlafen **to bend (bent, bent) down** [ˌbend / ˌbent / ˌbent 'daʊn] sich bücken **to pick sth. up** [ˌpɪk / 'ʌp] etw. aufheben **to hit sb.** [hɪt] jdn. schlagen **coroner** ['kɒrənə] Leichenbeschauer **to collapse** [kə'læps] zusammenbrechen **Lads!** [lædz] *hier:* Männer!

304

Zwei Beamte stürzten herein und zerrten die beiden Kontrahenten auseinander.

"Take them both away", sagte Moore.

Zwei weitere Uniformierte traten hinzu. Moore zeigte auf Bridget. Sie wurde ebenfalls hinausgeführt.

Übung 36: Setzen Sie die richtigen Redewendungen ein.
(what do you think, thanks for, if you know what I mean, I'm glad to hear that, I think so, I don't know, I'm afraid)

"**1.** _____ you will have to **accompany** us as well", sagte er zu Ruth und Ian. "I need your **statements**."

"**2.** _____ will happen to Conny?", fragte Ruth Moore, als sie gemeinsam das Haus verließen.

"**3.** _____", sagte er.

"She seems quite confused, **4.** _____ _____?", fügte er noch hinzu und sah Ruth ruhig an.

Sie verstand den Hinweis. "Yes, **5.** _____ _____", erwiderte sie.

"I'll help her find a lawyer", sagte Ian. "**6.** _____ _____ your help. I didn't really feel comfortable with a weapon in my hands."

"**7.** _____", sagte Moore.

---

to accompany sb. [əˈkʌmpənɪ] jdn. begleiten **statement** [ˈsteɪtmənt] Aussage

Eighteen

Ruth, Ian und Superintendent Moore sahen den Autos nach, die die drei Verhafteten wegbrachten.

Bevor Bridget in den Wagen gestiegen war, hatte sie sich noch an Ruth gewandt und gesagt: "Thanks so much. You showed me that it's worth fighting. I managed to do it because of you."

Ruth hatte keine Ahnung, was Bridget meinte, und hatte nur "You're welcome" gemurmelt.

"You're ready to go?", fragte Moore.

Ian nickte und hielt Ruth die Autotür auf. Sie folgten dem Zivilwagen und fuhren auf dem holprigen Weg zurück.

"What did Bridget mean?", wollte Ian nach einer Weile wissen.

Ruth wusste, er spielte auf Bridgets Worte ihr gegenüber an. Sie zuckte die Achseln.

"I have no idea."

Sie wusste es tatsächlich nicht. Was hatte sie gesagt, was Bridget dazu gebracht haben könnte, die Wahrheit preiszugeben? Sie versuchte sich an ihr nächtliches Gespräch zu erinnern, aber sie war zu erschöpft.

"Why don't you sleep a bit?", sagte Ian. "You look tired."

"What about you?", wollte sie wissen. "Aren't you tired too?"

Ian lachte. "No. There's so much **adrenaline pumping** through my body. I think I could drive to the **moon** and back."

Ruth lächelte. "Okay", sagte sie. "Just **wake** me **up** if you need me."

---

adrenaline [ə'drenəlɪn] Adrenalin **to pump** [pʌmp] *hier:* strömen
moon [muːn] Mond **to wake (woke, woken) sb. up** [ˌweɪk / ˌwəʊk / ˌwəʊkən / 'ʌp] jdn. aufwecken

"Promise", gab Ian zurück und legte eine Hand aufs Herz.

Ruth lehnte den Kopf zurück und versuchte sich zu entspannen. Doch sobald sie die Augen schloss, sah sie die Szene an den Klippen vor sich. War es purer Zufall gewesen, dass sie gerade rechtzeitig gekommen waren? Hätte Conny am Ende doch nicht den Mut gehabt, einen Mord zu begehen?

Sie öffnete die Augen.

Ian nahm ihre Hand, drückte sie und sagte leise: "Relax. We're safe now."

Sie wandte ihm den Kopf zu. Er lächelte sie an. In diesem Moment hätte sie ihm gerne gesagt, dass sie ihn liebte. Aber es wäre falsch gewesen. Sie schloss die Augen.

Übung 37: Vervollständigen Sie die Redewendungen aus der Geschichte. Setzen Sie den richtigen Buchstaben ein.

1. to make	☐	**a.** a hen party
2. to swallow	☐	**b.** cat and dog
3. to sleep	☐	**c.** a bell
4. to hit	☐	**d.** of nowhere
5. to have	☐	**e.** a fortune
6. to have a gut	☐	**f.** feeling
7. to ring	☐	**g.** like a log
8. to be in the middle	☐	**h.** the hay
9. to fight like	☐	**i.** your pride

"We are at the police station", sagte Ian.

Ruth stellte erstaunt fest, dass sie tatsächlich geschlafen hatte. Ihr Nacken schmerzte, aber sie fühlte sich etwas besser. Sie gähnte und stieg aus dem Wagen.

Moore erwartete sie in einem schmucklosen Büro und bat sie um einen Moment Geduld. Einer seiner Mitarbeiter nahm ihre Personalien auf, dann begann Moore mit der Befragung.

Ruth befürchtete, sie müsse gegen Conny aussagen, aber Moore ließ vor allem Ian noch einmal ihre Suche nach Conny und das Geschehen im Cottage beschreiben.

"Do you have any further **comments**?", fragte er Ruth.

Sie schüttelte den Kopf. "No, I think he told you everything."

"Alright then", rief Moore. "That's it." Er reichte ihnen die Hand. "I hope you don't have a bad **impression** of Ireland", sagte er zu Ruth.

"No, I still like it", erwiderte sie.

Als sie zum Auto zurückkehrten, war es bereits halb drei nachmittags. Ruths Magen knurrte laut, und ihr fiel ein, dass sie seit dem Frühstück nichts gegessen hatte.

Ian musste sich eine Weile auf den Weg konzentrieren, murmelte einmal: "Where are we, **for heaven's sake**?", und ein paar Minuten später: "Ah, here we are."

Ruths Magen meldete sich erneut laut und vernehmlich.

"I'm hungry", sagte sie.

"I can hear that", schmunzelte Ian. "Let's look for a nice pub where we can get some **decent** food."

"Where are we, by the way?", wollte Ruth wissen. Ihr kam nichts an dem Ort, durch den sie fuhren, bekannt vor.

Ian warf ihr einen prüfenden Blick zu, seufzte tief und sagte schließlich: "We are just outside Shannon."

"Oh", machte Ruth.

"Let's have some food first", schlug Ian vor.

"Sounds good", erwiderte Ruth erleichtert.

Die Entscheidung wurde noch einmal verschoben.

Aber gab es überhaupt eine Entscheidung?

---

comment [ˈkɒmənt] Angabe **impression** [ɪmˈpreʃn] Eindruck **for heaven's sake** [fə ˌhevns ˈseɪk] um Himmels willen **decent** [ˈdiːsnt] anständig

War nicht klar, dass sie auf jeden Fall nach München fliegen würde?

Sie fanden ein Pub, das geöffnet hatte. Schweigend warteten sie auf ihre Bestellung.

"I'm really hungry", sagte Ruth, als das Essen kam, und biss herzhaft in ihr Sandwich. Soße tropfte auf ihre Finger und den Teller.

"I can see that", sagte Ian spöttisch und die Anspannung wich einem Lachen.

Sie sprachen noch einmal über alles, was sich am Vormittag abgespielt hatte.

"I think Bridget knew more about the situation than she told us", sagte Ian.

"I don't know", erwiderte Ruth. Zumindest war Bridget sich nicht sicher gewesen, ob Terry Conny etwas antun würde. Solange Terry schwieg, würde wohl niemand erfahren, ob Eifersucht oder Gier das Motiv gewesen war.

"I think he loved Bridget", sagte sie. "He **treated** her badly but he loved her."

"Do you think he knew about her affair with Matthew?"

"I don't know", sagte Ruth. Bridget hatte ihr erzählt, dass Terry selten zu Hause gewesen war.

"He's not the type of guy who **shares** his wife **with** another man", sagte Ian.

Ruth dachte an Conny. Sie würde vermutlich erst einmal in Irland bleiben müssen. Saß sie vielleicht bereits in einer Gefängniszelle? Was würde sie am Ende erwarten?

"Isn't it sad that we don't know as much about our friends as we think?", sagte sie leise.

---

to treat sb. [triːt] jdn. behandeln **to share sth. with sb.** [ˈʃeə / wɪð] etw. mit jdm. teilen

"You can only know what they let you know", gab Ian zurück.
"I will help her find a good lawyer", erwiderte er. "If she lets me help her, that is", fügte er hinzu.
"She's got no other choice", sagte Ruth.

Was für ein Mensch war Conny wirklich? Sie war immer fröhlich gewesen, hatte jede Party in Stimmung gebracht. Natürlich hatte auch sie ihre Tiefphasen gehabt, aber die waren immer schnell vorübergegangen.

Zumindest hatte sie das geglaubt.

"I wonder if I could have been a better friend", sagte Ruth.

"You are the best friend she could have", entgegnete Ian. "You drove all the way from Dublin to the West coast to look for her."

Übung 38: Kennen Sie den Superlativ?

1. A good friend.

   She's the _____ friend I've ever had.

2. A bad friend.

   He's the _____ friend I've ever had.

3. A difficult trip.

   The _____ trip I've ever been on.

4. A hungry guest.

   The _____ guest in the restaurant.

5. A dangerous **experience**.

   The _____ experience I've ever had.

———

experience [ɪkˈspɪərɪəns] Erfahrung

"I didn't really think about it", meinte Ruth. "I just did it."
Sie schaute ihn ernst an. "We did it."

Ian grinste schief. "I couldn't let you go on your own. You don't know how to drive on the wrong side, remember?"

Sie lachten, aber es klang hohl.

"I think we should finally talk about it", sagte Ian. "About us", verbesserte er sich.

Was gibt es da zu reden, wollte Ruth sagen. Ihr fiel ein, dass Georg und sie in den letzten Monaten, vermutlich sogar Jahren kaum miteinander geredet hatten. Nicht über Gefühle zumindest. Über die Kinder, das Haus, die Arbeit, ja, das war kein Problem. Aber über ihre Beziehung zueinander hatten sie kaum mehr ein Wort verloren.

Sie hatte seit zwei Tagen nichts mehr von ihrer Familie gehört. Machte Georg sich gar keine Sorgen? Dachte er, sie habe ein paar schöne Tage in Dublin, und wollte nicht stören?

Was sagte das über ihre Ehe?

Sie schaute Ian in die Augen und wünschte, sie wäre zwanzig und unabhängig. Sie könnten ein paar unbeschwerte Wochen miteinander verbringen, vielleicht sogar ein paar Monate oder Jahre. Aber würde es letztendlich nicht auf dasselbe hinauslaufen wie bei ihrer Beziehung zu Georg? War es nicht immer so, dass man sich irgendwann nichts mehr zu sagen hatte?

Aber genau das war ja der Punkt. Man hatte sich etwas zu sagen, aber man sprach nicht miteinander. Aus welchem Grund auch immer. Wenn sie etwas in diesen vier Tagen gelernt hatte, dann das.

"You are right", sagte sie schließlich. "We need to talk."

Ian seufzte. "I know you are married. I know you have two children. I know you will go back and **sort** things **out**." Er

---

to sort sth. out [ˌsɔːt / ˈaʊt] etw. in Ordnung bringen

schüttelte traurig den Kopf, setzte dann hinzu: "I know but I don't want to believe it."

"I don't know if we can sort things out as you call it", erwiderte Ruth.

Der Gedanke, ab und zu nach Irland zu fliegen und Ian zu sehen, war verlockend. Aber wäre es nicht beiden Männern gegenüber unfair? Doch wer sagte, dass Frauen immer fair sein mussten?

Ruth dachte an den japanischen Garten, an *Parting of the Ways*. Es hatte drei Möglichkeiten gegeben: einen breiten Weg nach rechts, einen engen Pfad nach links und geradeaus die Steine im Wasser, deren Abstand voneinander immer größer wurde und sie hatte zögern lassen. Egal, wofür die drei Wege im Garten standen, sie schienen ein Symbol für ihre Situation zu sein.

Ruth atmete tief durch.

"I want to be honest", begann sie. "Yes, I will go back. I will talk to Georg because that is something we haven't done for a long time. And I want to get things at home in order before I take another step."

Sie musste plötzlich lachen.

"Sorry", sagte sie. "I just remembered that I got a wonderful job offer before I left."

Wie hatte sie das vergessen können? Die angebotene Stelle würde ihr Unabhängigkeit von Georg verschaffen; sie könnte sich eine Wohnung suchen. Eine Trennung auf Zeit wäre sicher das Vernünftigste. Aber was war mit Ian? Wie passte er in diese Pläne?

"I hate it when people in movies say 'Let's stay friends.'" Sie schluckte. Warum nur war es so schwer, über Gefühle zu reden?

"I don't want to lose you", sagte sie schließlich. "But I don't see any other way right now." Sie schaute Ian ernst an. "Can we please stay friends?"

Sein Gesicht verriet, dass es nicht das war, was er wollte. Es war auch nicht das, was sie im Moment wollte. Aber sie hatte keine Wahl.

Hatten sie nicht gerade erfahren müssen, was passieren konnte, wenn man sein Leben nicht in den Griff bekam?

Ian schwieg lange, und Ruth befürchtete, ihn sehr verletzt zu haben. Aber sie war froh, ausgesprochen zu haben, was sie fühlte.

Zu ihrer großen Überraschung lächelte Ian plötzlich und sagte: "I am glad you said that. I would love to be your friend. Maybe one day there will be more for us." Er winkte dem Wirt und zog seine Brieftasche heraus. "I'll take you to the airport", sagte er.

Lösungen

Übung 1
1. false (They are flying to Ireland.), 2. false (Ruth is afraid of talking English.), 3. false (Ruth can speak English, but not very well.), 4. true, 5. true, 6. false (Ruth has a son and a daughter.), 7. true, 8. false (Conny has been to Ireland before.)

Übung 2
1. Dublin, 2. Guinness, 3. Irish, 4. left, 5. English, 6. red

Übung 3
1. lives, 2. is staying, 3. part-time, accounts, 4. software, 5. has, black, 6. translator

Übung 4
1. 5, 2. 7, 3. 15/13, 4. 854, 5. 1, 6. 45, 7. 423

Übung 5
1. an, 2. very, 3. careful, 4. live, 5. was, 6. know, 7. at, 8. never

Übung 6
1d, 2i, 3k, 4a, 5e, 6c, 7h, 8b, 9g, 10j, 11f

Übung 7
1. Where, 2. Who, 3. How, 4. why, 5. where, 6. what, 7. which

Übung 8
1. taller, 2. shorter, 3. better, 4. different to, 5. more relaxed, 6. younger

Übung 9

2. didn't call, 3. didn't live, 4. didn't die, 5. didn't meet, 6. didn't try, 7. didn't open, didn't say

Übung 10

1. Thanks, 2. you're welcome, 3. I wish, 4. I'm sure, 5. Let's hope so, 6. I'm afraid not, 7. right

Übung 11

1. my best friend, 2. a stranger, 3. my colleague, 4. a couple, 5. my boss, 6. a foreigner, 7. my pal

Übung 12

1. them, 2. us, 3. it, 4. me, 5. you

Übung 13

1. well, 2. strong, 3. already, 4. wonderfully, 5. short, 6. badly, 7. sure, 8. shortly, 9. ready, 10. heavily

Übung 14

1. false (Limerick is in the West.), 2. true, 3. false (She isn't going to attend the workshop.), 4. true, 5. true, 6. false (Ruth has a gut feeling that something is wrong.), 7. true, 8. false (Ruth doesn't know what to do next.)

Übung 15

1. trip, 2. dream, 3. accident, 4. shop, 5. meadow, 6. ship, 7. accident

Übung 16

1. gallery, 2. narrow, 3. artist, 4. untidy, 5. cottage, 6. help

Übung 17
1. often, 2. always, 3. never, 4. usually, 5. rarely, 6. sometimes

Übung 18
1. driven, 2. eaten, 3. drunk, 4. kissed, 5. spoken, 6. picked, 7. read, 8. seen, 9. visited, 10. been

Übung 19
1. husband, 2. ex-wife, 3. friend, 4. married, 5. son, 6. lovers, 7. divorced, 8. parents

Übung 20
1. a lot of, 2. much, 3. many, 4. much, 5. much, 6. Many/A lot of, 7. many, 8. much

Übung 21
1. surprised, 2. ex-husband, 3. divorced, 4. sorry, 5. know, 6. sense, 7. cottage

Übung 22
1d, 2e, 3a, 4f, 5j, 6g, 7h, 8b, 9c, 10i

Übung 23
1c (Dublin = 505,739 inhabitants, Shannon = 8,500, Limerick = 93,300), 2b, 3c, 4b (because Ireland, like an emerald, is green), 5a+b (George Bernard Shaw, playwright; James Joyce, author), 6b (St George is the patron saint of England, and St David is the patron saint of Wales), 7a+b (Ballancrieff Castle is in Scotland), 8a+b+c, 9a, 10a (it means the Guard for Peace in Irish Gaelic)

Übung 24
1. Ruth is married with two children. 2. Ruth likes Ian very much. 3. Ruth doesn't know if she loves Ian. 4. Ruth wants to sleep in a separate bedroom. 5. Ian puts his finger onto Ruth's lips. 6. Ruth locks her bedroom door carefully.

Übung 25
1. fell in love, 2. flirted, 3. kissed, 4. made the first move, 5. seduced, 6. a bit of a wild one

Übung 26
1. Limerick, 2. cottage, 3. boyfriend, 4. meadows, 5. Irish, 6. whiskey, 7. cliffs, 8. castle, 9. hassle, 10. Emerald, 11. mile

Übung 27
1f, 2b, 3e, 4c, 5g, 6a, 7d

Übung 28
1. artist, 2. paintbrush, 3. easel, 4. studio, 5. gallery, museum, 6. forge

Übung 29
1. false (The cottage was untidy.), 2. false (The cottage has its own well.), 3. true, 4. true, 5. false (Conny is still alive.), 6. true

Übung 30
1. Bridget, 2. Terry, 3. Ian, 4. months, 5. couldn't prove, 6. sad, unsuccessful

Übung 31
1. Who, 2. Where, 3. Whose, 4. How many, 5. How far, 6. When,
7. How much, 8. Why

Übung 32
1. rented, 2. packed, 3. checked out, 4. got to, 5. didn't let,
6. had, 7. happened, 8. wasn't, 9. knew

Übung 33
1. unsuccessful, 2. greedy, 3. ridiculous, 4. dreadful, 5. ordinary, 6. jealous

Übung 34
1. for, 2. with, 3. about, 4. at, 5. of, 6. off, 7. with, 8. out

Übung 35
1. depressed, 2. jealous, 3. suspicious, 4. stubborn, 5. unsuccessful, 6. greedy, 7. violent, 8. ridiculous

Übung 36
1. I'm afraid, 2. What do you think, 3. I don't know, 4. if you
know what I mean, 5. I think so, 6. Thanks for, 7. I'm glad
to hear that

Übung 37
1e, 2i, 3g, 4h, 5a, 6f, 7c, 8d, 9b

Übung 38
1. best, 2. worst, 3. most difficult, 4. hungriest, 5. most dangerous

Murder in the Night
Mord bei Nacht

von Stefani Hübner, Martin Hooper

One

Der Zug hielt mit quietschenden Bremsen. Ein Zittern ging durch den Waggon, dann gab es einen Ruck. Die achtlos zusammengerollte Lederjacke, die Sarah sich als Kissenersatz unter den Kopf geschoben hatte, glitt zu Boden. Sie wachte auf. Ihr Nacken schmerzte; sie fühlte sich nach der langen Reise steif und unausgeschlafen. Mit den Fingern fuhr sie sich durch die kinnlangen Locken und gähnte. Sie brauchte dringend eine große Tasse heißen Kaffee. Ihr Blick fiel auf ihre Armbanduhr und plötzlich war sie hellwach. Sie stieß einen Fluch aus, der hoffen ließ, dass ihre Mitreisenden der deutschen Sprache nicht mächtig waren. Hastig suchte sie ihre Jacke und die Fototaschen zusammen und spähte dabei immer wieder aus dem Fenster.

"Excuse me, is this Windermere station?"

Die ältere Dame, mit der sie schon seit Manchester das Abteil teilte, lächelte amüsiert. "**Not yet, my dear.** You can go back to sleep for at least half an hour. The next stop is Kendal."

Der Zug ruckte wieder an und Sarah ließ sich in ihren Sitz zurücksinken. Das war ja ein toller Anfang! Hatte sie sich nicht vorgenommen, diesmal alles eine Spur ruhiger angehen zu lassen? Sie wusste, dass sie jetzt kein Auge mehr zutun würde. Schon wenig später wurde der Zug wieder langsamer und hielt schließlich.

Neugierig spähte Sarah aus dem Fenster. Kendal hatte einen hübschen kleinen Bahnhof mit einem flachen Gebäude aus grauem Stein und den halb hohen Steinmauern, die man hier überall in der Gegend sah. Spontan griff Sarah nach

---

not yet [ˌnɒt ˈjet] noch nicht **my dear** [maɪ ˈdɪə] meine Liebe

ihrer Kamera und wandte sich fragend an ihre Mitreisende. "May I open the window for a moment?"

Die ältere Dame nickte zustimmend. Sarah beugte sich aus dem Fenster und begann routiniert, eine Reihe von Fotos zu machen. Auf dem Bahnsteig stritt sich ein junges Paar und ein Familienvater setzte ein kleines Kind auf seine Schultern. Lächelnd drückte Sarah ein letztes Mal auf den Auslöser und verstaute dann sorgsam ihre Kamera.

"Are you from Germany?" Die alte Dame musterte Sarah mit freundlichem Interesse. "Are you on holiday?"

Sarah nickte. "Yes, I'm from Hamburg. I'm going to visit my older sister. She lives on a farm near Keswick." Sie spürte einen Anflug schlechten Gewissens, als sie überlegte, wie selten sie Caroline seit deren Umzug nach England gesehen hatte.

"Keswick is a nice town. It is called the home of pencils because the first pencils in the world came from there. Is your sister a farmer?"

Sarah hob die Schultern. "Yes, but she hasn't always been a farmer. Back in Germany she was a teacher. She came to the Lake District several years ago after she got married. Her husband **breeds sheep**."

"Is he a **local**?" Die Frau lächelte entschuldigend. "I don't want to be **nosy**, but I'm from round here too."

"He was a **three-day eventer** in the past. He **rode** horses and won a lot of **prizes**. My brother-in-law's name is Derek Hebblethwaite." Sarah erinnerte sich an die Hochzeit ihrer

---

to breed (bred, bred) animals [ˌbriːd / ˌbred / ˌbred ˈænɪmlz] Tiere züchten **sheep** [ʃiːp] Schaf **local** [ˈləʊkl] Einheimischer **nosy** [ˈnəʊzi] neugierig **three-day eventer** [ˌθriːdeɪ ɪˈventə] Vielseitigkeitsreiter **to ride (rode, ridden)** [raɪd / rəʊd / ˈrɪdn] reiten **prize** [praɪz] Preis

Schwester in London. Der Bräutigam war hager und so groß gewesen, dass sie ihn sich kaum auf einem Pferd vorstellen konnte. Derek sah nicht im landläufigen Sinne gut aus, doch Sarah hatte sein markantes Gesicht auf merkwürdige Weise anziehend gefunden. Sie hatte nicht erwartet, dass der Name ihrer Reisegenossin etwas sagte, aber zu ihrer Überraschung nickte diese freudestrahlend.

"Oh yes, he was quite **successful** in his time. So, you are going to Helvellyn Farm then?"

"Yes." Sarah nickte. "Yes. Helvellyn is quite a strange name."

"Well, it is an **unusual** and very old name. It is the name of a mountain. **In fact**, Helvellyn is the third highest mountain in England." Ihr Gegenüber strahlte immer noch, offenbar stolz auf ihr Wissen. Sarah fiel plötzlich auf, wie unvorbereitet sie ihre Reise angetreten hatte.

"I haven't bought a travel guide", bekannte sie reumütig. Für Planungen war ihr nicht viel Zeit geblieben, ihr Terminkalender platzte aus allen Nähten, und sie war dankbar, dass ihre Karriere als Modefotografin sich so vielversprechend anließ. Gerade hatte sie eine anstrengende Fotoproduktion für eine große Modezeitschrift hinter sich, und Caroline hatte darauf gedrängt, dass sie in einem der neu hergerichteten Ferien-Cottages auf der Farm ein paar Tage ausspannen sollte.

Übung 1: Stimmen die folgenden Aussagen? Kreuzen Sie die zutreffenden Sätze an.

1. ☐ Sarah is going to visit her brother.

2. ☐ Her sister hasn't always been a farmer.

---

successful [sək'sesfl] erfolgreich **unusual** [ʌn'juːʒʊəl] ungewöhnlich
in fact [ɪn 'fækt] tatsächlich

3. ☐ Her brother-in-law has won prizes for horse-riding.
4. ☐ Sarah lives in Munich.
5. ☐ Helvellyn is a lake.
6. ☐ Sarah hasn't got a travel guide.

Die Aussicht auf ein paar freie Tage mit ihrer Schwester und auf spektakuläre Landschaftsaufnahmen im Lake District war verlockend gewesen, doch den letzten Ausschlag für ihre Reise hatten Carolines merkwürdige Andeutungen gegeben, wenn sie miteinander telefonierten. Irgendetwas schien nicht ganz in Ordnung zu sein auf ihrem Hof. Und dann war da noch dieser Brief.

Sarah zog einen zerknitterten Umschlag aus ihrer Umhängetasche, auf dem in Carolines großer, energischer Handschrift ihre Adresse stand.

Hello little sister,
I'm in a hurry, so I'll just write a short letter to you in English. I'll explain everything later. I am looking forward to seeing you. I really need some good **advice**. I miss talking to you so much! Do you have the **directions** to the farm? You can fly to Manchester. Then take the train from the airport to Windermere. I'll try to **pick** you **up** from the station.
Love, Caro

Sarah starrte den Brief an, als könne sie ihn auf diese Weise zwingen, seine Geheimnisse preiszugeben. Was wollte Caroline ihr erklären? In welcher Angelegenheit brauchte sie ihren Rat? Sarah kannte niemanden, der

---

advice [əd'vaɪs] Rat **directions** [dɪ'rekʃnz] Wegbeschreibung
to pick sb. up [ˌpɪk / 'ʌp] jdn. abholen

so lebenstüchtig und zupackend veranlagt war wie ihre große Schwester. Sie konnte sich kaum eine Situation vorstellen, in der Caroline nicht wusste, was zu tun war. Als sie sich noch eine Studentenbude in Hamburg geteilt hatten, war es immer die praktische Caro gewesen, die Sarah bei Liebeskummer getröstet und bei Durststrecken während ihres Studiums zum Durchhalten ermutigt hatte. Caro hatte ihr sogar das Geld für ihre erste eigene Kameraausrüstung geliehen. Sarah verspürte wieder einen Stich in der Magengegend. Ja, sie vermisste die langen Gesprächsabende mit ihrer Schwester auch; ihr war bisher gar nicht aufgefallen, wie sehr.

"Bad news?"

Sarah hob den Kopf. Für einen Moment hatte sie die ältere Dame völlig vergessen. Sie seufzte. "I hope not, but I really don't know", bekannte sie freimütig.

"Well, I wish you **good luck**." Ihre Reisegefährtin lächelte Sarah aufmunternd zu. In diesem Moment wurde der Zug langsamer. Sarah blickte neugierig aus dem Fenster. In einiger Entfernung kamen ein Gebäude und ein Bahnsteig in Sicht. "Is this ...?"

Die Engländerin lächelte. "Yes, we've finally arrived. This is Windermere. See all the pretty **yachts** sailing there! Welcome to the Lake District."

Sarah stellte ihre Fototaschen ab und blickte sich dann suchend auf dem Bahnsteig um. Eine Gruppe junger Leute mit Rucksäcken und Wetterjacken drängte sich vor dem Zug. Doch Caroline war nirgendwo zwischen den Wartenden zu entdecken. Sarah bummelte den Bahnsteig entlang, der sich

---

good luck [ˌgʊd ˈlʌk] viel Glück **yacht** [jɒt] Jacht

langsam leerte. Der Bahnhof war kleiner, als sie gedacht hatte. Es gab keine Läden, nur den Bahnsteig und ein flaches, lang gestrecktes Bahnhofsgebäude.

"Hello! You're Sarah!"

Eine alte Dame im Tweedkostüm kam eilig auf sie zu. Außer Atem blieb sie vor Sarah stehen und rückte mit einer Hand das braune Hütchen zurecht, das auf ihrer weißen Haarpracht thronte. Sie erinnerte Sarah an die verstorbene Queen Mum. Eine Hand in die Hüfte gestemmt, musterte sie Sarah aufmerksam, während sie versuchte, zu Atem zu kommen.

"**Gosh**, your sister **wasn't exaggerating**. You're **gorgeous**!"

Normalerweise mangelte es Sarah nicht an Selbstbewusstsein, doch diese unverblümte Bewertung machte sie einen Augenblick lang sprachlos. Das Blut schoss ihr in die Wangen. Wie ein verlegenes Schulmädchen, dachte sie amüsiert. Sie wusste jetzt, wer diese Bilderbuchoma war. Sie waren sich bei Carolines Hochzeit nur kurz begegnet, aber Elizabeth Hebblethwaite war einfach unverwechselbar.

"You are Derek's grandmother, right?"

Übung 2: Unterstreichen Sie den richtigen Begriff.

1. Caroline wrote Sarah a *(short/long)* letter.
2. Caroline needs some good *(advice/news)*.
3. Caroline gives Sarah *(advice about/directions to)* the farm.
4. Sarah *(drove/flew)* to Britain.
5. The old woman on the train wishes Sarah *(a nice holiday/good luck)*.
6. Her brother-in-law's *(mother/grandmother)* has just talked to her.

Gosh! [gɒʃ] Donnerwetter! **to exaggerate** [ɪgˈzædʒəreɪt] übertreiben **gorgeous** [ˈgɔːdʒəs] bildhübsch

"Excuse me, where are my **manners**? I'm Liz Hebblethwaite."
Sie streckte ihr die Hand entgegen. "I'm afraid I'm a bit
late. I was just repairing some **fences** and your sister said,
'Liz – can you meet my sister at the station?'"
Sarah hatte auf einmal ein flaues Gefühl in der Magengegend.
"Is there anything wrong? Where is Caroline?"
"Oh no, dear, don't worry." Liz legte ihr eine Hand auf den
Arm. "Caroline is all right."
Sarah atmete auf, aber das merkwürdige Gefühl wollte sich
nicht ganz verflüchtigen. "Is there anything wrong on the
farm?" Sie kannte ihre Schwester gut genug, um zu wissen,
dass nur etwas wirklich Dringliches Caroline davon abhal-
ten konnte, sie persönlich abzuholen.
Die alte Dame schien einen Moment zu zögern. "I **hate** to
bother you with our problems. You are on holiday and
shouldn't worry about such things." Sie seufzte. "We had
a fire on the farm last night. Nothing serious, but a lot of
trouble. The **fire brigade** came over to **put** it **out properly**."
Kopfschüttelnd griff sie nach zwei von Sarahs Taschen und
ignorierte deren Protest.
"Just a moment, my dear. Perhaps I'm old, but I'm not that
old. I'm still helping on the farm, remember?"
Wie ein gescholtenes kleines Mädchen eilte Sarah hinter Liz
her. Das war ein Gefühl, das einer erwachsenen, selbststän-
digen Frau nur Großmütter vermitteln konnten, entschied
sie. Nicht allein die eigenen, sondern alle Großmütter vom

---

manners ['mænəz] Manieren **fence** [fens] Zaun **to hate to do sth.**
[ˌheɪt tə 'duː] etw. höchst ungern tun **to bother sb.** ['bɒðə] jdn.
belästigen **trouble** ['trʌbl] Ärger **fire brigade** ['faɪə brɪˌɡeɪd] Feuerwehr **to put (put, put) a fire out** [ˌpʊt / ˌpʊt / ˌpʊt / ə 'faɪə aʊt] ein
Feuer löschen **properly** ['prɒpəlɪ] richtig

Schlage Liz Hebblethwaites. Sie wird darauf achten, dass ich ordentlich esse, und mich mit einer Tasse Kakao ins Bett stecken, dachte Sarah. Sie musste sich zusammennehmen, um nicht laut herauszuplatzen. Sie mochte Elizabeth Hebblethwaite auf Anhieb.

Dereks Großmutter lud Sarahs Gepäck in einen betagten Geländewagen. Das Fahrzeug war erstaunlich gut gepflegt, stellte Sarah fest; irgendjemand auf der Farm schien ein begabter Mechaniker zu sein.

"You've got a lot of luggage. But you're lucky I have come in the Land Rover."

"I've brought all my **photo equipment**", erklärte Sarah.

"What kind of photos do you take?", erkundigte sich Liz, während sie den Wagen geschickt aus der engen Parklücke auf die Straße manövrierte. Es war ungewohnt für Sarah, auf der linken Seite zu sitzen. Es würde eine Weile dauern, bis sie sich an den Linksverkehr gewöhnt hatte.

"Mostly **fashion**. I work for all the big magazines." Sollte sie erzählen, dass sie vor Kurzem ihr erstes Coverfoto gemacht hatte? Sie war furchtbar stolz darauf gewesen, aber hier schien es plötzlich nicht mehr von so großer Bedeutung zu sein.

"You don't look like a fashion **victim**!" Liz warf einen Seitenblick auf Sarahs schlichte Jeans mit dem kurzärmeligen Rollkragenpullover. Ein paar ausgefallene rote Schuhe waren ihr einziges Zugeständnis an die Mode.

"I'm not, you're right. Many people in the fashion business prefer a **simple** style themselves. I love shoes, though."

"You won't find a lot of fashion here. Only Barbour jackets

---

photo equipment ['fəʊtəʊ ɪ‚kwɪpmənt] Fotoausrüstung **fashion** ['fæʃn] Mode **victim** ['vɪktɪm] Opfer **simple** ['sɪmpl] einfach

and **hiking boots**." Obwohl die alte Dame ein todernstes Gesicht machte, hätte Sarah schwören können, dass sie versuchte, sie aufzuziehen.

"Oh, the English country style is famous, but this time I'm more interested in the **landscape**." Und an dem, was Caroline mir anvertrauen will, fügte sie in Gedanken hinzu. Laut sagte sie: "I'm planning a coffee table book with pictures of the countryside. That's why I **brought** my cameras **along**."

"Then you're in the right place. I've lived in the Lake District all my life and I still can't imagine a more **spectacular** place. It's like living in a picture book. We have lots of superlatives here – the largest lakes, the highest mountains and the most dramatic **scenery**. In Victorian times visitors to the Lake District didn't bring along cameras. They **turned up** here with **framed mirrors** in their luggage."

Sarah lachte. "**You're kidding**."

"No, it's true. They held up their mirrors on the mountains and around the lakes and the **reflection** looked like a romantic painting. So, what's your first **impression** of the Lakes?"

Sarah blickte aus dem Fenster. Sie hatten die Ortschaft verlassen und folgten nun einer ziemlich stark befahrenen Hauptstraße. Trotzdem war die Aussicht atemberaubend.

---

hiking boot ['haɪkɪŋ buːt] Wanderstiefel **landscape** ['lændskeɪp] Landschaft **to bring (brought, brought) sth. along** [ˌbrɪŋ / ˌbrɔːt / ˌbrɔːt / ə'lɒŋ] etw. mitbringen **spectacular** [spek'tækjʊlə] eindrucksvoll **scenery** ['siːnərɪ] Landschaft **to turn up** [ˌtɜːn 'ʌp] aufkreuzen **framed** [freɪmd] gerahmt **mirror** ['mɪrə] Spiegel **You're kidding.** [ˌjər 'kɪdɪŋ] Sie machen Witze. **reflection** [rɪ'flekʃn] Spiegelbild **impression** [ɪm'preʃn] Eindruck

Auf der linken Seite gaben die Bäume jetzt wieder den Blick auf einen großen See frei, dahinter erhob sich eine Bergkette mit zwei merkwürdig geformten, annähernd gleich hohen Gipfeln: Lake Windermere und die Langdale Pikes.

"There are more mountains than I **had expected**", gestand sie. "And the roads are really **crowded**."

Liz verzog den Mund zu einem süffisanten Lächeln. "Just wait. Let's leave the main road. There are still a lot of **isolated** places around here and Helvellyn Farm is one of them."

---

to expect sth. [ɪk'spekt] etw. erwarten **crowded** ['kraʊdɪd] voll
isolated [aɪsə'leɪtɪd] abgelegen

Two

"Es ist fantastisch hier."

Sarah ließ ihren Blick über die verschachtelt aneinandergebauten Farmgebäude und die sanft abfallenden grünen Weiden schweifen, die bis an die Berge heranzureichen schienen. Überall weideten Schafe, und die Junisonne tat ihr Bestes, um die Farben von Gras und Himmel leuchten zu lassen wie in einem Bilderbuch.

"Kein Wunder, dass du diesen Ort liebst."

Ihre Schwester zog eine kleine Grimasse. "Danke, dass du mich daran erinnerst. Ich glaube, das Einzige, was ich im Moment lieben könnte, wäre ein sehr starker Kaffee und eine große Tafel Schokolade. Aber lass das bloß nicht unsere Kunden hören."

"Entschuldige, ich bin ein Trampel." Sarah legte ihre Hand mitfühlend auf Carolines Arm. "Liz hat mir auf der Fahrt von dem Brand erzählt. Du musst eine schlimme Nacht hinter dir haben." Caroline nickte, und Sarah fiel die Blässe auf, die ihre vielen Sommersprossen unnatürlich stark hervortreten ließ.

Übung 3: Bringen Sie die folgenden Ereignisse in die richtige Reihenfolge.

a. ☐ Liz picks Sarah up.
b. ☐ Sarah talks about her job as a fashion photographer.
c. ☐ Liz talks about Victorian tourists and how they used mirrors instead of cameras.
d. ☐ Sarah arrives in the Lake District.
e. ☐ The barn burns down.
f. ☐ Sarah arrives at an isolated farm.

"Weißt du was? Du zeigst mir jetzt meine Ferienwohnung, wir genehmigen uns einen richtigen Koffein-und-Zucker-Schock, und dann erzählst du mir alles, in Ordnung?"

Caroline blickte sich unschlüssig um. Sie standen ein Stück von der schwelenden Ruine entfernt, die einmal der Heuschober von Helvellyn Farm gewesen war und ein ganzes Stück von den übrigen Gebäuden entfernt lag. Das war vermutlich großes Glück, denn sonst hätte das Feuer leicht auf die Hauptgebäude überspringen können.

"Ich weiß nicht recht. Vielleicht werde ich hier ..." Caroline brach ab und strich sich mit einer fahrigen Geste das Haar aus dem Gesicht, das im Gegensatz zu Sarahs heller Mähne kurz geschnitten war und einen warmen Kupferton hatte.

Sarah musterte ihre Schwester besorgt. "Seit wann bist du auf den Beinen?"

"Julia, unsere Praktikantin, hat den Brand gegen halb vier Uhr morgens bemerkt. Wir haben gehofft, noch einen Teil des Gebäudes retten zu können." Caroline zuckte resigniert die Schultern.

"Du brauchst mal eine Pause." Resolut fasste Sarah ihre Schwester am Arm. In diesem Moment ertönte eine Stimme hinter ihnen.

"Mrs Hebblethwaite? Have you got a moment?" Ein Feuerwehrmann tauchte zwischen den verkohlten Balken auf und kam auf sie zu.

Caroline löste sich aus dem Griff ihrer Schwester. "Sure. Did you find anything? What started the fire?"

Der Feuerwehrmann nahm den Helm ab und fuhr sich mit der Hand über das vorzeitig schütter werdende Haar. Seine Hand hinterließ eine Rußspur auf seiner Stirn. "**Apparently**

---

apparently [əˈpærəntlɪ] anscheinend

someone was smoking here. There are lots of **cigarette ends** on the floor. Do any smokers live here?"

Ein erstaunter Ausdruck hatte sich auf Carolines Gesicht breit gemacht. "No. I don't smoke and my husband and Liz don't smoke either." Caroline hielt einen Moment inne. "Only Thomas ..." Ein Schatten huschte über ihr sommersprossiges Gesicht, doch sie fing sich so rasch wieder, dass die kurze Regung jedem durchschnittlich aufmerksamen Beobachter entgangen wäre. Wer Thomas war und warum seine Erwähnung ihr Unbehagen verursachte, war aus Carolines Gesicht nicht abzulesen, doch ihr Ausdruck schien eine Spur strenger, als sie fortfuhr.

Übung 4: Fügen Sie die richtige Präposition ein.
(in (2x), out, about, around, at)

"Everyone **1.** _____ the family knows **2.** _____

farms. Nobody **3.** _____ here smokes **4.** _____

barns. Anyway, the fire started **5.** _____ 3.30."

"Mmm ... Did anyone sleep **6.** _____ here in the barn?"

"Some kind of **tramp**, you **mean**? I haven't seen anybody, but one of the neighbours saw someone **hanging around**."

Das Wort "Nachbarn" ließ Sarah unwillkürlich grinsen. Das letzte Haus, das sie auf ihrer Fahrt herauf zur Farm gesehen hatte, war ein dunkelrot gestrichenes Holzhaus mehrere

---

cigarette end [ˌsɪgə'ret end] Zigarettenkippe **barn** [bɑːn] Scheune
anyway ['enɪweɪ] wie auch immer **tramp** [træmp] Landstreicher
to mean (meant, meant) [miːn / ment / ment] meinen **to hang
(hung, hung) around** [ˌhæŋ / hʌŋ / hʌŋ ə'raʊnd] herumlungern

Meilen weiter unten an der holprigen Straße gewesen, die diesen Namen nur mit gutem Willen verdiente. Überflüssig zu erwähnen, dass es hier keinen Gegenverkehr gab, nur die endlosen grünen Weiden und dahinter die Gipfel von Helvellyn, Saddleback und Skiddaw. Liz Hebblethwaite hatte recht gehabt, Helvellyn Farm lag meilenweit von jeder anderen menschlichen Ansiedlung entfernt.

"You can talk to Liz. Perhaps she knows more about it. You'll find her in the kitchen."

"Kaffee und Schokolade?", erkundigte Sarah sich hoffnungsvoll, als der Feuerwehrmann in Richtung Farmhaus davonstapfte. Doch ihre Schwester fixierte plötzlich die Höhenzüge, als sehe sie sie zum ersten Mal. "Schlechte Nachrichten?", glaubte Sarah die Stimme ihrer Mitreisenden zu hören. Sie musste wieder an den Brief denken. Und sie spürte ein ungutes Gefühl in sich aufsteigen, als sie sich fragte, ob es hier wirklich nur um einen relativ glimpflich verlaufenen Scheunenbrand ging.

"Ist alles in Ordnung, Caro?"

Ihre Schwester zwang sich zu einem Lächeln. "Ich bin einfach müde. Tut mir leid, Kleine, aber unser Kaffee wird warten müssen. Ich bin gerade keine gute Gesellschaft. Julia zeigt dir dein Cottage, in Ordnung?" Im Gehen drehte sie sich noch einmal um. "Vielleicht kannst du ihr ja etwas beibringen."

Sarah blickte ihrer Schwester verblüfft nach. Nicht schlimm, versuchte sie sich selbst zu beruhigen, sie würde erst mal auspacken und sich in Ruhe umsehen. Caroline stand unter Stress und war übermüdet. Sie musste sich gedulden, dann würden sie mehr Zeit füreinander finden und Caro würde alle ihre Fragen beantworten. Sarah schluckte. Hatte sie wirklich geglaubt, es würde vom ersten Tag an wieder so sein wie früher, nur weil sie selbst es so haben wollte? Sie hatten sich in den letzten vier Jahren nur unregelmäßig gesehen. Sie hatte immer geglaubt, dass Caroline hier oben das Paradies auf Erden hatte. Nein, korrigierte sie sich selbst, sie hatte das glauben wollen. Sarah schreckte hoch, als jemand sie schüchtern am Arm berührte.

"Excuse me, are you Ms Kersten?" Das pummelige Mädchen in Arbeitskleidung nestelte verlegen an seinem Kopftuch und blickte auf irritierende Weise an Sarah vorbei, während sie sprach. Sarah schätzte sie allenfalls auf 17 oder 18 Jahre.

"Yes, I'm Sarah. And you are ...?"

"I'm Julia. I work on the farm. Caroline sent me here. Can I show you the cottage?"

Sarah zwang sich zu einem Lächeln, das Julia schüchtern erwiderte. Trotzdem blieb ihr Blick auf irgendeinen Gegenstand weit hinter Sarah gerichtet. Dann sagte sie mit größter Anstrengung: "Guten Tag. Wie geht es Ihnen? Mir geht es gut."

Nun verstand Sarah, was ihre Schwester mit ihrer letzten Bemerkung gemeint hatte. "You're learning German! Vielen Dank, mir geht es auch gut."

"**I'm afraid** my German is awful. I want to **go abroad** for a year. Perhaps with Caroline's help I can find an **internship** in Germany. But I should learn some more German first."

"That's a good idea." Sarah musste sich zusammenreißen,

I'm (was/were, been) afraid [ˌaɪm / wɒz/wɜː / biːn əˈfreɪd] leider
to go (went, gone) abroad [ˌɡəʊ / ˌwent / ˌɡɒn əˈbrɔːd] ins Ausland
gehen **internship** [ˈɪntɜːnʃɪp] Praktikum

um ein ernstes Gesicht zu bewahren. "You can talk to me in German."

"Danke, das ist sehr freundlich. But it's such an awfully **complicated** language."

"So, we can walk over to the cottage and you can tell me something about the internship", schlug Sarah vor.

"Sure." Gehorsam setzte Julia sich in Bewegung, und Sarah folgte ihr um das Hauptgebäude herum, über einen großen Hof, der von alten Obstbäumen gesäumt war. "It's not **muddy**, so we can take the **path** through the **orchard** – it's much shorter", erkärte das Mädchen und dirigierte sie mitten durch einen alten Obstgarten.

Übung 5: Übersetzen Sie die folgenden Begriffe ins Englische.

1. Schwager   _____

2. Bahnhof   _____

3. Großmutter   _____

4. Neuigkeit   _____

5. Wanderstiefel   _____

6. Landschaft   _____

7. Ehemann   _____

8. Scheune   _____

"So what kind of job are you looking for in Germany?", erkundigte sich Sarah.

---

complicated [ˈkɒmplɪkeɪtɪd] kompliziert **muddy** [ˈmʌdɪ] matschig **path** [pɑːθ] Weg **orchard** [ˈɔːtʃəd] Obstgarten

"I would like to work with animals."

"Do you help with the sheep, Julia?" Sarah dachte an die große Schafherde, die sie auf den Weiden rund um Helvellyn Farm gesehen hatte.

"Sheep are fine, but I'd **rather** help to **train** the dogs. Derek is a **champion breeder** and trainer." Julia errötete leicht.

"Are they a special breed?" Sarah erinnerte sich, dass ihre Schwester von der Hundezucht ihres Mannes gesprochen hatte.

"Oh yes, Derek breeds border collies. They are the best sheep dogs in the world. Derek won all the top prizes at the **sheep dog trials** last year. The next trials are next week, so you can come and watch them in action." Sarah nickte zerstreut. Durch die Bäume konnte sie jetzt zwei flache Steingebäude sehen. Als sie näher kamen, bemerkte sie, dass Fenster und Türen frisch gestrichen leuchteten.

"Here we are – this is your cottage. You are the first guest, Caroline has just finished **renovating** the place."

Julia stieß die Tür des einen Häuschens auf und Sarah gab einen erstaunten Ausruf von sich. "Look at this! That's **marvellous**!" Bewundernd ließ sie ihren Blick über die üppigen Vorhänge, Sesselüberzüge und gerüschten Kissen schweifen. "I just love those **flowery fabrics**! They are so romantic – very Laura Ashley. Did Caroline do all this by herself?"

Julia nickte. "Emma, her sister-in-law, helped with the **sewing**."

---

rather ['rɑ:ðə] lieber **to train** [treɪn] ausbilden **champion breeder** [ˌtʃæmpɪən 'bri:də] Meisterzüchter **sheep dog trial** ['ʃi:p dɒg ˌtraɪəl] Schäferhundprüfung **to renovate sth.** ['renəveɪt] etw. renovieren **marvellous** ['mɑ:vləs] fantastisch **flowery fabric** [ˌflaʊərɪ 'fæbrɪk] Stoff mit Blumenmuster **to sew (sewed, sewn)** [səʊ / səʊd / səʊn] nähen

"That **patchwork quilt** is **absolutely beautiful**. The **needlework** is **exquisite**!"

"All that furniture was old stuff from the barn and the **attic**. Caroline and Emma painted and decorated everything."

"It's **charming**. The cottage is **quaint**. It looks just like a **dolls' house** with all that pink and cream."

Julia verzog das Gesicht. "That's what people expect in a farm holiday. The cottage next door is blue and white. A woman from Manchester is renting it. She wants to go walking in the **fells**. You'll probably meet her at dinner. Did Caroline mention the welcome dinner tonight?"

Obwohl Julia nun nicht mehr so befangen wirkte wie am Anfang ihres Gesprächs, fiel Sarah auf, dass sie sie nicht ein einziges Mal direkt angesehen hatte. Sie zögerte einen winzigen Augenblick, bevor sie antwortete. "Sure. But she was in a hurry, so we didn't talk about the exact time."

Es war eine unsinnige Lüge, und Sarah ärgerte sich über sich selbst, noch ehe sie den Satz beendet hatte, doch sie bemühte sich, Julia nichts von diesen widerstreitenden Gefühlen merken zu lassen.

"At six. Please tell your next-door neighbour too. Her name's Melissa, by the way. Melissa Stavely." Damit verschwand Julia, und erst als sie die Tür hinter sich geschlossen hatte, fiel Sarah auf, dass das Mädchen gerade eine lästige Aufgabe auf sie abgeschoben hatte. Blieb nur zu hoffen, dass diese Melissa nett war.

---

patchwork quilt ['pætʃwɜːk ˌkwɪlt] Patchworkdecke **absolutely beautiful** ['æbsəluːtlɪ ˌbjuːtəfl] wunderschön **needlework** ['niːdlwɜːk] Handarbeit **exquisite** [ɪk'skwɪzɪt] hervorragend **attic** ['ætɪk] Dachboden **charming** ['tʃɑːmɪŋ] entzückend **quaint** [kweɪnt] malerisch **dolls' house** ['dɒlz haʊs] Puppenstube **fell** [fel] Berg

Übung 6: Auf wen oder was beziehen sich die folgenden Beschreibungen? Setzen Sie den gesuchten Begriff oder Namen ein.

1. Its needlework is absolutely beautiful.

_____

2. He breeds Border Collies.

_____

3. It is full of beautiful fruit trees.

_____

4. Caroline and Emma painted and decorated it.

_____

5. She's looking for an internship in Germany.

_____

6. He has won top prizes at the sheep dog trials.

_____

Sarahs Klopfen an der Tür des Nachbar-Cottages erwies sich jedoch als vergeblich.

Die Vorhänge waren zugezogen und niemand rührte sich dahinter. Nach mehreren fruchtlosen Versuchen gab sie schließlich schulterzuckend auf und heftete eine kurze Notiz an die Tür.

Schon von draußen waren laute Stimmen zu hören, die durcheinander redeten. Die Tür zum Farmhaus war nur angelehnt. Im Flur war es nach der sommerlichen Wärme draußen angenehm kühl und dämmerig. Ein leichter Geruch nach Holz und Wachs hing in der Luft.

"Caroline?", rief Sarah fragend.

"In the kitchen. Through the door and straight on."

Sarah zuckte zusammen. Sie hatte sich allein im Flur geglaubt, doch jetzt sah sie, dass ein hagerer, hochgewachsener Mann aus dem Dämmerlicht trat. Wie viele sehr große Menschen ging er leicht gebückt, doch Sarah wusste von ihrer Schwester, dass diese Angewohnheit bei Derek Hebblethwaite nicht mit seiner Körpergröße zusammenhing, sondern mit dem schweren Reitunfall, der ihn vor rund zwei Jahren gezwungen hatte, seine aktive Karriere als Militaryreiter an den Nagel zu hängen.

"Derek, is that you? You **scared** me **to death**! What are you doing here?"

Ihr Schwager musterte sie mit undurchdringlicher Miene. "Me? I live here. But what about you? You are standing here in the dark all alone."

Sarah fühlte, wie ihr das Blut in die Wangen schoss. "Sorry, the door was open, so I called for Caroline and ..." Sie brach ab, als Derek leise zu lachen begann. Überrascht bemerkte sie, welche Veränderung dabei in seinem Gesicht vor sich ging. Wenn Derek Hebblethwaite lachte, war er ein attraktiver Mann. "You'**re making fun of** me!", sagte sie gespielt vorwurfsvoll.

"Sorry, I **was** just **joking**, Sister-in-law. So, you made it up here at last. Are you enjoying your stay here?"

"Yes, I am. Up to now, at least. Are you having dinner with us tonight?", erkundigte sich Sarah, als Derek seine langen

---

to scare sb. to death [ˌskeə / tə ˈdeθ] jdn. zu Tode erschrecken
to make fun of sb. [ˌmeɪk ˈfʌn əv] sich über jdn. lustig machen
to joke [dʒəʊk] Spaß machen

Arme in eine Strickjacke mit auffälligem Schottenmuster zwängte.

"No, one of the dogs is ill."

"You've got a lot of trouble here at the moment."

"Tell me about it." Der Ton in Dereks Stimme ließ Sarah aufhorchen.

"Caro will tell me more later."

"Maybe. But it's just **everyday life** on a farm, you know. See you later!"

Sarah sah ihm nach, während er über den Hof eilte. Sie wurde einfach nicht schlau aus diesem Mann. Im einen Moment todernst, hatte er im nächsten Augenblick einen lockeren Spruch auf den Lippen, und sie wurde den Eindruck nicht los, nichts vom wahren Derek gesehen zu haben. Mit einem Kopfschütteln machte sie sich auf die Suche nach ihrer Schwester.

Falls Sarah gehofft hatte, ein paar private Worte mit Caroline wechseln zu können, wurde diese Hoffnung spätestens beim Betreten der überfüllten Wohnküche zunichte gemacht. Neben der Familie waren offenbar auch einige der Feuerwehrleute, die bei den Aufräumarbeiten geholfen hatten, zum Abendessen geblieben.

Carolines erhitztes Gesicht tauchte hinter ein paar Töpfen und Pfannen auf, wo sie mit Liz Hebblethwaite und einer jüngeren Frau mit ernstem Gesicht und großer Brille das Essen zubereitete.

"Hallo Sarah! Such dir einfach einen Platz, ja? Can someone find a seat for Sarah, please?", rief Caroline in den Raum.

"Can I help you with anything?", protestierte Sarah, die sich plötzlich sehr nutzlos vorkam.

---

everyday life [evrɪ'deɪ laɪf] Alltag

"No, just sit down, okay? In fact, Liz is doing all the work and Emma and me are just helping. Have you already met my sister-in-law Emma?"

Emma rückte Sarah einen freien Stuhl zwischen einer Frau mit langem, dunklem Haar und einem der Feuerwehrleute zurecht. "Come over here, Sarah." Ihr Lächeln war so herzlich, dass es die unvorteilhafte Brille vergessen ließ.

"Are you here for the **fell walking** too?", erkundigte sich Sarahs Tischnachbar. "We were just talking about walking in the fells. Melissa was asking for a good route up Helvellyn. Take the path up to Browncove Crags passing Lower Man to the left and it should be about seven miles to the **summit**. That's one of the shorter routes. There's a **shelter** at the top, so you can take your lunch with you. The **eastern approach** via Striding Edge is much more dramatic, but it isn't **suitable** for **inexperienced** walkers."

Übung 7: Vervollständigen Sie die Sätze, indem Sie die richtige Zeitform des Verbs einfügen.

1. Sarah *(to be)* _____ a photographer.

2. _____ you already *(to meet)* _____ my sister-in-law?

3. Sorry, I *(to joke)* _____.

4. _____ you _____ *(to help)* with the sheep, Julia?

---

fell walking ['fel ˌwɔːkɪŋ] Wandern in den Fells **summit** ['sʌmɪt] Gipfel **shelter** ['ʃeltə] Schutzhütte **eastern** ['iːstən] östlich **approach** [ə'prəʊtʃ] *hier:* Wanderroute **suitable** ['suːtəbl] geeignet **inexperienced** [ˌɪnɪk'spɪərɪənst] unerfahren

5. Derek *(to breed)* _____ Border Collies.

6. _____ you *(to have)* _____ dinner with us

tonight as you planned?

Die Frau mit dem dunklen Haar hob ein wenig spöttisch die Augenbrauen, und Sarah kam nicht umhin zu bemerken, dass es ein interessantes Gesicht war, nicht hübsch im landläufigen Sinne, aber ausdrucksstark. "I'm here for a bit of **adventure** and I am not inexperienced." Sie schenkte Sarah ein Raubtierlächeln. "So you are my new neighbour. Thanks for your note. Why don't you come with me tomorrow? We could show those **wimps** a thing or two about modern women."

Ehe Sarah etwas erwidern konnte, mischte sich nun Liz Hebblethwaite ein. "Taking one of the easier routes for starters has nothing to do with being a **coward**, Melissa. Have you been here before, or is this your first time?"

"No, I have never been to this part of the Lake District before."

Liz schien noch etwas sagen zu wollen, schüttelte dann aber den Kopf.

Melissa wandte sich unbekümmert an Sarah. "So what do you think? Shall we have a look at that dramatic view tomorrow?"

Sarah hob abwehrend die Hände. "I'**ve** never **climbed** a mountain in my life! Call me a coward, but I'll start with a really easy route. I don't want to **endanger** my photo equipment."

---

adventure [əd'ventʃə] Abenteuer **wimp** [wɪmp] Weichei **coward** ['kaʊəd] Feigling **to climb sth.** [klaɪm] etw. hinaufklettern **to endanger sth.** [ɪn'deɪndʒə] etw. gefährden

"Only fools climb Striding Edge without proper **preparation**." Alle Köpfe wandten sich erstaunt um und alle anderen Gespräche verstummten. Der untersetzte Mann in Arbeitskleidung am anderen Ende des Tisches, der sich so unmissverständlich geäußert hatte, widmete sich bereits wieder seinem Teller und bot dabei einen prächtigen Blick auf eine für sein Alter schon recht ausgeprägte Halbglatze.

Melissa zog die Augenbrauen noch ein Stück höher und ihre Augen blitzen kampfeslustig. "So you are calling me a fool, are you?"

"Enough people **go missing** in those fells because they don't know the difference between a **challenge** and **stupidity**. Be **sensible**. Don't act like an idiot."

"Thomas!" Liz warf dem Mann mit der Halbglatze einen scharfen Blick zu. "Perhaps my grandson is **rude** sometimes, but he's right. Striding Edge is really **dangerous** in bad weather – it's a very **exposed ridge** and a fall from there could be fatal. So be careful, okay?"

Melissa lachte und goss sich noch einmal von dem Wein ein. "No **risk**, no fun ..."

"So that **killjoy** is your brother-in-law, huh?" Melissa hatte sie kurz vor dem Obstgarten eingeholt.

"Not exactly. He's my brother-in-law's brother. To be honest I met him today for the first time."

---

preparation [ˌprepəˈreɪʃn] Vorbereitung **to go missing** [ˌɡəʊ ˈmɪsɪŋ] verloren gehen **challenge** [ˈtʃælɪndʒ] Herausforderung **stupidity** [stjuːˈpɪdətɪ] Dummheit **sensible** [ˈsensɪbl] vernünftig **rude** [ruːd] ungehobelt **dangerous** [ˈdeɪndʒərəs] gefährlich **exposed** [ɪkˈspəʊzd] ungeschützt **ridge** [rɪdʒ] Grat **risk** [rɪsk] Risiko **killjoy** [ˈkɪldʒɔɪ] Spielverderber

"That's no great **loss**, I **suppose**."

"He's certainly no diplomat, but he's had a hard time **recently**. Liz told me that he's just lost his **own** farm. That's why he and his wife are staying here for a while. His wife Emma **seems** nice enough and is a great help on the farm."

"He's still an idiot, **though**", beharrte Melissa. Ihre Stimme klang ein wenig undeutlich, als hätte sie einige Gläser Wein zu viel getrunken, und Sarah hatte Mühe, sie richtig zu verstehen. Insgeheim war sie gern bereit, sich Melissas Meinung über Dereks Bruder anzuschließen, dessen unhöfliche Art ihr instinktiv zuwider war und mit dem offenbar auch ihre Schwester ein Problem hatte. Thomas sei der einzige Raucher auf der Farm, hatte Caroline angedeutet, und Sarah war ihr kurzes Zögern aufgefallen, bevor sie beteuert hatte, niemand aus der Familie würde in einer Scheune rauchen. Doch das ging Melissa nichts an.

"You gave him a hard time."

"Men like him need that from time to time. But he's not **worth the effort**. He's not my type." Sie gingen ein Stück schweigend nebeneinander her, jede in ihre eigenen Gedanken versunken. Der Geruch von Obstblüten und frisch gemähtem Gras hing in der Luft und Sarah atmete tief durch.

"You're sure you don't want to come with me tomorrow? Helvellyn is one of the most spectacular **peaks** around here. A super photo **opportunity**! Have you come here to take pictures?", erkundigte sich Melissa nach einer Weile.

---

loss [lɒs] Verlust **to suppose** [səˈpəʊz] vermuten **recently** [ˈriːsntlɪ] in letzter Zeit **own** [əʊn] eigene **to seem** [siːm] scheinen **though** [ðəʊ] aber **worth the effort** [ˌwɜːθ ðɪ ˈefət] der Mühe wert **peak** [piːk] Gipfel **opportunity** [ˌɒpəˈtjuːnətɪ] Gelegenheit

Sarah zögerte. "Sounds **tempting**, but – no, not tomorrow. You see, I have come here to see my sister and to spend some time with her."

Sie konnte Melissas Gesicht im Dunkeln nicht sehen, doch zu ihrer Erleichterung klang die andere nicht gekränkt. Nur eine Spur Melancholie schien in ihrer Stimme mitzuschwingen. "We never spend enough time with the people we love. And at some point it is too late. But you're welcome to come with me another day."

"I would love to", stimmte Sarah zu. "How long are you staying for?"

"That depends."

"On your **employer**?" Sarah nickte mitfühlend, doch zu ihrer Überraschung lachte Melissa.

"No. I'm sort of **self-employed**." Sie kicherte.

Welchen Witz, dachte Sarah, hatte sie nicht mitbekommen? Ihr Englisch war so gut wie fließend, trotzdem entging ihr gelegentlich eine Pointe.

"Let's just say it depends on **various circumstances**. And of course my babies will miss me."

"You have kids?", fragte Sarah ehrlich überrascht. "Melissa, you don't look like the family-type."

Melissa wollte sich vor Heiterkeit geradezu ausschütten. Sie schwankte wie ein Schiff im schweren Sturm.

Sie hat zu viel Wein getrunken, dachte Sarah.

"Of course not. My 'babies' have four legs and **jump** over fences."

---

tempting ['temptɪŋ] verlockend **employer** [ɪm'plɔɪə] Arbeitgeber **self-employed** [ˌselfɪm'plɔɪd] selbstständig **various** ['veərɪəs] verschieden **circumstance** ['sɜːkəmstəns] Umstand **to jump** [dʒʌmp] springen

Am Ende des Obstgartens zeichnete sich jetzt vor ihnen im Halbdunkel die geduckte Silhouette der beiden Farm-Cottages ab.

Sarah zögerte. "Are you really going to take that dangerous route tomorrow?"

"Hell no, I'm not crazy. I was just having a bit of fun." Sie winkte Sarah mit der übertriebenen Gestik einer Betrunkenen zu. "Time to say goodnight, my new-found friend. You're a good one, you know? Not a **hypocrite** like the others."

Übung 8: Ordnen Sie die passenden Begriffe einander zu. Tragen Sie den richtigen Buchstaben ein.

1. dangerous	☐	**a.** equipment
2. Lake	☐	**b.** peak
3. photo	☐	**c.** friend
4. exposed	☐	**d.** District
5. spectacular	☐	**e.** ridge
6. new-found	☐	**f.** route

"Hey, you should really go to bed now", empfahl Sarah. **Otherwise** you'll say something really **embarrassing**." Something that you **will regret** tomorrow, setzte sie in Gedanken hinzu.

Sie winkte noch einmal und begann in ihrer Tasche nach dem Haustürschlüssel zu suchen.

Die Stimmen waren laut und ärgerlich und sie schienen wie ein umherirrendes Echo mal von rechts und mal von links zu kommen, ohne dass Sarah sie genau lokalisieren konnte.

---

hypocrite ['hɪpəkrɪt] Heuchler **otherwise** ['ʌðəwaɪz] sonst **embarrassing** [ɪm'bærəsɪŋ] peinlich **to regret sth.** [rɪ'gret] etw. bedauern

Fröstelnd zog sie ihre Strickjacke enger um die Schultern. Noch aufgekratzt von den vielfältigen Eindrücken des Tages, hatte sie es sich romantisch vorgestellt, allein hinaus in die laue Sommernacht zu gehen. Was für eine Schnapsidee, im Dunkeln auf einem fremden Hof herumzuirren, dachte sie jetzt ärgerlich, während sie versuchte, den Weg zurück zum Cottage zu finden.

"So what's this all about?" Mühsam verhaltener Zorn klang in der Männerstimme mit. Sarah konnte die Antwort nicht verstehen, doch die zweite Stimme gehörte unzweifelhaft einer Frau. Der Gedanke, hinter dem nächsten Baum unvermittelt dem streitenden Paar, vielleicht Emma und ihrem unsympathischen Mann oder Julia und einem unbekannten Liebhaber, gegenüberzustehen und für eine Lauscherin gehalten zu werden, ließ sie ihre Schritte verlangsamen. Vielleicht, dachte sie, gehörten die Stimmen sogar Derek und Caroline? Die Entfernung und das leichte Rauschen des Windes wehte nur Gesprächsfetzen zu ihr herüber.

"You've got to listen to me", hörte sie jetzt die Frauenstimme, die mit einem Mal sehr nah klang. Peinlich berührt blieb Sarah stehen.

"Just be quiet, will you? You'**ll wake** the **whole** farm!" Von der Antwort drangen nur einzelne Worte zu Sarah hinüber, doch sie konnte den hysterischen Ton in der Stimme der Frau deutlich hören. "... or I'**ll scream** ..."

"What do you want? Money? I don't have any!"

Sarah fühlte sich in ihrer Rolle als ungebetene Zuhörerin mit jeder Sekunde mehr unwohl. War das noch ein Streit zwischen einem verliebten Pärchen?

---

to wake (woke, woken) sb. [weɪk / wəʊk / 'wəʊkən] jdn. wecken
whole [həʊl] ganz **to scream** [skriːm] schreien

"This is **insane** … just go, will you?" Es folgte eine kleine Pause, dann schrie die Frau plötzlich auf. "**Don't you dare**!"

Sarah räusperte sich. "Hello, anybody out there?", rief sie entschlossen in die Dunkelheit.

Nur das leise Rauschen der Obstbäume antwortete ihr. In der Ferne blökten Schafe. Dann vernahm sie das Geräusch von scharrenden Füßen; irgendwo knackte ein Zweig. Nur wenige Meter vor Sarah trat ein großer Mann zwischen den Bäumen hervor. Das Gesicht hatte er abgewandt, doch Sarah erkannte sofort die Jacke, die er trug – eine Strickjacke mit auffälligem rotem Schottenmuster. Sie wagte nicht zu atmen und stand ganz still, doch ihre Vorsicht wäre nicht nötig gewesen, denn Derek verließ den Obstgarten, ohne sich noch einmal umzublicken. Unfähig sich zu rühren, wartete Sarah. Schließlich trat auch die Frau zwischen den Bäumen hervor, doch sie blieb ein schlanker, dunkler Schemen ohne Gesicht.

---

insane [ɪnˈseɪn] verrückt **Don't you dare!** [ˈdəʊnt jʊ ˈdeə] Untersteh dich!

Three

Der nächste Tag sollte Sarah als der Tag in Erinnerung bleiben, an dem Melissa Stavely verschwand. Was immer später geschah, es war dieser Tag, der eine Kettenreaktion ungeahnten Ausmaßes in Bewegung setzte. Am frühen Mittag jedoch, als Sarah in die helle, gemütliche Küche des Farmhauses kam, lag eine sommerliche Leichtigkeit in der Luft, die nicht die kleinste böse Vorahnung erlaubte. Die Gespenster der Nacht lösten sich darin auf wie dünner Nebel.

"Good morning", begrüßte Caroline sie gut gelaunt, "you're still a late **riser**."

"And you've got your good **temper** back", scherzte Sarah. "Did I just hear you singing outside?" Sie umarmte ihre Schwester. "I was really worried about you yesterday. I'm afraid I **made a mountain out of a molehill**. I thought you were in serious trouble."

"There's always serious trouble on a farm", lächelte Caroline. "And you're right, I was awfully bad **company** yesterday. I don't want to be rude. Ich hatte mir doch vorgenommen, so oft wie möglich Deutsch mit dir zu sprechen. Weißt du, dass ich schon Ganzmehlbrot statt Vollkornbrot sage? I need to **practise** my German – I even dream in English **nowadays**."

"That's no problem for me. In my job I speak English all the time."

---

late riser [ˌleɪt ˈraɪzə] Langschläferin **temper** [ˈtempə] Laune
to make (made, made) a mountain out of a molehill [ˌmeɪk / ˌmeɪd / ˌmeɪd ə ˈmaʊntɪn aʊt əv ə ˈməʊlhɪl] aus einer Mücke einen Elefanten machen **company** [ˈkʌmpənɪ] Gesellschaft **to practise** [ˈpræktɪs] üben
nowadays [ˈnaʊədeɪz] heute

"What about some **scrambled eggs** and coffee? Are you still a coffee junkie? Afterwards I could show you around and **bring you up to speed** with everything. Do you like sheep?"

"Wenn sie gut durchgebraten sind", sagte Sarah. Sie blickten sich an und prusteten dann gleichzeitig los.

Übung 9: Setzen Sie die fehlenden Begriffe ein, indem Sie die Buchstaben in die richtige Reihenfolge bringen.

1. Two people were having an **argument** in the *(dorhacr)*

   _____.

2. Somebody burnt down the *(narb)* _____.

3. Melissa thinks Thomas is a *(yojlikl)* _____.

4. Striding Edge is a *(godesnuar)* _____ ridge

   for inexperienced fell walkers.

5. There's a *(theresl)* _____ on the summit of

   Helvellyn.

6. English people love to eat *(mardbsecl)* _____

   eggs for breakfast.

"These are Herdwicks", erläuterte Caroline später. Sarah fühlte sich zwischen den zotteligen Schafen mit den schwarzen Lämmern und einem Respekt einflößenden Schafsbock mit mächtigen, gebogenen Hörnern befangen.

_____

scrambled eggs [ˌskræmbld ˈegz] Rührei **to bring sb. up to speed** [ˌbrɪŋ / ˌʌp tə ˈspiːd] jdn. auf den neuesten Stand bringen **argument** [ˈɑːgjʊmənt] Streit

"Some people call them the Lake District's **gardeners**. This breed is **amazing**. For example, they don't need any fences because they always return to their own territory. That's important because so many of them **graze** on the fells in completely **inaccessible** regions. They are extremely **hardy** too." Liebevoll kraulte Caroline einem neugierigen Lamm den Kopf und kontrollierte wie nebenbei Klauen und Beine. Sie schien hier draußen völlig in ihrem Element zu sein.

"You let them graze on the fells?", erkundigte sich Sarah.

"Sure, and that's great for us because the fells are **public ground**. We have a lot of sheep but not nearly enough land for all of them. This way we don't have to buy new **pastures**. It's an old **custom** around here and the sheep are good for the plant life on the fells. They keep the grass short and that is good for the **root system**."

Sarah wich einem Schaf aus, das neugierig näher gekommen war, um an ihr zu schnuppern, und ließ ihren Blick dann über die sanften grünen Hügel schweifen, die gelegentlich von flachen Natursteinmauern durchschnitten wurden. "So where are your horses?"

Caroline zögerte. "There are no horses."

"Sorry? But what about Derek?"

Caroline seufzte und wechselte unvermittelt wieder ins Deutsche. "Habe ich es dir nicht erzählt? Wir haben alle eigenen Pferde nach Dereks Unfall verkauft. Einige gehör-

---

gardener ['gɑːdnə] Gärtner **amazing** [ə'meɪzɪŋ] erstaunlich **to graze** [greɪz] grasen **inaccessible** [ɪnək'sesəbl] unzugänglich **hardy** ['hɑːdɪ] robust **public ground** [ˌpʌblɪk 'graʊnd] öffentliches Gelände **pasture** ['pɑːstʃə] Weideland **custom** ['kʌstəm] Sitte **root system** ['ruːt ˌsɪstəm] Wurzelwerk

ten uns ohnehin nicht, sondern waren Derek von Sponsoren zur Verfügung gestellt worden. Aus dem Verkaufserlös haben wir die Farm renoviert und ein paar neue Maschinen gekauft. Die Farm war in einem völlig veralteten Zustand. Derek hatte nie wirklich geplant, sich auf die Landwirtschaft zu konzentrieren, doch der Unfall hat alle unsere Pläne über den Haufen geworfen. Ich hätte gerne zumindest ein paar kräftige Ponys für die Feldarbeit angeschafft. Wir betreiben biologisch-dynamische Landwirtschaft und hätten mit den Ponys einen Teil der Feldarbeit an schwer zugänglichen Stellen erledigen können. Außerdem wäre es eine zusätzliche Touristenattraktion gewesen. Aber Derek war nicht dazu zu bewegen." Sie blickte über die Schafherde hinweg und Sarah konnte den Ausdruck von Trauer in ihren Augen sehen. "Ich glaube, er kann bis heute den Anblick von Pferden kaum ertragen. Ich hätte damals allem, was halbwegs vernünftig klang, zugestimmt, um es ihm nicht noch schwerer zu machen."

"Besteht denn keine Chance, dass er jemals wieder reiten kann?", erkundigte sich Sarah.

Ihre Schwester schüttelt den Kopf. "Die Ärzte raten ihm ab. Wir hatten großes Glück, dass Derek heute nicht im Rollstuhl sitzt. Das Schicksal ist noch einmal gnädig mit uns gewesen und wir werden es nicht herausfordern. Es ist schon fast ein Wunder, dass Derek inzwischen so viel auf der Farm selbst erledigen kann." Sie blickte über die Weiden, als sei sie tief in Gedanken versunken. Ihre Stimme war leiser geworden. "Er hatte anfangs schwere Depressionen, und ich war glücklich, als er seine Leidenschaft für die Border Collies entdeckte. Er hat wirklich ein außergewöhnliches Talent beim Trainieren von Tieren."

"Und du willst mir erzählen, ihr hättet keine ernsthaften Probleme."

"Oh, das ist Schnee von gestern." Mit einem Lächeln verscheuchte Caroline die schmerzhaften Erinnerungen. "Derek hat seine Launen, dann verschwindet er manchmal stundenlang zu den Hunden, so wie gestern Abend. Auf Fremde wirkt das sicher unhöflich, aber immer wenn ich zu ungeduldig mit ihm werde, erinnere ich mich selbst daran, wie dankbar ich sein darf, dass er noch bei mir ist."

Sarah drückte impulsiv den Arm ihrer Schwester. Plötzlich war sie froh, dass sie Caroline nichts von ihrer nächtlichen Beobachtung erzählt hatte. Im hellen Tageslicht war sie sich plötzlich gar nicht mehr sicher, was sie im Obstgarten wirklich gesehen oder gehört hatte. Mit welchen Dämonen der Vergangenheit Derek auch immer kämpfen mochte, es ging sie nichts an, und es würde nichts dabei herauskommen, wenn sie darin herumstocherte.

"War es das, was du dir von der Seele reden wolltest? Deine Andeutungen und der Brief haben mich schon ein bisschen erschreckt."

"Ach, irgendwie musste ich dich doch herlocken, oder?" Caroline lachte und zeigte in Richtung Farm. "Look, there's Emma over there. I **bet** she wants to begin **shearing** the **sheep** today. Would you like to watch?"

Sarah warf ihrer Schwester einen forschenden Blick zu. Dieser Themenwechsel ging ihr viel zu rasch. Sie war sich beinahe sicher, dass Caroline ihr nur die halbe Wahrheit erzählt hatte, aber die winkte bereits ihre Schwägerin zu ihnen herüber.

---

to bet (bet, bet) [bet / bet / bet] wetten **to shear (sheared, shorn) sheep** [ʃɪə / ʃɪəd / ʃɔːn ˈʃiːp] Schafe scheren

"Emma is really **enthusiastic** about the sheep. Last year we needed some professional **sheep shearers**, but with Emma and Thomas here we'll do it ourselves this year." Sie schnitt eine komische Grimasse. "It will be quite an adventure."

"Do you sell the wool?", erkundigte sich Sarah.

Caroline seufzte. "The Lake District was famous for its **wool industry** for almost 600 years. The centre was Kendal with its motto 'Wool is my bread', and even Shakespeare talked about the famous Kendal Green Cloth in one of his plays. But I'm afraid those times are long gone. Sheep wool has no great **commercial value** these days. But Emma has some very interesting plans for our sheep and their wool."

"The wool from Derek's and Caroline's sheep is 100 percent **organic** and has a **rare** quality, wonderful for **spinning** fine wool for **blankets** and for **weaving carpets**. They say you can't **dye** Herdwick wool, but I have! I did some dying experiments and have come up with some wonderful colours: a **mossy green** and a **heathery purple**. The colours remind me of the landscape around Helvellyn. And the wool's just perfect for **knitting**." Emmas blasses Gesicht hatte vor Begeisterung zu glühen begonnen, es war ganz offensichtlich, dass sie über ihr Lieblingsthema sprach.

---

enthusiastic [ɪnˌθjuːzɪˈæstɪk] begeistert **sheep shearer** [ˈʃiːp ˌʃɪərə] Schafscherer **wool industry** [ˈwʊl ˌɪndəstrɪ] Wollindustrie **commercial value** [kəˌmɜːʃl ˈvæljuː] Handelswert **organic** [ɔːˈgænɪk] bio **rare** [reə] selten **to spin (spun, spun)** [spɪn / spʌn / spʌn] spinnen **blanket** [ˈblæŋkɪt] Decke **to weave (wove, woven)** [wiːv / wəʊv / ˈwəʊvn] weben **carpet** [ˈkɑːpɪt] Teppich **to dye sth.** [daɪ] etw. färben **mossy green** [ˌmɒsɪ ˈgriːn] moosgrün **heathery purple** [ˌheðərɪ ˈpɜːpl] heidekrautviolett **to knit** [nɪt] stricken

"Emma thinks we should open a wool shop."

"There's a small **unused** barn on the farm that is just perfect for a shop and I could offer some spinning and weaving courses for tourists. Of course, we won't just sell wool but other **products related to sheep** as well. It will be no extra work for you or Derek, I can do it on my own", beteuerte Emma.

Caroline lachte.

Übung 10: Vervollständigen Sie die Begriffe aus dem "Murder in the Night"-ABC. Die Zahl der Buchstaben ist vorgegeben.

1. A stands for _ _ _ _ _ _ _ _ – Derek had a serious one a few years ago and now he can't ride any more.

2. B stands for dog _ _ _ _ _ – the Border Collie is a special one of these.

3. C stands for Border _ _ _ _ _ _ – this is a kind of dog.

4. D stands for _ _ _ _ _ _ _ _ – Thomas is not one of these. He is rude and aggressive.

5. E stands for _ _ _ _ – the English like these scrambled.

6. F stands for _ _ _ _ _ – this is another word for mountains.

7. G stands for _ _ _ _ _ – the sheep do this on the mountains. They eat the grass.

---

unused [ʌnˈjuːzd] *hier:* leer stehend **products related to sheep** [ˈprɒdʌkts rɪˌleɪtɪd tə ˈʃiːp] Schafprodukte

8. H stands for _ _ _ _ _ – this describes the Herdwick sheep. They don't have much to eat and the weather in the Lake District is sometimes wet and cold.

"Emma lässt mir schon seit Wochen keine Ruhe mit dieser Idee und sie ist so eine große Hilfe auf der Farm, dass ich irgendwann gar nicht mehr anders können werde als zuzustimmen."

Emma schien den Sinn des Satzes zu verstehen, denn sie strahlte über das ganze Gesicht. "Helping you and Derek is **the least** we can do, as long as we **are accepting** your **hospitality**."

"Did you lose your own farm?", erkundigte sich Sarah teilnahmsvoll. "Did it **burn down** in a fire too?"

"Emma and Thomas had some real bad luck there", mischte sich Caroline rasch ein.

"Thanks, Caroline, I'm so **grateful** for your hospitality, but there's no need to **protect** me", entgegnete Emma. Ein entschlossener Zug lag um ihren Mund, als sie Sarah anblickte. "We had to sell the farm because of my husband Thomas. He's an **alcoholic** and a **gambler** and he recently lost a **huge amount of money**." Emma stockte. "But he's a good farmer and he is not a bad husband."

Caroline schien etwas erwidern zu wollen, doch sie schwieg.

---

the least [ðə ˈliːst] das Mindeste **to accept sth.** [əkˈsept] etw. annehmen **hospitality** [ˌhɒspɪˈtælɪtɪ] Gastfreundschaft **to burn down** [ˌbɜːn ˈdaʊn] abbrennen **grateful** [ˈgreɪtfl] dankbar **to protect sb.** [prəˈtekt] jdn. beschützen **alcoholic** [ˌælkəˈhɒlɪk] Alkoholiker **gambler** [ˈgæmblə] Spieler **huge** [hjuːdʒ] riesig **amount of money** [əˌmaʊnt əv ˈmʌnɪ] Geldbetrag

Offenbar wollte sie Emma nicht verletzen.

"Ich bewundere Emma wirklich, dass sie es mit diesem Mistkerl aushält", vertraute sie Sarah später auf dem Rückweg zum Farmhaus an. "Er mag ein guter Farmer sein, aber wenn er betrunken ist, ist er zu allem fähig. Ich habe keine Beweise, aber ich bin mir ziemlich sicher, dass er Emma schon mehr als einmal geschlagen hat."

"War er vorgestern Nacht, als das Feuer ausgebrochen ist, betrunken?", erkundigte sich Sarah.

"Das habe ich mich auch schon gefragt. Aber Emma schwört, dass er die ganze Nacht in seinem Bett lag."

Sarah war noch nicht zufrieden. "Denkst du, es steckt mehr hinter diesem Feuer als ein Landstreicher, der versehentlich ein bisschen gezündelt hat? Könnte es jemand auf euch abgesehen haben?"

Caroline runzelte die Stirn. "Ich hoffe nicht. Diese Art Ärger können wir ganz bestimmt nicht brauchen."

Sie stieß die Haustür mit Schwung auf. "Liz, are you there? Has Melissa already returned from her walk?"

"I'm over here in the bedroom." Liz' Stimme klang gedämpft durch die alte Holztür. Sarah hörte, wie eine Schublade zugeschlagen wurde. "Sorry dear, I was looking for that old **locket** of Aunt Sue's. You haven't seen it **by any chance**?"

"No, sorry, I haven't seen it **for ages**." Caroline musterte die alte Dame amüsiert. Ihre gestern so perfekt frisierten weißen Haare standen wie Igelstacheln von ihrem Kopf ab.

"God, Liz, where were you looking for it? Behind the **cupboard**?"

---

locket ['lɒkɪt] Medaillon **by chance** [ˌbaɪ 'tʃɑːns] zufällig **for ages** [fər 'eɪdʒɪz] seit Ewigkeiten **cupboard** ['kʌbəd] Schrank

"Exactly, dear. Maybe it **slipped** down there. But it's very **mysterious**. I put it in my **drawer**. Oh dear, my **memory** is getting worse. I'm getting old."

"You? Never!" Ein liebevoller Blick lag in Carolines Augen. "Is Melissa already back?"

"Why? It's not that late. Especially for Miss Adventure."

"No, but I think it's going to rain."

"But the weather has been **splendid** all day", wandte Sarah erstaunt ein.

Übung 11: Unterstreichen Sie die richtige Zeitform.

1. Emma and Thomas *(are going to lose/have lost)* their farm.
2. Emma *(has opened/is going to open)* a wool shop.
3. Shakespeare *(has mentioned/mentioned)* the famous Kendal Green Cloth in one of his plays.
4. Victorian tourists *(will bring/brought)* framed mirrors to the Lake District.
5. Liz *(was looking/looks)* for an old locket behind a cupboard.
6. Liz *(will put/put)* the locket in the drawer.

"Das Wetter kann sich hier manchmal sehr rasch ändern", erklärte Caroline. "Es kommt sogar vor, dass auf einer Seite des Gebirges die Sonne scheint, während es auf der anderen regnet. Außerdem hängt hier in der Gegend die Wolkendecke oft so tief, dass man auf den höher gelegenen Wegen kaum etwas sehen oder hören kann. Das ist

---

to slip [slɪp] rutschen **mysterious** [mɪ'stɪərɪəs] rätselhaft **drawer** [drɔ:] Schublade **memory** ['meməri] Gedächtnis **splendid** ['splendɪd] herrlich

ziemlich gespenstisch, wenn man es zum ersten Mal erlebt, und man kann sich leicht verirren. Die meisten Wanderer sind vernünftig und gut ausgerüstet, aber Melissa Stavely scheint der Ansicht zu sein, sie müsse sich oder irgendjemandem etwas beweisen."

Sie spähte durch das Fenster. "Ich würde mich jedenfalls besser fühlen, wenn sie wieder hier wäre, bevor es da draußen richtig losgeht."

Four

Wolken zogen auf, doch das trockene Wetter hielt sich bis in den späten Nachmittag hinein.

"Still working? You're on holiday, my dear. You should **relax** a bit. In fact, I haven't seen you without those cameras for more than ten seconds." Liz Hebblethwaite hatte von der Arbeit im Garten schmutzverschmierte Hände und ihre bloßen Unterarme waren zerkratzt. Ihre Haare waren unter einem geblümten Kopftuch verschwunden und nichts erinnerte mehr an den schicken Queen-Mum-Look vom Vortag.

Sarah wechselte das Objektiv ihrer Kamera, spähte durch den Sucher und nickte zufrieden. "When did you last go on a holiday? 40 years ago?"

"Not quite. As a matter of fact it was 60 years ago. But I'm a farmer, that's different. I went to Bath once. I was still a young woman."

"I'm not really working. I'm a photographer, so I'm never on holiday either. But it's not work. It's my passion." Sarah beobachtete fasziniert, wie Derek auf einem abgezäunten Stück Wiese hinter den Cottages einen seiner Border Collies drei Schafe aus einer größeren Herde aussondern ließ. Ein weiterer Hund hielt die übrigen Schafe in Schach, während der erste die ausgewählten Tiere durch ein Tor und dann weiter in ein Gatter trieb. Es sah so spielerisch einfach aus, als wüssten Hunde und Schafe von allein, was zu tun sei.

"What do you think? Are they champions?" Derek, der heute Nachmittag offenbar aufgeräumterer Stimmung war als am

---

to relax [rɪˈlæks] sich entspannen

Tag zuvor, winkte zu den Frauen herüber. Er weiß, dass er gut ist, dachte Sarah, hier fühlt er sich in seinem Element. "They are great. It looks so easy!", rief sie zurück und ließ ihre Kamera für einen Moment sinken.

"Mmm. They still need some more training. There**'s** a lot **at stake**. They seem a bit **confused**, because the fire **upset** them." Derek schloss das Gatter hinter den Schafen und kraulte den Hunden die Ohren.

Sie vergöttern ihn, schoss es Sarah durch den Kopf, während sie Carolines Mann und seine Tiere beobachtete. Derek musste ein großartiger Pferdetrainer gewesen sein. Welch eine Verschwendung, dass dieser Mann nie wieder in seinem Leben mit Pferden zu tun haben wollte. Während Derek die eingepferchten Schafe wieder zu ihrer Herde entließ und nun auch mit einem besorgten Blick den Himmel absuchte, an dem sich schwarze Wolken zusammengeballt hatten, nahm Sarah aus dem Augenwinkel war, dass sich ihnen eine kleine, kräftige Gestalt im Arbeitsoverall näherte.

"Hi Julia!"

Das Mädchen erwiderte Sarahs Gruß missmutig. Sie trug wieder das unvermeidliche Kopftuch, das sie vermutlich selbst zum Schlafen nicht abnahm, und ihr Blick ging stur an den Frauen vorbei. Es sah aus, als würde sie lieber nicht zu ihnen herüberkommen, aber Liz Hebblethwaite, so vermutete Sarah, würde keine derartige Unartigkeit in ihrer Gegenwart dulden. Wie recht sie hatte, sollte sich wenige Sekunden später zeigen.

---

to be at stake [biː ət 'steɪk] auf dem Spiel stehen **confused** [kən'fjuːzd] verstört **to upset (upset, upset) sb.** [ʌp'set / ʌp'set / ʌp'set] jdn. beunruhigen

"Come over here and tell us why your **face** is **as long as a fiddle**!"

"Derek doesn't let me help." Julia hatte ihr Gesicht in Falten gelegt wie ein enttäuschter Spaniel.

"Well, didn't I see you **feeding** and **grooming** those dogs in the morning?", erkundigte sich Liz mit gespieltem Erstaunen.

"Yeah. That's right." Das Gesicht des Mädchens wurde noch eine Spur mürrischer.

"So what are you complaining about?"

"I can't help with the training. I do all the dirty work – cleaning the **kennel** and so on. It's not fair! I know I can work with them. They **obey** me."

"Well, yes", sagt Liz begütigend. "But, **admit** it: Feeding dogs is a bit different from training them for a trial, and there are only a few training days left. You have to be very sure of your body language to train animals, you know."

Julia hob den Kopf und sah Liz direkt an. Ihre Augen sprühten zornige Funken und ihre Wangen waren gerötet.

"I know that. And I am working on it, but no one seems to notice **except for** the dogs."

Damit drehte sie sich um und rannte davon.

"Hey, did you see that?" Verblüfft stemmte Dereks Großmutter die Hände in die Hüften.

"Did I see what? Is that **nuisance** of a girl complaining

---

a face as long as a fiddle [ə ˈfeɪs əz ˌlɒŋ əz ə ˈfɪdl] ein Gesicht wie sieben Tage Regenwetter **to feed (fed, fed) sb.** [fiːd / fed / fed] jdn. füttern **to groom sb.** [gruːm] jdn. bürsten **kennel** [ˈkenl] Zwinger **to obey sb.** [əˈbeɪ] jdm. gehorchen **to admit** [ədˈmɪt] zugeben **except for** [ɪkˈsept fə] außer **nuisance** [ˈnjuːsns] Plage

again?" Derek kam herübergeschlendert. Sarah fiel auf, dass manche seiner Bewegungen eckig wirkten, dennoch blieb eine Ahnung von der Geschmeidigkeit, die sein Körper früher besessen haben musste. "I don't need any kind of **bother** right now." Obwohl er sich von den Hunden abgewandt hatte, blieben diese so aufmerksam, als habe ihr Herr Augen im Rücken.

"Derek! Don't be nasty! Be a bit nicer to the poor girl once in a while." Liz wandte sich zu Sarah um. "She **was staring** straight at me. Did you **notice** that?"

"Yes, why?" Sarah fühlte sich unbehaglich. Sie wusste nicht, worauf das Gespräch hinauslief.

"But this is great!" Ein großzügiges Lächeln machte sich in dem runzligen Gesicht breit. "She**'s cross-eyed**."

"Oh, I didn't know that. She was always looking at something behind me. Now I understand. I didn't know. I'm sorry." Sarah schämte sich plötzlich dafür, dass sie Julia für unhöflich gehalten hatte. Ohne dass sie so recht gewusst hätte, warum, tat ihr das Mädchen plötzlich leid.

Übung 12: Stimmen die folgenden Aussagen? Kreuzen Sie die zutreffenden Sätze an.

1. ☐ Liz last went on holiday in Victorian times.
2. ☐ Julia loves working with the dogs.
3. ☐ The dogs never obey Julia.
4. ☐ Julia is cross-eyed.
5. ☐ Derek doesn't let Julia help with the training.
6. ☐ Julia can speak German.

---

bother ['bɒðə] Störung **to stare** [steə] starren **to notice sth.** ['nəʊtɪs] etw. bemerken **to be cross-eyed** [bi: 'krɒsaɪd] schielen

"Well, you can feel sorry for her later because it is going to start raining in a few minutes", mischte sich Derek ein.

Er sollte recht behalten. Auf ihren letzten Metern zum Haus setzte unvermittelt ein so heftiger Regen ein, dass Sarah bis auf die Haut durchnässt war, als sie schließlich die rettende Haustür erreichte. Sie musste an Melissa Stavely denken und hoffte, dass ihre neue Bekanntschaft bereits warm und trocken in ihrem Cottage saß.

Caroline erwartete sie im Flur.

"You look **troubled**. What happened?"

"It's Melissa. She hasn't returned yet." Caroline drehte den Telefonhörer unschlüssig in der Hand.

"Du hast dir die Hand verletzt. Lass mal sehen."

"Das ist nichts." Caroline steckte die Hand rasch in die Tasche, doch Sarah hatte genug gesehen. Caro hatte sich die Fingernägel blutig gekaut. Das hatte sie schon früher immer getan, wenn sie nervös gewesen war.

"So who did you call?" Derek deutet auf den Hörer.

"I was thinking about calling the police or at least the **mountain rescue**."

"Don't be silly. You are acting like a **mother hen**. Just relax and make us some tea."

Damit nahm Derek seiner Frau das Telefon aus den Händen und ging an ihr vorbei in die Küche, als sei das Thema erledigt. Überrascht blickte Sarah ihm nach. Bemerkte er denn nicht, wie beunruhigt Caroline war? Dieser Idiot von einem Ehemann hatte nicht einmal den Versuch gemacht, seine Frau tröstend in den Arm zu nehmen – genau genommen hatte er überhaupt jede Berührung tunlichst vermieden.

---

troubled ['trʌbld] besorgt **mountain rescue** ['maʊntɪn ˌreskju:] Berg-wacht **mother hen** [ˌmʌðə 'hen] Glucke

Das seltsame Gefühl in Sarahs Bauch machte sich wieder bemerkbar.

"Liz said something about a shelter on the summit. Perhaps Melissa's in there, waiting for the weather to change." Sie legte ihren Arm um Carolines Schulter. "She can take care of herself. She was going to take the easy route yesterday."

"I know. But I'm still worried. Just look at the sky. Anybody can see that the weather conditions are getting dangerous."

Caroline hatte recht. Der Himmel hatte sich so zugezogen, dass es draußen plötzlich fast dunkel geworden war.

"Wenn ich jetzt keine Hilfe rufe, wird es für irgendwelche Suchaktionen zu dunkel sein." Caroline starrte in den Regen hinaus. "Du kennst mich besser als jeder andere, Sarah. Hältst du mich für überängstlich oder hysterisch?"

"Du? Nie." Sie schüttelte entschieden den Kopf. "Du warst immer mein Fels in der Brandung. Immer mit beiden Füßen auf dem Boden und vernünftig." Die Erinnerung machte sie lächeln, doch das Gesicht ihrer Schwester blieb ernst.

"Ich habe so ein verdammt schlechtes Gefühl bei der Sache." Sarah blickte sie aufmerksam an. "Dann solltest du vielleicht tun, was du für vernünftig hältst."

Ihre Schwester zögerte noch einen Moment, dann begann sie zu wählen.

Five

Sarah konnte nicht sofort sagen, was sie geweckt hatte. Sie lag einen Moment ganz still und lauschte in die Dunkelheit. Sie war an die ständigen Hintergrundgeräusche der Stadt gewöhnt und die völlige Stille überraschte sie. In einiger Entfernung hörte sie einen Hund bellen. Einer von Dereks Border Collies? Sarah warf einen Blick auf ihre Armbanduhr. Es war halb vier. Irgendwo wurde eine Tür ins Schloss gezogen. Das einzige Gebäude, das nah genug war, um von dort ein solches Geräusch hören zu können, war das Nachbar-Cottage. Eine Welle der Erleichterung und gleichzeitig des Ärgers überflutete Sarah. Erleichterung, dass Melissa endlich zurück war. Ärger, dass sie den ganzen Hof und vor allem Caroline in solche Aufregung versetzt hatte. Wo um Gottes willen hatte die Frau sich so lange herumgetrieben? Halb vier Uhr nachts war nicht gerade eine übliche Zeit, um von einer Bergwanderung zurückzukommen. Sarah schlüpfte in ihre Slipper. Hatte Melissa sich verletzt? Vielleicht einen Fuß verstaucht? Nicht nur der bis in den späten Abend andauernde Regen und der plötzlich heraufziehende Nebel hatten der von Caroline alarmierten Suchmannschaft die Arbeit schwer gemacht – die gut ausgebildeten Hunde der Helfer waren an schlechte Wetterbedingungen gewöhnt –, sondern vor allem die Tatsache, dass niemand wusste, welche Wanderroute die Urlauberin tatsächlich gewählt hatte. Sicher schien nur, dass sie von der Farm hinunter zur Bushaltestelle an der Hauptstraße gewandert war, dort verlor sich ihre Spur. Wo sie den Bus verlassen hatte, war unbekannt, und so war die Suche schließlich unverrichteter Dinge abgebrochen worden. Es grenzte fast an ein Wunder, dass Melissa nach all der Aufregung den Heimweg offenbar aus eigener Kraft gefunden hatte.

Draußen nieselte es nur noch leicht und Sarah fröstelte in ihrem T-Shirt. Melissas Tür war verschlossen, das Cottage lag dunkel und verlassen da. Sarah war plötzlich unsicher, was sie tun sollte. Sollte sie klopfen, bis Melissa öffnete? Sie überlegte noch, als hinter einem der Fenster plötzlich ein schwacher Lichtschein erschien. Es war ein kleiner, runder Lichtkegel, und nach der ersten Verwunderung erkannte Sarah, woher er stammte: Es war eine Taschenlampe.

Sie duckte sich instinktiv und spähte vorsichtig durch das Fenster. Eine große, dunkle Silhouette bewegte sich langsam durch das Zimmer, leuchtete in Regale und Ecken. Durch das gekippte Fenster konnte sie hören, dass Schubladen aufgezogen wurden und Papier knisterte. Jemand durchsuchte das Cottage. Und der dunkle Schatten war definitiv nicht Melissa.

Übung 13: Welcher Vergleich ist gemeint? Setzen Sie den richtigen Begriff ein.

(idiot, picture book, romantic painting, fashion victim, dolls' house, mother hen)

1. Sarah doesn't look like a _____.

2. The reflection looked like a _____.

3. "The cottage looks just like a _____

with all that pink and cream."

4. "You are acting like a _____. Just

relax and make us some tea."

5. The scenery is spectacular. It's like living in a

_____.

6. Be sensible. Don't act like an _____.

Nach einer Weile verschwand der Lichtkegel und eine Tür klapperte; der nächtliche Besucher musste nun im hinteren Teil des Hauses sein. Sarah biss sich auf die Lippen. Sie erwog, hinüber zum Haupthaus zu laufen, um Caroline zu alarmieren, verwarf die Idee aber sofort wieder. Bis sie das Farmhaus erreichte, war der ungebetene Besuch vermutlich längst über alle Berge. Ehe sie sich weiter den Kopf zerbrechen konnte, hörte sie ein Scharren, dann öffnete sich die Haustür einen Spalt breit. Sarah duckte sich in ihrem feuchten Versteck hinter einen Stechginsterbusch und wagte nicht zu atmen. Die Taschenlampe war jetzt erloschen, aber ihre Augen hatten sich inzwischen an die Dunkelheit gewöhnt. Ein dunkler Schemen erschien an der Tür, blickte sich vorsichtig um und huschte dann nach draußen. Der ungebetene Besucher ging so dicht an Sarah vorbei, dass sie seinen Arm hätte streifen können, und dieser Arm steckte in einer Strickjacke mit rotem Schottenmuster, die ihr inzwischen wohlvertraut war. Es war ihr Schwager Derek. Verbrachte dieser Mann seine Nächte denn nie im Bett bei seiner Frau? Vielleicht war es die Erinnerung an den hässlichen Streit, der nach Carolines Anruf bei der Bergrettung entbrannt war, der Sarah Scham, schlechtes Gewissen und hanseatische Erziehung vergessen ließ und sie dazu bewegte, Derek zu folgen. In der Dunkelheit war das nicht so leicht, wie sie gehofft hatte. Derek bewegte sich im Gegensatz zu ihr auf vertrautem Terrain, und ein paar Mal glaubte sie, ihn fast verloren zu haben. Zu ihrer Überraschung steuerte ihr Schwager nicht auf das Farmhaus zu, sondern folgte einem gewundenen Pfad, der zu einer Art Gemüsegarten führte. An einem flachen Schuppen machte er Halt. Sarah hörte ein metallisches Scheppern, dann ein Rascheln wie von Papier. Sie spähte mit zusammengekniffenen Augen in die Dunkelheit, doch erst, als sie die Flamme sah, begriff sie, was ihr Schwager dort tat. Das brennende Papier loderte einmal auf, dann versank es in der großen, metallenen Tonne, die sonst vermutlich zum Verbrennen von Gartenabfällen verwendet wurde. Er hat etwas aus Melissas Cottage mitgenommen, schoss es ihr durch den Kopf, und sofort fiel ihr der Streit im Obstgarten wieder ein, den sie am Abend zuvor unwillentlich belauscht hatte, dieser Streit zwischen einem großen Mann in einer roten Schottenjacke und einer Frau, deren Gesicht sie nicht gesehen hatte.

Six

Die erste Person, die Sarah am Morgen auf dem Weg zum Frühstück begegnete, war Julia, die ihr entgegengestürmt kam, als sei der Teufel hinter ihr her. Sie hätte sie vermutlich über den Haufen gerannt, wäre Sarah nicht ausgewichen. Sie erhaschte einen Blick auf das rot verschwollene Gesicht unter dem Kopftuch, ehe Julia blindlings in Richtung Zwinger stürmte. Um Trost bei den Hunden zu suchen, vermutete Sarah, während sie die Stufen zum Farmhaus emporsprang, um dem feinen, aber beständigen Regen zu entkommen und um zu hören, ob es Neuigkeiten von Melissa gab. Als sie die Küche betrat, schlug ihr eine denkbar ungemütliche Stimmung entgegen, und die Gesichter, die sich nach ihr umwandten, trugen einen Ausdruck mühsam unterdrückter Anspannung.

"Still no **trace** of Melissa?", erkundigte sie sich, als sie sich auf den freien Platz neben ihrer Schwester gleiten ließ.

Übung 14: Bringen Sie die folgenden Ereignisse in die richtige Reihenfolge.

- **a.** ☐ Caroline wants to call the police about Melissa.
- **b.** ☐ Sarah goes to Melissa's cottage and sees a man in a red jacket.
- **c.** ☐ Sarah hears someone in Melissa's cottage in the middle of the night.
- **d.** ☐ Sarah hears two people shouting in the orchard.
- **e.** ☐ Sarah meets Julia early in the morning. She is in a hurry.
- **f.** ☐ Liz looks for an old locket, but she can't find it.

---

trace [treɪs] Spur

Caroline schüttelte stumm den Kopf. Ihr Frühstücksteller war unberührt, ein weiterer unbenutzter Teller zeugte von Julias überstürztem Aufbruch.

"The people from the mountain rescue are out there looking for her with **search dogs** again, but we don't know exactly which route Melissa took across the fells. They've called in the police too. They have **specially trained** officers who are experts at finding missing persons and can **coordinate** the search. The people in the mountain rescue team are all **volunteers**." Liz schob Sarah eine frische Tasse hin und Sarah ging dankbar auf den Versuch, Konversation zu machen, ein. "The **weather conditions** are difficult for the dogs."

Es regnete zwar längst nicht mehr so stark wie am Vorabend, doch die Vorstellung, bei diesem Wetter in nassem, unwegsamem Gelände nach jemandem zu suchen, war nicht einladend.

"Actually most search dogs work better **in rainy** or windy **conditions**", ließ sich nun Derek vom anderen Ende des Tisches vernehmen. "They have some well-trained dogs around here and some Border Collies too. They are going to search all the bus stops near Helvellyn and find out where she got off the bus and which way she took afterwards. I'm sure they'll find her in no time."

"I almost forgot. You are an expert on dogs", bemerkte Sarah. Sie musterte ihren Schwager aus den Augenwinkeln und fragte sich, ob er immer noch so entspannt klänge,

---

search dog ['sɜːtʃ dɒg] Suchhund **specially trained** [ˌspeʃlɪ 'treɪnd] mit Spezialausbildung **to coordinate sth.** [kəʊˈɔːdɪneɪt] etw. koordinieren **volunteer** [vɒlənˈtɪə] Freiwilliger **weather conditions** ['weðə kənˌdɪʃnz] Wetterbedingungen **in rainy conditions** [ɪn ˌreɪnɪ kənˈdɪʃnz] bei Regen

wenn er ahnte, dass sie ihn bei seinem nächtlichen Tun beobachtete hatte. Sie hatte die halbe Nacht vergeblich versucht, sich einen Reim darauf zu machen. Was wusste Derek über Melissa Stavely – oder sie über ihn –, das ihn veranlassen konnte, mitten in der Nacht ihre Wohnung zu durchwühlen? War sie die Frau im Obstgarten gewesen, mit der Derek gestritten hatte? Was auch immer ihr Schwager in der Ferienwohnung gesucht hatte, er schien auf jeden Fall sehr bestrebt, ihr Verschwinden herunterzuspielen.

"I'm quite sure she had a **mobile**. Maybe she has a broken **ankle**, but why hasn't she called?", sagte Caroline trotzig, und etwas in ihrer Stimme verriet Sarah, dass die Eheleute diese Diskussion seit gestern Abend mehr als einmal geführt hatten. "I don't have her number, otherwise the police could do a **cell site analysis**."

"The **batteries** are probably empty **anyway**." Derek zuckte die Schultern. "That women prepared for the walk very carelessly."

"Yes, we all knew that, and now she's missing. We're **responsible** too. This is just the kind of publicity we need!" Caros Stimme hatte eine Schärfe, die Sarah von ihrer Schwester nicht kannte.

"Don't be silly, Caroline. Melissa Stavely is a grown woman and you can't play babysitter for all of our guests. Otherwise we can forget the whole bed-and-breakfast thing."

"We can't do that."

Sarah war dankbar, dass Liz einem handfesten Ehekrach zuvorkam.

---

mobile ['məʊbaɪl] Handy **ankle** ['æŋkl] Knöchel **cell site analysis** ['sel saɪt əˌnæləsɪs] Handy-Ortung **battery** ['bætərɪ] Akku **anyway** ['enɪweɪ] sowieso **responsible** [rɪ'spɒnsəbl] verantwortlich

"Hey, stop **fighting**, you two. Sitting around and **arguing** won't help anyone. We have a farm and we have a lot of work to do."

Ohne ein weiteres Wort stellt Derek seine Tasse ab und verließ die Küche.

Carolines Schultern sackten nach vorn.

"O Sarah, es tut mir so leid, du musst einen furchtbaren Eindruck von uns haben. Du solltest ein paar unbeschwerte Tage bei uns verbringen und nun belasten wir dich auch noch mit unseren Problemen."

Sarah versuchte ein beruhigendes Lächeln. "Das ist in Ordnung. Ihr steht alle unter Stress. Erst die Scheune und nun ein verschollener Urlaubsgast, wem würden da nicht die Nerven durchgehen?"

"Du darfst es Derek nicht übel nehmen", bat Caroline zu Sarahs Erstaunen, "er ist aufgebracht wegen Julia und der Hunde. Ich konnte ihn nur mit Mühe überreden, das arme Ding nicht sofort zu feuern."

"Was ist denn passiert? Sie hätte mich vorhin fast über den Haufen gerannt, so außer sich war sie."

Caro stützte ihr Gesicht in die Hände. "Wie es scheint, hat sie versucht, Dereks Training mit den Hunden zu sabotieren. Er wollte sie nicht beim Training helfen lassen, also hat sie sich nachts heimlich zu den Zwingern geschlichen und die Hunde herausgeholt. Sie sagt, sie wollte neue Methoden ausprobieren – und das so kurz vor Dereks geheiligten Sheepdog Trials! Keine Ahnung, wie lange das schon so geht, aber die armen Tiere sind wohl ein bisschen verwirrt. Für einen Außenstehenden sind das sicher nur

---

to fight (fought, fought) [faɪt / fɔːt / fɔːt] zanken **to argue** [ˈɑːɡjuː] streiten

winzige Nuancen, aber mein Mann ist Perfektionist, was seine Border Collies angeht, und dieser Wettbewerb ist so wichtig für ihn."

"You're talking about Julia and the dogs?" Emma nestelte errötend an ihrer Brille. "We should all be grateful for her silly behaviour."

"Grateful? What for? My husband's next **bout of depression?**"

Übung 15: Welche Begriffe gehören zusammen? Tragen Sie den richtigen Buchstaben ein.

1. a bout of	☐	**a.**	publicity we need
2. an expert at	☐	**b.**	dogs
3. just the kind of	☐	**c.**	a girl
4. obsessed with	☐	**d.**	depression
5. a nuisance of	☐	**e.**	tramp
6. some kind of	☐	**f.**	finding missing persons

"Emma's right", kam Liz ihr zur Hilfe. "That obsessive dog lover **discovered** the fire. She **sneaked out** of the house to the kennel."

"I'm afraid that's not the way Derek sees it." Caroline schüttelte den Kopf. "He's so **absent-minded** at the moment. I'm really worried about his behaviour."

"Don't worry. He's a strong man and he has a strong woman by his side." Dereks Großmutter legte ihre faltige Hand tröstend auf Carolines Wange. Caro lächelte dankbar.

---

bout of depression [ˌbaʊt əv dɪˈpreʃn] Depressionsschub **obsessed with sth.** [əbˈsesd wɪð] von etw. besessen **to discover sth.** [dɪsˈkʌvə] etw. entdecken **to sneak out** [ˌsniːk ˈaʊt] sich hinausschleichen **absent-minded** [ˌæbsntˈmaɪndɪd] geistesabwesend

Die anrührende Geste veranlasste Sarah, die Worte, die ihr bereits auf der Zunge gelegen hatten, wieder hinunterzuschlucken, und so ließ sie den geeigneten Zeitpunkt, über Dereks nächtliche Eskapaden zu berichten, ungenutzt verstreichen. Schon war die Gelegenheit vorüber. Ihre Schwester straffte die Schultern und stand auf.

"You are right. **Moaning** won't make things any better. Let's get to work."

"Do you want to come with me, Sarah?", erkundigte sich Emma. "You can help me shear the sheep. We can take Julia along, too, so she can at least do something useful today."

"**By the way**, where's Thomas?", erkundigte sich Liz.

Emma zögerte einen Moment, ehe sie antwortete. "I think he's outside. He is repairing the tractor."

Liz kniff die Augen zusammen. "Did you see him this morning?"

"He went out early."

"Don't lie to me, Emma Hebblethwaite! I have known that man far longer than you have. He was out all night."

"We had a fight. He was drunk and he was angry with me. He probably slept in the barn." Emmas verschränkte ihre Arme schützend vor der Brust, ihre Hände verschwanden in den Ärmeln des übergroßen Pullovers. Ein handgestricktes Prachtstück, dachte Sarah, wenn das ein Beispiel für Emmas Handwerkskunst war, war sie eine wahre Meisterin.

Liz Hebblethwaite schürzte ärgerlich die Lippen.

"Show me your arm."

"It's nothing."

"I said show me your arm. This is no **joke**, Emma."

---

to moan [məʊn] jammern **by the way** [ˌbaɪ ðə ˈweɪ] übrigens **joke** [dʒəʊk] Witz

"It's nothing, really. One of the sheep fell on me while ..."

"Stop it, Emma. We both know Thomas very well. He was angry last night. Did he hit you?"

"Yes. But please don't tell Derek, will you? It will only make things worse." Emma senkte den Kopf und wischte sich mit einem Ärmel ihres schönen Pullovers über die Augen.

"Damm it, Emma, he's my grandson and I love him, but sometimes I can't understand why you don't leave him."

"I don't know either. Perhaps I love him."

Caroline legte ihrer Schwägerin schützend den Arm um die Schultern.

"I think I understand. But don't let him hurt you, okay?"

Emma wischte sich wieder über das Gesicht. "I'm okay, really. Let's get to work, shall we?"

"Are you **disappointed**?"

"Sorry?" Sarah verstand nicht sofort, was Emma meinte.

"By your family?", wiederholte Emma, als sie gemeinsam zur Weide gingen. "I was sometimes. I was younger then, but I still know how it feels. I have thought about leaving Thomas. Sometimes I just want to run. But I am still with him and I still believe it's worth the effort."

"Don't worry. I won't **let** Caroline **down**", erwiderte Sarah, immer noch erstaunt über die Frage. Emma konnte die Beziehung zu ihrem gewalttätigen Ehemann doch wohl kaum mit Sarahs Beziehung zu ihrer Schwester vergleichen? Sie würde sicher nicht gleich die Flucht ergreifen, nur weil Carolines heile Welt sich als gar nicht so heil herausstellte. Ab und zu beruhigte es sie sogar zu sehen, dass auch

---

disappointed [ˌdɪsəˈpɔɪntɪd] enttäuscht **to let (let, let) sb. down** [ˌlet / ˌlet / ˌlet / ˈdaʊn] jdn. enttäuschen

ihre Schwester eine reale Person mit realen Problemen war. "She's my only relative. She's my sister and I will always help her."

Schweigend gingen sie nebeneinander her. Plötzlich blieb Emma stehen und legte den Finger an die Lippen.

"Did you hear that?"

"Sorry, no. Oh, wait, now I can hear something. It sounds like a quarrel."

Übung 16: Setzen Sie den unbestimmten *(a/an)* oder den bestimmten *(the)* Artikel ein.

1. It's worth _____ effort.

2. She's all _____ family I have left.

3. She's acting like _____ mother hen.

4. _____ sheep graze on _____ fells.

5. It sounds like _____ quarrel.

6. I made _____ mountain out of _____ molehill.

"That's Derek and Thomas. They're in the barn, fighting again. We have to stop them, otherwise somebody **will get injured**, or … let's just hurry!" Emma rannte los; Sarah war ziemlich außer Atem, als sie schließlich die Ställe erreichte. Die Brüder standen sich mit geballten Fäusten gegenüber, Thomas mit gerötetem Gesicht und wirrem Haar, Derek vor Zorn wie versteinert.

---

to get (got, got) injured [ˌget / ˌgɒt / ˌgɒt ˈɪndʒəd] verletzt werden

Ohne zu überlegen, warf Emma sich zwischen die beiden. "Thomas, please, stop!"

Thomas schob seine Frau wie eine Puppe von sich. "**That's none of your business**, Emma. This is just between Derek and me."

"But Thomas ..." Emma klammerte sich an den Arm ihres Mannes, der sie wütend abschüttelte. Seine Stimme überschlug sich, und Sarah roch, dass er wieder getrunken hatte.

"I am not that stupid! People **are gossiping** about me. 'Poor old drunken Thomas, always **pissed**, can't **get** his **act together**.' Sorry I'm not as handsome or as **well-educated** as my brother. **What a shame! Are** you **ashamed of** me, Derek?"

Dereks Stimme klang eisig, als er antwortete. "Just tell me something. Are the **rumours** true? Have you been **sober** once since you came here? Do you beat your wife? Tell me the truth. But perhaps Emma will tell me herself."

"Derek please, no, let him be", flehte Emma.

"Tell me it's not true, Emma. Tell me it's not true, Thomas slept in the barn because you had a fight last night. And it wasn't the first time, Thomas. What about the night the barn burnt down? You're the only smoker on the farm."

"You **bastard!**"

That's none of your business. [ðæts ˌnʌn əv jə 'bɪznɪz] Das geht dich nichts an. **to gossip** ['gɒsɪp] tratschen **pissed** [pɪst] besoffen **to get one's act together** ['get wʌnz ˌækt tə'geðə] sich am Riemen reißen **handsome** ['hænsəm] stattlich **well-educated** [ˌwel'edjʊkeɪtɪd] gebildet **What a shame!** ['wɒt ə 'ʃeɪm] Was für eine Schande! **to be ashamed of sb.** [bi: ə'ʃeɪmd əv] sich für jdn. schämen **rumour** ['ru:mə] Gerücht **sober** ['səʊbə] nüchtern **bastard** ['bɑ:stəd] Scheißkerl

Mit einem Aufschrei stürzte Thomas sich auf seinen Bruder. Sarah wurde das Gefühl nicht los, dass Derek genau das beabsichtig hatte und dass es hier um einen älteren, tiefer liegenden Groll ging, als für sie ersichtlich war.

In diesem Moment machte ein scharfer, gezielter Wasserstrahl der Auseinandersetzung ein jähes Ende. Thomas, der Derek eben noch mit der Verbissenheit eines Terriers im Schwitzkasten gehabt hatte, wurde davon völlig überrascht. Der Wasserstrahl riss ihn von den Füßen. Der Ausdruck kühler Überlegenheit auf Dereks Gesicht war völliger Verblüffung gewichen. Dann überraschte ihr Schwager Sarah aufs Neue. Er begann schallend zu lachen.

Liz Hebblethwaite senkte den Gartenschlauch und zog die Augenbrauen mit spöttischer Liebenswürdigkeit hoch.

"Sorry to interrupt you boys, but I need you, Derek. Come at once, please. The mountain rescue team is back and they've brought the police along in their **Z-cars with** their **lights flashing**. I'm afraid they don't have good news."

Z-car ['zed kɑ:] Polizeiwagen **with lights flashing** [wɪð ˌlaɪts 'flæʃɪŋ] mit Blaulicht

Seven

"A **blood-soaked** jacket?" Emma wandte sich schaudernd ab.

"How do they know it's Melissa's?", erkundigte sich Derek, der völlig ruhig wirkte, genau wie bei seiner Auseinandersetzung mit Thomas.

"It's a neon-green **waterproof** jacket. Quite an **eye-catcher**. Melissa was wearing it yesterday morning. Besides, the search dogs are sure it's Melissa's. They found it **several** miles from the inn at Thirlmere. It's quite a **popular** starting point for walking routes." Liz seufzte.

"Any trace of Melissa herself?", erkundigte sich Sarah vorsichtig.

"No. That's why the police want to **extend** the **investigation**. They want to have a look at Melissa's personal things and make some **enquiries**." Liz Hebblethwaite strich sich mit einer müden Bewegung über die Stirn. "Caroline has taken them to Melissa's cottage. They want to look around."

Emmas Augen weiteten sich. "My God, they think somebody **murdered** her!", stöhnte sie. Ihr Schwager sah sie ärgerlich an.

"They want to **rule out** a **crime**", erwiderte Liz trocken. "What ever that means."

Derek kniff die Augen zusammen. "What about the search

---

blood-soaked ['blʌdˌsəʊkt] blutgetränkt **waterproof** ['wɔ:təpru:f] wasserdicht **eye-catcher** ['aɪˌkætʃə] Blickfang **several** ['sevrəl] mehrere **popular** ['pɒpjələ] beliebt **to extend sth.** [ɪk'stend] etw. ausweiten **investigation** [ˌɪnvestɪ'geɪʃn] Ermittlungen **enquiry** [ɪn'kwaɪərɪ] Befragung **to murder sb.** ['mɜ:də] jdn. ermorden **to rule out sth.** [ˌru:l 'aʊt] ausschließen **crime** [kraɪm] Verbrechen

dogs? They found her jacket. Why can't they find any trace of her?"

"It is because of the hot and sunny weather yesterday morning. And the path was **stony**. Apparently that makes it difficult for the dogs to trace her."

Derek schüttelte den Kopf. "I can't believe that. Very well-trained dogs search for dozens of lost fell walkers under similar conditions every year."

Übung 17: Setzen Sie das Gegenteil der in Klammern angegebenen Adjektive und Adverbien in die Sätze ein.

1. Julia does all the *(clean)* _____ work on the farm.

2. The police dogs are *(badly)* _____-trained.

3. Thomas has never been *(drunk)* _____ since he arrived at the farm.

4. Melissa went for a walk on the fells. She was *(careful)* _____. She prepared *(well)* _____.

5. The two people in the orchard were talking *(quietly)* _____.

6. That route to the summit is very *(safe)* _____.

"What do you mean?" Sarah blickte ihn stirnrunzelnd an. "Well, she didn't disappear into thin air. There are circumstances that make it really impossible for a dog to find a miss-

---

stony [ˈstəʊnɪ] steinig

ing person. Melissa has always been quite cool-headed. I'm sure she is still alive." In seinem Gesicht arbeitete es, aber er schien seine Überlegungen nicht weiter erläutern zu wollen.

"What are they looking for in Melissa's apartment?", fragte Emma.

Liz zuckte die Schultern. "Well, anything that tells them more about Melissa Stavely, I think."

Über Melissa, dachte Sarah, und darüber, warum jemand ihr Böses wollen könnte. Sie konnte den anderen ansehen, dass dieser Gedanke unausgesprochen in der Luft hing. War Melissa überfallen worden? War sie noch am Leben? War sie verletzt und irrte orientierungslos umher?

"Here's Caroline", rief Emma plötzlich, und tatsächlich sah Sarah ihre Schwester mit weiten, energischen Schritten auf ihre kleine Gruppe zukommen.

Alle redeten jetzt durcheinander. "Where are the police?" – "Have they found anything?" – "What did they say?" – "What do they think about Melissa's disappearance?"

Caroline hob die Hände. "Sorry, folks, one at a time … And really, I know next to nothing. The police searched the whole cottage. I don't know what for. But they found nothing, as far as I can tell you."

"Nichts?", erkundigte sich Sarah ungläubig. "Was ist denn mit Melissas persönlichen Sachen?" Dann fiel ihr Dereks nächtlicher Besuch wieder ein. Sie warf ihm heimlich einen Blick zu. Was wusste er über Melissas Verschwinden? Aus welchem Grund auch immer er nachts in das Cottage eingebrochen war, er hatte nicht viel mitgenommen, es hatte sich problemlos unter seiner Jacke verbergen lassen. Sollte sie ihn darauf ansprechen? Der Gedanke gefiel ihr nicht, und noch weniger behagte ihr die Idee, ihrer Schwester davon zu berichten.

Caro bemerkte Sarahs verstohlene Blicke nicht und fuhr nachdenklich fort: "Es ist seltsam, diese Frau scheint überhaupt keine Papiere oder Unterlagen bei sich gehabt zu haben. Keinen Personalausweis und noch nicht einmal einen Führerschein."

"Wie ist sie denn hierher gekommen?"

Caroline zuckte die Schultern. "Mit dem Zug, genau wie du. Soweit ich weiß, kam sie aus Manchester."

"Aber du hast doch sicher eine Adresse von ihr."

Caroline schien ein wenig betreten. "Das hat die Polizei natürlich auch gefragt, aber um ehrlich zu sein, sie hatte sehr kurzfristig gebucht und war ja noch nicht lange hier. Ich hatte es nicht so eilig mit den Personalien, und sie war nicht besonders mitteilsam, was das anging."

"Hey", mischte sich nun Derek ein, "could you stop that private **chit-chat** in German? We **are bursting** with **curiosity**!"

"Sorry." Caroline sah ihn entschuldigend an. "Liz has already told you about the jacket, hasn't she? They found it somewhere by the white stones that **mark** the walking route up Helvellyn. As far as I understood there was no trace of Melissa herself or her **backpack**. The jacket had **blood stains** on it and was **torn**. Something serious happened. Perhaps she had an accident, but perhaps ... well, perhaps something worse happened ..."

Caroline vermied es, den anderen ins Gesicht zu sehen, aber alle wussten, was sie meinte.

---

chit-chat ['tʃɪttʃæt] Geplauder **to burst (burst, burst)** [bɜːst / bɜːst / bɜːst] platzen **curiosity** [ˌkjʊərɪˈɒsətɪ] Neugier **to mark sth.** [mɑːk] etw. markieren **backpack** ['bækpæk] Rucksack **blood stain** ['blʌdsteɪn] Blutfleck **torn** [tɔːn] zerrissen

Melissa Stavely war möglicherweise einem Verbrechen zum Opfer gefallen.

"And that's all they know?", erkundigte sich Emma ängstlich.

"Caroline is not a police officer and not a forensic expert", unterbrach Derek sie.

Übung 18: Setzen Sie die angegebenen Substantive in die folgenden Sätze ein.

*(jacket, rain, **evidence**, paper, animal, search)*

"No, they didn't find any evidence", bestätigte Caroline, "but as far as I understood the **1.** _____ is still on. It's still possible she's out there, perhaps injured and waiting for help. Perhaps a wild **2.** _____ **dragged** the jacket **away**."

"Perhaps the **3.** _____ **swept** the **4.** _____ **away**." Thomas, der bisher ein wenig abseits gestanden und geschwiegen hatte, war nun näher gekommen. Er wirkte beinahe nüchtern. Sein Zorn auf Derek schien verraucht.

"Oh yes", Caroline nickte heftig, "They found a piece of **5.** _____ in the pocket of the **6.** _____, but they couldn't read it. The rain had washed the writing away."

---

evidence ['evɪdəns] Beweisstück **to drag sth. away** [ˌdræg / ə'weɪ] etw. wegschleppen **to sweep (swept, swept) sth. away** [ˌswiːp / ˌswept / ˌswept ə'weɪ] etw. wegschwemmen

"Perhaps it was a letter. Perhaps they were looking for something like that", sagte Sarah mit einem vorsichtigen Seitenblick auf Derek.

"Or a shopping list", versetzte dieser trocken. "I'm sure they were looking for something completely different. Did they take a hair brush or something away with them?"

"Yes." Caroline blickte ihren Mann erstaunt an.

"They were looking for DNA. I wonder … is the blood on the jacket really Melissa Stavely's?"

Alle starrten Derek einen Moment an, dann verzog Thomas das Gesicht. "You **can't help showing off** your university education. Melissa can burn in hell, I don't care. I have some work to do. I'm going to the top field."

Während alle ihm sprachlos nachblickten, beugte Sarah sich zu ihrer Schwester hinüber. "Was ist denn zwischen den beiden los? Was meint Thomas?", flüsterte sie so leise, dass es niemand anderes hören konnte.

"Er nimmt Derek immer noch sein Studium übel. Russische Literatur. Ich erkläre es dir später."

Sarah lächelte. Ein studierter Bio-Farmer mit Vorliebe für russische Schwermut. Das war in der Tat ungewöhnlich. Thomas verachtete seinen Bruder offenbar dafür. Oder war es Neid? Glaubte er, Derek halte sich für etwas Besseres – und hatte er möglicherweise recht damit? Sarah beschloss, ihre Schwester bei Gelegenheit nach diesem schwelenden Groll zwischen den Brüder zu fragen. Jetzt aber schweiften ihre Gedanken noch einmal zu Melissas Verschwinden.

"How strange! There were no personal things besides the

---

sb. can't help doing sth. [ˌkɑːnt help ˈduːɪŋ] jd. kann nicht anders, als etw. zu tun **to show (showed, shown) off** [ʃəʊ / ʃəʊd / ʃəʊn ˈɒf] angeben

clothes in her cottage", bemerkte sie nachdenklich. "Melissa comes from Manchester. Do you know anything else about her?"

"Can you remember when she was here for the first time, Caroline?", erkundigte sich Liz. "I'm trying to remember, but my memory **is failing** me."

"Why? As far as I know, it was her first visit to the Lakes."

"No, I'm quite sure I've seen her face and her lovely long hair somewhere before."

"No, **definitely not**." Caroline schüttelte entschieden den Kopf. "It was her first visit to the area."

"She's certainly not an experienced fell walker", stimmte Derek seiner Frau zu, "just think of her lack of preparation."

"Well, this is getting us nowhere. Thomas is right. There's work to do." Liz stemmte die Hände in die Hüften.

Emma nickte ergeben. "Okay, will you wait for just a moment, Sarah?"

Während auch die anderen zurück an ihre Arbeit gingen, schlenderte Sarah in Gedanken versunken über den Hof.

"Sarah? War das Polizei?"

Julia hatte das Kopftuch abgenommen, und Sarah verstand plötzlich, warum man sie nie ohne dieses Accessoire sah. Zipfelige, völlig verschnittene Strähnen standen wirr vom Kopf ab und zeugten von dem halbherzigen Versuch, sich einer offenbar ungeliebten Rastafrisur zu entledigen. Ihr Gesicht war vom Weinen gerötet und ein halb trotziger, halb ängstlicher Ausdruck stand in ihren Augen.

"Derek hat Polizei gerufen? Ich wollte nicht Böses. The dogs love me!" Wieder stiegen Tränen in ihre Augen, offenbar in

---

to fail [feɪl] versagen **definitely not** [ˌdefɪnətlɪ ˈnɒt] ausgeschlossen der Annahme, der amtliche Besuch gelte ihrer Person. "Will they send me away?"

"Nein, nein", beschwichtigte Sarah, "das hat gar nichts mit dir zu tun, Julia. Derek hat im Moment ganz andere Sorgen als euren Streit. Es geht um Melissa. Sie haben ihre Jacke gefunden und es war Blut daran."

Julia starrte mit weit aufgerissenen Augen an ihr vorbei und gab alle Anstrengungen, auf Deutsch zu antworten, auf. "Melissa was murdered? Oh my God, how awful."

"Nein, nein, wir wissen überhaupt noch nicht, was Melissa zugestoßen ist." Warum nur dachte jeder hier gleich an Mord? "Sie wird immer noch vermisst. Es könnte auch ein Unfall gewesen sein. Die Bergrettung sucht immer noch nach ihr."

"But they found her **corpse**?" Julias Stimme klang zittrig.

"Ihre Jacke. Man hat nur ihre Jacke gefunden."

Julia schien sich ein wenig zu entspannen. "Mein Deutsch ist wirklich sehr schlecht. Ich alles falsch verstanden."

"Nein, dein Deutsch ist prima, ich habe viel zu schnell gesprochen, weil ich selbst so aufgeregt bin." Sarah lächelte aufmunternd. "Aber wieso denkst du, Melissa sei ermordet worden? Hätte jemand dazu Grund gehabt?" Sie sprach bewusst langsam und deutlich, damit Julia sie verstehen konnte.

Das Mädchen zögerte merklich, fand aber offenbar in der fremden Sprache nicht die richtigen Worte. "Well, she **was behaving** strangely, you know. I met her the night I discovered the fire. I was on my way to the dogs."

"Dann stimmt es also, was Caroline mir erzählt hat? Du hast heimlich mit den Hunden in der Nacht trainiert?"

---

corpse [kɔːps] Leiche **to behave** [bɪˈheɪv] sich verhalten

"I had some very good ideas", verteidigte sich Julia, aber sie wagte es nicht, Sarah anzusehen. "And the **results** were really promising."

"Ich habe von Hunden nicht viel Ahnung", winkte Sarah ab. Sie wollte sich nicht in den Streit einmischen. "Wie kommst du auf die Idee, dass Melissa sich merkwürdig verhalten hat?"

"She **was sneaking around** on the farm. What was she looking for? I don't know. But what strange behaviour for a tourist! But then I discovered the fire and forgot about Melissa."

"Wo war das? In der Nähe der abgebrannten Scheune?"

"No, that was near the trophy room."

"The trophy room? Der Trophäen-Raum? Was soll das sein?"

"We call it that because Derek keeps all his **cups** and **accessories** for the dogs there. It's little more than a **cabin**. There's nothing interesting for a stranger in there."

"Weißt du, ob Melissa geraucht hat?"

"I never saw her smoking on the farm." Julia zuckte die Achseln. "Was Melissa some kind of **treasure hunter**? Was she looking for a hidden treasure on the farm?"

"Das halte ich für sehr unwahrscheinlich", antwortete Sarah mit ernstem Gesicht, obwohl ihr eigentlich zum Lachen zumute war.

Julia seufzte. "That's a pity. Caroline needs the money, you know?"

---

result [rɪˈzʌlt] Ergebnis **to sneak around** [ˌsniːk əˈraʊnd] herumschleichen **cup** [kʌp] Pokal **accessories** [əkˈsesərɪz] Ausrüstung **cabin** [ˈkæbɪn] Kammer **treasure hunter** [ˈtreʒə ˌhʌntə] Schatzsucherin

Übung 19: Übersetzen Sie die folgenden Begriffe aus der Geschichte ins Deutsche.

1. blood _____

2. evidence _____

3. corpse _____

4. accident _____

5. search dog _____

6. chit-chat _____

"Ist das wahr? Ihr habt Geldprobleme?" Sarah drehte das Glas mit dem Rotwein, den Caroline ihr eingeschenkt hatte, nachdenklich in der Hand und beobachtete ihre Schwester, die ruhelos im Wohnzimmer des Cottages auf und ab ging. "Ich dachte, Derek hätte als Reiter jede Menge Geld verdient."

"Preisgelder sind eine ziemlich unsichere Sache, vor allem, wenn man davon ein paar hochblütige Pferde, teures Equipment und eine Wohnung in London unterhalten muss, von den horrenden Reisekosten mal ganz zu schweigen. Wir hatten etwas zurückgelegt, um später einen eigenen Trainingsstall zu eröffnen, doch das meiste ist in Dereks Reha geflossen und in die Sanierung der Farm. Im Moment sind wir ziemlich blank. Thomas wollte von Derek Geld leihen und ist furchtbar wütend geworden, als Derek abgelehnt hat. Dabei haben wir im Moment wirklich keinen Penny, den wir verleihen könnten." Caroline spähte zum wiederholten Male nervös nach draußen in die Dämmerung, dann ließ sie die Rollos an den Fenstern herab. "Die beiden Cottages habe ich quasi in Eigenarbeit ohne Etat renoviert. Ich hoffe, sie bringen in absehbarer Zeit etwas Geld ein."

Sarah beobachtete, wie ihre Schwester ihre ruhelose Wanderung wieder aufnahm.

"Hey, setz dich zu mir und nimm einen Wein, ja?"

"Entschuldige, ich kann einfach nicht abschalten, mir geht so viel im Kopf herum."

"Du denkst immer noch an Melissa?"

"Du nicht?"

"Es ist furchtbar, wenn jemand, den man kennt, so einfach mir nichts, dir nichts verschwindet. Selbst wenn man ihn nur so flüchtig kannte wie ich Melissa", sagte Sarah. "Ich kann nicht aufhören, darüber nachzudenken, ob es etwas geändert hätte, wenn ich ihr Angebot, sie zu begleiten, angenommen hätte. Wenn sie sich nun doch entschieden hat, einen riskanteren Aufstieg zu wählen, und im Regen die Orientierung verloren hat?"

"Ich weiß, was du meinst. Ich habe ständig das Gefühl, ich hätte ihr mehr Hilfe bei der Vorbereitung ihrer Tour anbieten müssen. Wenn sie sich wegen meiner Nachlässigkeit das Genick gebrochen hat, muss ich damit für den Rest meines Lebens klarkommen. Damit und mit dem öffentlichen Klatsch und Tratsch, den wir uns im Moment überhaupt nicht leisten können. Nicht so, wie es um die Farm steht." Caroline bohrte mit dem Finger imaginäre Löcher in die Sofapolsterung.

"Caro, ich muss dir etwas erzählen." Sarah holte tief Luft, doch ihre Schwester war zu sehr in Gedanken, um den halbherzigen Einwurf zu beachten.

"Ich glaube, Derek geht das alles näher, als er nach außen hin zeigt", fuhr sie fort. "Er ist so angespannt, und dann all diese Streitigkeiten mit seinem Bruder und Julia. Es tut mir leid, dass du ihn von dieser Seite kennenlernen musst. Er hat sonst viel mehr Humor. Ich dachte, wir hätten das hinter uns."

Statt zu antworten schob Sarah ihrer Schwester ein Glas Wein hin. Zum zweiten Mal verstrich die Gelegenheit, Caroline vom seltsamen nächtlichen Treiben ihres Mannes zu erzählen.

Eight

"Caro, where are you? Liz? Derek? Anybody there?"

Sarah steckte den Kopf durch die Küchentür und schloss geblendet die Augen. Helle Morgensonne flutete durch die großen Küchenfenster und tanzte auf dem honigfarbenen Holz des Küchentischs, als wolle sie alle trüben Gedanken verscheuchen. Ein Zettel mit ihrem Namen war unter eine Kaffeetasse geklemmt, daneben stand eine große, glänzende Thermoskanne.

Sarah lächelte, als sie den Kaffeegeruch wahrnahm und den benutzten Handfilter in der Spüle entdeckte. Ihre Kaffeesucht wurde langsam zu einer Art Running Gag zwischen ihnen. Ihre Mutter hatte behauptet, kein Kaffee der Welt könne besser sein als handgefilterter, zu dem sie immer eine Prise Salz getan hatte. Caro hatte diese Tradition offenbar beibehalten. Aber vielleicht gab es hier auch einfach keine Kaffeemaschine. Langsam faltete sie den Zettel auseinander und las:

Hi little sister,

I didn't want to wake you up, I hope you like the coffee. I still use Mum's old **recipe**. Liz and I want to drive to Keswick this morning to talk to the police (the son of an old friend of Liz's works there, so we hope to get some information) and to do some shopping. We'll be back **in time** for lunch. Do you want to come? The splendid weather is ideal for taking pictures for your book!

Love, Caro

---

recipe ['resəpɪ] Rezept **in time** [ɪn 'taɪm] rechtzeitig

Sarah nippte an ihrem Kaffee und verbrannte sich fast die Zunge, als sie draußen das Geräusch eines Motors hörte. Der alte Land Rover, in dem Liz sie vom Bahnhof abgeholt hatte, rollte vom Hof.

Sarah ließ ihren Kaffee stehen und stürmte nach draußen, immer mehrere Verandastufen auf einmal nehmend.

Sie schwenkte ihre Jacke und schrie, so laut sie konnte, um das Rattern des Motors zu übertönen: "Hey, wait for me! Stop! Wait!"

Der Wagen, der schon fast am Ende der Auffahrt angekommen war, wurde langsamer, und Caros kupferner Lockenschopf erschien im Beifahrerfenster. Nein, im Fahrerfenster, korrigierte Sarah sich. Linksverkehr.

"Hallo, du Langschläferin! Willst du uns begleiten?"

"Wenn es euch nichts ausmacht?"

"Red keinen Unsinn und spring rein." Caro grinste. "Aber ich warne dich, es sieht hier drin nicht eben aufgeräumt aus."

"Hätte mich das je gestört?" Sarah hatte plötzlich wieder lebhaft die Studentenbude vor Augen, die sie mit ihrer Schwester geteilt hatte. Sie musste ein paar alte Hundedecken und einen nagelneuen Spaten beiseite schieben und die Knie anziehen, um sich auf den Rücksitz quetschen zu können.

Übung 20: Vervollständigen Sie die Begriffe aus dem "Murder in the Night"-ABC. Die Zahl der Buchstaben ist vorgegeben.

1. I stands for _ _ _ _ _ _ _ _ _ _ – this is what Julia is looking for in Germany.

2. J stands for _ _ _ _ _ _ – they found Melissa's on the fells. It was bloody.

3. K stands for _ _ _ _ _ _ _ – a town in the Lake District famous for its pencils.

4. L stands for the _ _ _ _ District – the area where Caroline lives.

5. M stands for _ _ _ _ _ _ _ – the missing woman.

6. N stands for _ _ _ _ _ _ _ _ _ – your nearest one is very far away in many isolated places in the Lake District.

7. O stands for _ _ _ _ _ _ _ – the wool from Derek and Caroline's sheep is 100 % like this.

8. P stands for _ _ _ _ _ _ _ _ – Caro doesn't need these because the sheep graze on the fells.

Liz, die für den Besuch in der Stadt wieder ihr Tweedkostüm trug, wandte sich zu ihr um und deutete auf die kleine Fototasche, die an Sarahs Seite baumelte.

"Morning, Sarah! How **clever** of you to bring your camera this morning. You'll definitely need it in Keswick. The town centre is lovely and it's only a short walk from there to Friar's Crag with its famous view of Derwentwater."

"Vielleicht schaust du mal bei der Touristeninformation vorbei; sie ist in der alten Moot Hall am Marktplatz untergebracht, und schon das Gebäude ist wirklich schön. Das Bleistiftmuseum ist auch einen Besuch wert. Wusstest du, dass wir hier den längsten Bleistift der Welt haben?"

"Klingt vielversprechend", stimmte Sarah zu, die nicht

---

clever ['klevə] schlau

abgeneigt war, sich durch ein paar touristische Attraktionen von der Anspannung auf der Farm ablenken zu lassen. "Trotzdem ist das alles nichts gegen die Landschaft rundum. Ich lebe jetzt schon eine ganze Weile hier, aber an manchen Tagen raubt mir der Ausblick auf Helvellyn und Saddleback immer noch den Atem. Vielleicht ist es diese Mischung aus Schönheit und Unermesslichkeit, die einen ein Leben lang nicht mehr loslässt."

"Wow." Sarah starrte ihre Schwester an. "Ich wusste nicht, dass du so eine Poetin bist."

Caroline lachte verlegen. "That's what this area does to you. Did you know that Helvellyn was Wordsworth's favourite mountain?"

"No. Why don't you write the text for my book?"

Zu ihrem Erstaunen wurde Caroline rot wie eine Tomate und wandte abrupt den Kopf ab. "We're almost there. Let's meet again in two hours, okay?" Sie bot nicht an, dass Sarah sie und Liz begleiten könne, und nach kurzem Zögern verzichtete Sarah darauf zu fragen. Sie griff nach ihrer Kameratasche und nickte.

"Okay."

Caroline hatte als Treffpunkt die alte Moot Hall im Zentrum der Altstadt gewählt, die über die Jahrhunderte Markt, Gericht, Rathaus, Gefängnis und noch einiges mehr gewesen war und inzwischen die Tourismuszentrale beherbergte.

Sarah kam ein paar Minuten zu früh, sie wollte noch Bilder des historischen Gebäudes mit dem auffälligen, zweifarbigen Turm machen. Zu ihrer Überraschung wartete Caroline bereits auf sie. Sarah konnte schon von Weitem sehen, dass etwas nicht in Ordnung war. Sie haben Melissas Leiche gefunden, schoss es ihr durch den Kopf. Sie musste sich zwingen, nicht loszurennen, trotzdem rang sie nach Atem, als sie bei ihrer Schwester ankam.

"Neuigkeiten?"

Caroline nickte. "Ja, aber keine guten."

Also doch eine Leiche, dachte Sarah, obwohl Caroline eigentlich nicht verzweifelt wirkte, sondern eher verwirrt.

"Sie haben Melissa gefunden?"

"Nein, eben nicht."

"Have you told her?" Von Sarah unbemerkt, war Liz hinter ihrer Schwester aufgetaucht. Es war Sarah ein Rätsel, wie sie es fertiggebracht hatte, neben all ihrer Arbeit und der zusätzlichen Aufregung auf der Farm für den Besuch bei der Polizei wieder perfekt frisiert zu sein. Vermutlich hat sie auf ihren Lockenwicklern geschlafen, dachte Sarah und schauderte bei dem bloßen Gedanken an diese Tortur.

Caro wandte sich wieder ihrer Schwester zu.

"Perhaps she never **existed**", sagte Caro. "Nobody named Melissa Stavely **is on the register** anywhere – no telephone number, no **driving licence**. That woman is a **ghost**. Nobody seems to miss her."

"They found that out in one day?" Sarah war ehrlich beeindruckt.

"Computers. Don't ask an old woman like me how they do it."

"So Melissa Stavely is a false name", resümierte Sarah nachdenklich. Sie war ehrlich überrascht. Trotz deren leicht ag-

---

to exist [ɪgˈzɪst] existieren **to be on the register** [biː ɒn ðə ˈredʒɪstə] gemeldet sein **driving licence** [ˈdraɪvɪŋ ˌlaɪsns] Führerschein **ghost** [gəʊst] Geist

gressiven Art hatte sie Melissa gemocht. Was brachte eine solche Frau dazu, eine falsche Identität anzunehmen?

"A false name?", echote Caroline.

"It's the only **explanation**!"

Übung 21: Was wissen Sie über Melissa? Unterstreichen Sie die passende Alternative.

1. She came to the fells *(to walk/to take pictures/to help Caro)*.
2. She has *(blonde/red/dark)* hair.
3. She is a *(wimp/modern woman/grandmother)*.
4. She is *(a photographer/self-employed/a farmer)*.
5. The police have found her *(corpse/locket/jacket)*.
6. She gave *(her married name/a false name/no name)*.

"You are right! Why didn't I think of that? Melissa Stavely, of course! Staveley!"

"Sorry?" Jetzt war es an Sarah, Liz verwundert anzustarren.

"Well, she came here by train, just like you. One of the train stations between Kendal and Windermere is called Staveley. Stavely – Staveley!"

"Dann hat sie sich den Namen also erst auf dem Weg hierher ausgedacht?", fragte Caroline. "Kein Wunder, dass sie es nicht eilig hatte, den Anmeldebogen mit ihren Personalien auszufüllen! Ich sollte langsam wohl wirklich mehr Menschenkenntnis haben, aber ich hätte sie nie im Leben für eine Zechprellerin gehalten." Sie bemerkte Liz' fragenden Blick.

"What about you, Liz?"

---

explanation [ˌekspləˈneɪʃn] Erklärung

"There's more to it than that", wandte Sarah ein.

"Your sister's right. She had only just arrived. Why should she **disappear immediately**?"

"Vielleicht hatte sie jemand erkannt", dachte Sarah laut. "Perhaps she met somebody who knew her."

"Well, I still think I've met her somewhere before", beharrte Liz. "But her name definitely was not Stavely."

"Did Derek know her perhaps? Had he met her before? Maybe at a three-day event?", erkundigte Sarah sich so taktvoll wie möglich.

"Mmm ... I don't think so. I went with him to quite a few of these events before his accident. Caroline had to go to a lot of weekend courses to complete her **teaching certificate**. And Melissa couldn't ride – I asked her about that." Die alte Dame zuckte die Schultern.

"She was lying", warf Sarah erstaunt ein. "She **owns a couple of** horses at the very least."

"How do you know?"

"She was talking about 'her babies' after the welcome dinner. She was a bit drunk at the time. She had 'babies' with four legs and they could jump. She was talking about horses."

"What else did she say?"

"Not much, but maybe she even had her own **stables**."

Caro pfiff leise durch die Zähne. "So she can definitely ride, Liz, and **presumably** quite well. What do you think? Did you meet her at one of Derek's riding events?"

---

to disappear [ˌdɪsəˈpɪə] verschwinden **immediately** [ɪˈmiːdɪətlɪ] sofort **teaching certificate** [ˈtiːtʃɪŋ səˌtɪfɪkət] Lehrerprüfung **to own sth.** [əʊn] etw. besitzen **a couple of** [ə ˈkʌpl əv] ein paar **stable** [ˈsteɪbl] Stall **presumably** [prɪˈzjuːməblɪ] vermutlich

"I don't know. I have to think about it." Die alte Frau sah plötzlich verwirrt aus.

"So let's get back to the farm", schlug Caroline vor. "Was hältst du von Keswick, Sarah? Hast du ein paar lohnende Motive gefunden?"

"Das ist wirklich eine bezaubernde kleine Stadt. Wie aus einem Beatrix-Potter-Buch."

"Kein Wunder. Beatrix Potter hat ganz in der Nähe gelebt. Wusstest du, dass Sie eine richtige Farmerin war? Man kann ihre Farm in Sawrey besichtigen. Das wäre doch sicher etwas für dich."

"Klingt verlockend."

"Aber?" Caro musterte ihre Schwester aufmerksam. "Komm schon, Sarah, diesen Tonfall kenne ich doch von früher."

"Ich schätze, ich bin einfach noch nicht in Ferienstimmung." Und sie hatte gehofft, die Stadt und ihre Umgebung mit ihrer Schwester zusammen zu erkunden. Doch das behielt Sarah lieber für sich.

Der Großteil der Rückfahrt verlief schweigend, doch kurz bevor sie die Farm erreichten, fasste Liz Hebblethwaite, die wie zuvor auf dem Beifahrersitz saß, nach Carolines Arm. "Stop!"

"Sorry?"

"Stop. I have to tell you something, Caro."

"Now?" Caroline zögerte, doch dann lenkte sie den Wagen vorsichtig an den Straßenrand. "Have you remembered something? Something about Melissa?"

"No, it isn't. She was with Derek."

Eine unbehagliche Stille machte sich im Auto breit, dann räusperte Sarah sich.

"You're sure it was Melissa Stavely?"

"The human brain is a strange thing, love, especially at my age, and sometimes it's better not to remember things." Die alte Dame seufzte tief. "It's not pleasant. My own grandson is a **liar**."

"So Derek knew her. He was fooling us the whole time? No! Sorry Liz, you are wrong. It isn't the same woman." Eine steile Falte zeigte sich auf Carolines Nasenwurzel.

"I'm sorry, Caroline. Hopefully Derek has a good explanation for this. But I saw him talking to her at one of the last three-day-events before his accident. They **were on** quite **familiar terms with** each other. Like old friends. She had beautiful hair. And she was quite **cheeky**."

Caroline starrte aus dem Wagenfenster, aber Sarah war sich ziemlich sicher, dass sie den atemberaubenden Ausblick auf Helvellyn, der sich ihnen bot, nicht wahrnahm.

"Ich kann das nicht glauben. Das ist doch absolut lächerlich. Warum sollte er mir eine alte Freundin nicht vorstellen?" Sie fuhr sich mit dem Handrücken über die Nase.

"Weil sie eben keine alte Freundin war", sagte Sarah so sanft wie möglich, und dann gab sie sich einen Ruck. Jetzt oder nie.

"I saw Derek and Melissa in the orchard together, the night after my arrival. They **were shouting**", sagte sie und berichtete in knappen Worten, wie sie unabsichtlich ein streitendes Paar belauscht hatte.

"Were they quarrelling?"

"Yes, Derek wasn't pleased to see her. He talked about money."

---

liar ['laɪə] Lügner **to be on familiar terms with sb.** [bi: ɒn fə͵mɪlɪə 'tɜːmz wɪð] mit jdm. auf Du und Du stehen **cheeky** ['tʃiːkɪ] frech **to shout** [ʃaʊt] schreien

"**Was** she **blackmailing** him?"

"I have no idea. **According to** Julia, Melissa was sneaking around the farm at night. She was not just a **harmless** visitor, Caro, and Derek knew something about her." Sie holte tief Luft und erzählte, wie sie nachts wach geworden war und Derek dabei überrascht hatte, dass er Melissas Cottage durchsuchte.

"He burnt something in the garden afterwards, but I have no idea what it was", schloss sie schließlich bedrückt ihren Bericht.

"Kannst du mir genau zeigen, wo Derek diese Papiere verbrannt hat?"

Sarah war sich nicht sicher, ob sich der Zorn ihrer Schwester gegen sie oder ihren Mann richtete.

Übung 22: Beantworten Sie die folgenden Fragen.

1. What are Melissa's "babies"?

_____

2. Who did Liz see Melissa with at the last three-day event?

_____

3. Who saw Melissa sneaking around the farm?

_____

4. Which famous children's writer lived near Keswick?

_____

---

to blackmail sb. [ˈblækmeɪl] jdn. erpressen **according to** [əˈkɔːdɪŋ tə] zufolge **harmless** [ˈhɑːmləs] harmlos

5. What town did Melissa choose as a name?

_____

6. What piece of clothing did the police find on the fells?

_____

"Ich würde mir keine zu großen Hoffnungen machen", begann sie, doch Caroline unterbrach sie ungehalten.
"Den genauen Platz, Sarah. Gleich!" Damit trat sie das Gaspedal so heftig durch, dass Sarah und Liz sich an ihren Sitzen festhalten mussten.

"Here it is." Sarah stieß mit dem Fuß gegen die metallene Tonne im Gemüsegarten, als wolle sie ihr einen Tritt versetzen. Nach Carolines Ausbruch war der Rest der Fahrt in brütendem Schweigen verlaufen, und sie alle waren froh gewesen, als bald darauf Helvellyn Farm in Sicht kam. Caroline begann fieberhaft in den Ascheresten zu wühlen, und Sarah musste sich gewaltig zusammennehmen, um ihre Schwester nicht zu packen und zu schütteln, damit sie endlich von der fixen Idee abließ, die sich offenbar ihrer bemächtigt hatte.
"You won't find any...", begann sie, dann verstummte sie verblüfft. Mit einem triumphierenden Aufschrei hielt Caroline einen verkohlten Fetzen Papier hoch.

Nine

"What's this going to be – the Spanish inquisition?" Belustigt und verärgert zugleich ließ Derek Hebblethwaite den Schraubenschlüssel sinken. Der himmelblaue Traktor, dem seine Fürsorge gegolten hatte, war fast schon ein Oldtimer, aber jemand hatte viel Zeit und Liebe investiert, um ihm etwas von seinem alten Glanz wiederzugeben. Dereks Blick wanderte von seiner Frau zu Sarah, die sich schon lange nicht mehr so unwohl in ihrer Haut gefühlt hatte. Caro umfasste Sarahs Handgelenk wie mit einer Stahlklammer und machte so alle Versuche, sich diskret zurückzuziehen, zunichte.

"Tell me about Melissa Stavely", wiederholte Caroline. Ihre Stimme klang fremd, distanziert, nicht wie die der Schwester, die Sarah kannte. Gekannt hatte, dachte sie, und da war er wieder, dieser kleine, schmerzhafte Stich.

Dereks Hand hinterließ einen Schmierölstreifen auf seiner Stirn, als er sich die Haare aus den Augen wischte. "What's up, Caroline? I don't know any more than the rest of you."

"I don't believe you. You had met Melissa before and I know about your little chat in the orchard. Sarah heard the two of you. What about you and Melissa? Is she your lover?"

"She's an old friend in trouble, that's all. I have a few friends. Is that a problem?" Der verächtliche Ton in seine Stimme erschreckte Sarah. Die Spannung zwischen den beiden war nicht zu übersehen gewesen, aber erst jetzt realisierte sie, wie es wirklich um die Ehe ihrer Schwester stand.

"A really attractive old friend. Don't try to **fool** me again, Derek, why didn't you tell me about her?"

---

to fool sb. [fu:l] jdn. zum Narren halten

"Because I know you. You are as **jealous** as a teenager."

"Jealous? Of course I am. I'm your wife, Derek! A marriage is all about **trust**. Do you see that?" Carolines Stimme nahm einen resignierten Ton an. "No, you don't know, and that hurts me most. And we've been through so much together."

In Dereks Gesicht arbeitete es, und als er wieder zu sprechen ansetzte, war die verletzende Schärfe aus seiner Stimme verschwunden. "I'm sorry, Caro. I didn't want to hurt you."

Er fasste Caroline am Kinn und zwang sie, ihn anzusehen, aber es lag mehr Liebkosung als Zwang in der Geste. Was für ein kluger Schachzug, dachte Sarah. Ihre Schwester hatte Widerspruch erwartet, heftiges Leugnen. Die Verunsicherung über dieses Beinahe-Eingeständnis war ihr deutlich vom Gesicht abzulesen.

"She is your **former** lover. I don't think I can't stand any more lies, Derek. And I know about the letter too." Wie zur Bestätigung hob Caroline die verkohlten Reste des Briefes hoch, den sie aus der Aschetonne gefischt hatte. Ihre Hand zitterte so stark, dass Sarah fürchtete, die Überreste müssten im nächsten Moment zu Asche zerfallen. Sie hatte nicht gelesen, was darauf stand, aber das Gesicht ihrer Schwester hatte ihr genug verraten.

Dereks Miene dagegen blieb für einen Moment völlig ausdruckslos. Wieder fiel Sarah auf, wie schwer sie ihn einzuschätzen vermochte. Falls er zornig war, hatte er seine Gefühle gut im Griff. Sorgsam, fast umständlich legte er den Schraubenschlüssel auf einen der riesigen, himmelblauen Radkästen.

---

jealous ['dʒeləs] eifersüchtig **trust** [trʌst] Vertrauen **former** ['fɔːmə] ehemalig

"Her real name's Melissa Golding", sagte er schlicht. "She's from Manchester. We had an **affair** – but it finished a long time now. I can't explain it. I have changed since the accident. I don't fully understand it myself – everything has changed. Other things suddenly became more important." Derek streifte das Gesicht seiner Frau mit einem raschen Blick, so als wolle er sich vergewissern, dass sie ihm noch zuhörte, doch Caroline starrte verbissen auf die Spitzen ihrer groben Schuhe.

Übung 23: Setzen Sie die richtige Form der Vergangenheit *(Simple Past)* ein und bilden Sie Aussagesätze, Fragen und Verneinungen.

"It **1.** *(to be)* _____ over, but Melissa **2.** *(to not accept)* _____ it. She **3.** *(to start)* _____ writing letters and calling me. **Luckily** you **4.** *(to not find)* _____ any of her letters. But I **5.** *(to have)* _____ no idea about her plans. It **6.** *(to be)* _____ a surprise to see her here on the farm. I **7.** *(to not know)* _____ what to do, so I just **8.** *(to avoid)* _____ her for as long as I could."

Sarah fiel das Abendessen am Abend ihrer Ankunft wieder ein. Derek hatte die Hunde vorgeschoben, um nicht daran

---

affair [əˈfeə] Affäre **luckily** [ˈlʌkɪlɪ] glücklicherweise

teilnehmen zu müssen – um Melissa nicht begegnen zu müssen, das begriff sie jetzt.

"What did she want?"

"She had romantic ideas about our relationship. She talked about 'our future together'. But there was no such thing as a 'future' for us, and she got angry."

Was hatte Melissa am Abend vor ihrem Verschwinden gesagt? "We never spend enough time with those we love. And suddenly it's too late." Sicher, sie war betrunken gewesen, aber sie hatte es ohne Zweifel ernst gemeint. Ihr Besuch hier musste ein letzter, verzweifelter Versuch gewesen sein, Derek doch noch für sich zu gewinnen. Wie mochte sie sich gefühlt haben, als er sie abwies? War ihr Zorn vielleicht nur Fassade gewesen, war sie verzweifelt genug, sich selbst etwas anzutun? Und wie hatte es in Derek ausgesehen, als sie sich weigerte zu gehen?

"Melissa doesn't give up easily. I liked that about her. And she had a **wicked sense of humour**."

"So she didn't want to leave?"

"No."

"What did you do?" Carolines Stimme hatte wieder den unbeteiligten, weit entfernten Klang angenommen.

Derek hob die Schultern. "What could I do? I just waited and hoped I could **talk** some **sense into** her."

Sarah erinnerte sich an Melissas Aufschrei im Obstgarten. War Derek vielleicht doch handgreiflich geworden, um seiner Position Nachdruck zu verleihen?

"Was she blackmailing you?"

---

wicked ['wɪkɪd] abgefahren **sense of humour** [ˌsens əv 'hjuːmə] Sinn für Humor **to talk sense into sb.** [ˌtɔːk 'sens ɪntə] jdn. zur Vernunft bringen

"She **threatened** to tell Caroline. She didn't want my money. She is quite **well-off**."

"What about that letter?"

"She wanted her letters back. I agreed."

Konnte er wirklich so naiv sein? Sarah fielen ein Dutzend Gründe ein, einer eifersüchtigen Frau ihre Liebesbriefe nicht zurückzugeben, und plötzlich war sie sicher, dass auch das durchweichte Papier, das die Polizei in Melissas Jacke gefunden hatte, einer der besagten Briefe gewesen war. Hatte Melissa ihn mitgenommen, weil sie beabsichtigte, ihrem Leben ein Ende zu setzen? Andererseits hatte sie auf Sarah wie eine Kämpfernatur gewirkt, nicht wie eine Frau, die an gebrochenem Herzen starb. Eines jedenfalls war sicher: Derek Hebblethwaite, dieser Mann, der mit Hunden und Pferden umzugehen wusste wie kein Zweiter, hatte nicht die geringste Ahnung von Frauen.

"Did you …" Caroline rang nach Worten.

Derek starrte seine Frau ungläubig an. "What? I didn't harm her. Caro, it's me, Derek. You know I couldn't **harm** anyone!" Dereks Stimme war plötzlich heiser. "God, of course I didn't kill her."

"Someone did. All that blood on her jacket …" Caroline schauderte. "I don't know you any more, Derek. You have changed. You **were yelling at** poor Julia this morning."

Derek streckte die Hand nach seiner Frau aus, doch diesmal wich sie zurück.

"I was just **desperate**, I didn't want you to find out. I didn't want to hurt you, Caro. Please believe me." Die spöttische,

---

to threaten ['θretn] drohen **well-off** [ˌwel'ɒf] wohlhabend **to harm sb.** [hɑːm] jdm. etw. antun **to yell at sb.** ['jel ət] jdn. anbrüllen **desperate** ['despərət] verzweifelt

leicht überlegene Art, die Sarah an Derek in gleichem Maße anzog wie abstieß, war wie weggewischt, und mit einem Mal tat er ihr leid. Vor dem Unfall, das musste für Derek Hebblethwaite so sein wie ein anderes Leben. Er hatte das getan, wovon viele Menschen nur träumten, noch einmal ganz von vorne angefangen. Was davor gewesen war, war für ihn nicht mehr wichtig, und nun konnte er nicht begreifen, warum es für andere immer noch von Bedeutung war.

"Caro, listen to me! I'm sure Melissa is still alive. Will you just listen to me for a moment?"

Doch auch diesmal entzog Caroline sich seiner Berührung, und was immer Derek noch über Melissas Verschwinden hatte äußern wollen, blieb ungesagt.

"Please, Derek, just leave me alone. I need time to think."

Damit drehte sie sich um und stürzte davon. Sarah fühlte Dereks vorwurfsvollen Blick auf ihrer Stirn wie ein Kainsmal. Ohne deine Schnüffelei, sagte dieser Blick, wäre das alles nicht passiert. Sie drehte sich mit einem Ruck um und folgte ihrer Schwester nach draußen.

Caroline saß im Land Rover und kämpfte mit der widerspenstigen Zündung. Ihr Gesicht war nass von Tränen.

"Caro? Wo willst du hin?"

"Ich muss raus hier. Sag Liz Bescheid und Emma und ..." Die Worte kamen hart und schnell, dann brach sie wieder in Tränen aus.

Sarah rutschte auf den Beifahrersitz. "Schhhhh. Es kommt alles wieder in Ordnung", flüsterte sie. Sie hatte nur keine Ahnung, wie. Vielleicht hatte Derek ja recht und sie hatte mit ihrer Einmischung alles vermasselt.

"Wieso fühle ich mich in seiner Gegenwart immer, als wäre alles meine Schuld? Als hätte ich ihn in Melissas Arme getrieben?" Caros Stimme klang dumpf hinter ihren Armen hervor. "Und jetzt bin ich das Miststück, das dem reuigen Ehemann nicht verzeihen will. Warum kann ich nicht normal mit ihm reden, Sarah?"

Weil du nicht so kompliziert bist, nicht so intellektuell und gar nicht spitzfindig, dachte Sarah, aber sie sprach es nicht laut aus. Irgendwo in ihrem Inneren kämpfte der Groll auf den Mann, der ihre Schwester unglücklich gemacht hatte, mit dem irrwitzigen Gefühl, dass es gerade diese Eigenschaften waren, die ihr unerklärlicherweise an Derek Hebblethwaite gefielen.

Sie streichelte Caroline, bis deren Tränen irgendwann versiegten.

"Begleitest du mich?"

"Ich weiß ja noch nicht einmal, wohin du willst", sagte Sarah mit einem vorsichtigen Lächeln.

"Zu einer guten Freundin. Hannah wird sich freuen, dich kennenzulernen, sie hat nicht oft Besuch. Es ist nicht weit bis zu ihrer Farm, sie lebt allein." Caroline erwiderte das Lächeln und wischte sich ein paar Tränen aus den Augen, aber Sarah schüttelte den Kopf. Der Gedanke, hier alles hinter sich zu lassen, war verlockend, aber es fühlte sich nicht richtig an. Davonzulaufen war auch nicht Caros Art. Nicht die der Caro, die sie kannte.

"Danke für das Angebot, aber ich glaube, ich sollte hierbleiben."

Ihre Schwester sah enttäuscht aus. "Ich dachte, wir könnten die alten Zeiten wieder aufleben lassen. Nur wir beide, du und ich."

Sarah umarmte Caro kurz und heftig. "Wenn du willst, wird es wieder wie früher. Wir stehen das gemeinsam durch, in Ordnung?"

Einen Moment schien es, als wolle Caroline es sich überlegen und wieder aussteigen, doch dann startete sie den Motor erneut, und diesmal hatte der Wagen Erbarmen mit ihr. Sarah glitt vom Beifahrersitz und winkte, bis der Land Rover zwischen den Bäumen verschwunden war. Sie verstand sich selbst nicht mehr. Was in aller Welt hatte sie dazu gebracht, Caros Einladung auszuschlagen, die Einladung, wieder an ihrem Leben teilzunehmen, auf die sie die ganze Zeit gewartet hatte?

Ärgerlich kickte sie einen Stein zur Seite und schlug dann den Weg zum Farmhaus ein.

Übung 24: Welche Aussage ist richtig? Kreuzen Sie die zutreffenden Sätze an.

1. ☐ Derek thinks Melissa is dead.
2. ☐ Caroline is jealous.
3. ☐ Derek tries to apologize.
4. ☐ Caroline didn't find Melissa's letter.
5. ☐ Derek doesn't know Melissa's real name.
6. ☐ Derek avoided Melissa at the farm for as long as possible.

Erst später, im Cottage, wo sie halbherzig und unkonzentriert versuchte, ein paar Textentwürfe für ihr Buch zu Papier zu bringen, sickerte der Gedanke in ihr Bewusstsein, dass sie von ihrem Schwager mehr erfahren hatten als die Tatsache, dass Derek seiner Frau untreu gewesen war. Derek hatte ihnen Melissas wahren Namen geliefert. Und ein erstklassiges Motiv für einen Mord. Seufzend schob Sarah Papier und Stift beiseite und begann die Fotos, die sie seit ihrer Ankunft gemacht hatte, auf ihren Laptop zu überspielen. Doch auch hier schienen sie die vorwurfsvollen Gesichter der Familie zu verfolgen. War da nicht eine Spur von Missbilligung in Carolines von den Anstrengungen der Schafschur angespanntem Gesicht? Blickte Derek beim Training mit den Hunden nicht noch spöttischer als üblich? Sogar die sonst so sanfte Emma schien mit ärgerlich gerunzelter Stirn direkt in die Kamera zu starren – oder ging jetzt ihre überreizte Fantasie vollständig mit ihr durch? Sarah seufzte erneut, als sie erkannte, dass sie auf die Bilder des streitenden Pärchens starrte, die sie in Kendal aus dem Zug heraus aufgenommen hatte, und dass die Frau darauf trotz des hübschen Pullovers und einer oberflächlichen Ähnlichkeit kaum Emma sein konnte. Mit einem ärgerlichen Ruck klappte sie den Laptop zu.

"We have to tell the police." Sarah blickte Liz Hebblethwaite forschend an. Die alte Frau schnitt sorgfältig ein Büschel Kräuter – Sarah mit ihrem beschränkten gärtnerischen Wissen hielt es für Petersilie – und richtete sich dann mit ein wenig steifem Rücken auf.
"What do you want to tell them? My grandson had the best motive to kill Ms Golding!"
"They have to know her real name", insistierte Sarah. "We can't keep this to ourselves."
"They'll want to know how you found out. Then they **will arrest** Derek for **murder**, my dear. I've known him all his life. He is a difficult person and not easy as a husband, but believe me, he's not a **murderer**."
"I believe you", sagte Sarah ruhig, und zu ihrer eigenen Überraschung tat sie es wirklich. Egal, wie sie und Derek zueinander standen – wenn sie ehrlich war, hatte sie nicht

---

to arrest sb. [əˈrest] jdn. verhaften **murder** [ˈmɜːdə] Mord **murderer** [ˈmɜːdərə] Mörder

die geringste Ahnung, wie sie zueinander standen –, ihr Schwager hatte aufrichtig gewirkt, als er Caroline versicherte, er habe Melissa kein Leid zugefügt. Auch wenn sie sich bei ihm nie sicher war.

"Tell them you remembered meeting Melissa before. We needn't say anything about Derek's affair", schlug sie vor, während sie ihre Schritte an die von Liz anpasste, die langsam auf das Haus zusteuerte.

"Do you think that will work?" Die alte Frau gestattete sich ein feines Lächeln. Sarah blickte sie forschend an.

"You mustn't talk about this to anybody", drängte Liz. "It's just for a few days, Sarah. Derek is not responsible for Melissa's **disappearance**." Sie fasste Sarah beschwörend am Handgelenk. "I'm sure Melissa **will turn up** again. The police will discover some evidence somewhere."

Sarah schüttelte den Kopf. "But they don't know her real name."

"Well, then we'll have to find her ourselves. You are a clever girl, Sarah. You have already found out so much."

Sarah hob mit einer abwehrenden Geste die Hände. "Only **unimportant** things. Besides, it was **pure coincidence** – and **luck**. This is police work, I don't want to be a detective."

"Think about it, please!"

Sarah musste lächeln; einfach undenkbar wäre eine solche Aufforderung in ihrem hanseatischen Elternhaus gewesen. Zu oft hatte ihre angeborene Neugier sie in alle Fettnäpfchen tappen lassen. Aber hier ging es um Menschenleben, sagte sie sich, nicht um ein Kinderspiel.

---

disappearance [ˌdɪsə'pɪərəns] Verschwinden **to turn up** [ˌtɜːn 'ʌp] auftauchen **unimportant** [ˌʌnɪm'pɔːtnt] unwichtig **pure** [pjʊə] rein **coincidence** [kəʊ'ɪnsɪdəns] Zufall **luck** [lʌk] Glück

"Just for a few days. Then we'll tell the police everything we know", drängte Liz. Sie wollte Zeit gewinnen, Zeit für ihren Enkelsohn, das verstand Sarah. Deshalb stimmte sie schließlich zu, und ihre Stimme klang nicht so widerstrebend, wie sie es angesichts der Umstände selbst vermutet hätte.

"What about Derek? Should I talk to him? He was very angry with me. I'm afraid he blames me."

"He's very upset." Es war etwas in Liz' Stimme, das Sarah aufhorchen ließ.

"Where is he now?"

"He is outside in the kennels talking to his dogs, I suppose." Sarah verspürte zu nichts weniger Lust, als dort hinaus zu gehen und sich mit einem Mann zu unterhalten, der sie für seine Eheprobleme verantwortlich machte und vermutlich zum Teufel wünschte. Trotzdem gab sie ihrer Stimme einen leichten, unbefangenen Klang. "Why don't we start with him?"

Sie waren an der Verandatreppe angekommen und Liz stützte sich schwer auf das Geländer. "You're not making it easy for me, Sarah. It's not a good time to talk to Derek, believe me."

"Why?"

"He's drunk."

"He's got a drinking problem too?" Sarah machte aus ihrem Erstaunen keinen Hehl. Sie hatte ganz selbstverständlich angenommen, dass es nur ein Familienmitglied mit einem Alkoholproblem gab.

"No, but he still has to take **drugs** for his back pain and it isn't good to **mix** them with alcohol. He shouldn't drink

---

drug [drʌg] Medikament **to mix sth.** [mɪks] etw. mischen

416

anything. Usually he doesn't – but today ... I just hope he doesn't meet Thomas." Ihr Blick sagte deutlich genug, was passieren würde, wenn die beiden Brüder in diesem Zustand aufeinandertrafen.

"There will be **plenty** of time to speak to him tomorrow. He won't go anywhere in that condition. And I'm sure Caroline will be back by then."

Übung 25: Welches Wort passt nicht in die Reihe?

1. sheep, horse, dog, animal
2. Helvellyn, Lake Windermere, Striding Edge, Langdale Pikes
3. cottage, farm, barn, train
4. recipe, salt, eggs, meat
5. locket, cup, trophy, prize
6. path, ridge, summit, doll

---

plenty ['plentɪ] reichlich

Ten

Das Wetter am nächsten Morgen war warm und trocken. Ideales Wetter für die Schafschur, dachte Sarah, als sie vor die Tür trat, aber definitiv kein Schafswetter. "Sheep weather", so hatte ihr Caroline erklärt, war unter den australischen Züchtern der Begriff für so ungemütliche Wetterbedingungen, dass die Tiere in Sicherheit gebracht werden mussten. Vergeblich suchten ihre Augen den Hof nach Carolines Land Rover ab. An seiner Stelle parkte jetzt ein altersschwacher Transporter, dessen Ladefläche mit Heuballen beladen war. Sarah versuchte ihre Enttäuschung zu verbergen. Liz Hebblethwaite las ihr die ungestellte Frage dennoch vom Gesicht ab, als sie die Küche betrat. "She's not back yet", erklärte sie, während sie ein kleines Porzellangefäß in einem Topf mit kochendem Wasser versenkte.

"And where's everybody else?" Sarah blickte sich in der Küche um. Nur Julia hockte, verlegen in ihre Tasse blickend, in einer Ecke und sah wie üblich niemanden an.

"Emma's looking for Thomas. He wasn't very well last night. Derek didn't show up either."

Sarah wusste mittlerweile recht gut, was es bedeutete, wenn es Thomas "nicht gut" ging. Sie verkniff sich vorerst die Frage, ob es am Abend zu einer erneuten Auseinandersetzung zwischen den Brüdern gekommen war.

"Julia, dear, could you go upstairs and call for Derek, please? My knee isn't so good this morning. **Damn** arthritis."

Julia bewegte sich nicht, sondern rührte weiter in ihrer Tasse.

---

damn [dæm] verdammt

"Julia, are you dreaming?"

"Derek's still angry with me", murmelte das Mädchen.

"You can't **avoid** him forever, dear. Just knock on his door and tell him that breakfast is ready."

Julia erhob sich sehr langsam von ihrem Stuhl und schlurfte davon.

"Do you want an egg from the **egg coddler**?" Liz fischte das verschraubte Porzellangefäß geschickt aus dem Wasserbad. "It's like a **poached** egg, only that it's cooked inside the coddler with some **seasoning**."

Übung 26: Welche Begriffe gehören zusammen? Tragen Sie den richtigen Buchstaben ein.

1. an egg	☐	**a.**	breeder
2. a fell	☐	**b.**	lover
3. a dog	☐	**c.**	drinker
4. a former	☐	**d.**	walker
5. a heavy	☐	**e.**	photographer
6. a fashion	☐	**f.**	coddler

Sarah warf einen neugierigen Blick auf das kunstvoll bemalte Gefäß, aber sie war nur halb bei der Sache. "Did Caroline call?"

Die alte Frau schüttelte den Kopf. "Her friend hasn't got a phone and I'm afraid Caro left her mobile here. Her friend is a bit strange", setzte sie hinzu. "She lives all alone on a **remote** farm."

Sarah verkniff sich ein Grinsen, als sie daran dachte, dass

---

to avoid sb. [ə'vɔɪd] jdn. meiden **egg coddler** ['eg ˌkɒdlə] Eier-Coddler **poached** [pəʊtʃt] pochiert **seasoning** ['siːznɪŋ] Gewürz **remote** [rɪ'məʊt] abgelegen

man von Dereks Großmutter, die ebenfalls etliche Jahre mehr oder weniger alleine auf Helvellyn verbracht hatte, dasselbe hätte sagen können.

"Back already?" Der letzte Teil des Satzes galt Julia, die sich, ohne aufzublicken, wieder auf ihren Platz schob.

"He didn't answer. I **knocked** three times."

Da war sie wieder, die steile Falte auf Liz Hebblethwaites Stirn. "Did you open the door? Perhaps he's feeling ill – maybe he's got a **hangover**!"

"No, I certainly didn't open his door." Julia war deutlich anzusehen, dass es sie wenig betraf, ob Derek sich die Seele aus dem Leib kotzte. Die Falte auf Liz' Stirn schwoll bedrohlich an.

"I'll look for him", bot Sarah rasch an. Sie hatte zwar ebenso wenig Lust auf eine Unterhaltung mit ihrem verkaterten, schlecht gelaunten Schwager, aber sie wollte nicht, dass Liz sich selbst die steile Treppe zu den Schlafräumen emporquälte.

Sie klopfte erst leise, dann etwas lauter.

"Derek? Are you there? Derek, this is Sarah, please open the door."

Hinter der Tür rührte sich nichts. Als Sarah noch etwas heftiger klopfte, sprang die Tür mit einem Klicken auf.

"He's not there. He didn't even spend the night in his bed."

Wieder unten in der Küche, spürte Sarah immer noch die leichte Beunruhigung, die sie bei dieser Entdeckung befallen hatte.

"Oh my. He slept with the dogs." Liz schüttelte den Kopf.

---

to knock [nɒk] klopfen **hangover** [ˈhæŋəʊvə] Kater

"He's got a **spare bed** in his trophy room, you know. He sometimes sleeps there."

Emma kam herein. Sie sah müde aus, dunkle Schatten lagen unter ihren Augen. "Do you have any **pain killers**, Liz?", fragte sie.

"You look **pale**. Do you have a headache?", bemerkte Sarah.

Emma lachte freudlos. "Oh, no, it's for Thomas. He had a really bad night and needs something for his headache now."

Liz presste die Lippen zusammen und schob Emma ein Päckchen hinüber.

"Shall I have a look for Derek too?"

Forschend musterte Sarah Emmas langärmeliges Hemd. Es war kein Geheimnis mehr für sie, dass Thomas gerne handgreiflich wurde, wenn er eine seiner "schlechten Nächte" hatte.

Ehe Liz antworten konnte, erbot sich Sarah. "No, I'll go. Give me a cup of coffee for Derek and some of those." Mit einer Kopfbewegung deutete sie auf die Schmerztabletten.

Der Weg hinunter zum Hundezwinger war uneben und Sarah fluchte leise, als ihr ein Schwall heißen Kaffees über die Hand schwappte. Ärgerlich dachte sie an die Thermoskanne, die in der Küche stand, doch sie verspürte nicht die geringste Lust, noch einmal zurückzugehen. Sie wollte das Gespräch mit Derek möglichst schnell hinter sich bringen. Die Unterkünfte der Border Collies lagen ein ganzes Stück vom Haus entfernt. Es waren lang gestreckte, großzügige

---

spare bed [ˌspeə 'bed] Gästebett **pain killer** ['peɪn ˌkɪlə] Schmerzmittel **pale** [peɪl] blass

Ausläufe, die nachträglich an eine Ansammlung alter Schuppen angebaut worden waren. Einer davon beherbergte Dereks Allerheiligstes. Normale Männer hatten eine Werkstatt, dachte Sarah belustigt, Derek hatte seinen "Trophäenraum". Sie wusste, dass sie ungerecht war, doch im Moment bereiteten ihr diese Gedanken ein grimmiges Vergnügen.

Die Hunde schlugen an, als sie näher kam. Sarah wurde langsamer und blieb schließlich unentschlossen stehen.

"Derek? Are you here?" Bis auf die Hunde, die unruhig in ihren Zwingern auf und ab liefen, rührte sich nichts. Sarah fiel auf, dass die Näpfe der Border Collies leer waren. Der Mann musste einen Mordskater haben, wenn er noch nicht einmal seine Hunde gefüttert hatte. Beinahe noch erstaunlicher war, dass Julia sich an Dereks Verbot, den Tieren zu nahe zu kommen, hielt.

"Derek?" Sarah stieß sacht gegen die hölzerne Tür des Schuppens. Anders als bei den benachbarten Baracken waren Fenster und Türen frisch gestrichen. An der Tür hingen Tafeln mit Stammbäumen.

"Derek?" Die kleinen Fenster waren verhängt, und Sarah blinzelte, um sich an das Zwielicht zu gewöhnen. Ihr Blick glitt über holzverkleidete Wände und ein paar schlichte Regale mit Hundefutter und Fachliteratur. Eine große Vitrine mit Pokalen und Medaillen, die wie ein Raumteiler inmitten des Schuppens stand, zeugte von Dereks Erfolgen.

"Derek, are you here?" Langsam kam Sarah sich idiotisch vor mit ihrem Kaffee in der Hand. Fast meinte sie schon, Dereks spöttischen Kommentar zu hören. Brummschädel oder nicht, wo zum Teufel war der Mann? Sie machte noch einen Schritt auf die Vitrine zu. Unter ihren Füßen knirschte es. Jetzt bemerkte sie, dass der Boden mit Glassplittern bedeckt war. Ein wuchtiger silberner Kelch lag auf dem Boden, eine Seite der Vitrine war zersplittert.

Sarah hörte ihr Herz hämmern. Einbrecher, dachte sie, jemand ist hier eingebrochen. Aber wer stiehlt schon Pokale von Hundewettbewerben? Die Luft kam ihr plötzlich stickig vor, das Atmen fiel schwer.

"Derek? Derek, answer me!", schrie sie.

Hinter dem Raumteiler stand, in eine Nische gezwängt, ein Reisebett. Ein paar Kleidungsstücke lagen darauf verstreut. Sarahs Mund wurde trocken, einen Moment lang nahm sie alles überdeutlich wahr – die seltsame Anordnung der Kleidungsstücke, den merkwürdigen Geruch, und sie wusste, dass dieser Anblick sie in ihren Träumen verfolgen würde. Trotzdem konnte sie den Blick nicht lösen, denn das, was sie im Halbdunkel für achtlos hingeworfene Kleider gehalten hatte, war in Wirklichkeit die verdrehte Gestalt ihres Schwagers. In Dereks Schläfe klaffte ein hässliches, rotes Loch.

Eleven

Erst später, als Dereks Leiche bereits zum Abtransport vorbereitet wurde und die Kriminalpolizei überall auf dem Hof Spuren sicherte, erfuhr Sarah, dass eben jener Wanderpokal, den ihr Schwager in der nächsten Woche hatte verteidigen wollen, ihm den Schädel zerschmettert hatte.

Wie in Trance hatte sie auf die örtliche Polizei gewartet, geschildert, wie sie Dereks Leiche gefunden hatte, und wie durch einen Nebel hatte sie Liz hinterhergeblickt, wie sie hinüber zum Trophäenraum schritt, um ihren toten Enkel zu identifizieren, sehr aufrecht und mit ihrem vor Kummer versteinerten Gesicht Derek sehr ähnlich.

"Are you sure you want to do this, Mrs Hebblethwaite? We can wait for your grandson's wife. We can't reach her by phone but I can send an officer to get her."

"Thank you, Jem, but I owe my grandson this much, don't you think?"

Übung 27: Bringen Sie die folgenden Ereignisse in die richtige Reihenfolge.

- **a.** ☐ Julia knocked three times on Derek's door, but he didn't answer.
- **b.** ☐ Sarah went to the kennels.
- **c.** ☐ Sarah found Derek's dead body.
- **d.** ☐ Sarah opened Derek's bedroom door.
- **e.** ☐ Emma went to look for Thomas because he wasn't very well last night.
- **f.** ☐ The dogs barked at Sarah.

Der familiäre Ton, in dem Liz mit dem jungen Polizisten sprach, war beruhigend gewesen und hatte Sarah bewusst gemacht, wie fest verwurzelt die Familie in der Dorfgemeinschaft war. Hier draußen kannte man sich, inklusive der sehr privaten Details wie der offensichtlichen Feindschaft zwischen den Brüdern Hebblethwaite. Hatte sie nicht selbst sofort an Thomas gedacht, an einen Streit zwischen den beiden alkoholisierten Brüdern, der eskaliert war? Die Schlägerei, die sie selbst miterlebt hatte, war ihr eingefallen, und der Streit um Geld, von dem Caroline ihr berichtet hatte.

Mit blutunterlaufenen Augen und von Alkoholausdünstungen umgeben war Dereks Bruder in keiner guten Verfassung gewesen, um Fragen zu beantworten. Mit wachsender Aggressivität hatte er sich gegen die gleichbleibend freundlichen Fragen der Beamten gewehrt.

"Stop asking stupid questions and start looking for my brother's murderer!"

Emma war wie ein aufgescheuchtes Huhn an die Seite ihres Mannes geeilt. "He didn't do it! Do you hear me? He was with me all night! He didn't kill his brother!"

Thomas war herumgefahren und auf seine völlig überrumpelte Frau losgegangen. In dem darauf folgenden Handgemenge landete seine Faust am Kinn eines jungen Constables. Unter Emmas weinerlichem Protest wurde Dereks Bruder schließlich abgeführt.

Doch auch das war nur wie durch eine dicke Watteschicht in Sarahs Bewusstsein gesickert. Es war Carolines Stimme, die den Nebel zerriss und sie mit allen Sinnen zurück in die Realität holte. Es war eine laute, ungehaltene Caroline, die sich verwundert und ungeduldig an dem Beamten, der sie aufzuhalten versuchte, vorbeidrängte.

"What are you doing here? What's happened here?"

Mit schweren Schritten ging Sarah ihrer Schwester entgegen.

"Es tut mir so leid, Caro."
In diesem Augenblick fiel Carolines Blick auf die verhüllte Bahre, die eben in einen Wagen geladen wurde. Eine plötzliche, fatale Erkenntnis war auf ihrem Gesicht abzulesen.
"Sie haben Melissa gefunden?"
Sarah konnte ihre Schwester nur stumm anstarren.

"I didn't do that very well." Sarah ließ sich schwer auf einen Küchenstuhl sinken und vergrub ihr Gesicht in den Händen. Die Ruhe in der Küche war wohltuend nach all der Aufregung draußen.
"You did fine", versicherte Emma, während sie den altmodischen Herd anzündete. Sarah sah, dass ihre Finger, die das Streichholz hielten, zitterten.
"She's resting now. She has taken some tranquilizers."
"She didn't believe me. She thought it was a bad joke." Beim Gedanken an die Reaktion ihrer Schwester überlief Sarah immer noch eine Gänsehaut. Sie hatte einfach nicht die richtigen Worte finden können, ihr zu sagen, dass es Derek war, der auf dieser Bahre davongetragen wurde, mit einem hässlichen Loch im Kopf, und dass er nie wieder aufstehen würde.
"No one could find the right words for this." Emma schüttelte den Kopf. "It's a **nightmare**. Derek will never come into this kitchen again, never work with the dogs and never quarrel with Thomas or Julia. It's just like a bad dream." Sie zitterte; ihr Gesicht war so unglücklich, dass Sarah den Impuls verspürte, sie in den Arm zu nehmen und zu trösten, aber eine plötzliche Befangenheit hinderte sie daran. Mit einem Mal fühlte sie sich auf merkwürdige Weise von der Trauer der Familie ausgeschlossen. Derek war für sie ein Fremder gewe-

---

nightmare ['naɪtmeə] Albtraum

426

sen, sie hatte mit ihm kaum mehr als ein paar Sätze gewechselt, und die meisten waren nicht sehr erbaulich gewesen. Sie würde keine Gelegenheit mehr bekommen, herauszufinden, wer Derek Hebblethwaite wirklich gewesen war.

"I was grateful to Derek. He let me and Thomas stay here at Helvellyn", fuhr Emma fort. Ihre Stimme klang dünn. "He didn't do it for me and I'm sure he didn't do it for Thomas, but still … I had just begun to hope for a new start here on the farm."

"Caroline will be glad you're here to help." Die Worte klangen schroffer, als sie es beabsichtigt hatte, und Emma war der Zweifel deutlich am Gesicht abzulesen.

"Thomas didn't kill him, Sarah! You have to believe me."

"I don't know, Emma", gab Sarah ehrlich zu. "Did Derek and Thomas get into another fight last night? According to Liz, they were both drunk."

"Thomas was far too drunk to go anywhere. He has a drinking problem, and he and Derek were not exactly on friendly terms – but I know my husband. Why is he so aggressive? Why did he punch that police officer? Because he feels so bad about Derek's death."

Ein bisschen spät für brüderliche Zuwendung, dachte Sarah, doch laut sagte sie: "He'll be free soon. They **haven't charged** him with murder."

"Was it a **burglar**?", fragte Emma heiser. "Did anyone steal anything from Derek's trophy room?"

"There wasn't anything of interest in there", erwiderte Sarah. "I only saw things for the dogs, as well as food, books, some tools and of course all his prizes and trophies.

---

to charge sb. [tʃɑːdʒ] Anklage gegen jdn. erheben **burglar** [ˈbɜːglə] Einbrecher

Nothing to **tempt** a burglar. But there is some connection between Melissa's disappearance and Derek's death. Perhaps even a connection with the fire in the barn. What about that tramp? Some of the neighbours saw him. Did Derek run across him?"

Emma zuckte die Schultern und ein Schatten flog über ihr Gesicht. "There's still no trace of the tramp. But what about Melissa?"

"You are right. She doesn't fit in. We don't know everything yet."

In diesem Moment ging hinter ihnen die Küchentür auf.

Übung 28: Wer hat die folgenden Sätze gesagt? Notieren Sie den Namen der jeweiligen Person.

1. "I owe my grandson this much."

_____

2. "He was with me all night. He didn't kill his brother."

_____

3. "I didn't do that very well."

_____

4. "She had a wicked sense of humour."

_____

5. "A **marriage** is about trust."

_____

---

to tempt sb. [tempt] jdn. reizen **marriage** ['mærɪdʒ] Ehe

"Did you tell them, Sarah?" Mit Bestürzung registrierte Sarah, wie grau und müde Liz Hebblethwaite aussah, obwohl ihre Haltung immer noch sehr aufrecht war.

"Pardon?"

"Did you tell the police about Derek and Melissa? About Melissa's real name?"

Sarah schüttelte den Kopf. Die Polizei hatte sich hauptsächlich dafür interessiert, wie sie Derek gefunden hatte. Trotzdem war sie ein paar Mal nahe daran gewesen, alles zu erzählen, was sie über Melissa wusste.

"No, I didn't tell them. I want to protect Caroline."

"You'll probably have to talk to someone from the C.I.D. later. The local police have called in a Detective Chief Inspector."

"C.I.D?" Klingt wie eine Fernsehserie, dachte Sarah mit einem Anflug von schwarzem Humor.

"The Criminal Investigation Department. It's a murder inquiry, you know."

"Oh, that must be what we call 'Kriminalpolizei'." Sarah biss sich auf die Lippen. "They'll start asking questions about Derek and Melissa. Sooner or later they'll find out her real name. Someone will miss a family member or a friend. Someone has to look after her horses and her stables too.

Liz Hebblethwaite erwiderte nichts. Sie saßen in der Zwickmühle, das wussten sie beide.

Twelve

Zu ihrer Überraschung traf Sarah ihre Schwester am Fenster stehend an.

"Ich dachte, du schläfst."

Caroline schüttelte langsam den Kopf. "Ich muss immerzu an Derek denken. Dass er vielleicht noch leben könnte, wenn ich gestern nicht so überstürzt verschwunden wäre. Ich hätte auf dich hören sollen."

"Du darfst dir jetzt keine Vorwürfe machen", versuchte Sarah zu trösten. "Du hattest jedes Recht, dich verletzt zu fühlen."

Caroline schwieg eine Weile und starrte wieder unverwandt aus dem Fenster. "Ich hätte es ahnen müssen. Es war ja nicht das erste Mal, dass Derek und ich Probleme hatten."

"Du hast nie etwas davon erzählt." Wann hätte sie es mir auch erzählen sollen, dachte Sarah. Bei den belanglosen Telefongesprächen, die sie in letzter Zeit geführt hatten? War sie selbst nicht so bestrebt gewesen, das Bild von Carolines perfektem Leben in England aufrechtzuerhalten, dass jegliche Andeutung an ihr abgeprallt sein musste?

"Erinnerst du dich, dass ich immer Kinder wollte?" Caros Stimme klang bitter. "Ich dachte, Derek und ich wären uns völlig einig, er wollte nur auf den richtigen Zeitpunkt warten. Es stellte sich leider heraus, dass kein Zeitpunkt passend zu sein schien. Ich dachte, wenn ich ihm deutlich machen könnte, wie wichtig mir das ist, würde er seine Meinung ändern, aber für ihn war die Diskussion einfach beendet. So war das immer bei ihm, stur wie ein Maulesel. Die Stimmung zwischen uns war also ziemlich angespannt. Das muss kurz vor dem Beginn seiner Affäre mit Melissa gewesen sein. Und jetzt ist er plötzlich nicht mehr da und meine letzte Erinnerung an ihn wird immer dieser hässliche Streit sein, den wir jetzt nie mehr aus der Welt schaffen können. Ich kann doch nicht einfach so mit der Farm weitermachen, als wäre nichts passiert!" Sie holte tief Luft. "Derek ist hier aufgewachsen, weißt du? Als älterer Sohn hat er Helvellyn nach dem Tod seiner Eltern geerbt. Dummerweise sah er sich gar nicht als Farmer. Natürlich setzte er seinen dicken Kopf durch und ging nach London studieren. Da haben wir uns zum ersten Mal getroffen." Die Erinnerung ließ ein Lächeln auf ihrem Gesicht aufblitzen. "Dann kamen die ersten großen Turniererfolge. Derek trainierte wie besessen und wechselte schließlich von Helvellyn in einen Trainingsstall in der Nähe von London. Ohne Liz' Hilfe wäre die Farm in der Zeit sicher völlig heruntergekommen. Trotzdem war Helvellyn wohl so eine Art Anker für Derek, hierher ging er zurück, wenn er Ruhe brauchte, nachdenken musste."

"Und dann kam der Unfall?"

Caro nickte. "Ja, plötzlich war die Farm unsere Haupteinnahmequelle. Wir waren darauf angewiesen, dass sie lief. Also entschieden wir uns, es mit biologischer Landwirtschaft zu versuchen. Alle unsere Rücklagen stecken in der Farm."

"Was ist mit Thomas?"

"Du willst wissen, ob er Derek genug gehasst hat, um ihn umzubringen? Thomas war sein Leben lang Farmer, und für ihn muss es unbegreiflich gewesen sein, dass Helvellyn Farm nicht das Wichtigste in Dereks Leben war. Eine Zeit lang haben wir davon geträumt, nach Dereks Karriereende einen eigenen Trainingsstall in der Nähe von London zu eröffnen. Liz hätte nicht zugelassen, dass Helvellyn Farm in fremde Hände fällt, das wäre für Thomas die Chance gewesen, endlich doch noch zu bekommen, was er immer schon wollte."

"Dann muss er ziemlich enttäuscht gewesen sein, als ihr euch entschlossen habt, hierher zu ziehen?"

"Enttäuscht? Vermutlich hat er geschäumt vor Wut." Ein freudloses Lächeln huschte über Carolines Lippen. "Aber Dereks Tod ändert an Thomas' Situation gar nichts. Derek hat dafür gesorgt, dass die Farm nach seinem Tod an mich fällt."

"Thomas geht also leer aus?"

Caroline nickte. "Die beiden standen sich nicht wirklich nahe, aber ich glaube fast, dass Thomas die ständigen Reibereien mit Derek fehlen werden. Außerdem schwört Emma, dass Thomas die Nacht völlig betrunken in seinem Bett verbracht hat."

"Glaubst du ihr?"

"Du nicht?" Caroline zuckte die Schultern, und Sarah, die sich ziemlich sicher war, dass Emma für ihren Mann das Blaue vom Himmel herunterlügen würde, zog es vor, das Thema zu wechseln.

Übung 29: Vervollständigen Sie die Begriffe aus dem "Murder in the Night"-ABC. Die Zahl der Buchstaben ist vorgegeben.

1. Q stands for _ _ _ _ _ – something very beautiful in Caro's cottages on the farm.

2. R stands for isolated _ _ _ _ _ – these connect the farms in the Lake District.

3. S stands for _ _ _ _ _ – these animals were a valuable source of income in the past.

4. T stands for _ _ _ _ _ _ – he is rarely sober.

5. U stands for _ _ _ _ _ _ – the barn that burnt down was like this. Nobody worked there or did anything in it.

"Hatte Derek andere Feinde?"

"Er war kein einfacher Mensch. Er konnte charmant und überheblich in derselben Sekunde sein. Ich bin sicher, er hat sich bei seinen Reiterkollegen nicht immer beliebt gemacht. Trotzdem waren alle von seinem Unfall betroffen, das hat eine Menge alte Rivalitäten vergessen gemacht."

"Was ist mit den anderen Hundezüchtern?"

"Ich kann mir das einfach nicht vorstellen. Natürlich gab es da Rivalitäten, aber dass jemand ihm deshalb den Tod wünschen würde ..." Caroline schluckte und wischte sich mit der Hand über die Augen.

"Und die Farmer in der Nachbarschaft? Ärger oder Neider?"

"Neid?" Caro lachte bitter. "Die Farm ist ein Zuschussgeschäft. Wusstest du, dass die Böden drei Jahre frei von chemischen Düngern sein müssen, ehe man eine offizielle Anerkennung als Biohof bekommt? Wir wussten, dass die Umstellung Zeit braucht, aber langsam ging uns das Geld aus. Der Umbau der Cottages zu Ferienwohnungen war eine verzweifelte Maßnahme, unsere Unkosten hereinzubekommen. Wir haben alles selbst gemacht, um Geld zu sparen. Und jetzt soll alles umsonst gewesen sein?"

"Ein Gutes hat es jedenfalls, dass du gestern Nacht nicht auf der Farm warst. Wenigstens kann dich niemand verdächtigen, etwas mit Dereks Tod zu tun zu haben." Der Versuch, ihrer Stimme einen festen Ton zu geben, misslang. Sie wussten beide, wie ernst es war. Schließlich hatte niemand ein besseres Motiv als Caroline, den untreuen Ehemann und seine Geliebte zur Hölle zu wünschen.

Thirteen

Die Tage nach Dereks Tod dehnten sich endlos und schleppten sich zäh dahin. Sarah hatte den Eindruck, jedes Zeitgefühl verloren zu haben. Wie viele Tage waren nun schon vergangen – zwei oder drei, oder war es gestern gewesen? Sarah wusste es manchmal kaum und das leise Rattern des Spinnrades und der hypnotische Sog der wirbelnden Spulen boten eine willkommene Abwechslung. Gleichmäßig wippte Emmas Fuß auf und ab.

"It looks so easy." Fasziniert beobachtete Sarah wie die bauschige Schafwolle in der kleinen Öffnung des Spinnrades verschwand, um sich dann, verwandelt in einen feinen, glänzenden Faden, auf die Spule zu wickeln. Emmas Finger waren ganz ruhig dabei. Das Zittern, das Sarah noch am Vortag bemerkt hatte, war verschwunden.

"I do this to relax. To calm down. It's better than therapy. My husband's the **prime suspect** in a **murder case**, and I feel awful."

"At least they haven't charged him with anything yet."

"Not yet." Der dünne Faden riss und die Spule begann zu klappern. Leise fluchend stoppte Emma das Rad. Auch wenn Thomas am Morgen nüchtern und sehr schweigsam auf die Farm zurückgekehrt war, der Verdacht gegen ihn war noch lange nicht vom Tisch, das wusste sie am besten.

"I can't stand this **uncertainty**."

"I know what you mean." Eine Lähmung schien die ganze Farm befallen zu haben, die durch die hektischen, alltäglichen Arbeiten nur mühsam kaschiert wurde. Sarah beob-

---

prime suspect [ˌpraɪm ˈsʌspekt] Hauptverdächtiger **murder case** [ˈmɜːdə keɪs] Mordfall **uncertainty** [ʌnˈsɜːtntɪ] Unsicherheit

achtete, wie Emma den gerissenen Faden geschickt wieder anknüpfte. "Caro won't accept my help. She's somehow **slipping away from** me." Äußerlich fast unnatürlich ruhig, schien ihre Schwester ihr nach Dereks gewaltsamem Tod weiter entfernt als je zuvor. "Perhaps I should try this too." Scherzhaft deutet sie auf das Spinnrad.

"I can show you."

"Later perhaps, thanks." Zu allem Überfluss war da eine Stimme in ihrem Kopf, die einfach keine Ruhe geben wolle. Sie gehörte Derek und wiederholte gebetsmühlenartig immer und immer wieder dieselben Worte.

Liz Hebblethwaites missbilligender Tonfall erlöste Sarah von ihren trüben Gedanken.

"Oh that girl! Her **obsession** for the dogs has caused enough trouble!"

Emma ließ ihre Wolle sinken. "Are you talking about Julia? What's she done now?"

"She heard a car the night Derek died. Heaven knows why she was awake at that time. Perhaps she wanted to **mess around** with the dogs again." Liz schüttelte ärgerlich den Kopf.

"Did she see anything?", erkundigte sich Emma.

"No, she just heard a **car engine**. It was sometime between two and three o'clock. She's quite sure."

Laut Polizeiarzt war das genau der Zeitraum, in dem Derek an den Folgen des Schlages auf seinen Schädel gestorben war. Wieder fühlte Sarah das nagende Unbehagen, das sich hier zu ihrem ständigen Begleiter entwickelt hatte. Caroline hat-

---

to slip away from sb. [ˌslɪp əˈweɪ frəm] jdm. entgleiten **obsession** [əbˈseʃn] Manie **to mess around** [ˌmes əˈraʊnd] Blödsinn machen **car engine** [ˈkɑː ˈendʒɪn] Automotor

te gesagte, die Farm ihrer Freundin sei nicht besonders weit von Helvellyn entfernt. Also hätte sie leicht unbemerkt in den Land Rover steigen und in der Nacht herüberfahren können, um sich mit Derek auszusprechen. Vielleicht war Derek betrunken gewesen und die Aussprache zwischen den beiden war eskaliert; Caroline fühlte sich verletzt und missverstanden, mit Worten konnte sie nicht zu ihrem Mann vordringen; in ihrer Verzweiflung hatte sie einen nahe stehenden Pokal gegriffen, es kam zu einem Kampf, bei dem die Vitrine zu Bruch ging, und dann … Sarah schauderte. Sie schämte sich, dass sie diese Möglichkeit in Betracht zog.

"Has Julia told the police?" Sarah dachte an all die Informationen, die sie der Polizei vorenthalten hatten.

Übung 30: Setzen Sie die richtige Verbform ein. Benutzen Sie dabei die Zeitformen Simple Present, Present Progressive, Simple Past und Present Perfect.

1. The police *(to look)* _____ for
   Melissa now.

2. Julia *(to hear)* _____ a car engine
   in the middle of the night.

3. The police *(to not charge)* _____
   Thomas with murder yet.

4. Sarah *(to not talk)* _____ to
   Caroline at the moment.

5. Somebody *(to kill)* _____ Derek
   last night.

6. Sarah *(to take)* _____ photographs

for fashion magazines.

"She's afraid to – but she must do so right now. That car –
perhaps it **belongs to** the murderer."

"Maybe they left some **tyre tracks** too."

Liz zuckte die Schultern. "I doubt that. The path is quite
stony."

Wieder diese verdammte, unerklärliche Erleichterung. Keine
Beweise für Caros Schuld. Sie hielt es wirklich nicht für möglich, nein … Aber was war mit der Polizei, wer würde sie von
Carolines Unschuld überzeugen? Das Bekanntwerden von
Melissas wahrer Identität und der verhängnisvollen Affäre
hing wie ein Damoklesschwert über ihrer Schwester. Sarah
wollte die Wahrheit sagen und fühlte sich gleichzeitig wie
eine Verräterin. Caro hatte sie nie gebeten, für sie zu lügen.
Welche Fingerabdrücke würde die Spurensicherung auf der
Mordwaffe finden, welche DNA? Aber war es nicht ohnehin
selbstverständlich, dass Carolines Fingerabdrücke überall sein
würden? Die Stimme in ihrem Kopf wollte keine Ruhe geben.
Mit einem Ruck stand sie auf. "Will you excuse me for a
moment? I have to make some phone calls."

Sie hatte sich die Nummern aller Melissa Goldings in Manchester von der Auskunft nennen lassen. Es gab nur eine.

"The number you **require** is 0161–532989 – would you like
me to **connect** you, Madam?"

---

to belong to sb. [bɪˈlɒŋ tə] jdm. gehören   **tyre track** [ˈtaɪə træk]
Reifenspur   **to require** [rɪˈkwaɪə] wünschen   **to connect** [kəˈnekt]
verbinden

"No thank you – could you give me the number again please?"

"Certainly – one moment please ... 0161–532989."

Sarah lauschte auf die Zahlenfolge, die von einer computergenerierten Stimme angesagt wurde, und wählte dann mit zitternden Fingern.

"The person you are calling cannot come to the phone at the moment. Please leave a message after –"

"Hello?" Eine frische, junge Stimme unterbrach die Ansage vom Band. Sarah brauchte einen Moment, um sich zu fassen. Was hast du denn erwartet, dachte sie spöttisch, eine Stimme aus dem Grab? Wohl eher ein monotones Freizeichen.

Sie räusperte sich verlegen.

"Hello, my name is Sarah. Can I speak to Melissa Golding please?" Der Name "Golding" ging ihr nur widerwillig über die Lippen und sie räusperte sich erneut. "Is this her number?"

"Oh yes, and I'm her **flat mate**. But I am afraid Melissa is not here at the moment. She's on holiday."

"I know", entgegnete Sarah leichthin und versuchte dabei, wie irgendeine gute Bekannte zu klingen. "When will she be back?"

Ihre Strategie ging nicht auf. Aus der Stimme am anderen Ende sprach jetzt eine Spur Misstrauen.

"What is your name?"

"Sarah. Sarah Kersten. I met Melissa while on holiday. When is she planning to be back?"

"I'm expecting her back in a few days. Shall I tell her to call you?"

---

flat mate [ˈflæt meɪt] Mitbewohnerin

Sarah zögerte. Jetzt wäre der Zeitpunkt zu erwähnen, dass Melissa vermisst wurde und einiges dafür sprach, dass sie gar nicht mehr zurückkommen würde. Aber dann hörte sie in ihrem Kopf wieder Dereks Stimme. "She didn't disappear into thin air. There are circumstances that make it really impossible for a dog to find a missing person. Melissa **has** always **been** as **cool as a cucumber**. And she had a strange sense of humour. I'm quite sure she is still alive."

"Well yes, could you tell her that a **mutual** friend has died – rather **unexpectedly**?"

Sie nannte Dereks Namen, diktierte ihre Handynummer. Verrückt dachte sie, hinterließ sie eine Nachricht für eine Tote?

"This is like *Tales from the **Crypt***. Weird." Emma schüttelte den Kopf, als Sarah von ihrem Anruf berichtete. "Is Melissa really still alive? Will she get your message?"

"I don't know. Maybe it is a **mad** idea, but Derek made me think of it", bekannte Sarah. "He talked about her wicked sense of humour. Was he **heartless** or did he just know her better than the rest of us? Did she **pull the wool over** our **eyes**? Is she **alive and kicking**?"

Emma schüttelte den Kopf. "You sound as crazy as Derek. He loved fantasy stories."

---

to be cool as a cucumber [bi: ˌkuːl əz ə ˈkjuːkʌmbə] die Ruhe selbst sein **mutual** [ˈmjuːtʃʊəl] gemeinsam **unexpectedly** [ˌʌnɪkˈspektɪdlɪ] unerwartet **crypt** [krɪpt] Gruft **mad** [mæd] verrückt **heartless** [ˈhɑːtləs] herzlos **to pull the wool over sb.'s eyes** [ˌpʊl ðə ˈwʊl əʊvə / ˈaɪz] jdn. hinters Licht führen **alive and kicking** [əˌlaɪv ən ˈkɪkɪŋ] gesund und munter

Übung 31: Setzen Sie die folgenden Begriffe ein und vervollständigen Sie damit die idiomatischen englischen Redewendungen.

*(alive, molehill, **cucumber**, kicking, air, wool, fiddle)*

1. You look sad. Your face is as long as a _____.

2. Why are you so upset? You are making a mountain out of a _____.

3. Melissa tried to pull the _____ over our eyes.

4. She was as cool as a _____.

5. Melissa vanished into thin _____.

6. Perhaps she is _____ and _____.

Sarah zuckte die Schultern. "You are right. It's **spooky** to leave a message for a dead woman." Sie hatte plötzlich eine Gänsehaut. Trotzdem konnte sie nicht anders, den ganzen restlichen Tag beäugte sie ihr Telefon wie ein seltenes, aber gefährliches Tier, das jederzeit unerwartet zuschnappen konnte. Doch das Tier blieb stumm.

---

cucumber ['kjuːkʌmbə] Gurke **spooky** ['spuːkɪ] gruselig

Fourteen

Es war nicht schwer, den Beruf des Mannes im dezenten, dunklen Anzug zu erraten. Sein Mienenspiel wechselte mit schöner Regelmäßigkeit zwischen professioneller Betroffenheit und einem salbungsvollen Mitgefühl, das bei Sarah Übelkeit hervorrief. Bestatter sind überall gleich, dachte sie, während sie das Gespräch auf der Veranda aus der Entfernung beobachtete. Liz legte tröstend einen Arm um Carolines Schulter. Als der Mann sich endlich verabschiedete, gab Sarah sich einen Ruck und ging hinüber.

"Das war der Bestattungsunternehmer. The funeral director."

Sarah nickte mitfühlend. "War es schlimm? Du siehst völlig erledigt aus."

Caroline starrte von der Veranda hinaus auf die Weiden. "Es wird eine Untersuchung durch einen **Coroner** geben."

"Was heißt das?", erkundigte Sarah sich verwirrt.

"Derek died of unnatural causes. A coroner **will investigate** and there will be an **inquest**", erklärte Liz, die erraten hatte, worum es ging.

"There will be a post mortem." Caros Unterlippe zitterte. "Eine Autopsie."

"Oh." Es war kein schöner Gedanke, und Sarah ahnte, dass jetzt von ihr etwas Tröstliches erwartet wurde. Aber ihr Kopf war völlig leer, ihr fiel nichts ein, das geeignet gewesen wäre, Caros Schmerz zu lindern. Sie hasste sich selbst für ihre Unfähigkeit, mit dieser Situation umzugehen.

---

coroner ['kɒrənə] Gerichtsmediziner **to investigate** [ɪn'vestɪgeɪt] untersuchen **inquest** ['ɪŋkwest] gerichtliche Untersuchung

"We can't **finalize** the date for the **funeral** now. We have to wait for the coroner's report." Carolines Stimme war jetzt kaum noch zu verstehen. "Derek loved this **countryside**. We **will bury** him here and I will make peace with the world."

"I understand that."

"No, you can't really understand. I need that funeral, okay? The sooner, the better."

Sarah war sofort wach, als das Telefon klingelte; sie hatte das Gefühl, nur kurz weggenickt zu sein. Der Wecker zeigte vier Uhr morgens.

"Did you make this story up? This is sick. Is Derek laughing at me? Is he having a joke at my expense?" Die Frau am anderen Ende klang, als habe sie noch schlechter geschlafen als Sarah.

"Melissa – is that you?"

"No, this is Mister Ed, the Talking Horse. Of course it's me." Einen Moment herrschte Schweigen am anderen Ende der Leitung.

"So you saw through my little trick. Clever girl. Or was it Derek? Why doesn't he call me himself? Is he afraid of me?"

"I wasn't lying. I'm so sorry, Melissa. Somebody murdered Derek three days ago."

"Holy shit. Is this some kind of sick joke?"

"I'm afraid it's true. Someone hit him on the head in the middle of the night. They used one of his trophies as a weapon."

---

to finalize sth. [ˈfaɪnəlaɪz] etw. endgültig festlegen **funeral** [ˈfjuːnrəl] Beerdigung **countryside** [ˈkʌntrɪsaɪd] Landschaft **to bury sb.** [ˈberɪ] jdn. beerdigen

"Jesus." Sarah konnte Melissa atmen hören.

"It was in all the local papers. Why didn't you hear about it? Where have you been?"

"On a last minute trip to Spain. I **treated** myself **to** a holiday as a **consolation** because Derek had just **ditched** me." Der forsche Ton, den Melissa anschlug, konnte nicht über das Zittern hinwegtäuschen, das in ihrer Stimme lag.

"But did you get your **revenge** on Derek first?"

"Clever girl", lobte Melissa erneut, doch diesmal klang es nicht echt.

"Derek was **suspicious** from the beginning", erklärte Sarah. "The search dogs found your jacket but couldn't follow your scent. How did you do that?"

Melissa war überraschend bereit, ihr alles zu erklären. Vielleicht saß ihr der Schock über Dereks Tod tiefer in den Knochen, als sie es sich nach außen anmerken ließ.

Übung 32: Setzen Sie die folgenden Verben ein und bilden Sie Sätze und Fragen im Simple Past.

(to bring, to attack, to be, to take, to know, to get, to look, to walk, to imagine, to tell)

"I **1.** _____ the bus to the car park at the village inn. I **2.** _____ a bit and **3.** _____ for a good place to leave the blood-smeared jacket. I **4.** _____ the questions.

---

to treat oneself to sth. ['triːt wʌnˌself tə] sich etw. gönnen **consolation** [ˌkɒnsəˈleɪʃn] Trost **to ditch sb.** [dɪtʃ] jdn. abservieren **revenge** [rɪˈvendʒ] Rache **suspicious** [səˈspɪʃəs] argwöhnisch

Did someone **5.** _____ her? Someone from her past? A former lover, maybe. Someone just like dear old Derek. He **6.** _____ me a lot about dogs a few months ago, so I **7.** _____ I couldn't just walk away from there because the dogs can follow the scent. But no dog can follow a car. I **8.** _____ lucky. I **9.** _____ a lift. A car driver **10.** _____ me back to Legburthwaite and from there I followed the route over Sticks Pass all by myself.

I got to the other side and it started raining. And I was lucky again. Near Glenridding I found a **lorry driver**. He **took pity on** me – I **looked like a drowned rat** – and he **gave** me **a lift** all the way down to Manchester. I was so proud of myself. I booked a last minute trip to Spain for the next day."

"Very clever", bestätigte Sarah. "No one could find you and ask unpleasant questions."

"But you are doing that now."

Nach dem Telefonat mit Melissa ging Sarah ihre Schwester wecken.

---

lorry driver ['lɒrɪ ˌdraɪvə] Lkw-Fahrer **to take pity on sb.**
[ˌteɪk 'pɪtɪ ɒn] mit jdm. Mitleid haben **to look like a drowned rat**
['lʊk laɪk ə ˌdraʊnd 'ræt] aussehen wie aus dem Wasser gezogen
to give sb. a lift [ˌgɪv / ə 'lɪft] jdn. im Auto mitnehmen

"Sie hat ihr Verschwinden in Szene gesetzt, um sich an Derek zu rächen, weil er sie abgewiesen hat? Das ist doch völliger Irrsinn." Caroline schüttelte den Kopf. "Diese Frau gehört in eine Anstalt, wenn du mich fragst."

"Sie schien es für einen wirklich guten Witz zu halten. Aber es wird noch besser. Sie dachte, man würde Derek wegen Mordes verhaften, nachdem die blutbefleckte Jacke aufgetaucht war. Es war sogar ihr eigenes Blut. Sie hat sich in den Handballen geschnitten, um alles so echt wie möglich wirken zu lassen." Caroline hat recht, dachte sie, das hatte schon psychopathische Züge.

"Aber niemand wusste von der Affäre. Wieso glaubte sie, der Verdacht würde auf Derek fallen?"

"Dafür hatte sie gesorgt. Sie hatte zwei Briefe zurückgelassen, die Derek ihr in seiner Naivität zurückgegeben hatte. Einen platzierte sie in ihrem Cottage und einer befand sich in der Tasche ihrer Wetterjacke. Aber diesmal verließ sie ihr Glück, Derek wurde misstrauisch. Er durchsuchte das Cottage und vernichtete alle Dokumente, die auf Melissas wahre Identität oder ihre Beziehung hinweisen konnten."

"Und der zweite Brief?"

"Noch einmal Pech. Erinnerst du dich, dass die Polizei ein völlig verschmiertes Papier in der Jackentasche fand? Der Dauerregen hatte ihn unleserlich gemacht."

"Man sollte eben nicht an der Qualität seiner Wetterbekleidung sparen." Caro quittierte Sarahs erstaunten Blick mit einem trockenen Lachen. "Das hätte Derek gesagt. Glaubst du, sie hat ihn umgebracht, als ihr Plan nicht so funktionierte wie erwartet?"

"Es mag seltsam klingen", sagte Sarah nachdenklich, "aber ich glaube, auf ihre eigene, total verdrehte Art hat sie ihn wirklich geliebt. Sie war bereit, nach dem Unfall auf ihn

445

zu warten; sie dachte, wenn sie ihm nur genug Zeit gäbe, würde er früher oder später zu ihr zurückkommen. Aber irgendeine große Veränderung muss mit Derek nach dem Unfall vor sich gegangen sein."

Caroline nickte. "Als ihm klar wurde, dass er nie wieder auf einem Pferd sitzen würde, hat er rigoros mit seinem alten Leben gebrochen. Er hat sich in diese Biohof-Sache und die Hundezucht hineingekniet wie ein Besessener. Er hat sich verändert. Ich habe ihn manchmal damit aufgezogen, er werde noch ein richtiger Moralapostel, aber eigentlich gefiel er mir, der neue Derek. Ich dachte wirklich, wir hätten es geschafft, aus dem furchtbaren Unfall noch etwas Gutes herauszuholen."

"Das hattet ihr." Und rasch, als hätte sie die Tränen in den Augen ihrer Schwester nicht gesehen, fuhr sie fort: "Melissa war sicher in mordlustiger Stimmung, als sie begriff, dass seine Entscheidung endgültig war. Sie wollte ihn leiden sehen, so wie sie litt."

"Und das Feuer in der Scheune? Hatte sie damit etwas zu tun?"

"Julia hat sie in der Nacht des Feuers auf dem Hof herumschnüffeln sehen", bekannte Sarah zögernd. "Melissa behauptet, sie habe nur versucht, Derek abzufangen, um endlich eine Aussprache zu erzwingen. Aber dabei hat sie eine interessante Beobachtung gemacht." Sie berichtete, was Melissa ihr anvertraut hatte.

Als Sarah im Morgengrauen zurück ins Bett kroch, tat sie es mit der befriedigenden Gewissheit, dass Melissas Falschspiel aufgedeckt war – ob sie auch Dereks Mörderin war, würde die Polizei herausfinden müssen. Mit dem beruhigenden Gefühl, dass ihre Schwester nicht mehr die Hauptverdächtige sein würde, schlief sie bis zum Mittag durch.

Fifteen

"Was ist denn hier los? Wollt ihr einen Trödelmarkt veranstalten?" Verblüfft betrachtete Sarah das kunterbunte Durcheinander, das auf dem Platz hinter den Hundezwingern herrschte.

Kisten und Kästen mit alten Töpfen, uraltem Spielzeug und angeschlagenem Porzellan stapelten sich neben einem Sammelsurium von Tischchen und Stühlen. "What's happening here? A **flea market**?"

"I forgot about the **antiques' dealer**. I called him weeks ago to come here and **pick up** some old stuff and have a look at two or three pieces that are perhaps a bit more **valuable**." Liz Hebblethwaite, angetan mit Schürze, roten Gummistiefeln und Arbeitshandschuhen, die aus ihren Händen wahre Bärenpranken machten, stellte eine alte Zinkwanne direkt vor Sarahs Füße.

"We can all use some **distraction** and some cash." Sie stemmte die Hände in die Hüften. "You did a good job, by the way. The Family Liason Officer has just called – Melissa **turned** herself **in** this morning. She **confessed** the whole thing. That woman is a psychopath."

"Melissa hat sich gestellt?", fragte Sarah ungläubig. Hatte sie nicht genau das gewollt? "Did she confess to Derek's murder?", fragte sie.

"Not yet, but isn't it obvious? She murdered Derek."

---

flea market ['fliː ˌmɑːkɪt] Flohmarkt **antiques' dealer** [ænˈtiːks ˌdiːlə] Antiquitätenhändler **to pick up sth.** [ˌpɪk ˈʌp] etw. abholen **valuable** ['væljʊəbl] wertvoll **distraction** [dɪˈstrækʃn] Ablenkung **to turn oneself in** [ˌtɜːn wʌnself ˈɪn] sich stellen **to confess sth.** [kənˈfes] etw. gestehen

"She had a really good **motive**." Emma beförderte einen Karton mit alten Büchern so nachdrücklich zu den anderen Sachen, dass es staubte.

Übung 33: Bilden Sie Sätze – bringen Sie die Wörter in die richtige Reihenfolge.

1. my you saw So through trick little

   _____.

2. papers all It in was local the

   _____.

3. holiday a as I myself a consolation to treated

   _____.

4. other got I raining and started side the to it

   _____.

5. trip the day booked I to next minute for last a Spain

   _____.

6. you questions No and find ask could unpleasant one

   _____.

Ja, dachte Sarah, Melissa hatte wirklich ein Motiv gehabt. Aber das hatten viele. Allen voran Caro, die eifersüchtig und verletzt im Streit die Farm verlassen hatte. Aber auch Thomas, der noch am Vortag eine handgreifliche Auseinandersetzung mit seinem Bruder gehabt hatte, war zor-

---

motive ['məʊtɪv] Motiv

nig auf Derek gewesen, weil er sich zurückgesetzt fühlte und weil Derek sich geweigert hatte, ihm Geld zu leihen. Sogar Julia, dachte Sarah, während sie die Border Collies beobachtete, die ausgelassen um das Mädchen herumtollten, schien von Dereks Tod zu profitieren. Gestern noch hatte sie befürchten müssen, Job und Unterkunft auf der Farm zu verlieren, jetzt stand ihrer Arbeit mit den Hunden nichts mehr im Wege.

Es waren schon Menschen aus nichtigeren Anlässen umgebracht worden.

"Du scheinst dich nicht darüber zu freuen", bemerkte Caro.

"Ich kann es wohl nur noch nicht richtig glauben, dass dieser Albtraum vorbei sein soll." Sarah ging ihrer Schwester entgegen und nahm ihr einen Stapel alter Blumentöpfe aus der Hand. "Ich habe ihr irgendwie geglaubt, dass sie nichts mit Dereks Tod zu tun hat. Warum ist sie nicht einfach in ihrem Versteck geblieben und hat meinen Anruf ignoriert?"

"Manche Mörder warten nur darauf, dass man sie endlich fasst." Caroline zuckte die Schultern, ihr Gesicht war weiß und angespannt. "Am besten, man versucht gar nicht erst, das zu verstehen."

"Hey, Caro, have you found that little **mahogany table** yet?" Liz winkte zu ihnen herüber.

"No. Can you remember? Where did you put it?", rief Caroline zurück.

"Next to the old sewing machine."

"There's nothing there."

"And what about the **cabinet**?"

"It's not there either."

---

mahogany table [məˈhɒɡənɪ ˌteɪbl] Mahagonitisch **cabinet** [ˈkæbɪnət] Schränkchen

"Everybody seems to be blind today." Kopfschüttelnd verschwand Liz selbst im Halbdunkel des Schuppens.

Caroline blickte ihr nach. "Viel Glück. Der Schuppen ist so gut wie leer, ich wüsste nicht, wo man da noch etwas übersehen sollte."

"Alte Damen haben manchmal ihre eigenen Verstecke." Sarah hakte sich bei ihrer Schwester unter. Kurz darauf tauchte Liz wieder auf, einen ratlosen Ausdruck im Gesicht. Für einen kurzen Moment war es Sarah, als habe sie ein Déjà-vu. Hatte sie diesen Ausdruck nicht schon einmal auf Elizabeth Hebblethwaites Gesicht gesehen? Und hatte Liz nicht erst vor Kurzem etwas Ähnliches gesagt?

"They**'ve disappeared**. That's strange." Liz strich sich nachdenklich über das Haar. "The hut was locked. I'll ask Thomas about it. Maybe he or Derek cleaned up in there."

"How valuable are the pieces of furniture exactly?"

"I don't know for sure. The dealer wanted to look at them today. They are beautiful pieces of **craftsmanship**. The table has some very pretty **marble inlays** and the cabinet is made of **carved walnut**. Maybe they'll sell for about 1000 pounds." Sarah pfiff durch die Zähne. "That's a lot of money." An Caroline gewandt, fuhr sie fort: "Glaubst du, Derek könnte die Möbel an einen sichereren Platz gebracht haben?"

"Das würde mich wundern. Derek hat sich nie um den Schuppen hier gekümmert, und Thomas würde sich für Möbel vermutlich nur interessieren, wenn für ihn gehörig etwas dabei rausspränge."

Sarah spitzte nachdenklich die Lippen. "Denkst du, er

---

to disappear [dɪsə'pɪə] verschwinden **craftsmanship** ['krɑːftsmənʃɪp] Handwerkskunst **marble** ['mɑːbl] Marmor **inlay** ['ɪnleɪ] Einlegearbeit **carved** [kɑːvd] geschnitzt **walnut** ['wɔːlnʌt] Walnussholz

würde so weit gehen, Liz' Sachen zu verkaufen, um an Geld zu kommen?"

"Vielleicht. Er ist Alkoholiker, vergiss das nicht. Süchtige tun oft Dinge, die sie normalerweise verabscheuen würden."

Übung 34: "Much" oder "many"? Vervollständigen Sie die folgenden Fragen.

1. How _____ does a farm cost?

2. How _____ people live on the farm?

3. How _____ pieces of furniture are missing?

4. How _____ furniture is missing?

5. How _____ cars did Julia hear?

6. How _____ traffic is there usually on that road?

7. How _____ information do the police have about the murder?

"What about the key?" Sarah sprach jetzt wieder so laut, dass auch Liz und Emma sie hörten.

"It's in the kitchen. Everybody on the farm knows that."

"It's quite a coincidence. This hut is next to the kennels."

"Is there a **connection**? Does this coincidence have something to do with Derek's murder?" Sarah sah am unglücklichen Gesicht ihrer Schwester, dass Caroline sich diesen Gedanken nicht gestatten wollte.

"Julia heard a car that night. Did anyone steal the furniture? Did Derek see the **thief**?"

---

connection [kə'nekʃn] Verbindung **thief** [θiːf] Dieb

"Did a tramp steal the furniture and **accidentally** kill Derek?", fragte Emma. Ihre Stimme klang, als würde sie jeden Moment in Tränen ausbrechen.

"Well, Melissa saw a stranger on the farm on the night of the fire." Weder Liz noch Caroline schienen sonderlich überrascht angesichts dieser Neuigkeit.

"Maybe Derek or Thomas put the furniture away somewhere", sagte Emma unsicher.

"Liz hat recht: Niemand außer der Familie wusste, dass unter dem alten Plunder wirklich etwas von Wert ist", wandte Caroline ein.

"Ach, komm. Wenn jemand aus der Familie das Geld gebraucht hätte, hätte er nur Liz darum bitten müssen."

"So wie Thomas Derek um Geld gebeten hat? Er hätte ihn fast sofort wieder hinausgeworfen, das hast du mir selbst erzählt", erinnerte Sarah.

"Das passt doch alles nicht zusammen. Erst sagst du, dass ein Fremder hier herumstreunt, und dann behauptest du, jemand aus der Familie habe Derek umgebracht."

"Ich werde auch noch nicht schlau daraus", gab Sarah zu, "aber ich werde es schon noch herausfinden. I think", wandte sie sich wieder an Emma und Liz, "we should tell the police about the missing furniture."

"Don't be ridiculous, Sarah." Liz' Augen erinnerten jetzt nicht mehr an Porzellanblümchen, sondern an Stahl. "We don't want to bother the police just because I'm getting forgetful in my old age! Maybe I didn't bring the furniture down at all. Maybe it's still in the attic."

---

accidentally [ˌæksɪ'dentlɪ] aus Versehen

Sixteen

"Sieh dir bloß dieses Foto an. Julia hat es bei der Schafschur von mir gemacht. Ich weiß gar nicht, wer unglücklicher aussieht, das Schaf oder ich." Sarah rückte ihren Laptop zurecht. "Weißt du noch, wie ich früher mit Papa die entwickelten Abzüge auf der Wäscheleine getrocknet habe?", fuhr sie mit gespielter Heiterkeit fort.

"Den Geruch nach Chemikalien werde ich nie vergessen." Caroline hatte ihre Strickjacke eng um den Körper gewickelt, als friere sie. Ihr Gesicht war angespannt.

"Das sind die Bilder, die ich auf der Zugfahrt gemacht habe. Der Bahnhof von Windermere."

"Ist das nicht Emma da vorne?" Caroline beugte sich vor und zum ersten Mal sah Sarah einen Funken von Interesse in ihren Augen. "Ich wusste gar nicht, dass sie dich abgeholt hat."

"Hat sie auch nicht." Sarah lächelte. "Ulkig, dass du das sagst; ich habe auch kurz gedacht, das wäre Emma, als ich die Bilder vor drei oder vier Tagen zum ersten Mal gesehen habe. Aber das kann nicht sein, die Fotos habe ich auf der Zugfahrt gemacht. In – wie heißt noch mal dieser niedliche kleine Bahnhof vor Windermere?"

"Kendal?"

"Ja. Ich habe die Leute auf dem Bahnsteig fotografiert, da war ein streitendes junges Paar." Sarah betrachtete das Bild genauer. Normalerweise hatte sie ein gutes Gespür für Gesichter, das gehörte zum Beruf. "Hm – ich dachte schon, die Ähnlichkeit mit Emma würde nur in meiner überreizten Fantasie existieren."

"Nein, Sarah, ich meine nicht, sie sieht aus wie Emma, das ist Emma. Ich kenne diesen Pullover."

"Ernsthaft?" Sarah runzelte die Stirn. "Das ist ja ein Zufall.

Ich dachte, ihr wärt an dem Tag alle unabkömmlich gewesen wegen des Feuers. Hat Emma vielleicht Besuch zum Bahnhof gebracht?"

"Wir hatten keinen Besuch. Aber andererseits hätte in der Aufregung sicher niemand ihre Abwesenheit bemerkt. Das ist wirklich komisch."

"Vielleicht dachte sie, ich komme in Kendal an", schlug Sarah vor, doch ihre Schwester schüttelte den Kopf.

"Ich bin mir sicher, dass ich nur mit Liz darüber gesprochen habe, wann und wo du ankommst. Sie hatte vermutlich nicht die geringste Ahnung, dass du in diesem Zug sitzt."

"Dann liegt die Antwort wohl bei ihrem mysteriösen Begleiter."

"Du meinst, sie hat einen heimlichen Liebhaber?"

Sarah hätte fast über Carolines fassungsloses Gesicht gelacht. "Eigentlich meinte ich etwas anderes."

"Wieso, traust du ihr das nicht zu? Ich meine, ein fremder junger Mann, den sie vor uns allen verschweigt, wonach sieht das für dich aus? Thomas behandelt sie schlecht. Vielleicht ist sie endlich zu dem Schluss gekommen, dass sie sich das nicht länger bieten lassen will."

"Schau dir mal sein Gesicht an."

Caro zuckte die Achseln. "Er ist ein bisschen jung für sie."

"Das meine ich nicht. Sieh dir die Gesichtsform an. Dieselben Wangenknochen, dasselbe Kinn. Da ist eindeutig eine Familienähnlichkeit. Vielleicht Emmas Bruder?" Sarah betrachtete das Bild eingehender. Die Haare waren dunkler und lockiger als die von Emma, was das Gesicht des jungen Mannes weniger farblos wirken ließ. Trotzdem war die Ähnlichkeit da.

"Könnte das nicht Zufall sein?", fragte Caroline zögernd.

"Ich glaube nicht, dass Emma noch lebende Verwandte hat. Sie redet so gut wie nie über ihre Familie; ich glaube, ihre Kindheit war kein Zuckerschlecken."

"Sie hat sich für sie geschämt", sagte Sarah leise. Das Gespräch auf dem Weg zur Weide fiel ihr wieder ein. "Sie hat es mir erzählt, aber ich hatte keine Ahnung, dass es von Bedeutung sein könnte. Sie hat mich gefragt, ob ich von meiner Familie enttäuscht sei, und darauf gedrängt, dass ich dich nicht im Stich lassen dürfe."

Caro schüttelte zweifelnd den Kopf. "Du denkst, sie hatte Besuch von ihrem Bruder und hat hier niemandem etwas davon gesagt? Das ist wirklich seltsam."

"Vielleicht war das der Grund für den Streit auf dem Bahnhof", mutmaßte Sarah und betrachtete das Foto mit zusammengekniffenen Augen. Der Mann trug speckige Jeans und eine abgewetzte Lederjacke. "Er sieht nicht gerade wohlhabend aus, eher ein bisschen abgerissen."

Caro schüttelte ungläubig den Kopf. "Sarah, lass uns mit Emma reden, wenn sie zurück ist."

"Wo ist sie hin?", wollte Sarah wissen.

"Nach Keswick, Futtermittel kaufen. Sie müsste jeden Moment wiederkommen."

Übung 35: Adjektiv oder Adverb? Unterstreichen Sie die richtige Form.

1. They ran *(quick/quickly)* to the barn.
2. Melissa disappeared *(mysterious/mysteriously)*.
3. The Lake District has always been very *(popular/popularly)* with tourists.
4. Thomas seems quite *(aggressive/aggressively)*.
5. Sarah ate the coddled eggs *(hungry/hungrily)*.
6. Julia looks after the dogs *(good/well)*.

Sie tranken Kaffee in der Küche, als Julia hereinstürzte. "Caroline, are you in there?"

Erhitzt vom Laufen, rang Julia heftig nach Atem. "Come quickly or he'll hurt her!", stieß sie hervor.

"Who?"

"Thomas! He**'s hitting** Emma. You've got to help! I called for Liz but I can't find her."

Caro warf Sarah einen raschen Blick zu. "Emma is back? Where are they?"

"In the barn! Come on!"

Emmas hysterische Schreie waren über den ganzen Hof zu hören. Entsetzt starrte Sarah auf das Bild, das sich ihnen in der Scheune bot.

Emma kauerte mit wirrem Haar neben der Leiter, die hinauf zum Heuboden führte. Ihr linkes Auge war völlig zugeschwollen, ansonsten schien sie jedoch unverletzt. Sie schrie offenbar aus Sorge um einen jungen Mann, den Thomas unerbittlich festhielt. Er war größer als Thomas, aber wesentlich schmächtiger.

"Hey", protestierte der Mann, "you've got the wrong idea!"

"I'll teach you – sleeping with my wife", keuchte Thomas. Sein Gesicht war rot angelaufen bis hinauf zu dem schütteren Haaransatz.

"Thomas, what are you talking about? It's not true! Let him go!", schrie Emma.

"You keep out of this", fuhr Thomas sie an, "we'll talk later. You've made a fool of me for long enough." Für einen Moment war seine Aufmerksamkeit abgelenkt, und diesen Augenblick nutzte sein Gegner, um einen Arm freizubekommen und Thomas mit aller Kraft seinen Ellenbogen in

---

to hit (hit, hit) sb. [hɪt / hɪt / hɪt] jdn. schlagen

456

den Magen zu rammen. Thomas krümmte sich zusammen und der andere kam frei. Er taumelte zurück und holte seinerseits zum Schlag aus. Obwohl er jünger als Thomas war, schien dieser ihm bereits heftig zugesetzt zu haben, denn er bewegte sich unsicher.

"Wir müssen sie auseinanderbringen", zischte Sarah.

Caroline griff nach einer Mistforke, die im Heu lag. Sarah hatte ihre Schwester während ihres ganzen Aufenthalts hier nicht so entschlossen gesehen. "That's enough! Stop it! Otherwise I'll use this **pitchfork**." Die Spitzen der Forke richteten sich bedrohlich erst auf den Fremden, dann auf Thomas.

"You'd better tell him!" Der Jüngere ließ mit einem spöttischen Lachen die Fäuste sinken. "He **stormed in** like a **lunatic** and started **beating** me **up**."

"You dirty bastard!" Thomas machte erneut einen drohenden Schritt vorwärts, doch Caroline stieß ihm die Forke entgegen und er blieb stehen.

"What's going on here?" Liz' Stimme ließ alle Anwesenden herumfahren.

"We don't know yet, but I hope Thomas, Emma and this gentleman here will tell us."

Liz trat auf Emma zu, die sich langsam wieder aufrappelte. "Are you all right, love? Are you hurt?"

"Oh, that's so typical", höhnte Thomas, "how can you be sorry for that **whore**?"

"Thomas!" Liz' Stimme hatte einen scharfen Klang.

"Poor little Emma has a secret lover. How romantic!"

---

pitchfork ['pɪtʃfɔːk] Mistgabel **to storm in** [ˌstɔːm 'ɪn] hereinstürmen **lunatic** ['luːnətɪk] Irrer **to beat (beat, beaten) sb. up** [ˌbiːt / ˌbiːt / ˌbiːtn / 'ʌp] jdn. verprügeln **whore** [hɔː] Hure

Jetzt, da Emmas Mann ihn nicht mehr festhielt, schien Thomas' Gegner die Situation durchaus amüsant zu finden. Emmas Wangen glühten vor Verlegenheit.

"Thomas, you don't know ..."

"I know my 'respectable' wife met here secretly with this **scumbag**. Isn't that enough? Or do you have a better explanation?"

Sarah sah das Bild des streitenden Paars auf dem Bahnhof vor sich. Der Mann auf dem Bild trug eindeutig die Züge von Thomas' Kontrahent. "He's not her lover. He's Emma's brother."

Thomas blickte Emma entgeistert an.

"How do you ...? I mean – nobody knows", stammelte Emma verwirrt.

"Sarah is right. He's her brother Mark", sagte Liz.

Übung 36: Stimmen die folgenden Aussagen? Kreuzen Sie die zutreffenden Sätze an.

1. ☐ Melissa Stavely has confessed to the murder.
2. ☐ Thomas has often hit Emma.
3. ☐ Thomas thinks the stranger is Emma's lover.
4. ☐ Sarah didn't **recognize** the stranger.
5. ☐ Caroline is holding a pitchfork.
6. ☐ The stranger is older than Thomas.

"You have a brother?", unterbrach Thomas. "But your parents and brother died in a car accident."

"Actually, only my mother died. But I don't understand. How did you find out, Liz?"

---

scumbag ['skʌmbæg] Mistkerl **to recognize sb.** ['rekəgnaɪz] jdn. erkennen

"I found out by chance. One day not so long ago the police came by. They were looking for a man called Mark. Your long lost brother. He was in ...", die alte Frau räusperte sich, "... a spot of bother. Perhaps he was here – that's what the police thought. Perhaps he was looking for help here because his sister was living here. But I couldn't help them."

"You knew all along and you didn't tell me about it?", sagte Emma tonlos.

"You surely had good reason not to talk about him and I respected your decision."

"Wait, what 'spot of bother'?" Ein alarmierter Ton schwang in Carolines Stimme.

"He is always in trouble", sagte Emma resigniert.

"What kind of trouble exactly?"

"He has been to ... prison." Wieder war es Liz, die die Antwort gab.

"You've invited a **convicted criminal** to the farm, Emma? Are you **insane**? What **crime** did he **commit,** by the way? And how long has he been here?" Carolines anfangs gefährlich ruhige Stimme hatte sich langsam immer höher geschraubt.

"But I didn't invite him! He showed up here two days before your sister arrived. I didn't know what to do. I let him stay in the barn. And then look what happened!" Emma starrte Caroline an. "Wait, what are you doing?"

Caroline hatte ihr Handy herausgeholt und begann zu wählen. "What do you think? Calling the police. Perhaps

---

convicted [kən'vɪktɪd] verurteilt **criminal** ['krɪmɪnl] Krimineller
insane [ɪn'seɪn] verrückt **to commit a crime** [kə,mɪt ə 'kraɪm] ein
Verbrechen begehen

I was wrong about Melissa. Perhaps your brother killed Derek!"

"No, wait!

"What are you talking about, I didn't touch anybody!" Die amüsierte Selbstgefälligkeit, mit der Emmas Bruder die Auseinandersetzung verfolgt hatte, war mit einem Schlag verschwunden.

"My husband found you sleeping in the hay loft and you killed him!", sagte Caroline kalt und hielt das Telefon an ihr Ohr gepresst.

"But we found Derek in the trophy room, not in the hay loft", erinnerte Sarah.

"I don't even know any Derek." Marks Blick huschte unsicher zwischen den Familienmitgliedern hin und her.

"You're not fooling me." Caroline klang kühl. "Emma just admitted it."

"No, I didn't!" Emmas Augen waren weit vor Entsetzen.

"Come on. You said: 'And then look what happened!' You were talking about Derek's murder."

"No! Mark was not even here then. I sent him back to London the day after ..." Emmas Stimme erstarb.

"The day after the barn burnt down", beendete Sarah den Satz. "You were not talking about Derek's murder. You were talking about the fire in the barn, right?"

Melissa hatte in der Nacht des Brandes nach Derek gesucht, um eine Aussprache zu erzwingen. Die Beschreibung des Fremden, den sie dabei auf dem Hof gesehen hatte, passte auf Mark.

"It was an accident!", verteidigte sich Emmas Bruder unsicher. "I fell asleep and the **bloody** hay caught fire. I barely

---

bloody ['blʌdɪ] verdammt

got out alive myself. It was just some hay and an old barn. Nobody got hurt! But my big sis panicked as usual. She wanted to get rid of me and packed me straight off to London."

"She drove you to the train station in Kendal, right? You were unlucky. My train from Manchester stopped there, too, and I took some photos of the people on the platform. I showed Caro the photos and she recognized Emma at once."

"So you burnt down our barn and ran away afterwards." Liz musterte Mark mit zusammengezogenen Augenbrauen wie einen Schuljungen, den sie bei einer Missetat erwischt hatte. Emmas Bruder wich ihrem Blick aus.

"It's not my fault." Mit einer fahrigen Bewegung strich er sich immer wieder die Haare aus dem Gesicht. Sarah fiel auf, wie unsicher seine Bewegungen wirkten. Auch Caroline schien das zu bemerken. "Was ist mit ihm los?"

"Ich glaube, er hat Entzugserscheinungen. Vielleicht ist er süchtig und brauchte Geld für neuen Stoff", sagte Sarah.

"You are a **drug addict**. You didn't notice the fire in time because you had taken drugs."

"What?" Mark warf erst seiner Schwester, dann Sarah einen anklagenden Blick zu. "I don't have to say anything."

"Answer her. She'll find out anyway." Liz' Stimme klang hart.

"I'm trying to get clean, really. It's hard. I never had a chance. Just ask my sister. No, it's not my fault. You remember, Emma, don't you?"

"You make sure I never forget." Emmas Gesicht hatte einen gequälten Ausdruck angenommen.

---

drug addict [ˈdrʌg ˌædɪkt] Drogenabhängiger

"You left me, just like everybody else."

"Our mother died in an accident and I was little more than a kid myself."

"You **walked out on** me, just like the others. Just like Ma and Dad. You aren't any better."

"I couldn't **raise a child** on my own. I was so young!" Tränen begannen Emma über das Gesicht zu strömen.

"So you left me with him. You went to your fine **foster family**."

"He was our father, I couldn't do anything!" Emma hatte die Hände vors Gesicht geschlagen und ihre Stimme klang dumpf hervor. "I **prayed**. I wanted him to die. I wanted to be with you. I was so ashamed."

Übung 37: Setzen Sie das passende Akkusativpronomen ein, wie im Beispiel vorgegeben.

1. He should die. I wanted ____*him*____ to die.

2. They should leave. I wanted _____ to leave.

3. We should pay. They wanted _____ to pay.

4. I should stop. You wanted _____ to stop.

5. She should give me some money. I wanted _____ to give me some money.

6. You should stop hitting me. I wanted _____ to stop hitting me.

---

to walk out on sb. [ˌwɔːk ˈaʊt ɒn] jdn. sitzenlassen **to raise a child** [ˌreɪz ə ˈtʃaɪld] ein Kind großziehen **foster family** [ˈfɒstə ˌfæmlɪ] Pflegefamilie **to pray** [preɪ] beten

Was, dachte Sarah, konnte ein Vater seinen Kindern antun, dass sie auf seinen Tod hofften? Welche Abgründe
mochten sich hinter der von Emma über Jahre mühsam
aufrechterhaltenen Fassade der angeblich verstorbenen
Familie verbergen? Vornehme Zurückhaltung, hatte die
Devise ihrer Eltern immer gelautet; man schnüffelte nicht
in anderer Leute Privatleben, dann erfuhr man auch nichts
über die Abgründe, die sich hinter manchem schönen
Schein verbargen. Sie hatte in den wenigen Tagen auf Caros
Farm geglaubt, ihre Bewohner mit ihren Schwächen und
Stärken einigermaßen kennengelernt zu haben. Jetzt stellte
sich heraus, dass sie nur wusste, was sie hatte wissen sollen.

"Dad treated you badly, but he was our father." Emma warf
Liz einen Hilfe suchenden Blick zu.

"What was he like?"

"Our father? He was a terrible man. He hurt my mother
and me. Then he left us and we were so happy", erklärte
Emma unter Schluchzen. "But our mother died in a car
crash and he came back and got **custody** for Mark. But I
went to a foster family."

"He **abused** me."

Emma presste die Hände auf die Ohren. "Please! I did what
I could."

"I came to you for help. You sent me away. Back home."

"Ich höre mir diesen Unsinn nicht mehr länger an. Es wäre
doch ein Leichtes für ihn gewesen, unbemerkt zurück-
zukommen." Ein entschlossener Ton lag in Carolines
Stimme; es war offensichtlich, dass sie glaubte, Dereks
Mörder vor sich zu haben. "Das ist ja eine herzzerreißende
Familiengeschichte, aber er ist ein drogensüchtiger Gelegen-

---

custody ['kʌstədɪ] Sorgerecht **to abuse sb.** [ə'bjuːz] jdn. misshandeln heitsdieb – vermutlich ist er ohne Emmas Wissen heimlich zurückgekommen, um sich selbst zu beschaffen, was Emma ihm nicht geben wollte. Derek hat ihn überrascht, da hat er zugeschlagen. Sarah, ich rufe jetzt die Polizei." Wieder zog sie ihr Telefon aus der Tasche.

Übung 38: Wer hat die folgenden Sätze gesagt? Notieren Sie den Namen der jeweiligen Person.

1. "It looks so easy."

   _____

2. "My husband's the prime suspect in a murder case."

   _____

3. "Her obsession for the dogs has caused enough trouble!"

   _____

4. "I am afraid Melissa is not here at the moment."

   _____

5. "Melissa has always been as cool as a cucumber."

   _____

6. "Derek died of unnatural causes."

   _____

7. "This is Mister Ed, the Talking Horse."

   _____

"Warte." Sarah legte ihrer Schwester die Hand auf den Arm. Sie blickte von Thomas zu Emma, dann wandte sie sich an Mark. "You finally got some help from your sister."

"Oh, she wasn't very **keen** at first, but in the end she came up with some cash."

"My wife gave you money?", mischte sich Thomas ein. "How much?"

"Hey, calm down, **mate**. Just a few hundred."

"So you came back again because you wanted more?"

"She owed me this money." Emmas Bruder blickte Sarah trotzig an. "She promised me more money, so now I have come back to get it."

"You lying bastard." Thomas machte Anstalten, sich wieder auf Mark zu stürzen. "My wife has no money of her own. Caroline is quite right. You have been here the whole time. You killed my brother."

Emma war totenblass geworden.

"Hey, she's scared of you. But she doesn't have to ask you for money."

"What does that mean?" Thomas' Stimme überschlug sich, und hätte Liz' Hand sich nicht fest um sein Handgelenk geschlossen, vermutlich hätte er sich wieder auf den anderen gestürzt.

"No, Thomas!", rief Emma verzweifelt. "He hasn't been here the whole time. I took him to the train station myself. He didn't kill Derek. Please, believe me."

"Yeah, listen to her. I didn't kill anybody."

Emma nickte. Mit allen Mitteln versuchte sie, diesen Bruder zu verteidigen, der sie so offensichtlich ausnutzte und sich ihre Schuldgefühle zunutze machte. Ein gewalttätiger Alkoholiker als Ehemann und ein solcher Bruder – Sarah war

---

keen [kiːn] erpicht darauf **mate** [meɪt] Kumpel

sich ziemlich sicher, dass das für sie der Moment gewesen wäre, die Reißleine zu ziehen. Doch wenn sie Emmas Gesicht betrachtete, wusste sie, dass Emma das nicht konnte. Sie würde nicht loslassen, selbst wenn es sie zugrunde richtete. Ein dumpfer Schmerz begann sich in Sarahs Kopf auszubreiten. Sie hörte ihre eigene Stimme kaum, als sie sich wieder an Mark wandte.

"Your sister had no money. But did you give her a few useful tips?"

Ein lässiges Schulterzucken. "On a farm like this there are usually valuable things in hidden places. Nobody will miss them. **Old biddies** often own real treasures." Er warf einen abschätzigen Blick auf Liz, als wolle er taxieren, welche verborgenen Schätze sie in ihrem Leben angesammelt haben mochte. "I just gave her a name."

"The name of a **fence**."

"What do you mean? No, of course not. Just an old friend. You can give him a call."

"And then Emma came up with a few hundred pounds", sagte Sarah. Sie wandte sich an Caroline. "Genau der Betrag, den man bei so einem zweifelhaften Händler für ein altes Medaillon erzielen könnte. In Wahrheit war es vermutlich ein Vielfaches wert."

"Tante Sues Medaillon! Du glaubst doch nicht, dass Emma ...?"

Sarah konnte im Gesicht ihrer Schwester lesen wie in einem offenen Buch. Überraschung, Bestürzung und Enttäuschung standen darin, doch was sie nicht fand, war Zweifel. In diesem Augenblick wusste sie, dass ihre schlimmsten Befürchtungen sich bewahrheiten würden.

---

old biddy [ˌəʊld ˈbɪdɪ] alte Schachtel **fence** [fens] Hehler

Übung 39: Vervollständigen Sie die folgenden Sätze, indem Sie die angegebenen Wörter einsetzen.

(*stake, lose, wrong, scared, Sorry, nothing*)

Emma blickte erst zu Sarah, dann zu Caroline. "**1.** _____,

what are you talking about? What's **2.** _____?"

Sarah versuchte, ruhig zu bleiben. "Why did your brother

go back to London, Emma?"

"I've already told you. He got **3.** _____ after the fire."

"But he had **4.** _____ to **5.** _____. Your whole life

was at **6.** _____.

Your future was on Helvellyn farm. You had that splendid idea for the wool shop. But you had let your brother sleep in the barn and he had started the fire." Sarah wartete keine Antwort ab. "He was blackmailing you. He needed drugs and money."

"All right. I gave him some money. I sold an old **necklace** of my mother's." Emmas Blick war jetzt trotzig.

War das möglich? Vielleicht hatte sie wirklich ein paar Erinnerungstücke von ihrer Mutter geerbt. Doch falls dem so war, würden die nicht längst verkauft oder versetzt sein, um die eigene Farm zu retten, die Thomas in den Ruin getrieben hatte? Sarah schüttelte den Kopf. "I don't believe you. Come on! The police will find the fence sooner or later."

"Was it my locket, Emma?" Liz gelang es, keine Anschul-

---

necklace ['nekləs] Halskette

digung in ihre Stimme zu legen, nur Sorge um ein ver-
lorenes Kind. Auf Emma hatte das mehr Wirkung als alle
Vorwürfe der Welt.

"I'm so sorry, Liz. I was desperate. Mark is right, I owed
him something. Maybe he just wanted to use me. You
are probably right. But he is family and I couldn't let him
down. He's my brother and that's all that counts."

Wo wurde Selbstlosigkeit zu Selbstzerstörung? Wie, dachte Sarah, würde sie handeln, wenn es um Caroline ging?
Würde sie nicht alles für sie tun? Aber war ihr Verhältnis
zu Caro überhaupt dem zwischen Emma und ihrem Bruder
vergleichbar? Immerhin hatten sie ein Verhältnis, während
Emma für Mark eine Fremde war. Emma war nicht dumm.
Sie mochte naiv sein, aber niemand konnte Sarah erzählen,
dass es nicht einen Punkt gegeben hatte, an dem sie bemerkt
hatte, welches Spiel ihr Bruder spielte.

"But you couldn't **introduce** him to the rest of the family.
Not after the barn burnt down. Derek was already angry
with Thomas. And you wanted to stay here on the farm.
So you lied for your brother. Will he do the same for you,
Emma? Will he lie about murder for you?"

"Why are you always talking about murder? You can't **put
the blame on** me. I was only interested in my money."

Der Blick, den Mark seiner Schwester zuwarf, zeugte von
allem anderen als brüderlicher Zuneigung. Konnte Emma
tatsächlich so blind gewesen sein?

"Well, maybe you made her kill him."

"Emma didn't kill anyone. Don't be ridiculous." Mark
begann zu lachen. "Emma just sold some old furniture.

---

to introduce sb. [ˌɪntrəˈdjuːs] jdn. vorstellen **to put the blame on sb.**
[ˈpʊt ðə ˌbleɪm ɒn ˈmiː] jdm. die Schuld geben

She drove it away by car in the middle of the night, that's all."

Als sie Mark lachen hörte, rutschten all die ungeklärten Fragen in Sarahs Kopf wie Puzzleteile an den richtigen Platz. Das Auto, das Julia in der Mordnacht gehört hatte. Die Antiquitäten, die niemand zwischen all dem Trödel vermutet hätte. Der Schlüssel, den niemand außer einem Familienmitglied genommen haben konnte. Die Tatsache, dass die Hunde in der Mordnacht nicht gebellt hatten. Und immer wieder Emma, die auf eine Zukunft auf der Farm hoffte.

Mark war wieder ernst geworden. "It was no big deal. My sister was making a mountain out of a molehill ..."

Vielleicht war es diese letzte, unvollendete Bemerkung, die in Emma alle Dämme brechen ließ. Sie griff nach der Mistgabel, die Caroline an die Wand gelehnt hatte, und stürzte sich auf ihren Bruder. "You bastard! I lied for you, I stole for you and I even killed for you. I killed a man, a man who was family too!"

Mark stieß einen gellenden Schrei aus, drehte sich um und wollte davonlaufen. Dann war überall Blut. Die Forke ragte aus seinem Rücken.

Seventeen

"Wird er durchkommen?"

Caroline ließ langsam den Hörer sinken. "Ja, er wird überleben. Die Mistgabel hat seine Wirbelsäule verletzt. Er wird vielleicht nicht mehr laufen können, aber er wird es schaffen. Hältst du mich für eine Barbarin, weil ich wünschte, er wäre tot?"

Sarah schüttelte stumm den Kopf. "Wäre er nicht gewesen, würde Derek noch leben. Egal, was Emma getan hat, für mich wird immer ihr Bruder der wirklich Schuldige bleiben. Emma ist nicht so stark, wie sie wirken mag. Man kann einen Schafstall ausmisten und Trecker fahren und trotzdem eine verletzliche Seele haben. Der Mistkerl hat sie so lange unter Druck gesetzt, bis sie nicht mehr wusste, was sie tun sollte. Er hat aus ihr eine Diebin und Mörderin gemacht. Ich hoffe, er verrottet im Gefängnis für alles, was er getan hat."

Das wirklich Tragische, dachte Sarah, war die Verkettung von Zufällen, die zu Dereks Tod geführt hatte. Hätte der Schuppen mit den Möbeln nicht direkt neben dem Trophäenraum gelegen und hätte Derek sich nicht aufgrund des vorausgegangenen Ehekrachs entschlossen, dort zu übernachten, hätte er Emma nicht beim Diebstahl der Möbel überrascht.

Caroline schien denselben Gedanken zu haben. "Ich wünschte, sie hätte die Möbel unbemerkt genommen und verkauft", sagte sie dumpf. "Was some old furniture really worth a human life?"

"Of course not, but what did Derek say to her? Did he **provoke** her? He was **probably** not very understanding. He

---

to provoke sb. [prəˈvəʊk] jdn. provozieren **probably** [ˈprɒbəblɪ] vermutlich

was not very good with things like that", sagte Liz, die leise hinzugetreten war.

Eine scharfe Falte, die Sarah noch nie zuvor aufgefallen war, hatte sich in Carolines Mundwinkel gegraben. "Did he threaten to send her and Thomas away? Did he **shatter** all her hopes? Did he even make fun of her perhaps?"

Übung 40: Übersetzen Sie die folgenden Begriffe aus der Geschichte ins Deutsche.

1. pitchfork   _____

2. lunatic   _____

3. whore   _____

4. criminal   _____

5. drug addict   _____

6. necklace   _____

7. fence   _____

8. foster family   _____

"Emma was desperate. She hit him with his own trophy. She wanted to save her dream." Liz' Gesicht war nicht wütend, nur traurig. Sie hatte nicht nur einen Enkel verloren, sondern auch eine Enkelin. "Do you hate her?" Die Frage richtete sich gleichermaßen an beide anderen Frauen. Caroline war die Erste, die sich zu einer Antwort entschloss. "I can't feel anything right now. At least the **funeral director**

---

to shatter sth. ['ʃætə] etw. zunichte machen **funeral director** ['fju:nərəl dəˌrektə] Bestattungsunternehmer

called. The police have arrested the **culprit** and now we can arrange everything for the funeral. I hope we can find some peace then."

Sarah fiel keine Antwort ein, aber ihre Hand stahl sich vorsichtig in die ihrer Schwester, so wie sie es als kleine Mädchen immer getan hatten, wenn es galt, irgendwelchen Widrigkeiten zu trotzen. Bildete sie es sich ein, oder klang Carolines Stimme etwas fester, als sie weitersprach?

"I've decided to keep the farm. Julia and Liz will help me. Julia has started to work with the dogs in her spare time and she's doing surprisingly well." Energisch schob sie das Kinn vor. "Maybe Thomas will stay too. I have set out my conditions. He has to stop drinking. I don't want any addicts on my farm." Sie warf Liz einen fragenden Blick zu.

"I hope he can stop drinking. I don't know. Emma will be away for a very long time. It's hard. The family has fallen apart."

Übung 41: Vervollständigen Sie die Begriffe aus dem "Murder in the Night"-ABC. Die Zahl der Buchstaben ist vorgegeben.

1. V stands for _ _ _ _ _ _ _ _ _ _ – these tourists visited the Lake District with framed mirrors.

2. W stands for Lake _ _ _ _ _ _ _ _ _ _ – the most famous lake in the Lake District.

3. X stands for _ x _ _ _ _ _ _ _ _ _ – only walkers like

---

culprit [ˈkʌlprɪt] Täter

472

this should take the dangerous route to the summit of Helvellyn.

4. Y stands for _ _ _ _ _ _ – you can see these sailing on the lakes.

5. Z stands for _ – _ _ _ _ – the police drive these.

"Shall I stay for a while?" Sarah versuchte, ihre Stimme beiläufig klingen zu lassen.
"Here on Helvellyn? But what about Germany?"
"I still have to complete a book, remember?" Sarah lächelte. Deutschland erschien ihr im Moment sehr weit weg. "I'm a **freelancer**, so it doesn't really matter. I can stay and work from here for a while. I can finish my book and perhaps learn how to shear a sheep at last."
Caroline antwortete nicht sofort, aber ein zaghaftes Lächeln hatte sich in ihre Mundwinkel gestohlen. Das erste seit Tagen.

---

freelancer [ˈfriːlɑːnsə] Freiberuflerin

Lösungen

Übung 1
1. false, 2. true, 3. true, 4. false, 5. false, 6. true

Übung 2
1. short, 2. advice, 3. directions to, 4. flew, 5. good luck, 6. grandmother

Übung 3
1e, 2d, 3a, 4b, 5c, 6f

Übung 4
1. in, 2. about, 3. around, 4. in, 5. at, 6. out

Übung 5
1. brother-in-law, 2. station, 3. grandmother, 4. news, 5. hiking boots, 6. countryside, 7. husband, 8. barn

Übung 6
1. a patchwork quilt, 2. Derek, 3. the orchard, 4. the cottage, 5. Julia, 6. Derek

Übung 7
1. is, 2. Have ... met, 3. was joking, 4. Do ... help, 5. breeds, 6. Are ... having

Übung 8
1f, 2d, 3a, 4e, 5b, 6c

Übung 9

1. orchard, 2. barn, 3. killjoy, 4. dangerous, 5. shelter, 6. scrambled

Übung 10

1. accident, 2. breed, 3. collie, 4. diplomat, 5. eggs, 6. fells, 7. graze, 8. hardy

Übung 11

1. have lost, 2. is going to open, 3. mentioned, 4. brought, 5. was looking, 6. put

Übung 12

1. false, 2. true, 3. false, 4. true, 5. true, 6. true

Übung 13

1. fashion victim, 2. romantic painting, 3. dolls' house, 4. mother hen, 5. picture book, 6. idiot

Übung 14

1d, 2f, 3a, 4c, 5b, 6e

Übung 15

1d, 2f, 3a, 4b, 5c, 6e

Übung 16

1. the, 2. the, 3. a, 4. The, the, 5. a, 6. a, a

Übung 17

1. dirty, 2. well, 3. sober, 4. careless, badly, 5. loudly, 6. dangerous

Übung 18

1. search, 2. animal, 3. rain, 4. evidence, 5. paper, 6. jacket

Übung 19

1. Blut, 2. Beweisstück, 3. Leiche, 4. Unfall, 5. Suchhund, 6. Geplauder

Übung 20

1. internship, 2. jacket, 3. Keswick, 4. Lake, 5. Melissa, 6. neighbour, 7. organic, 8. pastures

Übung 21

1. to walk, 2. dark, 3. modern woman, 4. self-employed, 5. jacket, 6. a false name

Übung 22

1. her horses, 2. with Derek, 3. Julia, 4. Beatrix Potter, 5. Staveley, 6. Melissa's jacket

Übung 23

1. was, 2. didn't accept, 3. started, 4. didn't find, 5. had, 6. was, 7. didn't know, 8. avoided

Übung 24

1. false, 2. true, 3. true, 4. false, 5. false, 6. true

Übung 25

1. animal, 2. Lake Windermere, 3. train, 4. recipe, 5. locket, 6. doll

Übung 26

1f, 2d, 3a, 4b, 5c, 6e

Übung 27

1e, 2a, 3d, 4b, 5f, 6c

Übung 28

1. Liz, 2. Emma, 3. Sarah, 4. Derek, 5. Caroline

Übung 29

1. quilt, 2. roads, 3. sheep, 4. Thomas, 5. unused

Übung 30

1. are looking, 2. heard, 3. haven't charged, 4. isn't talking,
5. killed, 6. takes

Übung **31**

1. fiddle, 2. molehill, 3. wool, 4. cucumber, 5. air, 6. alive,
kicking

Übung 32

1. took, 2. walked, 3. looked, 4. imagined, 5. attack, 6. told,
7. knew, 8. was, 9. got, 10. brought

Übung 33

1. So you saw through my little trick. 2. It was in all the local
papers. 3. I treated myself to a holiday as a consolation.
4. I got to the other side and it started raining. 5. I booked a
last minute trip to Spain for the next day. 6. No one could
find you and ask unpleasant questions.

Übung 34

1. much, 2. many, 3. many, 4. much, 5. many, 6. much, 7. much

Übung 35

1. quickly, 2. mysteriously, 3. popular, 4. aggressive, 5. hungrily, 6. well

Übung 36

1. false, 2. true, 3. true, 4. false, 5. true, 6. false

Übung 37

2. them, 3. us, 4. me, 5. her, 6. you

Übung 38

1. Sarah, 2. Emma, 3. Liz, 4. Melissa's flatmate, 5. Derek, 6. Caroline, 7. Melissa

Übung 39

1. Sorry, 2. wrong, 3. scared, 4. nothing, 5. lose, 6. stake

Übung 40

1. Mistgabel, 2. Irrer, 3. Hure, 4. Verbrecher, 5. Drogenabhängiger, 6. Halskette, 7. Hehler, 8. Pflegefamilie

Übung 41

1. Victorians, 2. Windermere, 3. experienced, 4. yachts, 5. Z-cars

Liebe Leserinnen und Leser,

die folgende Einteilung bietet eine Übersicht der sechs Niveaustufen des Gemeinsamen Europäischen Referenzrahmens für Sprachen. Welcher Niveaustufe dieser Titel angehört, können Sie der Angabe auf dem Buchrücken entnehmen.

Die Niveaustufen bedeuten:

A1/A2: *Elementare Sprachverwendung,* d. h.

A1: Sie können einzelne Wörter und ganz einfache Sätze verstehen.

A2: Sie können ganz kurze und einfache Alltagstexte lesen.

B1/B2: *Selbstständige Sprachverwendung,* d. h.

B1: Sie verstehen Texte, in denen v. a. sehr gebräuchliche Alltags- und Berufssprache vorkommt.

B2: Sie verstehen zeitgenössische literarische Prosatexte.

C1/C2: *Kompetente Sprachverwendung,* d. h.

C1: Sie verstehen Sachtexte, technische Fachartikel sowie literarische Texte.

C2: Sie verstehen jede Art geschriebener Texte, auch wenn sie inhaltlich und sprachlich komplex sind.

Auf unserer Webseite **www.langenscheidt.de/referenzrahmen** finden Sie sowohl eine kompakte Beschreibung der einzelnen Referenzniveaus als auch eine Orientierungshilfe zur Selbstbeurteilung in Bezug auf die verschiedenen Niveaustufen. So können Sie die Lektüre wählen, die ideal auf Ihre Sprachkenntnisse und Bedürfnisse zugeschnitten ist.

Viel Spaß beim Lernschmökern!

Ihre Langenscheidt-Redaktion